이일재,
최후의
코뮤니스트

Debout les damnés de la terre
Debout les forçats de la faim
La raison tonne en son cratère,
C'est l'éruption de la fin.
Du passé, faisons table rase,
Foule esclave debout debout
Le monde va changer de base
Nous ne sommes rien, soyons tout

C'est la lutte finale,
ᵔons-nous, et demain
L'Internationale,
ᵔnre humain.
ᵔte finale,
ᵔain

이일재,
최후의 코뮤니스트

안재성 지음

인문서원

C'est l'éruption de la fin.

La raison tonne en son cratère,

C'est la lutte finale,

Du pas

Foule esclave debout debout

Sera le genr

L'Internationale,

Groupons-nous, et demain

Sera le genre huma

Debout les damnés de la terre

Debout les forçats de la faim

Nous ne sommes rien, soyons tout

sons table rase,

Le monde va changer de bas

in.

C'est la lutte finale,

L'Internationale,

Groupons-nous, et dema

1. 마지막 공산당원

오래된 아파트는 늦여름 열기로 답답했다. 아들 내외는 일을 나가 없는 시간이었다. 낡은 선풍기가 바람 소리를 내며 돌아가는 노인 혼자 쓰는 큰 방 안에는 앉은뱅이책상 위에 쌓인 책들 외에 눈을 둘 만한 살림살이라곤 없었다.

"선생님, 세상이 참 시끄럽습니다. 대구까지 내려오면서 뉴스를 들어보니 이라크에서 또 자살 테러가 났답니다. 이번에는 사망자만 500명이 넘을 거랍니다. 미군이 있어도 소용없다고 철군하라는 주장이 거세질 모양입니다."

2007년 8월 중순, 이일재 선생을 처음 만난 자리였다. 서먹함을 지워보려고 꺼낸 이야기지만 85살 노인과 나누기에는 다소 어려운 주제일수도 있겠다는 생각이 문득 들었다. 답변은 뜻밖이었다.

"작가 선생, 일반 대중을 상대로 한 무차별 테러는 명백한 범죄 행위입니다. 중동에서 미국의 계획을 타파하는 일은 매우 중요한 일임이 틀림없습니다. 그러나 미국에 반대한다고 해서 모두가 진보적 입장이 되는 것은 아닙니다. 우리는 미국 정부에 반대할 뿐 아니라, 어린아이와 여성을 인간 이하로 취급하는 이라크의 이슬람 민족주의자들의 폭력성과도 싸워야 합니다. 나는 그래서 이라크 부르주아지들에 맞서 싸워온 이라크 공산당을 지지합니다."

민주노총 지도위원을 역임한 노동운동의 대선배로, 운동권의 보편적인 반미 감정대로 미국 책임론을 내세워 테러 행위를 동정하거나 최소한 양비론을 펼 줄 알았는데 의외였다. 솔직히 나는 이라크에 공산당이 있다는 사실도 처음 알았다. 3·1운동이 일어난 몇 해 후에 태어난, 나보다 두 배는 더 오래 살아온 노인에게서 이런 이야기를 듣는 게 그러나 놀랍지만은 않았다.

오랫동안 나는 사회주의운동사에 대한 책을 써왔고, 이를 위해 많은 노인들을 만났다. 일제 치하 조선공산당 당원으로 감옥살이를 했던 이들부터 해방 직후 빨치산에 가담했다가 장기간 옥살이를 하고 나온 노동당원들까지 전국 어디라도 쫓아다녔다.

만나본 노인들은 대체로, 해방의 격동기인 20대에 받았던 정치적 세례로 인해 정신적 박제가 되어버린 듯했다. 어떤 이들은 그들의 변치 않는 생각을 두고 자기 신념을 지켰다며 경배한다. 그러나 내가 보기에 오늘의 현실을 70년 전의 사고 틀에 억지로 꿰어 맞추려는 논리적 빈곤을 신념이란 말로 찬양하는 것은 합리적이지 못하다. 같은 시대를 살았으되 정반대로 반공의 이념에 사로잡혀 지금도 변치 않는 극우파 노인들이나 기독교나 이슬람을 위해 목숨을 바치는 저 수많은 광신자들을 신념의 논리로 찬양할 수 없는 것과 마찬가지다. 생각이 변하지 않는 것이 지고지선이라면 책은 왜 읽고 토론은 왜 하는가? 단지 자기 생각을 타인에게 설득하고 강요하기 위해 필요한 부분의 지식만을 끌어모으는 사람이나 자기합리화밖에 모르는 사람처럼 답답한 이들은 없다.

다행히도, 가끔은 놀라우리만치 영민한 노인을 만날 수 있다. 이일재 선생이 그런 사람이었다. 선생은 그 세대로는 체격이 큰 편이었다. 177 센티미터의 키에 손도 발도 길고 머리통도 커서 가까이 마주 앉으면 압도당하는 느낌이었다. 왼편 뺨이 마비되는 바람에 눈과 입의 끝이 처져 있어 표정을 읽기는 어려웠고 목소리까지 갈라져 무슨 말인지 이해 안될 때가 많았으나 구사하는 단어는 대단히 풍부했고 문장은 정확했다.

"이라크 무장 테러 세력들은 말합니다. 지금은 계급투쟁과 여성의 권리를 말할 때가 아니라 공동의 적인 미제와 싸울 때라고 말입니다. 그러나 이는 틀렸습니다. 만일 그들이 미국을 축출하고 권력을 잡는다면 이라크는 견디기 어려운 지옥이 될 것입니다. 승리한 부르주아들의 손에 이라크 공산주의자들과 여성들, 자유를 사랑하는 사람들이 대량으로 죽어 가게 될 것입니다. 우리는 미국의 군수 자본과 이라크의 부르주아 민족주의 중 어느 한쪽을 선택할 것이 아니라 인류 보편적인 가치인 평등과 평화라는 세 번째 길을 선택해야 합니다. 반미라는 민족주의의 틀에 사로잡혀 은연중에 빈 라덴의 편을 들어 무차별 테러를 지지할 게 아니라 이라크의 노동자, 공산주의자들을 정치적·물질적으로 지원하는 게 우리가 할 일입니다."

"자기 나라 일은 자기 나라 사람들이 해결하게 하자는 게 이라크 반군이나 우리나라 운동권의 주장인데요? 즉 미국만 철수하면 알아서 할 것이라고 주장하고 있습니다만."

나의 지적에 그는 웃음을 지어 보이려 했지만 마비된 왼쪽 뺨 때문에 일그러져 보이기만 했다. 이 외모 때문에 대중운동가로서 손해가 많았으리라는 동정심이 스쳐 갔다. 그러나 좀처럼 발견하기 어려운, 지혜로운 노인을 만난 기쁨을 감소시키지는 않았다. 그는 말했다.

"자기 나라 늑대는 우리들의 살점을 뜯어먹을지 모르나 뼈까지 씹어 삼키지는 않으므로 외국의 늑대보다 낫다는 바보 같은 소리인데요, 그거야말로 민족주의 부르주아지들의 사기입니다. 진정한 휴머니스트는 국가, 민족, 애국, 조국 같은 단어에 현혹되지 않습니다. 사회주의자에게는 조국도 민족도 없습니다. 오로지 인간, 그리고 인류가 있을 뿐입니다. 지난 세기에 왜 세계의 지성들이 남의 나라 스페인 내란에 뛰어들어 목숨을 바쳤습니까? 단지 우리가 그 나라 일에 개입할 역량이 부족한 것뿐이지, 공산주의자에게는 세계 모든 인민의 문제가 자신의 문제입니다."

자신을 지칭하던 다양한 수사들은 결국 스스로 공산주의자임을 밝히는 것으로 끝났다. 공산주의자! 얼마나 오랜만에 들어보는 말인가?

나는 취재를 위해 대구에 내려가기 전에 그가 쓴 글들을 몇 편 읽어보았다. 일반적인 독자라면 이해하기 어려울, 그러나 직업적으로 노동운동을 하는 사람이라면 그리 어렵지 않을 명철한 논문들이었다.

민주노총 산하 해고자들의 조직인 '전국해고자복직투쟁위원회(전해투)' 지도위원으로써 쓴 편지도 그중 하나였다. 그는 산별 노조만 만들면 모든 게 해결될 것처럼 산별 노조에 사활을 거는 것을 경계하며 말한다.

노동조합의 산업별 조직은 역사적 산물이며, 자본주의가 성숙기에 들어가 기계화, 자동화되고, 자본이 산업별로 독점화가 끝나는 시기인 테일러 시스템, 포드 시스템 시대의 노동자의 절대 다수를 차지하는 비숙련 단순 노동자의 조직이었습니다. 그러므로 다분히 계급적 정체성과 전투성을 지녔으며 많은 노동자를 조직할 수 있는 조직 형태였습니다. 그러나 신자유주의 시대의 오늘날은 선진 자본주의 국가들의 산별 총연맹은 거의 완전히 자본주의 체제로 내화되어 노동자 계급의 반동을 대표하고 있습니다. 제발, 1930년대의 산업별 노동조합의 꿈에서 깨어나야 합니다.

노동조합 간부들이 기업 단위 노조로는 활동하기 어렵다며 입을 모아 부르짖고 있는 '산별노조 강화론'을 비판하는 이 글이 우연히 나온 것은 아니었을 것이다.

노동운동의 미래에 대한 그의 설계도는 독특했다. 파리코뮌과 러시아 혁명기에 잠시 등장했던 '노동자평의회'를 재건하자는 것이었다. 우리나라 역사에서는 해방 직후 잠시 이뤄졌던 노동자 자치와 광주민주항쟁 당시 광주 시민들에 의해 이뤄졌던 공동체를 사례로 말한다. 국가나 당, 노동조합의 지도를 받지 않고 공장이나 지역마다 노동자들이 직접 모여 자유 토론으로 자신의 진로를 결정한다는 점에서 고대 그리스의 직접 민주주의를 연상케 하는 주장이다.

노동운동과 혁명운동이 관료화되는 것을 막자는 뜻에서 나온 듯한 이 평의회 제안은 마치 화폐만 없애면 세상이 평화를 찾으리라는 식의 비현실적인 주장으로 보인다. 그러나 실증주의적인 용어로서가 아니라 인류의 미래상을 제시하는 철학적 의미로 해석하면 이해가 되는, 근원적인 지적이다. 생시몽부터 마르크스까지 수많은 공산주의자들이 꿈꾸었던 머나먼 유토피아이기도 하다. 물론 그는 노동자평의회를 미래의 꿈이 아니라 현실에서 만들어보려고 노력하기도 했다. 그는 이를 혁명적 질서라고 표현했다.

망해버린 지 오래인 소련 공산주의를 보는 눈도 특이했다. 그것이 잘못된 체제였다는 점에서는 다른 이론가들에 동의하지만, 소련은 공산주의 국가가 아니었으며, 공산주의 제도를 관료들이 주도한 자본주의의 한 형태였을 뿐이라는 시각이다. 즉 '국가자본주의'였다는 것이다.

세상이 다 아는 공산주의 소련이 알고 보니 자본주의였다고? 이런 개성 넘치는 진단에 동의할 사람이 몇 명이나 될까? 나아가 그는 진정한 공산주의자들이 자본주의자들뿐 아니라 소련식 스탈린주의자들에 의해서도 박해받아왔다고 주장한다.

> 국가자본주의의 변태적 자본주의에 반대한 좌익 공산주의자들이 제국주의와 스탈린주의자의 박해를 이기고 세계 혁명의 대열을 정비하고 있다. 우리들은 잘못 적용되었고, 혼란 상태에 있는 과도기·이행기의 이론을 바로 세워 21세기 세계 혁명을 준비해야만 할 것이다.

마르크스의 원론은 옳았는데 스탈린이 잘못 적용했을 뿐이라는 이 흥미로운 주장은 사실 이일재 선생만의 독특한 시각이 아니다. '좌익 공산주의'라 불리는 국제적 흐름이 꾸준히 제기해온 오래된 이론이다.

'진보'라는 이름을 단 사상이라면 모두 붉은색 한 가지로만 보는 이들에게 공산주의 중에서도 좌익이라니 더럭 겁부터 날지 모르겠다. 또는 공산주의가 뭐가 자랑스럽다고 그중에서도 더 좌익이냐고 화를 낼 수도 있겠다. 하지만 출발선이 같다고 해서 모든 진보운동이 같은 도상에 있는 건 아니다. 시대마다 나라마다 서로 다른 방향으로 나가다가 다시 합치기를 번복하는 혁명은 살아 있는 생명체와도 같다.

모든 종교는 본질적인 면에서 상통하지만 불교, 기독교, 이슬람 같은 다양한 모습을 띠고 그 교리는 서로 다르다. 같은 신을 믿는 기독교 안에도 복음주의부터 종말론까지 수많은 종파가 있다. 천당에 가기 위해 집단 자살을 택하는 광신도들만 보고 기독교를 판단해서는 안 되듯이, 구소련이나 오늘날 북한의 부정적 측면만을 보고 사회주의자들이 지향해온 가치를 전면 부인하는 것은 부당한 일이다. 이일재 선생의 말년은 온전히 그런 부당한 인식과의 투쟁에 바쳐졌다고 할 만하다.

사회주의라면 소련과 북한부터 떠올리는 것은 일반인들뿐 아니라 이른바 운동권들 자신이다. 이일재 선생은 그런 점에서 확실히 동시대 대다수 진보운동가들과는 다른 면모를 가지고 있었다. 동네 식당에서 왕성한 식욕으로 식사를 하고 오후 늦게까지 계속된 첫 만남에서 그는 자유롭게 자신의 사상을 펼쳐 보였다.

그는 소련의 붕괴 원인을 개혁파 고르바초프에게 돌리지도 않았고, 북한이 빈곤한 이유를 미국의 경제 봉쇄에 떠넘기지도 않았다. 그가 말하는 '스탈린주의자'의 범주 속에는 '김일성주의자'도 들어 있었다. 북한의 권력 세습을 반사회주의적인 것으로 맹비판했다. 스탈린과 김일성이 사회주의운동을 욕되게 했으며 한반도의 사회주의운동은 이를 극복해야만 전진할 수 있다는 논지였다.

좌익 공산주의의 옳고 그름은 보다 많은 토론과 역사적 판정이 필요할 것이다. 그 논리만큼이나 내게 흥미를 불러일으킨 것은 85살 노인을 통해 듣는다는 점이었다. 그는 식민지시대인 1925년에 결성되었던 조선공산당의 대다수 당원들이 가지고 있던 수준의 뛰어난 두뇌를 보여주고 있었다. 실제로 그는 해방 후 재건된 조선공산당의 당원이었다. 어쩌면 마지막 생존자였다. 그는 자신이 조선공산당 당원이었음을 대단히 자랑스럽게 말했다.

"작가 선생. 나는 1945년 연말에 조선공산당 당원이 되었습니다. 내 일생에 가장 잘한 일이 공산당 가입이라고 생각합니다. 우리나라 정당 사상 가장 훌륭한 당원들을 가진 당을 꼽으라면, 지금도 나는 주저 없이 조선공산당을 뽑을 것입니다. 조선공산당원이 3만 명인데 당원들이 일제 와 투쟁하다 감옥살이를 한 햇수가 무려 6만 년입니다. 과연 그 어떤 정당이 이보다 더 훌륭한 당원들을 가지고 있습니까?"

흔히 조선공산당을 남로당과 동일시하는데, 지도부 성원은 겹치지만 당원의 질은 상당히 달랐다. 조선공산당은 항일운동을 주도했던 정예분자들의 전위정당으로 해방 1년 만에 해산된 반면, 남로당은 그 뒤를 이어 급조된 20만 당원을 가진 대중정당이었다.

이일재는 남로당 간부였지만 그 전에 먼저 조선공산당에 가입했던, 보다 정확히 말하자면 엄격한 심사를 거쳐 공산당 가입을 허가받은 사람이었다. 처음 만났을 때만이 아니라 90살이 되어서도 변치 않던 그의 영민함은 다른 공산당원 출신들의 공통점이기도 했다.

북한에서 1950년대에 이뤄진 남한 출신들에 대한 대규모 숙청을 남로당 숙청이라 부르는데, 엄격히 말하면 남로당이 아닌 조선공산당 출신들에 대한 숙청이었다. 남로당의 공식 지도자였던 허헌, 홍명희 등 다수는 어떤 피해도 입지 않는다.

이일재는 공산당 출신들에 대한 숙청이 옳지 않다고 생각한 한 사람이었다. 북한은 미제의 간첩이었다거나 종파주의자라는 식으로 숙청의 이유를 부여하려 애썼고, 이일재와 같은 시기에 빨치산 활동을 했던 동년배 운동가들의 다수는 지금도 북한의 발표를 절대 신뢰한다. 심지어 박헌영과 이승엽이 간첩질을 해서 전쟁에서 졌다고까지 생각한다. 그러나 선생은 이 점에서도 달랐다.

처음 만난 날, 이일재 선생은 남로당 숙청 때 미국의 간첩이자 반혁명 분자로 처형된 배철이란 인물에 대해 말했다. 그가 1949년 공산주의 빨치산의 일원으로 경북 팔공산에서 활동할 때, 배철은 남로당 경북 도당 위원장으로 대구와 경북 지구 전투를 총지휘한 사람이었다.

전면전이 터지기 직전인 1950년 봄, 경북 지역 빨치산은 궤멸 상태였다. 29명이던 이일재 부대도 팔공산의 본부대에 합류하려고 이동하던 중 대규모 국군을 만나 23명이 전사하고 만다. 생존 대원들은 배철과 함께 「인터내셔널가」를 부르며 통곡한다. 그러나 바로 다음 날 또다시 국군의 공격을 받아 배철의 두 남녀 비서까지 전사하고 만다. 이일재 선생은 그 상황을 한스러운 기억으로 더듬는다.

"슬퍼할 겨를도 없었습니다. 국군이 참빗 쓸 듯 샅샅이 산을 수색하고 들어오는 겁니다. 우리는 숲속에 납작 엎드려 국군이 지나가기만을 기다리고 있는데, 그때 배철 위원장이 천식을 앓았습니다. 자꾸 기침이 나오는데 열 걸음도 안 되는 곳에 국군들이 지나니 숨소리만 내도 죽을 판입니다. 그런데 배철 위원장이 아무 소리도 내지 않는 겁니다. 무사히 국군이 지나가고 보니 기침 소리를 내지 않으려고 자기 모자를 입에 틀어막고 숨을 참다가 기절해버린 겁니다. 인공호흡을 해서 겨우 살려냈지요. 나중에 북한에 올라간 배철 위원장이 미제의 첩자로 몰려 처형되었다는 말을 들을 때마다 나는 스스로 입을 틀어막고 기절해 있던 그의 얼굴이 떠오릅니다. 그는 결코 미국의 간첩이 될 수 없는 사람이었습니다."

혁명이 쓸고 간 피비린내 속에는 언제나 동지라고 믿었던 이들에게 배신당한 억울한 핏방울들이 섞여 있기 마련이다. 좌우익을 막론하고, 인간의 행동뿐 아니라 그 내면의 심리도 끄집어내어 심판할 수 있다고 믿었던 광폭한 시대를 살아야 했던 이들의 상처를 어떻게 치유할 수 있을까?

광란의 시대에서 살아남은 사람들이 대개 그러하듯이, 배철에 대한 안타까움만이 아니라 그는 자기 스스로는 말하고 싶지 않은 오욕들을 간직하고 있었다. 영광보다는 아픔이 더 많은 인생이 그 자신의 논리적 이성과 결합하여 그를 당대의 좌익 운동가들 중에서는 드물게 풍부한 생각을 가진 사람으로 만들어놓았을지 모르겠다. 해방 직후 사회주의운동사를 취재하기 위해 참고인 삼아 만나러 갔던 나로 하여금 그의 일대기에 관심을 갖게 한 이유다.

일대기를 써보기로 결심한 후 간간이 대구에 찾아가 면담을 했으나 선생의 건강은 빠르게 악화되어 노인요양병원에 입원하게 되었고, 다인용 노인 병실의 녹음 환경은 너무 나빠서 초기의 만남에서와 같은 심도 있는 대화를 나눌 수는 없었다. 이전에 영남대학교와 민주화운동기념사업회에 남겨둔 장시간의 녹음과 스스로 집필한 논문들, 그리고 생존한 옛 동지 등 주변인들의 증언을 통해 정리할 수밖에 없었다.

때문에 그가 과연 자신이 써놓은 대로 좌익 공산주의자로서 어느 정도의 확신과 이론적 완성도를 가지고 있는지, 노동자평의회라든지 탈스탈린주의 같은 명제들을 철학적 개념 이상의 현실적 대안으로 만들기 위해 어떤 구상을 갖고 있는지 심도 깊게 토론해 보지는 못했다.

중요한 것은 머릿속의 생각이 아니라 실천하고 행동하는 것이기는 하다. 머릿속으로는 누구나 혁명을 꿈꿀 수도 있고 완전한 사랑을 꿈꿀 수도 있다. 또는 남들에게 차마 말 못할 범죄적 욕망을 품을 수도 있다. 그러나 생각은 생각일 뿐이요, 글은 글일 뿐이다. 한 사람이 무슨 생각을 했는지, 술자리에서 친구들과 무슨 이야기를 했는가는 그다지 중요치 않다. 문제는 언제나 그것을 실현하기 위해 실제로 무엇을 했으며 어떤 정치 세력에게 영향을 끼쳤는가 하는 점이다.

이일재 선생의 생애도 그의 머릿속에 들어 있던 감정이나 사상을 탐구하는 데 그칠 것이 아니라, 현실을 바꾸기 위해 그가 무엇을 했으며 어떤 사람들에게 영향을 미쳤는가에 맞춰서 추적해보기로 한다.

그가 마지막 공산주의자일 수는 없지만 가장 늦도록 생존했던 조선공산당원임은 분명하다. 스스로 수치스런 기억들도 간직하고 있고 어떤 이들에게는 본의 아니게 마음의 상처를 남기기도 했지만, 생애 마지막까지 온 평생을 이 사회의 모순을 고치기 위해 바쳤기에 기억되고 용서받을 여지가 남은 사람이라고 생각한다.

적지 않은 사람들이 정치적으로나 또는 인간적으로 그에 반대하거나 미워했던 게 사실이었다. 이 책은 그래서 위인전이 아니다. 평생을 민족해방과 노동운동에 바친 이에 대한 인간적 연민을 갖고 예의를 지키겠지만, 굳이 오류나 잘못을 숨기려 하지는 않을 것이다. 이일재라는 한 자연인의 생애를 넘어, 1920년대부터 2010년대까지 90년 한국 현대사의 생생한 증언으로서 가치가 있기를 바라는 마음이다.

이제, 첫 만남으로부터 20년 전인 1988년으로 돌아가보자.

2. 프롤레타리아

1988년 8월 14일, 한 노인이 교도소 철문을 나섰다. 대구시 화원 교도소, 한여름 햇살 뜨거운 오전이었다. 이일재, 65살. 국가보안법과 내란음모죄로 수감된 지 꼬박 20년 만의 광복절 특사였다.

미리 영치해둔 사복을 입은 이일재의 양손에는 감방에서 쓰던 낡은 담요와 수학책 등 몇 권의 책이 들려 있었다. 표정은 담담했다. 교도소 입구에서 혼자 아버지를 기다리던 아들 이정건 역시 무표정했다. 감격의 포옹도, 반가운 인사말도 오가지 않았다. 다만 아버지의 짐을 받아 들며 생각했다.

'이 낡고 냄새나는 담요는 왜 들고 나왔을까?'

교도소 앞에는 정치범들의 석방 장면에서 흔히 보이는 환영 현수막도 없고 몰려드는 신문 기자도 없었다. 환영의 박수갈채를 보내는 지지자나 친구도 하나 없는 외롭고 조용한 출옥이었다. 좌파 중에도 맨 왼쪽 끝에 서 있던 그의 생애를 상징하는 장면이었다.

학교나 공장에 다니던 중 선배나 동기들이 만든 독서 모임에 나가면서 사회 모순을 알게 되어 조직적으로 변혁운동에 나서게 된 '학습형' 운동가들이 있다면, 누구의 영향도 없이 특정 사건이나 책을 보고 혼자 분노해 스스로 운동에 뛰어드는 '자생적' 운동가가 있다.

이일재는 후자의 경우였다. 그는 오늘의 초등학교 과정인 보통학교밖에 나오지 못한 노동자로, 어떤 선배도 없이 스스로 혁명가가 되었다. 때문에 체계적인 지식이나 조직적 지도가 없이 변혁운동에 뛰어든 사람들 특유의 치기 어린 행동이나 실수에 익숙했다. 대신 스스로 선택한 길에 대해 어떠한 후회나 타인에 대한 원망도 하지 않는 습성을 가지게 된다.

이일재는 혼자 성장한 만큼 학맥이나 인맥으로 연결되기 마련인 진보운동 내부의 작은 권력으로부터조차도 소외되었다. 병석에 누운 마지막 시간들은 민주노총 전해투 소속 해고자들의 보살핌으로 심리적으로나마 위안을 받았지만, 나머지 대부분 시간은 외로웠다. 그럼에도 그는 누구에게나 말했다.

"나는 내 살아온 이 길을 절대 후회 안 합니다. 하나도 후회 안 합니다. 잘못한 거 무수히 잘못하고, 운동도 잘못한 게 많지만, 전체적으로 살아온 인생길 자체가 잘못됐다 그리 생각은 안 합니다. 죽을 때 '아, 잘 살았다, 내 나름대로 잘살다가 죽는구나'라고 임종을 할 겁니다."

어쩌다가 그는 혼자서 사회주의자가 되었을까? 식민지 조선인이라면 누구라도 반일 감정을 가질 수 있지만, 자연스런 민족주의적 정서와 사회주의 사상은 다르다. 사회주의는 저절로 생겨나는 감정이 아니라 체계적인 공부를 필요로 한다.

처음 그가 사회주의 이론을 접한 것은 16살 무렵, 대구에서 해성보통학교를 졸업하고 중학교 입학시험에 떨어져서 재수를 하려고 학원에 다닐 때였다. 의열단과 관련이 있던 할아버지 이기양부터 시작해 집안에 반일 정서가 흐르기는 했으나 사회과학 공부를 하게 된 것은 누구의 영향도 없는 스스로의 선택이었다.

트로츠키의 저서들이 막 일본에서 출간될 때였다. 맨 처음 읽은 책들이 일본어로 된 레온 트로츠키의 『배반당한 혁명』과 고바야시 다키지(小林多喜二)가 쓴 소설 『게공선』, 사카이 도시히코(堺利彦)가 쓴 『계급투쟁의 필연성』이었다. 한국어 잡지로는 「개조」도 있었다. 『게공선』이나 「개조」는 몰라도 트로츠키나 사카이의 책은 러시아혁명사와 마르크스 이론을 모르는 16살 소년이 보기에는 퍽 어려운 책이었을 것이다.

이 책들을 접할 수 있게 된 것은 어머니의 친동생인 외삼촌 최세기 때문이었다. 조선공산당 창당 주역의 1명인 김단야와 함께 대구 계성학교를 나온 최세기는 공산주의와 무정부주의의 영향을 받아 '아귀동맹'이라는 비밀 지하단체를 결성해 노동자 조직과 항일 전단지 살포를 했던 인물이었다. '아귀'란 굶어 죽은 귀신이란 뜻으로, 굶주리고 학대받는 노동자, 농민을 위한 계급투쟁을 목표로 한 조직이었다.

최세기와 김단야가 얼마나 가까운 사이였는가는 알 수 없으나, 최세기는 공산주의자라기보다 무정부주의자였다고 이일재는 기억한다. 그가 처음부터 그랬는지, 아니면 1930년대 들어 소련에서 벌어진 대숙청을 목도하며 공산주의 권력을 거부하게 되었는가는 알 수 없다. 그는 국제 무정부주의자들의 기관지인 「스스메(すすめ)」를 밀반입해 배포하다가 1936년에 체포된다. 스스메는 우리말로 '나가자'는 뜻이다.

최세기가 체포되자 이일재의 어머니는 동생의 책을 모두 자기 집에 옮겨 숨겨놓았다. 이때 육혈포도 한 자루 있었다. 어머니는 권총은 낙동강에 던져버렸으나 책은 아까워서 골방에 숨겨놓았고, 이일재가 우연히도 혼자서 이 책들을 읽게 된 것이다.

소설이나 잡지를 제외하고, 이일재가 읽은 최초의 사회주의 이론서가 레온 트로츠키의 『배반당한 혁명』이었다는 사실은 여러모로 의미심장하다. 러시아혁명의 수훈자였으나 스탈린 치하 소련의 끔찍한 상황을 맹비판한, 그러면서도 사회주의의 궁극적인 승리를 위해 세계혁명을 주장하다가 스탈린에 의해 죽음을 당하는 트로츠키의 유작은 그에게 어떤 영향을 미쳤을까?

트로츠키는 『배반당한 혁명』에서 소련공산당 기관지 「프라우다」가 소련을 노동자의 천국이라 부르는 것을 조롱한다. 그는 「프라우다」의 주장인 "우리나라의 노동자는 임금노예가 아니며 노동력이라고 불리는 상품의 판매자가 아니다. 노동자는 자유로운 노동 인민이다."라는 문구를 예로 들며 말한다.

현재의 시대에, 이 번지르르한 정식은 허용될 수 없는 허풍이다. 공장의 국가로의 이전은 단지 법적으로만 노동자의 상황을 바꾸었다. 실제로는, 그는 궁핍 속에 살고, 일정한 임금을 위하여 일정한 수의 시간을 일하도록 강제된다. 노동자가 이전에 당과 노동조합에 대하여 가지고 있던 희망들을, 혁명 후에는 자신에 의해 창조된 국가로 옮겼다. 그러나 이 기구의 순기능은 기술과 문화의 수준에 의해 제한되는 것으로 판명되었다.

새로운 국가는 이 수준을 올리기 위하여 노동자의 근육과 신경에 대한 압력이라는 과거의 방식들에 의존했다. 노예 감시자 집단이 성장했다. 산업의 경영이 초관료화되었다. 노동자들은 공장의 경영에 대한 모든 영향력을 잃었다. 성과급제, 물질적 생존의 힘겨운 조건들, 자유로운 이동의 부족, 모든 공장의 삶을 침투하고 있는 엄혹한 경찰 억압이라는 조건에서, 노동자가 스스로를 '자유로운 노동 인민'으로 느낀다는 것은 정말이지 힘든 일이다. 노동자는 관료에게서 경영자를, 국가에게서 고용주를 본다. 자유로운 노동은 관료적 국가의 존재와 양립할 수 없다.

자본가를 대신해 산업 경영을 맡은 거대한 관료 집단이 만들어낸 비능률과 이를 유지하기 위한 감시·억압 장치들에 대한 통렬한 비판을 반봉건 사회에 살던 16살 소년이 제대로 이해하기는 어려웠을 것이다.

하지만 트로츠키의 고민은 사회주의혁명과 그 결실인 소련에 대한 소년 이일재의 열망을 조금도 훼손하지 않았다. 트로츠키가 공산주의 자체를 부정했다기보다 더욱 원칙적인 혁명을 요구했기 때문일 것이다.

다만 훗날 그가 소련을 국가자본주의라 비판하게 된 점이나 선동가 트로츠키의 특정 대상이라고 할 수 있는 노동자평의회를 역설하게 된 데 이 책이 조금은 영향을 미쳤으리라 추측된다.

정작 이일재를 난독증에 빠뜨린 책은 일본인 사카이 도시히코가 쓴 『계급투쟁의 필연성』이었다. 사카이는 제1차 일본공산당 사건으로 체포되어 사형당한 인물이었다. 일본은 공산주의 이론서의 출판 자체를 완전히 막지는 않았으나 모든 출판물을 검열해 혁명, 계급, 공산주의 같은 단어들이 나오면 지워버렸다. 200쪽이 넘지 않는 사카이의 이 책도 곳곳에 복자(伏字)가 되어 있었다. 복자란 출판 자체를 막지는 않되 이른바 불온한 문장이나 단어는 읽기 힘들도록 두 단어를 겹쳐서 인쇄하는 방식이었다. 일본제국주의를 타도하자는 문장이 있으면 일본 글자 위에 제국주의를 겹쳐 인쇄하는 식이었다. 기본적인 사회과학 용어에 관한 지식이 없으면 독해하기가 무척 힘들었다. 보통학교를 갓 졸업한 이일재로서는 여간 어려운 일이 아니었다. 그 얇은 책을 독파하는 데 반년이나 걸려야 했다. 그는 생전에 말하곤 했다.

"나는 이해가 잘 안 되면 무턱대고 읽고 또 읽어서 아예 외워버리는 성격입니다. 백번 읽어서 외워버리면 나중에는 저절로 이해가 됩디다. 해성보통학교 시절에도 사회주의 이론에 미쳐 가지고 학교 공부에는 무심한 채 매일 골방에 틀어박혀 고학력자도 해독하기 어려운 책들을 단어 하나하나마다 깊이 생각하고 연구하며 읽다보니 저절로 기본적인 사회주의 지식이 생깁디다."

자본주의의 근본 모순은 자본가와 지주들이 노동자, 농민을 수탈하는 데 있으며 이 모순을 해결하기 위해서는 계급투쟁을 해야만 한다는 것, 노동자의 단결된 투쟁으로 자본주의 정부를 타도해야 한다고 생각하게 되었다. 나아가 세계의 인민을 도탄에 빠뜨리고 있는 전쟁도 자본주의적 경쟁의 산물이라는 것, 자본주의를 타도하고 사회주의를 건설해야만 전쟁을 멈출 수 있다고 믿게 되었다. 그것은 무산자, 곧 프롤레타리아계급에 대한 동경심으로 나타났다. 그는 추억한다.

"혼자 하는 독서를 통해 사회주의나 공산주의 사상을 완전히 파악했던 것은 아니었겠습니다마는, 노동계급의 계급운동에 대한 전망만은 분명히 하게 되었지요. 프롤레타리아계급이라는 것이 나에게는 동경의 대상이 되기 시작했습니다. 그때 내게는 프롤레타리아란 말이 얼마나 매력적이었는지, 마치 애인 이름 같았지요. 당시 나

는 소련을 프롤레타리아계급의 수호자로 생각하고 소련을 배우기
위해 러시아어를 독학하기도 했습니다."

냉소적 비판자인 트로츠키를 통해 소련을 알게 된 그가 소련을 애인
이름처럼 좋아하게 되었다는 점은 자못 모순으로 보일 수도 있겠다. 하
지만, 우익 입장인 김학준의 『러시아혁명사』나 「중앙일보」에 연재된 '박
헌영 일대기'를 읽고 자생적으로 사회주의자가 된 훗날의 많은 남한 청
년들과 다르지 않아 보인다.

사회주의 서적에만 빠져 있으니 고등보통학교 입학은 더욱 멀어졌다.
본인이 어렸을 때까지만 해도 근동 제일의 지주였던 이씨 집안의 형편도
마침 퍽 어려워졌을 때였다. 어른들의 반대와 싸울 필요도 없이 공장에
들어갈 수 있었다. 17살이 된 1939년이었다. 공장에 들어간 이유 중에는
자기 집안에 대한 부끄러움도 있었다.

"상급학교 진학을 포기하고 공장에 들어가게 된 이유 중 하나는 나의
출신 계급에 대한 열등감이었습니다. 내가 중소 자본가 집안 출신이라는
데서 오는 죄책감이었지요."

이른바 출신 성분이란 아무것도 지킬 것 없는 무산자인 노동계급만이
끝까지 혁명의 주역이 될 수 있고 지식인이나 소자산가들은 언제든지 자
신의 기득권을 찾아 혁명 대열에서 이탈할 수 있는 기회주의적 속성을
지닌다는 믿음이었다.

인간의 정신을 재산이나 권력의 대소로 구별하려는 이 '속류 유물론'
은 레닌을 포함한 러시아혁명의 주역들이 대부분 중산층 고등 지식인이
고 조선공산당 당원의 대다수가 호적상 양반 계급이란 점만 보아도 맞지
않았다. 더구나 소련과 북한 등에서 개국 초기에 결정한 출신 성분을 대

대로 승계하게 만든 것은 역사적 퇴보에 불과했다.

다만, 중산층 지식인들로 하여금 죄의식을 갖고 더 열심히 투쟁하게 한다거나, 노동자로 하여금 자기의 출신에 자부심을 갖게 만드는 효과는 가질 수 있었다. 이일재로 하여금 자신의 집안에 대해 부끄러움을 느끼게 만들어 노동 현장에 들어가게 만든 것도 그랬다. 이 생각만큼은 늙어서도 변하지 않았다. 그는 아들에게 말하곤 했다.

"우리의 조상이 왕조 시대에 벼슬을 하여 큰 부를 일군 것은 자랑이 아니다. 오히려 부끄러워해야 한다. 모두 백성들 수탈해서 가렴주구한 것 아니겠느냐."

대체 어떤 조상을 두었기에 이런 말을 했을까? 이일재의 증조부는 조선 왕조 말기에 '도사'라는 벼슬을 한 이익조란 인물이었다.

도사란 오늘의 도지사격인 관찰사 밑에서 지방 행정을 관리하는 직책으로, 관찰사가 서울에서 파견되는 데 비해 그 지방 출신 중에서 선발되었다. 관찰사는 임기를 마치면 떠나지만 도사는 계속해서 자리를 지키며 새로운 관찰사들을 위해 지방민으로부터 세금을 거둬들이고 뇌물을 바치게 하는 역할을 맡았다. 그 자신이 얼마나 양심적인가와 상관없이 탐관오리를 돕는 악역을 맡거나 아니면 스스로 탐관오리가 되어 막대한 재산을 긁어모을 수 있는 직책이었다.

거부가 된 이익조는 첩을 거느리고 호화로운 생활을 하면서도 아들 이기양에게 연 7,000가마니의 쌀을 수확할 수 있는 농토를 남겼다. 100만 평에 이르는 거대한 농지였다. 그런데 부잣집 양반 가문의 장자로 태어난 아들 이기양은 아버지와는 다른 사람이었다. 풍족한 생활 속에 다양한 공부를 하며 교양 있게 성장한 이기양은 스스로 상투를 자르고 신문학을 공부한 신지식인의 한 사람이었다.

왕조 말기의 많은 조선인 지식인들과 마찬가지로, 젊은 시절의 이기양에게 일본은 선망의 대상이었다. 메이지유신 이래 불과 30년 만에 동양 제일의 공업국가로 성장한 일본을 본떠 조선에도 조속히 신문명을 들여와야 한다고들 생각했다.

이기양은 일본에 유학까지 가지는 않았으나 일본어를 배우고 일본어로 된 신학문 서적들을 찾아 읽는 진취적인 젊은이였다. 그러나 일본이 조선을 침략해 식민지로 만들면서, 선망은 적개심으로 변한다. 그는 대구 지역의 우국지사들과 교류하며 남몰래 그들을 지원하는 데 많은 재산을 바친다.

이일재는 증조부의 재산 증식 과정은 수치스러워했어도 조부 이기양에 대해서는 깊은 존경심을 가지고 있었다. 그것은 어려서 전해 들은 전설 같은 이야기에 근거하고 있었다.

손자 이일재가 태어난 1923년 무렵, 이기양은 대구시 외곽인 달성군 노곡동에서 목장을 경영하고 있었다. 조선인들은 소젖이니 양젖을 몰랐다. 집집마다 한두 마리의 한우를 키워 농경용으로나 부리고 있던 시절이었다. 보통 목장은 일본인들이 경영했는데 신지식인인 이기양은 소와 양을 기르고 양봉까지 하는 꽤 큰 목장을 건설해 목부도 여럿 두었다.

이일재가 3살 무렵인 1925년 여름의 일이다. 이기양이 목장으로 사람 하나를 데리고 왔다. 사람들의 기억으로는 병색이 완연했지만 눈빛만큼은 매섭게 빛나는 30대 사내였다. 이기양은 집안 식구들에게도 비밀에 붙인 채 목장의 한편에 굴을 파서 그를 숨겨주고 자신이 직접 몰래 밥을 날라다주었다. 아내나 맏며느리인 이일재의 어머니에게도 사내의 정체에 대해서는 일체 말하지 않았다.

일본 경찰이 목장을 덮친 것은 어느 날 밤 사내가 감쪽같이 사라져버린 직후였다. 경찰은 창고며 다락방까지 온 집 안을 샅샅이 뒤지다 못해 우물 속까지 쑤셔보았다. 그러나 아무것도 찾지 못하자 이기양에게 몽둥이질을 하며 분풀이를 했다. 그는 사내 대신 경찰서에 끌려가 극심한 고문을 당한 끝에 형무소에 넘겨졌다.

달아난 사내는 의열단원 이종암이었다. 본명이 이종순으로, 대구에서 상업계 학교를 나와 은행에 근무하다가 거금을 훔쳐 중국으로 망명, 독립군 군관학교에 들어간 사람이었다. 1919년 3·1운동이 일어나자 만주 길림에서 김원봉, 윤세주 등 12명과 의열단을 결성하고 몇 차례 일제 경찰서와 관공서에 대한 폭탄 투척을 주도한 후 자금을 확보하기 위해 국내에 들어와 활동하던 중이었다. 그런데 병을 얻자 대구에서 한의원을 하며 비밀리에 독립운동을 지원하고 있던 김관제와 상의해 이기양의 목장에 은신했던 것이다.

무사히 목장을 빠져나갔던 이종암은 얼마 후 붙잡혀 징역 13년형을 선고받고 대전감옥에 수감되었다가 4년 만인 1930년 병으로 가출옥한 뒤 사망하고 만다. 그를 숨겨준 죄로 수감된 이기양은 재판도 없이 1년여의 감옥살이를 하고서야 풀려났다. 일제는 예심을 두어 재판에 회부되기 전까지 마음대로 용의자를 형무소에 가두었다. 심한 경우 3년까지 감옥살이를 하고서도 재판 한 번 받지 못하고 석방되어 독립운동사에 기록조차 되지 않는 경우도 있었다. 이기양도 그런 경우였다.

석방된 이기양은 본격적으로 항일운동에 투신한다. 먼저 목장을 정리한 다음 부산에 내려가 초량동에서 백산상회를 운영하며 독립운동가들에게 자금을 대주고 있던 임시정부 비밀요원 안희제와 함께 사업을 시작했다.

그러나 이기양은 왕조 말기 선비이자 근대 지식인으로, 이재에 밝지 못했다. 아버지가 물려준 농토들의 위치조차 제대로 모르고 등기 이전을 하지 않아 청도군, 성당동, 성서읍 등지의 막대한 토지가 부당하게 타인에게 넘어가 버렸을정도였다. 아주 나중에 아들 이강인이 재판으로 되찾으려 했지만 시효가 끝나버려 패소한다.

이기양은 안희제와 손잡고 중국 땅 만주에 발해농장을 세우는 등 항일 자금을 벌기 위해 애썼지만 돈은 뜻대로 벌리지 않았다. 한때 충북 옥천에 올라가 사금광을 열기도 했으나 잘되지 않았다. 그 세월이 20년이니 아무리 많은 재산이라도 남아날 수가 없었다.

발해농장에 모든 것을 쏟았던 안희제가 끝내 만주 목단강에서 일제에 체포되었을 때는 이기양도 물려받은 모든 재산을 팔아 없애버려 궁핍하게 살고 있었다. 일제는 혹독한 고문으로 안희제가 위독하게 되자 옥사하여 순교자가 되는 것을 막기 위해 급히 병보석시켰다. 가족 대신 안희제의 신병을 인수한 이는 다름 아닌 이기양이었다. 그러나 안희제는 업혀 나와 여관에 들자마자 사망해버렸다. 이기양은 그의 장례를 치러주며 통곡했으나 그 자신도 얼마 못 가 사망하고 만다. 해방을 얼마 앞둔 1943년 1월 30일, 몹시도 추운 겨울날이었다.

이기양은 날 때부터 체격이 좋고 두뇌가 뛰어났던 맏손자 이일재를 각별히 아꼈다. 장차 장군이 될 거라며 어려운 살림 중에도 그를 사립 보통학교에 입학시킨 것도 이기양이었다. 안희제와 함께 부산에서 활동하느라 부산에 이사 가 있을 때였다.

이일재가 부산의 삼천포보통학교에 들어간 무렵, 집안 살림은 궁색할 대로 궁색해져 있었다. 아직도 대구 일원 곳곳에 조상 땅을 가지고도 몰라서 재산권을 행사하지 못하는, 무능한 궁핍이라고 할 만했다.

식구들의 생활은 말이 아니어서 매일 먹는 게 수제비였다. 어머니는 아침에도 수제비, 점심에도 저녁에도 수제비를 했다. 수제비를 먹노라면 돌 같은 것이 버석버석 씹혔다. 어린 이일재가 발라내려고 하면 어른들이 '생체'라며 그냥 먹으라고 했다. 돌이 아니라 쌀가루였던 것이다. 일본의 정종 공장에서 쌀을 벗겨 술을 만드는데 그 벗긴 찌꺼기를 들여다 수제비를 떠먹으니 거친 쌀가루며 껍질 부스러기들이 자글자글 씹혔다. 정종 찌꺼기도 질에 따라 10전짜리부터 20전짜리까지 있었는데 싼 것일수록 먹기가 힘들었다. 그나마 사 먹을 수 있으면 다행이었다.

불을 때서 밥을 해야 하는데 장작이나 석탄을 살 돈도 없었다. 제재소에 가면 나무를 켜고 남은 톱밥들이 쏟아져내렸다. 가난한 아낙네들은 제재소 밑에 줄을 서서 톱밥을 받아다가 밥도 짓고 난방도 했다. 이일재의 어머니도 마찬가지였다. 빈민들에게는 생체 수제비와 톱밥이 거의 유일한 생존 수단이었다.

아버지 이강인은 아직 살림이 괜찮았을 때 이복동생 이강복과 일본에 건너가 기독교 계통인 대성중학교와 아오야마가쿠인대학 영문과에 다니면서 빈민운동과 반전운동으로 유명한 일본인 기독교 지도자 가가와 도요히코(駕川豊彦)를 숭앙하기도 했다. 그러나 그가 일제 말기에 대구에 와서 전쟁 독려 연설을 하는 것을 보고 기독교에 환멸을 느끼게 된다.

귀국한 이강인은 아버지와 마찬가지로 이런저런 사업을 시도했으나 공부만 해온 그에게 만만한 일은 없었다. 1930년대 말 금광을 열어 한때 호황을 누리기도 했으나 태평양전쟁이 일어나 금본위제가 폐지되면서 순식간에 몰락하고 말았다. 해방 후 각종 신문들이 발행되면서 「영남일보」 기자로 일한 것이 그의 마지막 직업이었다.

당대의 지식인이었음에도 몸종이 방 안에 떠온 따뜻한 물로 세수를 하는 반봉건적 특성을 가진 이강인은 직접 항일운동에 나선 적은 없고 가족 부양도 제대로 못했으나 성품이 반듯하니 강직한 선비 같은 사람이었다. 후일 빨치산으로 활동하던 이일재가 총상을 입고 체포되었을 때도 전향을 권유하기보다는 떳떳하게 죽을 수 있느냐고 묻던 사람이었다.

독학으로 사회주의 원론을 공부하면서 치기 어린 마음에 자기 집안의 계급성을 부끄럽게 여겼으나 할아버지나 아버지가 민족적 양심에 부끄럽게 산 적은 없었다. 두 사람은 이일재에게 항일운동을 하라고 말한 적은 없어도 저항 정신의 토대가 되어 주었다.

삼촌 이강복과 외삼촌 최세기도 어린 시절 이일재에게 보이지 않는 영향을 주었다. 두 사람 역시 조카에게 민족 문제나 이념 문제에 대해 어떤 가르침도 준 적이 없었다. 하지만 감수성 풍부한 어린 시절이라 그들의 존재만으로도 영향을 받을 수밖에 없었다.

삼촌 이강복은 1910년 생으로 일본에서 와세다대학 영문과 재학 중 일본공산당 중앙위원인 나카노 시게하루(中野重治)의 영향을 받아 연극을 하면서 공산주의운동에 뛰어들었다. 1930년대 일본에는 소극장운동이 널리 퍼져 있었다. 독일공산당으로부터 도입된 대중 선전 활동이었다. '신쓰키지(新築地) 소극장'에 참가해 공산주의를 선전, 선동하는 연극을 하던 이강복은 1938년 귀국한 후에도 수시로 경찰서에 끌려갔다. 대구에 공연을 왔다가 일경에 체포되어 서울로 압송되기도 했다. 이일재는 그가 일본인에게 끌려가는 광경을 보는 것만으로도 그를 존경하게 되었다.

이강복도 조카 이일재를 좋아했다. 거기에는 사연이 있었다. 이강복은 이기양의 둘째 부인에게서 태어난 서자였다. 공식적인 호적에 양반, 평민, 상민의 계급은 물론 적자와 서자까지 기록하던 반봉건시대였다. 일본 유학까지 보내주면서도 적서의 차별은 엄연했다. 제삿날이면 정실 자식들은 마루 위에서 절을 올리는데 이강복은 마당에 멍석을 깔아 놓고 절을 해야 했다. 어느 해 제삿날, 어린 이일재가 이 광경을 보더니 마당으로 뛰어 내려갔다.

"왜 삼촌은 밑에서 절을 합니까? 마루로 올라 오이소!"

이일재는 주춤거리는 삼촌의 손을 잡고 마루로 끌어 올렸다. 서자는 밑에서 절하는 게 법도임을 잘 알면서도 한 일이었다. 집안의 장손이 그러니 다른 사람들도 말을 못했다. 이 일에 감복한 이강복은 자기보다 14살이나 어린 조카지만 이일재를 평생의 벗으로 삼았다. 그는 이일재의 여동생에게 말한 적이 있었다.

"일재야말로 혁명적이다. 혁명가가 될 사람이야."

어쩌면 그래서 더욱 이일재의 안전을 위해 공산주의 활동에 끌어들이지 않았는지도 몰랐다. 그럼에도 이강복 삼촌은 이일재의 인생에 큰 영향을 미친 사람이었다.

외삼촌 최세기 역시 국제무정부주의 기관지 「스스메」를 배포하다가 체포되어 극심한 고문을 받은 끝에 병석에서 고생하다가 사망할 때까지 조카 이일재에게 어떠한 사상 교육도 하지 않았으나 그 존재 자체로 큰 영향을 준 사람이었다.

그러나 1939년, 17살의 나이로 공장 노동자가 된 것은 온전히 이일재 자신의 결심이었다.

3. 노동자가 되어

처음 들어간 곳은 일본인 소유의 완구공장인 곤도완구였다. 나무를 깎아 장난감을 만드는 곳으로, 대구에서는 상당한 기업에 속했다.

처음 해보는 육체노동은 지루했다. 반복되는 단순노동은 졸음을 불러왔다. 게다가 안전이라는 개념이 없던 시대였다. 작업장 안에는 온갖 목공 도구가 무질서하게 널려 있었다. 띠톱, 실톱, 회전톱 같은 온갖 톱들과 망치, 대패, 끌, 사포 같은 공구들이 내는 소리가 온종일 귀를 먹먹하게 했다.

들어가고 며칠도 안 됐을 때였다. 마루노코(丸のこ)라 불리던 기계톱으로 나무를 자르는데 손에 찌르르 하는 느낌이 왔다. 톱날이 손가락과 손등을 스친 것이었다.

"어억!"

비명을 지르며 손을 뺐지만 이미 늦었다. 피가 흐르는 손을 부여잡고 정신없이 병원에 달려가 꿰매고 나니 지독한 통증이 시작되었다. 손가락과 손등을 살짝 베인 것뿐인데 발끝에서 목덜미까지 온몸이 두들겨 맞은 듯 아팠다. 바늘이 살을 꿰어 당기는 따가움이 차라리 시원하게 느껴질 지경이었다. 심한 몸살과 같은 통증은 이틀, 사흘이 지나니 약해졌으나 다시는 톱 근처에 가고 싶지 않았다.

한창 대구방직이 공사 중일 때였다. 다친 손이 낫고는 방직공장 공사 장에서 막노동을 뛰었다. 별다른 기술이 없으니 주로 호리가라라 해서 삽으로 흙을 파는 일을 했다. 이른 새벽에 대충 밥을 먹고 도시락 싸 들고 해가 뜨기도 전에 공사장에 나가보면 십장이 하수관을 묻을 자리를 벌써 길게 표시해놓았다. 한국인 10여 명이 줄을 따라 서서 온종일 허리가 뻐근해지도록 땅을 팠다. 저녁에 빈 도시락의 젓가락을 절그럭거리며 집에 돌아올 때면 발이 허공에 둥둥 뜨는 것 같고 너무 허기가 져서 기절할 것 같았다.

통조림공장에서도 일했다. '오바'라는 식품공장으로, 전선에 있는 일본 군들을 위해 소고기통조림을 만들어 보내는 곳이었다. 매일 50마리의 소를 도축해 군대에 납품했는데 이 소들을 잡기 위해 많은 백정들이 징발되어 일하고 있었다. 강제로 끌려오기는 했으나 백정들은 공장에서 일하게 된 것을 다행으로 생각했다. 그렇지 않으면 어차피 징용되어 홋카이도 아니면 남양 반도라 불리던 남태평양전선으로 끌려갈 것이기 때문이었다.

통조림공장에는 꽤 오래 다녔다. 백정들이 소를 죽여 해체해놓으면 고깃덩이를 나르는 허드렛일을 했는데 백정들의 생활을 관찰하는 것도 나름 재밌었다. 백정들은 오늘날 대구 시내 한복판인 동아쇼핑 뒤편에 모여 살았다. 본인들이 원해서라기보다 최하층계급인 백정끼리 살도록 한 봉건시대 유습 때문이었다. 백정들은 1924년부터 10여 년간 형평사 운동을 벌여 백정에 대한 차별 대우와 사회적 멸시에 저항해 싸웠는데 일제에 의해 강제로 해산된 지 오래인 이때까지도 그 흔적이 남아 있었다. 이일재는 백정들과 친하게 어울리며 무산계급의 역동성을 체감했다.

통조림공장을 그만두게 된 것도 사고 때문이었다. 곤도완구와 마찬가지로 안전시설이나 안전교육이라곤 없이 위험한 기계들 앞에 무방비 상태로 하루 12시간을 일하다 보면 여기저기서 사고가 터졌다. 이일재도 절단기에 손가락 3개가 거의 잘려나가는 부상을 당했다. 손가락들은 겨우 붙어 있기는 했으나 비뚜름하게 굳어 평생의 장애가 되었다.

손가락이 나은 후에는 양회점에서 일하다가 제과회사와 방직공장으로 옮겨 다녔다. 여기저기 잠깐씩 다니다 그만두니 본래 의도했던 노동자의 조직화는 아무 성과를 내지 못했다. 학교나 집에서도 조선말을 쓸 수 없는 엄혹한 전시 체제 아래서 어린 나이에 혼자 노동자를 조직하는 일은 쉽지 않았을 것이다. 그래도 몇 달이라도 성실히 다녀야 사람을 사귈 수 있는데 조금만 힘들면 그만두기를 반복한 것은 변명의 여지가 없었다.

왜 한 군데 공장에서 꾸준히 일하지 않았느냐는 질문에, 그는 이렇게 답했다.

"근로 조건이 더 좋은 공장을 찾아다닌 것도 있고 여러 군데를 다녀 보고 싶은 마음도 있었습니다. 여러 가지 노동을 경험하고 싶었지요."

육체노동이 신성하다는 믿음은 인간의 생명을 유지시키는 필수적인, 그리하여 누군가는 반드시 해야 할 힘든 일이기에 만들어진 위로에 불과하다. 자본주의 국가도, 사회주의 국가도 육체노동을 필요로 하기에 노동자를 찬양하는 것뿐, 인간은 창조하고 즐기는 일에 더 적합한 고도의 지능을 가진 동물이다. 진정 노동이 최고의 가치를 가진다면 사회주의자들이 노동 시간을 단축하려고 그토록 치열히 싸울 필요는 없었을 것이다.

세상을 바꾸려는 열망과 기발한 계획이 가득한 청년 이일재가 온종일 똑같이 반복되는 지루한 육체노동을 견디기 힘들어한 것은 굳이 변명할 필요도 없는 일이었다. 단순노동의 지루함을 이겨내고 공장 내에 탄탄한 조직을 만들 수 있도록 상의하고 지도할 상부 조직으로 해결해야 할 문제였다. 그러나 세계대전 말기의 살벌한 군사 체제 아래 그런 조직은 존재하지 않았다.

1930년대 말 대구에는 저명한 공산주의자 이관술이 지하 조직을 위해 드나들고 있었다. 탁월한 조직가였던 이재유와 함께 조선공산당 재건 운동의 한줄기였던 '경성 트로이카'를 이끌던 인물로, 이재유가 구속된 후 홀로 재건운동을 위해 전국을 누비던 중이었다. 대구에서는 경성 트로이카의 일원이던 최소복, 안귀남 등과 조직 재건을 도모했는데 1940년부터는 국제공산당 코민테른으로부터 전권을 위임받은 박헌영까지 합류한 '경성콤그룹'으로 발전해 함흥에서 마산까지 연계를 갖고 있었다. 그러나 일제의 집요한 추적으로 수차례나 대량 구속되어 파업 농성 등의 실질적인 대중 활동은 거의 못하는 상태였다. 존재 자체만으로도 의미가 있던 시절이기도 했다.

이강복 삼촌이 귀국해 대구와 서울을 오가며 활동할 때였으나 이일재는 그로부터 어떤 활동 지침도 받은 적이 없었다. 설사 그가 경성콤그룹 등 대구 지역의 조직적인 움직임과 관련이 있었다 하더라도 극비 활동이므로 어린 이일재에게 이야기를 할 수는 없었을 것이다.

"공산주의자였던 강복 삼촌이 내게 아무런 지도 지침을 주지 않은 것처럼, 당시 내가 연결될 수 있는 어른들은 없었습니다. 대구 지역에 어떤 조직적인 움직임이 있었다 하더라도 어린 나에게까지 조직선이 올 수는 없었겠지요. 때문에 어떤 구체적이고 명확한 활동 목표를 설정해놓고 공장 노동자 생활에 뛰어들었던 것은 아니었습니다. 그렇지만 그때도 한 가지 목표는 분명히 하고 있었습니다. 그것은 바로 노동계급 속에서 '항일'을 한다는 것이었습니다."

어떻게 노동자를 조직해 항일에 나서게 할 것인가도 혼자 고민해야 했다. 나름대로 지혜를 짜냈다. 다니는 공장의 노동자들에게 편지를 대신 써주며 한글을 가르쳐주기도 하고, 조선어학회에서 나온 잡지 「한글」을 같이 보기도 했다. 저녁에 노동자들과 어울리는 시간이면 읽은 책들을 설명하고 해설해주었다.

"수많은 조선 청년들이 강제 징집되어 일본을 위해 죽으러 갈 때였습니다. 일본군에 징병된 이를 만날 때마다 말해주었지요. 관동군에 배치되어 만주로 가거든 소련군으로 넘어가고, 태평양 전선에 배치되거든 미군에게 넘어가라고 말입니다."

노동자들로부터 귀한 정보를 얻기도 했다. 대한방직 건설 현장에서는 함께 일하는 노동자들을 통해 일본에는 전협이라 불리던 '일본 노동조합 전국협의회'란 단체가 있음을 알게 되었다. 폐타이어에서 실을 뽑아내는 공장에 다닐 때는 40대 노동자로부터 세계정세에 대한 박식한 정보들을 듣기도 했다. 정체를 물어볼 수는 없었으나 한때 공산주의 활동을 했던 이로 추측되었다. 그는 이일재가 배움에 굶주린 것을 보고는 백과사전을 사서 읽으라고 소개해주기도 했다. 42권이나 되는 사회사상 백과사전이었다. 그의 말대로 번 돈을 몽땅 털어서 백과사전을 사서 읽었다. 내용이 많아 제대로 이해가 잘되지는 않았으나 백 번 읽으면 이해가 된다는 옛말을 믿고 읽고 또 읽었다.

공부를 할수록 실천 운동에 대한 갈망은 높아졌으나 구체적으로 무엇을 어떻게 해야 할지는 알 수 없었다.

1930년 전후 10여 년은 가히 조선의 르네상스라 불릴 만한 시대였다. 3·1운동에 놀란 일제의 이른바 문화통치 아래 공산주의, 무정부주의, 동성애 같은 온갖 사상과 사조가 유행하고 2백 개가 넘는 사회단체가 목소리를 냈다. 농촌과 공장에서는 공산주의자들이 주도한 소작쟁의와 파업이 끊이지 않았다.

이일재가 공장에 다니던 1940년대는 그러나 암흑의 시기였다. 그 활발했던 사상과 문화 활동은 일시에 정지되어버렸다. 조선어 신문들이며 잡지들은 모두 폐간되고 친일단체 외의 조선인단체들도 모두 해산된 상태였다. 대다수의 민족주의자들은 벌써 오래전에 일본에 백기 투항해 버린 상태였고, 한때 신문 지상을 장식했던 유명한 사회주의자들도 잇달아 전향을 선언하고 친일에 앞장서고 있었다. 대구 지역의 저명한 항일운동가이던 황태성까지도 어용단체인 대화숙에 가입해 조선 청년들도 반미 전쟁에 참여해야 한다는 연설을 하러 다니는 판이었다.

처음부터 그랬듯이, 혼자만의 상상력을 동원해 활동하는 수밖에 없었다. 주변 친구들을 끌어모으기로 했다.

이일재의 왼쪽 입이 비뚤어진 것은 해성보통학교에 다닐 때였다. 학교에서 계곡으로 소풍을 갔는데 차가운 바위에 얼굴을 대고 잠이 들었다가 깨어나보니 바위에 닿았던 왼쪽 얼굴이 얼얼한 채 입술이 비뚤어져버렸다. 옛날 말로 풍을 맞은 것이다. 놀란 할아버지와 아버지는 병원에 데리고 다니며 침을 놓고 한약을 지어 먹였으나 입술은 제자리로 돌아오지 않았다. 마치 남들보다 월등히 크고 건장한 체격을 시샘받기라도 한 듯 평생 흉한 얼굴로 살게 되었다.

외모의 약점을 극복하기 위해서라도 그는 더 박식한 사람이 되어야 했고 더 의리 있는 친구가 되어야 했을 것이다. 다행히 친구들은 눈에 띄는 큰 체구에 똑똑하면서도 용감한 그와 노는 것을 좋아했을 뿐 아니라 늘 대장으로 삼아주었다.

조선인의 성과 이름을 일본식으로 고치는 창씨개명이 한창이었다. 이일재는 주위에 모인 친구들과 밤중에 골목을 돌아다니며 창씨개명을 한 집의 일본어 문패를 떼어냈다. 하룻밤을 돌면 문패가 한 가마니나 나왔다. 이를 쓰레기장에 갖다버리거나 태워버리노라면 기분이 후련했다.

일부러 친구들과 어울려 뒷골목을 돌아다니다가 일본인을 만나면 이유 없이 시비를 걸어 두들겨 패고 달아나기도 했다. 일본인들은 어른이나 아이나 왜소했다. 주먹을 쓸 때면 육중한 체격에 두려움이라곤 모르는 이일재가 주역을 했다. 두세 명이 달려들어도 단번에 제압해버렸다.

조선에서 몇째 가는 도시라지만 인구의 80%가 농촌에 살던 농경시대였다. 대구역 앞의 중심가에나 일본식 2, 3층짜리 건물들이 늘어섰을 뿐, 납작한 조선집들이 깔린 인구 20만이 안 되는 소도시였다. 창씨개명한 집들의 문패가 무더기로 사라지고 뒷골목에서 일본인들이 이유 없이 구타당하는 사건이 잇따르면서 경찰의 추적은 금방 이들을 덮쳤다.

경찰의 급습으로 여럿이 잡혀갔다. 가장 앞장서 일본인을 두들겨 팼던 이일재는 다행히 붙잡히기 전에 달아날 수 있었다. 친구들이 경찰서에서 두들겨 맞는 사이, 그는 남쪽으로 달아나 경남 고령까지 내려갔다. 외삼촌 중에 경남도청 산림과에서 일하는 이가 있었다. 어머니가 그에게 부탁해 고령에서 벌어지고 있던 사방 공사장에 넣어주었던 것이다. 어머니는 아들을 붙잡으러 오는 일본 형사들에게 식사를 대접하고, 형사들의 집에 계란 꾸러미를 뇌물로 갖다주며 수배를 풀어달라고 부탁해 경찰이 고령까지 쫓아오지는 않았다.

사방 공사란 주민들이 연료용으로 나무를 베어내어 헐벗은 야산이나 하천변에 토사 유실을 막기 위해 돌둑을 쌓거나 나무를 심는 작업이었다. 이일재는 돌 축대를 쌓기 위해 돌 자르는 석수장이 밑에서 보조하는 일을 했다. 그다지 힘도 들지 않고 재밌는 일이라 공사가 끝날 때까지 꾸준히 붙어있었다.

고령읍에 살다보니 그곳 사람도 사귀게 되었다. 대구 출신의 기생이자 사회단체 지도자로 유명한 정칠성의 아들 이동수였다.

기생들은 권번이라는 학교에서 음악·무용 같은 무희뿐 아니라 신학문도 배웠기 때문에 여염집 여성들보다도 아는 것도 많고 진보적인 생각을 가진 이가 많았다. 정칠성은 기생 출신이지만 주세죽, 허정숙, 고명자, 유영준 등 저명한 여성 독립운동가들과 동등한 위치에서 조선여성동우회, 신간회 같은 여러 사회단체를 이끌던 인물이었다.

기생이 첫 잠자리를 하는 것을 두고 머리를 올린다고 했다. 정칠성은 고령의 부자인 이씨가 머리를 올려주고는 기방에 안 보내고 그대로 데리고 살았다. 몸을 파는 기생 짓을 않고 처음부터 소실로 들어간 것이다. 자연히 고령에서 살면서 외아들을 낳았는데 그가 이동수였다. 이동수는 연극을 잘해서 사회성 짙은 연극으로도 유명했다. 이일재는 이동수로부터 중국과 미국에서 벌어지고 있는 조선의 독립운동에 대한 정보를 들을 수 있었다.

사방 공사가 끝난 후에는 숯 굽는 산막에 일꾼으로 들어가 숯을 구우며 언제나 전쟁이 끝나나 기다리고 있는데 집으로 돌아와도 된다는 전갈이 왔다. 어머니가 형사들에게 열심히 부탁하고, 잡혀갔던 친구들도 매만 맞고 풀려나오면서 수배가 유야무야된 것이다.

대구에 돌아와서는 인삼 가게를 하던 외삼촌의 소개로 삼륜화학에 취업할 수 있었다. 태평양에서 일본군이 미 해군에 연전연패하던 이유 중 하나는 전파 탐지기의 성능이 약해서였다. 산에서 나는 머루와 다래를 가공하면 전파 탐지기의 감도를 높이는 로셀륨이라는 약품이 나왔다. 일본은 전파 탐지기 기능을 높이기 위해 각 도마다 삼륭화학을 세우고 지방민들에게 강제로 머루와 다래를 공출해갔다. 그중 하나가 대구 시내 약학전문대 자리에 세워졌다. 훗날의 메디칼센터 자리였다.

군수산업체에서 일하면 징용이 면제되었다. 이를 '현지 징용'이라 불렀다. 군수산업체인 삼륭화학에도 경성약학전문학교나 서울약학대학을 나온 고등 지식인들이 현지 징용되어 끌려와 일하고 있었다. 대구 사람들도 삼륭화학에 취업하면 일본으로 징용되어 끌려갈 걱정은 없었다. 공장도 깨끗하고 안전한 데다 100명이 안 되는 소박한 분위기라 들어가기가 쉽지 않았다.

부자 외삼촌 덕에 입사한 이일재는 친구 하나도 삼륭화학에 소개해 취직시켜주었다. 해성보통학교 동창생인 김대균이었다. 그는 일본으로 중학교 유학을 갔을 때 도쿄의 소련 대사관에 몰래 들어가 대사관 서기에게 일제와 투쟁할 수 있도록 권총과 돈을 달라고 요청했던 당돌한 친구였다. 소련 대사관 서기는 정신병자라 생각하고 일본 경시청에 전화를 걸어 잡아가라고 신고했고 일본 경찰도 제정신이 아닌 것으로 보고 정신 감정까지 하여 사상범을 가둬두는 보호 감찰소에 집어넣었을 정도였다.

미친 사람 취급을 받을 정도로 겁이 없는 김대균과 이일재는 죽이 잘 맞았다. 매일이다시피 어울리면서 조국의 현실에 울분하고 무엇을 해야 조국의 독립에 도움이 될 것인가 온갖 궁리와 공상으로 시간을 보냈다. 항일 투지의 열기를 억누를 수 없던 두 청년은 마침내 일본군 대구 지구 사령부를 폭파시키기로 결의했다.

당시의 이일재가 보다 철저한 공산주의자였다면 길고 힘들더라도 자신의 활동 현장인 삼륜화학에서 노동자를 조직하고 파업을 일으켜 일본 제국주의를 근본에서 흔드는 방법을 택했을 것이었다. 만일 폭력적 수단을 사용한다 해도 군부대를 향한 무모한 테러보다는 집단적인 무장 봉기를 준비했을 것이다. 폭탄 테러는 오로지 일본에 대한 불타는 적개심만으로 뭉친 10대 청년들의 치기 어린 계획이었다.

황당한 계획이긴 했지만 무장 투쟁을 상상하게 된 것은 삼륜화학에서 일하던 함경도 출신 노동자들로부터 김일성의 무용담을 들었기 때문이었다. 만주의 김일성 부대가 일본군 2개 연대를 몰살시켰다는 이야기였다. 만주에서 중국공산당 산하 동북항일연군 제2군 6사장으로 활동하던 김일성은 1937년 압록강을 넘어와 보천보 지서를 습격한 사건으로 잡지 「삼천리」며 「만선일보」 등에 특집으로 실려 널리 유명해졌다.

김일성처럼 공을 세우기로 결심한 두 사람은 몇 번이나 일본군 사령부를 찾아가 주변을 배회하며 모의를 거듭했다. 폭탄을 구하는 게 제일 큰 일이었다. 이 무렵 이일재의 아버지는 아직 금광을 갖고 있었다. 일본 정부가 전쟁 비용 마련을 위해 금본위제를 폐지하고 지폐를 마구 찍어내면서 망하기는 했지만 정리한 상태는 아니었다. 광산에서 다이너마이트를 빼돌리기로 결정했다.

우여곡절 끝에 이일재는 아버지의 광산에서 도화선을 훔쳐내는 데 성공했다. 그러나 다이너마이트는 철저히 관리하니 빼돌릴 수가 없었다. 두 사람은 직접 다이너마이트를 제작하기로 하고 자신들이 다니는 삼륜화학에서 밤에 몰래 들어가 황산과 초산까지 훔쳐 나왔다. 하지만 실험을 한다고 웃으며 머리를 홀랑 태워먹기만 했을 뿐 끝내 다이너마이트 제작에는 실패하고 말았다. 자연히 일본군 사령부 폭파 계획도 무산되었다.

이일재가 처음부터 조선공산당 지하 조직과 연계되어 노동운동을 시작했다면, 이런 유치한 계획을 짜지는 않았을 것이다. 역사와 사회를 유물론적으로 볼 수 있게 되었다는 것과 그 모순을 고치기 위해 어떻게 싸워야 하는가는 별도의 문제였다. 그런데 후자인 노동운동의 전략과 전술은 이일재가 가진 책에는 나오지 않았다.

박헌영, 이재유 등 당대 공산주의 지도자들은 여러 형태의 기관지를 통해 공장 내 초보적인 노동자 소모임이나 당원 조직인 '야체이카'의 결성과 운영 등에 관한 지침을 제시했으나 처음부터 홀로 시작한 이일재로서는 접할 수 없는 문건들이었다.

이일재가 제대로 된 공산당원을 한 명이라도 만났다면 여기저기 공장을 옮겨다니며 개인적인 돌출 행동을 하지는 않았을 것이다. 그가 조직의 지도와 혜택을 받게 된 것은 해방이 된 후였다.

4. 해방 대구

이일재와 친구들이 의분을 삭히지 못하고 치기 어린 행동으로 좌충우돌하고 있는 사이, 1945년이 왔다. 일본군의 중국 본토 침략으로 시작된 제2차 세계대전으로 치면 만 8년째, 만주 침공부터 따지면 무려 14년째 전쟁 중이었다.

1943년까지도 조선인은 식민지 백성이란 이유로 스스로 지원을 해야 군대에 가는 지원병 제도였다. 때문에 수많은 조선의 문인, 교육자들이 동원되어 지원병에 나갈 것을 호소하는 연설을 해야 했다. 그런데 전황이 급속히 악화된 1944년부터 일제는 조선인과 일본인은 하나의 국민이라는 새로운 이념을 내세워 강제 징용을 시작했다.

삼륜화학에 다니면 일본의 군수공장에 끌려가는 징용은 면제되었으나 군대에 끌려가는 징병은 면제되지 않았다. 23살이 된 이일재에게도 마침내 징병 통지서가 날아왔다. 입대 날짜는 1945년 8월 16일이었다.

일본군은 중국 전선에서는 중국공산당 소속 팔로군에게 곤욕을 치르고, 태평양 전선에서는 미군에게 궤멸적인 타격을 입고 있었다. 그러나 「조선일보」와 「동아일보」조차 폐간된 가운데 총독부의 관영 신문들과 라디오 방송은 일본군이 남양 군도와 중국 내륙에서 연일 승승장구하는 중이라고 보도를 했다. 통제된 정보 속에 살아가는 평범한 조선인들은 일본이 패전하리라고는 상상 못한 채 매일처럼 징용과 징병으로 끌려가는 젊은이들의 환송식에 참가해 일장기를 흔들고 있었다.

징병 소집 바로 전날인 1945년 8월 15일 아침, 아버지가 이강복 삼촌과 이일재를 불렀다. 내일 군대에 가기 전에 와서 점심이라도 먹고 가라는 것이었다. 쌀이란 쌀은 모두 일본군에게 빼앗겨 밥이라곤 구경할 수 없던 시절이었다. 점심이라고 준비한 것도 밥이 아니라 국수였다. 군대에 끌려가면 살아 돌아오기 어렵다는 것을 누구나 알고 있었다. 국수 가락이 맛있는 줄도 모르고 침울하게 먹고 있을 때였다. 문득 생각난 듯 아버지가 말했다.

"아참, 라디오 좀 켜봐라. 오늘 정오에 일왕의 중대 발표가 있다고 하더라."

이강복이 라디오를 켜니 마침 정오였다. 라디오에서 일왕의 연설이 들리기 시작했다. 어려서부터 일본어 교육을 받아온 이일재는 일본어를 잘하는 편이었다. 그런데 수신 감도도 나쁜데다가 도대체 뭐라고 하는 건지 잘 알아들을 수가 없었다. 일본 왕실에서만 따로 쓰는 사투리가 있는 게 아닌가 하는 생각이 들 정도였다. 그래도 대충은 알아들을 수 있었다. 포츠담선언을 수락하겠다는 내용이었다. 이일재가 통역을 해주니 이강인은 활짝 웃음을 터뜨렸다.

"왜놈들이 드디어 항복했구나!"

이강복도 좋아서 벌떡 일어나며 외쳤다.

"형님! 마침내 조선이 독립하게 됐군요!"

이강복은 눈물까지 글썽이며 이일재에게 말했다.

"일재야, 너는 이제 군대 가지 않아도 되겠다."

너무 신이 나서 후르르 국수를 마셔버리고 김대균의 집으로 달려갔다. 입영하는 친구들 환송회를 하겠다고 여럿이 모여 있었는데 라디오가 귀한 시절이라 그들은 아직 소식을 듣지 못했다.

"얘들아! 라디오 몬 들었나? 일본이 항복했다 아이가!"

김대균의 집에 들어서자마자 소리치니 친구들은 어리둥절해 할 뿐 믿으려 들지 않았다. 자세히 방송 이야기를 하니 다들 흥분해서 어쩔 줄을 몰랐다. 김대균이 벌떡 일어나더니 외쳤다.

"그라믄 태극기를 내걸어야제!"

"태극기가 어딨노?"

"우리 아버지가 숨겨놓은 거가 있다 아이가."

김대균의 아버지는 3·1운동 때 앞장 섰던 사람 중 하나였다. 대구에서 만세를 부르다가 일본 경찰의 체포를 피해 계산동 성당 종루에 숨어 살아났던 그는 26년이 지난 그때까지도 태극기를 몰래 숨겨 가지고 있었다.

김대균의 아버지만이 아니었다. 만세운동이 지나간 후 일본 경찰은 집집마다 샅샅이 수색해 태극기를 압수해 가고 소지자는 엉덩이를 까서 곤장으로 90대씩 때려 살이 뭉개지는 태형을 가했음에도 수많은 사람들이 태극기를 버리지 못하고 깊숙이 감추고 있었다.

꺼내온 태극기는 오랜 세월 동안 벽장에 숨겨져 있어 쥐오줌이 물든 대로 태극 문양의 붉은 색깔은 날아가고 푸른색만 남아 있었다. 흰 광목은 누렇게 변색되어 더욱 감명 깊었다. 이일재와 친구들로서는 난생 처음 보는, 대한제국의 국기이자 대한민국의 국기였다.

"사람들에게 이 기쁜 소식을 알리자!"

청년들은 태극기를 앞세우고 나가 동네 한가운데 있는 백십자약방 앞 감나무에 매달았다. 그리고 다 같이 입을 모아 지나는 사람들을 향해 소리쳤다.

"일본이 전쟁에서 졌어요! 조선은 이제 해방입니다!"

백십자약방 앞 공터는 무슨 일이 생길 때마다 사람들이 모이는 곳이었다. 청년들이 소리쳐 대고 있으려니 어른들이 여기저기서 모여들었다. 뜻밖에도 어른들의 반응은 무덤덤했다. 정말이냐고 물으며 확인하는 이도 있지만 대개는 믿을 수 없다는 표정으로 반신반의했다. 칭찬해주는 사람은 없고 다들 한마디씩 하고 돌아섰다.

"야 이놈들아! 깃발 내려라! 아직 왜인들이 펄펄 살아 있는데 저걸 보면 우리 다 죽는다!"

"어서 깃발 내려!"

일본 헌병과 경찰이 그대로 자리를 지키고 있던 것은 사실이었다. 일본 왕의 항복 방송 이외에 변한 것은 아무것도 없었다. 어른들의 성화에 감나무에 다시 올라가 태극기를 끌어내릴 수밖에 없었다.

뒤숭숭한 밤이었다. 이제 일본군에 끌려가지 않을 수 있다는 기대와 동시에 라디오 방송을 잘못 들은 게 아닐까 하는 불안으로 잠이 오지 않았다. 군대에 끌려갈 생각에 거의 한숨도 못 잤는데 아침밥도 먹기 전에 일본인 헌병과 경찰이 들이닥쳤다.

"이일재 군, 입영이다. 어서 나와라!"

변한 건 없었다. 전날의 흥분은 차갑게 식어버렸다. 일왕이 항복을 했어도 세상은 아무것도 변한 게 없다고 생각하니 기운이 쭉 빠졌다. 그대로 헌병을 따라갈 수밖에 없었다.

끌려가보니 대구 시내에 있는 일본군 7473호 부대였다. 이일재뿐 아니라 이날 징집되기로 한 100여 명의 젊은이들은 모두 잡혀와 있었다. 다들 항복 소식은 들었기 때문에 앞으로 어찌될 것인가 웅성거리고 있으려니 일본인 부대장이 앞에 나와 연설을 했다.

"우리 대일본 제국이 패전했다. 너희는 더 이상 전쟁터에는 가지 않아도 된다. 그러나 36년간 조선을 보살펴 줬는데 그 은공을 모르고 철없는 조선인들이 일본에게 반항해 폭동을 일으키려고 한다. 너희들이 앞장서서 폭동을 진압해야 한다."

태평양 전선에 끌려가지 않게 된 것은 다행이었으나 경찰 노릇을 하라는 거였다. 다들 황당한 표정을 지었으나 총을 멘 헌병들에게 포위되었으니 꼼짝없이 듣고 있어야만 했다. 그때 멀리서 사람들의 함성이 들려왔다.

"대한 독립 만세!"

이제 확실히 일본의 패전을 확인한 시민들이 거리에 몰려나와 만세를 부르는 것이었다. 이일재와 청년들은 곳곳에서 항의했다.

"조선은 독립했는데 왜 군대를 가야 하는 거요?"

"우리를 집에 보내주시오!"

일본군들은 바깥의 분위기가 들떠 오르자 겁을 먹었는지 총구를 겨누며 소리쳐댔다.

"시키는 대로 해라! 아니면 다 쏴 죽인다!"

일본군들은 청년들을 트럭에 실어 어디론가 이동시켰다. 총구가 무서워 어쩔 수 없이 따라가보니 대구 형무소였다. 형무소의 죄수들은 이미다 나가버리고 철창 안은 텅 비어 있었다.

"왜 우리를 형무소에 가두는 거요?"

여기저기서 항의했으나 탄알을 장전한 총구로 가슴과 등을 찌르고 군화발로 걷어차 감방 안으로 밀어넣으니 들어가는 수밖에 없었다. 꼼짝없이 갇혀 있으려니 갑갑해 미칠 지경이었다. 청년들 사이에는 무서운 소문도 돌았다.

"패전하면 일본 놈들이 조선의 젊은이들을 다 쏘아 죽이고 제 나라로 간다는 말을 들었소. 나중에 다시 조선을 점령하려고 말이요."

"저놈들이 아마 우리부터 죽일 모양이요. 이를 어쩐단 말이요."

사실은 달랐다. 나중에 알았지만, 항복 소식이 퍼지면서 대구 시내 곳곳에서 일본인들을 두들겨 패는 사건이 벌어지고 있었다. 달성의 대한중석 달성광산(중석광산)에서는 노동자들이 폭동을 일으켜 일본인 서무과장을 때려죽였다. 이에 겁먹은 일본군이 자국민이 철수하는 동안 청년들을 가둬버린 것이었다.

형무소에 갇힌 지 사흘째 되던 날이었다. 아침에 일어나 보니 일본인들이 눈에 띄지 않았다. 헌병도 경찰도 사라져버리고 감옥의 복도들은 텅 비어 있었다. 모조리 달아난 것이었다.

"왜놈들이 도망갔다!"

"문을 부수고 나갑시다!"

여기저기서 고함 소리와 함께 문을 부수기 시작했다. 거구의 이일재가 앞장서서 힘차게 문짝을 걷어찼다. 두꺼운 나무문이 부서지고, 젊은이들은 복도로 쏟아져 나와 밖으로 몰려갔다.

형무소 높은 철문을 활짝 열고 나와보니 거리에는 아직도 곳곳에서 만세 시위 행렬이 몰려다니고 있었다. 이제 진짜 해방이 된 것이다. 이일재와 청년들은 소리쳐 만세를 부르며 시위대에 합류했다. 대한민국 만세를 외치는데 눈물이 얼마나 쏟아지는지 몰랐다.

훗날, 해방의 감격을 묻는 질문에 그는 이렇게 답했다.

"해방이요? 해방 하면 나는 서울역 앞에서 먹던 말고기와 정어리가 생각납니다."

이일재는 해방되던 1945년 11월 처음으로 서울 땅을 디뎠다. 해방되고 몇 달이 지나도록 귀환민의 대이동이 계속될 때였다. 대구역에서 증기기관차를 타고 서울역까지 가는 데 몇 시간이나 걸렸는지는 기억도 나지 않았다.

석탄이 귀하다보니 모든 역마다 서서 때로는 몇 시간씩 섰다가 출발하는 완행열차뿐이었다. 일제 때 만주로 농사지으러 갔다가 돌아오는 사람들, 이북이 싫다고 내려오는 사람들이 200만 명은 되었다. 일본으로 일하러 갔다가 돌아오는 이들도 100만은 될 것이었다. 장거리 운송 수단이라고는 기차뿐이라, 귀환민들은 증기기관차의 앞 난간부터 화물차 짐 위에까지 벌레처럼 달라붙어 제각기 고향을 찾아갔다. 굴속에서 기차가 멈추는 바람에 질식해 죽는 이들도 있고, 대전에서는 정차된 기차를 들이받아 수십 명이 죽기도 했다.

"서울역에 내려보니 광장이 온통 술집입니다. 발 디딜 틈이 없습니다. 전평 사무실이 광장 맞은편, 지금의 대우 빌딩이 있는 곳에 있었는데 거기까지 가기가 힘들었습니다. 온통 술집을 차려놓은 데다 북에서 내려오고 일본에서 올라온 귀환민들이 임시로 자리 잡고 밥을 끓여 먹이니 서울역 앞 전체가 식당가처럼 보입디다."

술집에서는 주로 말고기를 팔았다. 숯불에 말고기를 구워 술안주 겸 끼니를 때웠다. 일본군 장교들이며 경찰이 귀국하며 버리고 간 말들을 잡아먹는 것이었다. 술은 서울 약주였다. 남쪽 사람들은 도수 약한 막걸리를 만들어 먹는데 북쪽 사람들은 독한 소주를 좋아했다. 중부 사람들은 중간 도수의 약주였는데 이일재에게는 들척지근하니 그다지 당기지 않는 술이었다. 독한 안동 소주가 있기는 했으나 소주가 대중화된 것은 한국전쟁 이후였다.

말을 거의 다 잡아먹은 후에는 정어리를 먹었다. 이상하게 정어리가 많이 잡히던 시절이었다. 정어리 회를 떠먹기도 하고 구워 먹기도 했다. 기름을 짤 정도로 느끼한 정어리를 하도 먹어서 다시는 먹고 싶지 않을 지경이었다. 서울뿐 아니라 전국이 비슷했다.

이일재가 서울에 간 이유는 11월 5일부터 이틀 동안 열린 조선노동조합전국평의회(약칭 전평) 창립식에 참석하기 위함이었다. 노동운동을 하겠다고 혼자 좌충우돌하던 그가 해방되고 채 3개월이 되지 않아 전평의 대구 지역 간부가 되기까지는 곡절이 많았다.

1948년 8월 18일, 형무소에서 빠져나온 이일재가 제일 먼저 만난 사람은 해성보통학교 선배인 윤일도였다. 특정 당파에 경도되지 않고 무정부주의적으로 항일운동을 해온 인물로 해방 후에는 종합음악협회라는 예술단체를 만들어 활동하고 있었다.

"선배님, 새 조국 건설을 위해서라면 무슨 일이라도 하겠습니다. 어떤 일을 하면 좋겠습니까?"

윤일도는 이일재에게 건국준비위원회를 추천했다.

"몽양 여운형 선생이 하는 건준에 들어가는 게 어떻겠나?"

"여운형 선생은 어떤 분입니까?"

이일재의 질문에 윤일도는 퍽 호의적으로 말했다.

"몽양 선생은 공산주의자니 자본주의자니 하는 말로 함부로 규정할 수 없는 분이네. 좌익과 우익의 장점들을 살리고 합쳐서 새 나라를 만들자는 거인이지. 내가 건준에 소개해줄 테니 열심히 뛰어보게나."

건국준비위원회는 패전을 앞둔 조선 총독부가 일본인의 무사 귀환을 보장받기 위해 여운형에게 치안권과 행정권을 양도하겠다고 제안하면서 만들어진 전국적인 조직이었다. 총독부는 먼저 민족주의 계열인 송진우에게 제의했다가 거절당했는데 여운형은 이를 받아들여 1년 전부터 비밀리에 활동해온 건국동맹을 건준으로 전환시킨다.

8월 15일로 행정권을 인수받은 건준은 형무소의 정치범을 석방시키고 치안대를 만들어 경찰 업무를 대신하는 한편, 9월 들어서는 인민위원회를 조직해 해외에서 귀환해 오는 동포들과 이재민들을 구호하는 활동을 하는 등 자치 정부로서 역할을 했다. 때문에 귀환민들은 조선에 벌써 새 정부가 들어선 줄로 착각하기도 했다.

우익 민족주의자들은 그러나 건준의 주력이 사회주의 계열임을 못마땅하게 여기고 여운형이 총독부와 밀실 협상을 했다거나 여운형을 포함한 건준 지도부의 다수가 친일단체 대화숙에 가입했다는 사실을 들어 친일파라고 비난하는 등 협조를 거부했다. 게다가 9월 중순에 들어온 미군은 인민위원회를 공산주의 조직으로 보고 불허하게 된다.

대구시 건준은 일제 말기에 대화숙이 입주해 있던 사무실을 접수해 사용하고 있었다. 윤일도가 소개해준 대로 건준 사무실에 가보니 김관제, 장하명, 채충식, 최문식, 박명줄, 이상훈, 이재복 등 대구 지역의 저명한 항일운동가들이 가슴에 패찰을 차고 활발히 움직이고 있었다.

장하명은 사회주의 농민운동을 해왔던 사람으로 일제의 예방 구금소에서 해방을 맞은 사람이었다. 채충식은 민족주의 계열로 일제 시대 좌우익이 합작해 만든 항일운동 공개 단체인 신간회의 중앙집행위원 출신이었다. 조선공산당 계열인 이재복과 최문식은 노동운동가로 유명했다.

이재복은 일본에서 좌익 노동운동 단체인 전협의 일본 출판노조 교토 지부에서 활동한 사람으로 얼마 후 남로당 대구 경북의 군사부장이 된다. 최문식은 적색노조 결성을 위한 지하조직인 대구 노동자협의회를 이끌었던 인물이었다. 박명줄은 일제 시절 진보적 지식인들 사이에 유행하던 세계 공용어 에스페란토어 운동을 하던 사람으로 공산주의 운동에 의식적으로 협력했다. 이상훈은 대구고보의 한문 선생으로 여러 항일운동가들과 친분을 갖고 있다가 건국준비위원회에 참여한 경우였다.

건준은 치안 유지와 귀환민 환영 외에도 대구 시내 초등학교를 돌며 한글 보급을 하고 일본인들이 세워놓은 신사를 파괴하는 등 일본의 잔재를 없애느라 분주했다. 대구 시민들을 상대로 영어, 러시아어, 중국어 어학 강좌까지 설치했다. 이 강좌의 접수는 장하명이 하고 있었는데 그는 이일재의 아버지 이강인의 친구이기도 했다. 무엇이든 읽고 배우는 것을 좋아하던 이일재는 장하명에게 찾아가 영어를 배우고 싶다고 했다. 그러자 장하명은 얼굴을 찡그리며 말했다.

"그깟 영어는 뭐 하러 배우려 카나?"

별 생각 없이 영어를 배우고자 했던 이일재는 다시 생각해 물었다.

"그럼 러시아어를 배울까요?"

장하명은 얼굴이 환해져서 웃었다.

"좋은 생각이다. 러시아어는 배워둘 필요가 있지. 언제든지 나오거라."

이일재도 그랬지만, 소련은 당대의 좌파들에게 선망의 대상이었다. 의료비, 교육비, 주거비가 무상으로 제공된다는 사회주의 제도뿐 아니라 일제 강점기 동안 소련이 코민테른을 통해 보내온 물질적, 정신적 지원을 잊지 않고 있었다.

소련은 러시아혁명 직후인 1921년부터 수백 명의 조선 청년들을 모스크바로 불러들여 월급까지 주며 공부를 시켰다. 모스크바에는 조선뿐 아니라 제국주의 침략에 시달리던 베트남, 인도, 필리핀 등 여러 나라의 독립운동가들을 위한 학교들이 세워져 있었다. 국제레닌학교는 각국의 지도자급을 위한 학교였고 동방노력자공산대학은 간부 양성을 위한 학교였다. 장차 해방될 때를 대비한 과학 기술 인력을 양성하는 고등전문학교까지 있었다. 일제 치하 공산당 지도부의 다수가 이들 학교 출신들이었다.

반면, 미국은 제국주의 국가의 하나로 조선을 일본에게 양보한 대신 필리핀을 지배하고 있었다. 3·1운동 때 미국 대통령 윌슨의 민족자결론이 영향을 미친 것은 사실이지만 구체적으로 조선의 독립을 지원한 적은 없었다. 더욱이 해방된 조선 땅에 들어온 미군은 스스로 점령군이라고 선포함으로써 한반도를 자신의 식민지로 만들겠다는 의지를 밝혔다. 소련과 대치하면서 직접 지배가 아닌 간접 통치로 전략을 바꾸게 되지만 아직은 유동적인 상태였다. 장하명이 영어를 못마땅하게 생각하고 러시아어를 배우겠다는 말에 반색한 데는 그런 이면이 있었다.

건준에 모인 진보적 지도자들은 제 발로 찾아온 23살의 앳된 청년 이일재를 반기며 서로 자기 부서에서 일을 시키려 했다. 장하명은 그에게 건준 사무실에서 실무자로 일할 것을 권했다. 이일재는 그러나 자신이 없었다.

"이 사무실에 드나드는 분들은 다들 항일투쟁의 경륜도 쟁쟁하고 대중적 기반도 많은 분들인데, 보잘것없는 제가 어떻게 보좌를 할 수 있습니까? 저한테 맞는 일은 아닌 것 같습니다."

옆에서 듣고 있던 이재복이 권유해 왔다.

"그렇다면 종합음악협회에서 일해보지 않겠나?"

"윤일도 선배가 하는 단체 말입니까?"

종합음악협회는 애초에 이일재를 건준에 소개했던 윤일도와 경북대 음악과 교수인 고태국이 주도하는 단체였다. 고태국은 미 군정이 경성제대 등 여러 단과대를 합쳐 국립 종합대로 만들려는 국대안 반대운동에 앞장선 인물이기도 했다.

협회에는 당대의 대중 가수이던 백년설과 아흔이 넘은 조선시대 관기였던 앵무 등 저명한 대중 예술인들이 참여했다. 이들은 합창단을 조직해 대구 시내 교회나 시골 마을 공회당으로 순회공연을 다니며 사라진 조선 노래를 되살리고 애국심을 고취하고 있었다. 나중에는 조선음악동맹 대구 지부로 명칭을 바꾸어 좌익 계열의 집회나 행사에서 분위기를 잡고 흥을 돋우는 역할을 한다.

"그런 일이라면 한번 해보겠습니다."

음악협회 단원들은 항상 애국가를 먼저 부르고 공연을 시작했다. 이일재는 공연장에 따라가서야 처음으로 동해물과 백두산으로 시작되는 애국가를 들었다. 태극기와 애국가는 해방되고도 수년간은 남북에 공용되는 상징이었는데 훗날 안익태가 작곡한 애국가의 곡조가 아닌, 찬송가 곡에 가사만 붙인 노래였다. 해방 3년 만에 남북에 다른 정부가 세워지기 전까지는 남한의 좌익 집회나 38선 이북에서도 같은 애국가와 태극기가 공식적으로 통용되었다.

공연 자체는 재미있었다. 광대 기질이 번득이는 가수며 만담가들이 무대에 등장해 노래와 만담, 춤사위를 보여주면 문화 예술에 굶주렸던 이들은 열렬한 박수와 함성으로 환호했다. 그러나 이일재에게는 맞지 않는 일이었다. 제각기 화려한 재능을 가진 문화 예술가들이 장기 자랑을 하는 단체에 아무 재능도 없는 그가 끼어들 공간은 없었다. 장비 나르는 일로 세월을 보내기에는 머리에 든 이상이 너무 많았을 것이다.

건준과 음악협회에 적응하지 못하고 거리로 나온 이일재는 누구의 권유라고 할 것도 없이 스스로 다시 공장에 찾아갔다. 어려서부터 몸에 익숙한 것이 노동일이었다. 그는 웬만큼 힘든 일에는 지치지 않는 체력을 가지고 있었다. 소박하고 무지하지만 본능적인 계급 의식을 가진 노동자들과 어울려 함께 땀 흘려 일하고 웃고 떠드는 일이 제일 속 편했다.

다시 삼륜화학에 다니기 시작했다. 삼륜화학은 여러모로 그와 인연이 깊은 곳이었다. 일제 말기 그곳에 다닐 때 일본인 사장은 똑똑하고 성실한 이일재를 무척 좋게 보았다. 일본의 패전으로 귀국할 때 공장과 사택을 이일재에게 맡기며 알아서 하라고 했다. 공장은 미 군정에게 적산불하를 받은 추병익 형제에게 넘어갔으나 사택은 그대로 이일재 소유가 되어 가족들이 살고 있었다. 말하자면 살고 있던 공장에 노동자로 다니게 된 셈이었다.

해방 후 삼륜화학에는 일제 말기 서울에서 내려온 약학전문학교 학생 20명까지 합쳐 80여 명의 노동자가 일하고 있었다.

공장주 추병익은 대지주 출신으로 동생 추병화와 함께 공장을 인수해 산업 자본가가 된 사람이었는데 일제 때도 노동자들을 심하게 착취하지 않아 양심적인 민족 자본가로 불렸다. 그런데 해방이 되자 노무과에서 일하던 황인필이라는 자가 미 군정에 협잡해 적산공장으로 만들어 공장을 빼앗으려 했다. 이에 이일재와 10여 명의 조선인 노동자들이 나서서 추병익의 공장임을 주장해 추씨 형제에게 공장을 돌려줄 수 있었다. 추씨 형제는 이후 조선공산당 경북 도당의 기관지 격인 「민성일보(民聲日報)」에 상당한 자금을 제공하는 등 좌익을 지원했다.

해방 직후인 9월 초에 재건된 조선공산당은 일제 강점기 때처럼 노동운동에 우선적으로 역량을 투입했다. 공산당원들은 자기 지역의 공장에 노동조합을 만드는 일에 전력했고 이것은 노동자들이 직접 공장을 관리하자는 '자주관리운동'으로 나타났다. 이를 주도한 것이 공장 단위로 만들어진 '노동자평의회'였다.

노동자평의회는 당이나 노조 집행부 같은 특정 권력 기관의 지시를 받지 않고, 노동자들이 모두 한자리에 모여 자유 토론을 통해 자신들의 활동 방향을 결정하는 개방적이고도 민주적인 회의 형식을 뜻했다. 명칭도 다양해서 자치회, 친목회, 평의회, 노동조합 등 사업장마다 자유롭게 정했다.

삼륜화학에서는 이일재를 중심으로 10여 명이 자치회를 구성해 공장의 운영에 관해 결정했다. 공장주인 추병익이 양심가라는 점 때문에 큰 마찰 없이 그에게 운영권을 넘겨주고 서로 협조하는 관계가 되었다.

삼륜화학은 해방이 되면서 더 이상 전파 탐지기를 위한 주석산은 만들 필요가 없었다. 이일재를 중심으로 한 자치회 위원들은 논의 끝에 군수 산업을 평화 산업으로 전환시키자고 결의했다. 군수용 주석산 생산을 중지하고 치약을 만들기로 한 것이다.

자치회는 아직 귀국 못하고 남아 있던 일본인 기술자의 도움으로 일본의 '제올라이트' 회사에서 만들던 가루 치약을 생산해내는 데 성공했다. 사무실과 관사도 접수했다. 일본인들이 쓰던 관사는 1층은 전국농민조합총연맹 대구 지부 사무실로 제공하고 2층은 노동자들의 합숙소로 사용했다.

신나는 나날이었다. 이일재의 가족이 살던 관사에서는 저녁마다 노동자들이 둘러앉아 앞으로 어떻게 공장을 운영할 것인가부터 장차 조선은 어떤 나라가 되어야 하는가까지 열정적인 토론을 벌였다. 이일재는 그때마다 새로운 조선은 사회주의공화국이 되어야 한다고 역설했다. 대자본가나 대지주를 없애고 모든 사람이 공평하게 생산 수단을 소유하고 동등한 대우를 받는 그런 나라를 만들어야 한다고 주장했다. 이일재가 보기에 사회주의 정부 수립은 바로 눈앞에 다가와 있는 것 같았다.

실제로 38선 이북에는 소련 군정 아래 급속히 사회주의 정책이 추진되고 있었다. 남쪽의 미 군정과 달리 소련 군정은 북조선 인민 위원회를 합법적 대의 기구로 인정했다. 인민 위원회는 소련 군정과 협력해 무상몰수 무상분배의 원칙에 따른 토지 개혁을 단행하는 한편 새 화폐까지 발행했다.

38선 이남에는 40여 개의 정당이 난립하고 있었으나 당원 숫자로나 응집력으로나 조선공산당이 단연 선두였다. 3·1운동 때 반짝한 이후로는 일제에 순응해 친일 행각이나 벌여 온 국내파 민족주의자들은 기를 펴지 못했다. 적어도 해방 후 반년은 그랬다.

대구만 해도 좌익 계열의 단체들은 매일이다시피 행사를 갖고 유인물을 쏟아 냈으나 우익들은 돈을 준다 해도 유인물을 찍어주는 인쇄소가 없었고, 사람들이 모이지 않아 행사도 가질 수 없었다. 공산당을 지지하는 청년들이 밤마다 떼 지어 몰려다니며 민족 반역자로 지목된 부잣집에 돌을 던지거나 욕설을 퍼부어도 감히 맞서는 세력이 없었다.

문제는 생산이었다. 아무리 멋진 미래의 꿈도 공장이 가동되지 않으면 공상에 불과했다. 해방된 조선의 생산 현장은 엉망이 되어 있었다. 일제 치하 조선의 산업은 주로 만주와 북한에서 생산된 원자재를 가공해 일본에 수출하는 형태였다. 얼마 안 되는 중공업은 북한과 만주에서 생산된 광물을 일차 가공해 일본으로 보내는 제련소 정도였다. 해방이 되면서 만주와 북한을 오갈 수 없게 되자 원자재를 들여올 수 없게 되고 국교가 단절되었으니 일본 수출 길도 막히면서 많은 공장들이 가동을 할 수 없게 되었다.

삼륜화학의 자치 활동도 처음에는 잘되었으나 금방 어려워졌다. 당장 원자재를 충분히 수입할 수가 없으니 치약 생산에 차질이 생겼다. 일감이 없어지자 일제 말기에 서울에서 강제로 끌려왔던 약학전문학교 학생들은 집으로 돌아가버리고, 노동자들도 하염없이 놀 수 없으니 고향으로 돌아가버렸다. 해방 당시 규모로는 적은 수가 아니던 80여 명의 노동자들은 10여 명으로 줄어버렸고 그나마 원료 공급이 끊겨져 더 이상 일할 수가 없게 되었다. 결국 공장 문을 닫을 수밖에 없었다.

이런 현상은 삼륜화학뿐 아니라 전국적으로 일어나고 있었다. 조선공산당과 전평은 조직에 치명적 피해를 가져올 이 문제를 어떻게 해결할 것인가 고민에 빠졌다.

자주관리운동은 일제가 빠져나간 상태에서 실업에 직면하게 된 노동자들이 생존을 위해 자발적으로 일으킨 운동이란 측면도 있지만 전평을 이끌던 조선공산당의 입장에서는 일종의 사회주의를 지향하는 실험과도 같았다. 그런데 원자재 부족으로 너무 많은 공장들이 문을 닫는 데다 미 군정이 포고령 2호로 공장을 접수해 '관리인'이라는 이름의 자본가에게 넘기면서 공산당은 미 군정에 협조해 우선 공장을 살리자는 방향으로 선회했다. 이른바 '산업 건설 협력 방침'이었다.

노동자들이 공장을 운영하자는 운동으로부터 자본가와 협조해 공장을 살리되 친일 경력이 있는 악덕 관리인을 배격해 싸우자는 운동으로 바뀐 것이다. 공산당 내 비주류에서 제안한 이 방침은 자본계급과 투쟁해야 하는 공산당의 대원칙과 정면충돌하는, 그러나 당면한 경제난을 극복하기 위한 고육책이었다.

이일재는 훗날 이것이 잘못된 정책이었다고 회고한다. 85살인 2007년 10월에 발표한 논문 「노동운동에 대한 새로운 접근의 개요」를 통해서다.

조선공산당이 지향하는 권력 형태는 결코 노동자평의회가 아니었 다. 조선공산당은 자주 관리를 처음부터 인민 정권 수립의 한 수단 으로 스스로 한계선을 긋고 있었다. 조선공산당과 전평은 모스크바 3상회의 이후 미 군정청에 의한 관리인 제도 도입 이후 더욱 후퇴해 서 악덕 관리인 배격 운동으로 관리인 제도 자체를 받아들였다. 그 후 자주 관리 노선을 대신해서 산업 건설 협력 방침을 전면에 내세 웠다. 미 군정하에서 산업 건설 협력 방침은 조선공산당의 8월 테제 에서 설정한 '프롤레타리아의 헤게모니에서 이루어지는 부르주아 민주주의혁명'의 수준에도 못 미치는 우경적인 노선이다.

조선공산당의 산업 건설 협력 방침이 우경 노선이었다는 주장은 흔히 들을 수 있지만, 공산당이 노동자평의회의 가치를 몰이해하고 인민 정권 수립의 한 수단으로만 생각했다는 이일재의 비판은 매우 독창적이다.

모든 일이 너무나 빨리, 정신 차릴 겨를도 없이 돌아가던 해방 당시에 이일재가 이런 생각을 깊이 했을 것 같지는 않다. 노년에 쓴 논문들 사 이에서도 생각의 편차가 드러난다.

위의 2007년 논문에서는 노동자평의회를 "스스로 결정하고 스스로 실 천하는 노동자계급의 집체적인 목적의식을 가진 노동자계급의 권력 기 구"라고 명기한다. 그러나 4년 앞서 2003년에 쓴 논문 「노동자평의회에 접근하기 위한 몇 마디 진언」으로 돌아가보면 노동자평의회는 "독자적인 새로운 권력 형태가 될 수는 없다."고 말한다. 노동자평의회가 현실의 조직 형태라기보다는 하나의 철학적 명제로 이해되는 이유이다.

어쨌든 현실의 문제는 공산당이 미 군정에게 협조를 하겠다고 천명했음에도 불구하고 원자재 공급 중단과 수출 중단은 조금도 해결되지 않았다는 점이다. 이 문제를 해결해야 할 기관은 미 군정이었으나 그들은 남한의 산업 생산에는 관심도 없었고 해결 능력도 없었다. 오로지 공산주의가 확산되는 것만을 경계할 뿐이었다.

삼륜화학이 문을 닫은 것은 그가 재취업하고 불과 몇 달만이었다. 짧은 기간이었으나 이일재에게는 잊히지 않는 경험이었다. 공장에서 무엇을 생산할 것인지, 노동자들에게 어떤 대우를 하고 관사를 어떻게 사용할 것인지, 심지어는 자본가와 협조하기로 한 것까지 노동자들 스스로 결정하는 자치회 활동은 그의 노동운동의 기준이 되었다. 초보적인 단계였지만 일종의 노동자 소비에트를 경험한 것이었다.

이일재는 평생을 두고 이 평의회의 경험을 잊지 않았고, 노동운동, 나아가 사회 전체의 미래상으로 염두에 둔다. 누구나 마음속에 이상의 인간형과 이상 사회에 대한 꿈을 가지고 있다면, 그에게 이상적인 인간은 주체성을 갖고 땀 흘려 일하는 노동자요, 이상 사회는 노동자 소비에트가 권력을 잡는 세상이 되었다. 이 꿈을 이루기 위한 '현실적인' 방법도 배웠다. 노동조합과 노동자 정당이었다.

5. 전평 그리고 공산당

삼륜화학에 들어간 지 얼마 안 된 1945년 9월 초였다. 현장에서 일하고 있는데 손님들이 와서 공장의 책임자를 찾는다는 전갈이 왔다. 자치회장인 이일재는 대충 손을 씻고 세수를 한 후 사무실로 갔다.

"공장의 책임자 되십니까?"

찾아온 손님은 네 사람이었다. 셋은 30, 40대였는데 20대 초반도 1명 있었다. 20대 청년은 이승진으로, 어려서부터 친했던 동네 친구였다. 나머지 세 사람은 처음 보는 남자들이었으나 인상은 하나같이 좋았다. 다정하게 웃으며 말을 걸어오는 태도부터 마음에 들었다. 무슨 일인가 경계심을 품고 나갔던 이일재는 그들이 내미는 대로 차례로 악수를 하며 물었다.

"네 그렇습니다만, 어디서들 오셨습니까?"

"우리는 노동조합을 만드는 걸 도우러 왔습니다."

"노동조합이요?"

"그렇습니다. 지금 전국의 공장마다 노동조합이 만들어지고 있습니다. 삼륜화학에도 노동조합을 만들어야 하지 않겠습니까?"

선뜻 마음이 끌렸다. 비록 독학이지만 공산주의운동은 노동조합으로부터 시작된다고 배운 이일재로서는 반가운 이야기요, 반가운 손님들이었다. 자치회가 자생적으로 태어난 평의회의 한 형태라면, 노동조합은 체계적인 조직 운동이었다.

"그런 제안이라면 밤을 새도 좋겠습니다. 자세히 이야기를 해보이소."

네 사람은 이일재와 마주 앉아 차례로 자기소개를 했다. 친구 이승진 외에 고용준, 박일환, 이병기였다. 듣고 보니 한두 사람만 건너면 다 알 만한 사람들이었다.

고용준은 원래 양화공이었다. 평양 출신의 저명한 사회주의자 현준혁이 대구사범학교에 선생으로 와 있으면서 직업소년단을 만들어 양화공, 양복공 등 노동자들에게 의식화 교육을 시킬 때 조직된 한 명이었다. 현준혁이 고향인 북으로 돌아간 후 대구에서 지하 활동을 하던 고용준은 일제 경찰에 체포되어 4년 형을 받았는데 형기를 얼마 안 남기고 해방을 맞자 대구 지역 노동운동을 지도하고 있었다. 한편, 현준혁은 해방이 되자 조선공산당 평안남도 책임자가 되어 평양에서 활동하다가 9월 초에 극우 민족주의자로 추정되는 누군가에 의해 암살되고 만다. 고용준이 이일재를 찾아온 날이면 이미 죽었을 때였다.

박일환은 본래 자기 이름이나 겨우 쓸 정도의 문맹자였다. 그런데 일본에 돈 벌러 갔다가 노동운동을 알게 되어 문자도 배우고 사회과학적 지식도 쌓게 되었다. 일본에서의 열정적인 활동으로 강제 추방되어 함흥의 사상범 보호관찰소에 수감되었으나 그곳을 탈출해 대구로 내려와 일본인 간장공장에 신분을 숨기고 노동자로 들어가 일하다가 해방을 맞아 조선공산당 대구시 위원회(약칭 대구 시당)의 서부 지구 책임자를 맡고 있었다. 몇 년 후 일이지만, 박일환은 남로당 포항 지역 책임자와 충청남도 책임자를 맡아 활동하다가 체포되어 한국전쟁이 터지기 전에 처형된다.

이병기는 김창숙과 함께 대구 일대에서 유명한 민족주의 독립운동가 이동하의 아들이었다. 시인 이육사의 근친이기도 했다. 그의 아버지 이동하는 일제 침략을 맞자 여러 일가친척과 함께 재산을 팔고 만주로 건너가 신흥무관학교를 세운 사람이었다. 아버지를 따라가 만주에서 성장한 이병기는 공산주의자가 되어 중국공산당에 가입하고 1930년대 초에 조선으로 잠입해 서울에서 공장을 다니면서 이재유가 주도한 '경성 트로이카'에서 활동했다. 그러나 감옥살이를 하고 나온 후에는 활동을 중지하고 대구역 앞에서 하해여관을 경영하다가 이를 팔아 동해안에서 작은 양조장을 하던 중 해방을 맞는다. 일제시대 양조장 주인은 지역 유지로서, 일제의 허가가 없이는 할 수 없는 일이었다. 때문에 이병기는 일제와 타협했다는 의심을 받기도 했으나 양조장은 하해여관을 팔아 산 것으로 일제와 타협할 필요가 없었다.

대구에는 이병기 말고도 최소복, 안귀남, 최성홍 등 경성 트로이카 출신들이 여럿 있었다. 최성홍은 보성전문학교에 다니면서 경성 트로이카에 가담해 활동했던 인물로 체포되어 혹독한 고문을 당하다가 눈이 망가져 제대로 활동을 하지는 못했다. 안귀남은 대단한 투지를 가진 여성 노동자로 유명했다.

이병기와 친해진 이일재는 경성 트로이카 출신들을 여럿 알게 되었다. 안귀남과는 1960년도까지 전매청에 함께 다녔다. 때문에 자신에게 선배가 있다면 경성 트로이카라고 말하게 된다. 훗날의 증언이다.

"내게 가장 큰 영향을 준 선배 운동가는 경성 트로이카 운동의 이재유입니다. 또 그와 함께했던 이병기, 최소복, 안귀남 같은 분들의 영향을 직간접적으로 받았습니다. 나는 그래서 경성 트로이카의 후예라고 스스로 자부합니다."

이재유는 서울에서 활동한 데다 해방을 8개월 앞두고 청주 감호소에서 병사했으므로 이일재는 그를 만나볼 기회가 없었다. 나이로 보아도 20살이 넘게 차이 나는 대선배였다. 그러나 대구의 경성 트로이카 출신들로부터 그가 경찰서를 세 번이나 탈출했으며 조직의 귀재였다는 무용담을 하도 많이 들어 마치 함께 운동을 했던 사이인 것만 같았다.

동네 친구 이승진은 제주도 출신이었다. 대구에 올라온 이승진의 집안은 버스회사를 경영하던 부잣집으로, 형인 이승만은 일본인 상점이던 도야마모자점을 인수해 운영하고 있었다. 돈에 구애받지 않는 이승진은 노동자로 일하지 않고 조직운동만 하러 다녔는데 키가 크고 미남인 데다 충동적이고 모험적인 성격이었다.

네 사람은 이일재가 흔쾌히 노동조합 결성에 동의하자 퍽 기뻐하면서 연락처를 주고받은 후 돌아갔다. 그리고는 며칠 뒤 다시 찾아오더니 함께 가볼 곳이 있다고 했다. 따라가보니 전매청 사무실이었다. 전매청에서 일하는 수십 명의 사무직 노동자들을 모아놓고 정세 보고와 정세 해설을 하는 자리였다. 이때만 해도 일반인들은 물론 조선공산당조차도 조선이 영구히 분단되리라고는 예상하지 못하고 있었다. 연사들은 말했다.

"지금은 남과 북이 38선으로 막혀 있지만 빠른 시간 안에 통일이 되어 새 정부를 세우게 될 것입니다. 조선인에 의해 세워지는 새 나라는 인민을 위한 인민의 나라가 되어야 합니다. 우리 노동자가 그 주축이 되어야 합니다. 새 나라는 노동자와 농민이 주인 되는 인민공화국이 되어야 합니다."

난생 처음으로 공산당원이 주도하는 정치 집회에 참석한 이일재는 여간 만족스럽지 않았다. 정세 보고나 해설도 귀에 쏙쏙 들어왔고 이런 이야기를 하는 자리에 참석한 것만으로도 새로운 인생이 시작되는 것처럼 기뻤다. 그는 여러 운동가들의 열띤 보고와 토론을 들으면서, 자기도 하루빨리 공산당에 입당해야겠다고 결심했다.

1920년대 중반 이후 항일운동을 조선공산당을 중심으로 한 사회주의자들이 주도하면서 좌익에 대한 대중적 신망은 높았다. 해방이 되어 조선공산당이 재건되자 너도나도 공산당에 가입하거나 자금을 제공하려 들었다. 서울에서는 국내 최대 재벌의 하나인 화신백화점 사장 박흥식이 돈을 가방으로 싸들고 공산당사를 드나든다는 소문도 돌았다.

특히 중소기업이 많은 대구는 공산당과 사이가 좋은 기업가가 많았다. 대공장들은 미 군정이 친일파나 친미파를 관리인으로 선임하면서 노동자와 충돌했는데, 중소기업의 경우는 자본가와 노동자가 대체로 협조를 하는 분위기였기 때문이다.

대표적인 인물이 이목이었다. 일제 때 조선공산당 경상북도 위원으로 선임된 적도 있던 이목은 일제의 도의원을 하면서도 김관제, 이선장 등과 함께 건국동맹 경북 조직의 핵심을 이루고 있었다. 해방 후에는 경북산업사라는 무역 회사를 하면서 좌익 계열 신문인「민성일보」사장을 했는데 공산당에 상당한 돈을 기부하고 있었다. 이일재가 다녔던 삼륜화학의 추병익 형제로부터 자금 지원을 받던 그「민성일보」였다. 이목은 한국전쟁이 터지기 전에 월북한 것으로 알려졌다.

과수원을 크게 했던 백기호도 그런 인물이었다. 조선공산당 경북 도당의 재정 담당자였던 백기호는 조선공산당의 후신인 남로당 간부로 활동하다가 체포되자 전향해 전향자의 단체인 국민보도연맹 간사장까지 한다. 하지만 한국전쟁 때 인민군이 들어오자 다시 이에 합세해 북한의 물자 조달 기관인 조선공사의 사장을 맡는다.

제분소를 경영하던 상인 신현길도 대구 지역 공산당 조직에 적지 않은 자금을 댔는데 역시 일제 강점기에 조선공산당 당원으로 체포된 경력이 있는 사람이었다.

좌우 합작단체이던 민주주의민족전선의 경상북도 재정부를 맡았던 서병기도 대지주로서 공산당을 지원했다.

강치운이란 인물은 소금장사를 크게 하던 거상으로 자금을 댔고, 일제 말기에 대화숙에 가입했다가 해방되면서 건국준비위원회의 치안대장을 맡은 신철수도 대화숙이 경영했던 경북 포화공장을 인수받아 운영하면서 공산당을 지원했다.

민족주의 계열의 자본가 중에도 좌익에 우호적인 이가 있었다. 공산주의를 반대하지만 용인은 하는, 이른바 용공 자본가였다. 은성고무공장 사장 같은 이는 노동자 학교를 세워주겠다고 나섰다. 소규모 편직업자로 일하다가 미 군정에 의해 내외방직 사장으로 임명된 이순희도 좌익 활동에 협조적이었다. 이순희는 큰 키에 나비넥타이를 하고 다니던 멋쟁이로 이일재의 아버지 이강인의 친구이기도 했다. 훗날 「영남일보」 사장을 하면서 이강인을 기자로 영입한 사람이다.

이런 자본가들 덕분에 조선공산당 대구 경북 지구당은 활동 자금에 큰 어려움이 없었다. 공산당에 가입하려는 이들은 줄을 섰다. 일제 때 사회주의 계열에서 항일운동을 했던 이들은 물론이요, 자유로워진 세상에서 한몫 잡으려는 온갖 종류 사람들이 공산당에 기웃거렸다. 심지어 일제 때 경찰을 하던 자들까지 공산당원이 되겠노라고 신청하는 판이었다. 때문에 조선공산당은 아무나 당에 들어오는 것을 막기 위해 지식인은 6개월 이상, 노동자는 3개월의 후보 당원 기간을 거치도록 했다.

이일재는 하루빨리 공산당원이 되고 싶어 안달이 났다. 전매청 모임이 있고 며칠 후 박일환을 만난 자리에서 물었다.

"박 선생님! 선생님은 공산당입니까? 공산당에 입당하려면 어떻게 합니까?"

박일환은 당돌한 질문에 조금 놀라는 듯했으나 이내 빙그레 웃기만 하고 아무 대답도 하지 않았다. 그런데 며칠이 지나자 조용히 불러 묻는 것이었다.

"이일재 군! 정말로 조선공산당에 가입하고 싶소?"

"물론입니다! 당장이라도 가입시켜주십시오!"

큰 소리로 대답하자 박일환은 빙그레 웃는 얼굴로 바라보다가 말을 이었다.

"나도 이일재 군의 열성적인 활동에 감격했소. 그렇게 원한다면 내가 보증인이 되어 이 군을 조선공산당에 가입시켜주겠소."

"정말입니까? 감사합니다!"

박일환의 특별한 천거 때문인지 그는 노동자는 3개월이라는 규칙을 넘어서 후보 당원이 된 지 한 달만인 1945년 10월에 당원이 될 수 있었다. 가입 심사가 까다로워 1946년이 될 때까지 전체 당원수가 3만 명밖에 되지 않았으니 이일재로서는 커다란 영광이었다.

당원이 되자 자동적으로 세포조직의 일원이 되었다. 러시아어로 야체이카라 부르는 세포는 5명 이하의 당원으로 이뤄진 비밀 소모임으로 공산당의 기초라 할 수 있었다. 모든 당원은 의무적으로 세포에 들어가야 했는데 비밀 유지를 위해 6명 이상으로 늘어나면 세포 분열을 했다.

노조, 청년회, 부녀회 등 대중조직 안에 만들어진 세포는 해당 조직의 모든 활동을 이끌었는데 이들 세포들은 다시 세포군위원회에 소속되어 지도를 받았다. 세포군위원회는 5개 세포를 묶어 대표들이 모이는 조직으로, 세포군이 5개가 모이면 그 대표들이 또 다른 상부 세포군을 만드는 식으로 전국이 치밀하게 짜여졌다. 중앙당에서 어떤 사안을 결정하면 이 세포망을 통해 맨 하부까지 전달되었다.

당시 대구시는 서구, 남구, 북구의 3개구였는데 공산당은 동서남북 4개 지구로 나뉘었다. 서부 지구는 공장이 많아 자연히 노동운동을 지도하는 세포가 되었다. 책임자는 박일환이었다. 이일재는 이 세포에 들어갔다. 처음 삼류화학에 찾아왔던 고용준, 이승진과 함께였다. 정식 명칭은 대구 시당 서부 지구당 세포회의였다.

책임자 박일환까지 네 사람은 1주일에 한 번씩 회의를 열어 운동 방향을 토론하는 한편, 낮에는 여러 공장을 돌면서 한두 시간씩 노동자들을 모아놓고 정세에 대한 분석이며 노동자의 권리 등에 대해 연설했다.

그런데 이승진과 함께 가면 연설 시간의 대부분을 이승진이 차지해버렸다. 말하기 좋아하는 이승진은 뒤에서 이일재가 기다리고 있는데도 양보를 하지 않고 자기가 시간을 다 소모해버리는 것이었다. 참을 수가 없어 이일재가 먼저 연설하고 나중에 이승진이 하도록 순서를 조절했다.

박일환의 세포는 대구, 경북 지역 노동운동에 널리 영향력을 갖고 있었는데 특히 화학 노조에 깊은 영향력을 행사했다.

세포의 구성원은 대외적으로는 노조 간부일 수도 있고 남들이 보기엔 초라한 실업자일 수도 있었다. 고용준은 1945년 10월 말에 전국 화학 노조 대구시 지부를 결성하여 위원장이 되었다. 부위원장에는 전매청 소속의 대구 연초공장 노조위원장인 이봉조가 선출되었다.

이일재는 화학노조 대구시 지부의 서기부장 겸 연초공장의 조직 책임자가 되었다. 또 얼마 후에는 전평 경북도평의회 간사도 맡았다.

간사는 일종의 총무 같은 실무자로, 산업별 노조마다 간사가 있어서 이들끼리 따로 간사 회의를 열어 유기적으로 실무를 수행했다. 전평 경북 평의회에는 간사가 16명이었다. 16개 산별 노조에서 한 사람씩 올라왔기 때문이었다. 이들은 모두 공산당원들이었다.

해방되고 3개월도 안 되어 공산당에 가입하고 화학노조 서기부장을 거쳐 전평의 경북도 평의회 간사가 된 것은 그만큼 이일재가 열정적이었기 때문이었다. 논리적이고 글을 잘 쓰는 것도 도움이 되었다. 이일재는 자신의 사고력과 문필력이 소설책을 많이 읽은 덕분이라고 생각했다. 2001년 잡지 「향토와 문화」에서 청년기의 독서열에 대해 추억한다.

"일제 치하라서 내가 한글을 배운 마지막 학년이었습니다. 그때 『국어 독본』은 일본어 책이고 우리말은 『조선어 독본』이라 불렀습니다. 일본어를 배웠으니까 소설도 많이 읽었지요. 푸시킨부터 시작해서 고리키, 톨스토이, 도스토예프스키, 투르게네프, 고골리까지 일본어로 번역된 러시아 소설을 많이 읽고 그 영향을 적지 않게 받았습니다."

이일재가 순탄하게 승진을 거듭한 데는 그의 과거가 깨끗한 덕도 있었다. 대구, 경북에서 이름을 날렸다고 하는 선배급 공산주의자들은 오랜 시간 고난에 찬 항일운동을 했음에도 일제의 집중적인 공략 대상이 되다 보니 해방 직전의 어려운 시기를 넘기지 못하고 투항하거나 휴지기를 가진 사람이 많았다. 반면, 나이가 어린 데다 두드러진 활동을 한 적이 없던 이일재는 일제의 회유 대상이 아닌 만큼 부끄러운 경력을 가질 기회조차 없었던 것이다.

선배 공산주의자들은 일제 막바지 전시 체제하의 경력 때문에 한바탕 곤욕을 치르기도 했다. 1946년 10월 하순에 열린 대구 시당 제2차 당 대회에서였다. 대구 시당의 제1차 당 대회는 8·15 직후 남조선전기회사 사장이었던 일본인 오구라의 집에서 열렸었는데 당원이 아닌 이일재는 참석하지 못했고, 제2차 대회에는 갓 입당한 신입 당원 자격으로 참석해 그 장면을 목격할 수 있었다.

대회 장소는 대구 이현동에 있는 어떤 문중의 제실이었다. 해방되고 석 달도 안 되었음에도 대회는 은밀하게, 점조직 형태로 소집되었다. 참석자는 경상북도 도당위원장인 장적우를 위시해 황태성, 박명줄 등 저명한 공산주의자들과 농민 운동 지도자인 김동환 등 50명가량이었다.

의장은 일제 때부터 활동해온 김해생으로 한국전쟁 후에는 변호사 생활을 하는 사람이었다. 첫 번째 의제는 대구 시당 간부의 선임이었다. 그런데 김해생이 의제를 꺼내자마자 회의는 혼란에 빠지고 말았다. 먼저 공격을 시작한 사람은 이원식이었다.

"간부 인선을 시작하기 전에 먼저 도당에서 오르그로 내려온 황태성 동지에게 할 말이 있습니다!"

조직책이라고도 부르던 오르그는 해당 조직을 관리하는 책임자로 하부 당원들에게 절대적 권위를 가지고 있었다. 중앙당에서 경북 도당 오르그로 임명한 황태성은 시원스런 인상에 경륜이 풍부한 인물이었다. 경북 김천의 대지주집 아들로, 경성제일고보와 연희전문에서 각각 동맹 휴학을 이끌다가 퇴학된 이래 조선공산당 경북 도당과 신간회 김천 지국의 책임자를 맡아 활동하다가 수차례 감옥살이를 한 사람이었다. 도당 위원장 장적우는 나비넥타이를 매고 다니던 신사로, 대구시에 2개밖에 없었던 백조다방과 화월다방에 살다시피 출입하던 한량 비슷한 인물이었다. 실질적으로 도당을 이끌어온 이는 장적우가 아니라 황태성이었다. 그 황태성이 제일 먼저 타격 목표가 된 것이었다.

"황태성 동지는 일제 말기 대화숙에 들어가 학병 장려와 전쟁 협력에 앞장선 전력이 있지 않습니까? 이런 경력을 가진 인물이 경북 도당 오르그로 내려왔다는 것은 당의 수치입니다. 저는 황태성 동지의 권위를 인정할 수 없습니다!"

황태성이 일제 말기에 전향자 단체인 대화숙에 가입해 학도병 모병을 선동하는 연설회에 참석했던 것은 사실이었다. 황태성뿐 아니었다. 여운형을 비롯해 저명한 사회주의자의 상당수가 대화숙에 가입한 경력이 있었다.

일제 막바지에는 모든 식량을 징발해 배급하는 전시 체제가 되어 자기 농토에 농사를 지어도 일단 공출을 당한 후 배급을 받아야 했다. 일제의 요구에 순응하지 않으면 식량 배급을 받을 수 없었다. 유명한 공산주의자들은 강제로 대화숙에 가입해 일제에 협력하는 글이나 연설을 쓰지 않으면 당장 굶어 죽을 판이었다. 때문에 지조 있던 많은 공산주의자들이 최후의 몇 년을 남겨 두고 오점을 남길 수밖에 없었다.

물론 그것이 마음까지 일제에 투항했다는 뜻은 아니었다. 민족주의 지도자들 중에 끝까지 대화숙에 가입하지 않고 창씨개명도 안 한 인물이 많았다. 민족주의 특유의 지조도 작용했으나 일제 중반기 이후 대다수 민족주의자들이 아무런 항일운동을 하지 않고 침묵을 지키고 있었으므로 일제로서도 이들을 이용할 가치가 없던 덕분이기도 했다. 공산주의 운동을 했더라도 대중적으로 알려지지 않은 덕분에 오명을 남길 일도 없던 이들도 마찬가지였다.

유명한 작가들도 그랬다. 조선문인협회니 조선문인보국회 같은 친일단체에 가입했다는 것은 당장의 생계를 위해 일제의 압력에 굴복했다는 뜻이지만, 동시에 그만큼 유명한 인물이거나 투철하게 싸워왔던 사람이라는 근거이기도 했다. 훗날 월북해 북한 정권의 고위직을 유지하는 이기영 등도 친일 문학 단체에는 가입한 경력이 있었으나 적극적 협력은 하지 않았다.

이원식의 맹공에 황태성은 고뇌에 찬 표정으로 천장만 쳐다보고 있을 뿐 아무 대답도 못했다. 그러자 다른 참석자 하나가 일어나 그를 변호하고 나섰다.

"이원식 동지는 황태성 동지를 공격할 자격이 없습니다! 이원식 동지도 일제 때 학교 선생을 하면서 전쟁을 고무하는 포스터를 제작하지 않았습니까? 황태성 동지가 잠시 굴복한 건 사실입니다만 이원식 동지를 포함한 더 많은 사람들은 제대로 항일운동에 나서지도 않고 그놈들 밑에서 밥벌이만 하고 있지 않았습니까? 황태성 동지를 비판하고 싶거든 이원식 동지가 전쟁을 찬양하는 포스터를 제작한 것부터 반성하시오!"

이원식은 지지 않았다.

"내가 교사로 있으면서 어쩔 수 없이 학생들에게 포스터를 그리게 한 것은 사실이오. 그렇지만 황태성 동지는 대화숙에 가입했을 뿐 아니라 일제에 협력해 우마차조합의 조합장까지 하면서 이권을 챙기지 않았습니까? 우리 같은 사람들이 어쩔 수 없이 소극적으로 약간의 협조를 했다면, 황태성 동지는 스스로 적극적으로 친일을 한 것 아니오? 어떻게 비교가 됩니까?"

사업 수완 좋은 황태성은 고향 상주에서 멀지 않은 김천에 자리 잡고 살던 젊은 시절부터 여관업, 농기구상, 주류 판매업 등을 하며 공개적으로 활동했다. 1940년 봄 대구로 이사 와서는 대구 형무소 노역장인 벽돌 공장이 있던 중구 대봉동에서 여러 마리 말과 마차를 사서 화물운동을 했다. 때문에 동네 사람들은 그의 집을 '말집'이라 불렀다. 가난에 시달리던 보통의 공산당원들과는 달리 여유 있는 생활을 한 것이 사실이었다. 이원식의 공격이 계속되자 황태성은 곤혹스런 표정으로 나섰다.

"이원식 동지의 비판을 달게 수용합니다. 제가 대화숙에 가입하고 우마차 조합장을 한 것은 숨길 수 없는 사실입니다. 이에 대해 추호도 변명할 생각 없이 반성합니다. 하지만 양심을 걸고 맹세하건대, 조합장을 했다고 해서 어떤 이권을 챙기거나 부를 얻은 적은 없습니다. 대화숙에 가입했다지만 다른 동지들이나 마찬가지로 적극적으로 친일 활동을 한 적도 없습니다. 여러 동지들이 저의 과거를 비판하고 물러나라고 한다면 이 자리에서 바로 물러날 수 있습니다. 그렇지만 열다섯 나이부터 지금 이 순간까지도 오로지 조국의 해방을 위해 25년 이상 열심히 살아왔다는 사실만은 알아주시기를 바랍니다."

황태성이 자신의 과오를 인정하고 모든 직책에서 물러날 의사를 표하자 비판의 화살은 의장인 김해생에게 돌아갔다. 젊은 당원 하나가 일어나 외쳤다.

"지금 사회를 보고 있는 김해생 동지도 대화숙에 가입하지 않았습니까? 엄중히 자기비판을 하고 의장에서 물러나시오!"

김해생도 대꾸를 못하고 고개를 숙인 채 한숨만 쉬고 있는데 이번에는 또 다른 젊은이가 처음부터 조용히 앉아만 있던 이병기를 공격했다.

"이병기 동지도 이 자리에 앉아 있을 자격이 없는 사람이오! 이병기 동지는 일제 말기에 일제로부터 주류 면허를 얻어 양조장을 하지 않았습니까?"

이병기가 양조장을 한 것은 사실이지만 대화숙에 가입하거나 공개적인 친일 활동을 한 적은 없었다. 그럼에도 일제 마지막까지 항일투쟁을 하지 않고 휴지기를 가졌다는 사실만으로도 신세대들의 비난을 받아야 했다. 이병기는 말수가 적은 사람이었다. 자신에 대한 비난에 아무런 대꾸도 않고 지그시 눈을 감고 있었다. 이병기까지 공격당하면서 대회는 더 이상 진행되기 어려운 상태가 되었다. 이름 좀 났다는 선배들이 모두 비판당하고 대회 의장까지 도마에 올랐으니 난장판을 정리할 사람이 아무도 없었다.

선배 중에 비판 대상이 되지 않은 이는 박일환과 김정덕 정도였다. 박일환은 일본간장공장에 위장 취업해 잠복했다가 해방을 맞았고 김정덕은 만주에서 소련군에 의해 풀려나온 덕분이었다. 그러나 두 사람은 후배들의 거센 비난 대열에 합류하지 않고 입을 꾹 다문 채 난장판을 바라만 보고 있었다.

"떳떳치 못한 과거를 가진 김해생 동지에게 사회를 맡겨서는 안 됩니다. 스스로 물러나시오!"

누군가의 외침에 다른 쪽에서 받았다.

"해방되는 그날까지 훼절하지 않고 일제에 항거한 박일환 동지를 대회 의장으로 추천합니다!"

"찬성합니다!"

여기저기서 동의하는 목소리가 터져 나왔다. 결국 대회 의장은 박일환으로 바뀌었으나 대구 시당의 새로운 간부를 선출할 분위기는 아니었다. 박일환과 김일식 등을 전형위원으로 선출해 그들에게 간부 선출을 일임키로 하고 다음 의제로 넘어갔다.

두 번째 의제는 당면 투쟁 노선에 대한 토론이었는데 이미 중앙당에서 결의된 내용을 통과시키는 과정에 불과했다. 조선의 당면한 혁명 과제는 부르주아 민주주의 단계라는 내용이었다. 이미 세포회의나 조선공산당 기관지인 「해방일보」 등을 통해 익숙해진 노선이었다.

조선공산당은 해방과 동시에 부르주아 민주주의 단계임을 천명했다. 조선은 산업이 미발달되어 있고 민주주의 제도도 정착되지 않은 반봉건 사회이므로 즉각적인 사회주의로의 이양보다는 우선 자본주의와 민주주의를 발달시켜야 한다는 것이 최고 지도자 박헌영이 해방 직후 발표한 「8월 테제」의 골자였다.

이는 박헌영 개인의 판단은 아니었다. 아직까지 세계의 공산주의 운동은 소련을 정점으로 단일화되어있던 시기였다. 스탈린은 제2차 세계 대전으로 해방된 여러 식민지 국가들에게 같은 주문을 했다. 소련은 사회주의로 이양한 지 오래지만, 갓 독립한 반봉건 후진국들은 우선 부르주아 민주주의를 완수하라는 지령이었다.

부르주아 민주주의 단계는 공산당이 일당 독재를 하지 않고 민족주의 등 여러 정당들이 자유로이 정당 활동을 하는 가운데 생산력을 높이고 민주주의를 훈련시키는 과정이었다. 스탈린은 이를 위한 구체적인 지침까지 내렸다. 조선공산당이라는 명칭 자체가 부르주아 민주주의 단계에 맞지 않으니 당명을 노동당으로 고치라는 주문이었다. 북한에는 민족주의자 조만식에게 신민당을 만들도록 설득해 다당제를 갖추었다. 남한의 공산주의자들에게도 중소 자본가, 민족주의자들과 연합해서 정당을 만들도록 했다. 이에 따라 조선공산당은 1946년 겨울, 여운형의 근로인민당 등 중도 좌파 정당들과 합쳐 남조선노동당을 만들게 된다.

현실은 그러나 스탈린의 계획대로 돌아가지 않았다. 미국은 동유럽 전역에 붉은 깃발을 꽂은 소련에 맞서 보이지 않는 저강도 전쟁, 곧 동서 냉전을 선포했다. 남한에서의 공산주의자 제거 작업이 그 시작이었다.

미 군정은 머지않아 공산당 지도자 박헌영이 조선을 소련의 식민지로 만들겠다고 발언했다거나 공산당이 위조지폐를 만들었다는 허위 선전을 시작할 것이었다. 소련 역시 북한을 자본주의에 넘길 의도가 없었던 만큼 새 화폐 발행과 토지 개혁을 서두른다. 또한 형식적인 다당제를 위해 만들었던 신민당을 김일성의 최측근 최용건에게 넘기고 조만식은 감금시켜버릴 것이었다.

미국을 과대평가하는 이들은 오늘날 세계에서 일어나는 모든 나쁜 일들이 미정보국의 음모라고 믿기를 좋아하는데, 2차 대전의 종식부터 한국전쟁까지 5년의 상황 전체를 미정보부가 주도했다는 믿음도 그것이다. 그러나 실제 상황은 미소 양측, 그리고 남북의 정권이 서로에게 영향을 미치면서 예측하지 못했던 변수들이 돌출하고, 이를 해결하면서 스스로 정책을 세워나간 정황이 더 크다.

여러 자료들은 미 국무성이 냉전의 큰 틀 안에서 한반도에서의 확고한 반공 지침을 수립하기까지 반년 정도가 걸렸음을 보여준다. 육군 사관학교에서부터 반공 교육을 받아온 미군 고급장교들은 해방 당시부터 공산당에 대한 강력한 반감을 가지고 있었는데 이제 공산당이 어떠한 유화적 정책을 내세운다 해도 허용하지 않을 태세가 된다. 그들에게 주어진 최우선 임무는 공산당 박멸이었다.

이런 상황에서 1946년 4월 17일 조선공산당 창립 21주년 기념 대회와 전평 대회가 서울에서 열렸다. 이일재가 서울에 올라간 것은 공산당에 대한 전면적 탄압의 시발점이 되는 '정판사 위조지폐 사건'이 발표되기 20일 전이었다. 공산당이 당사에서 위조지폐를 만들었다는 이 사건 역시 미리 계획되었다기보다는 우연히 발각된 위폐범을 심문하는 과정에서 엉뚱하게 공산당을 물고 들어간 사건이었다. 한반도 내 저강도 전쟁의 시발점이기도 했다.

공산당 창립 대회가 열릴 무렵, 서울에서는 이미 신탁통치 문제로 우익과의 물리적 충돌이 거듭되고 있었으나 아직까지 전면적 불길한 미래를 예견하기에는 아직 일렀다. 사회주의 이상의 즉각적인 실현에 들뜬 이일재 같은 신입 당원들은 당에서 제시한 부르주아 민주주의 노선도 마음에 와 닿기 어려웠거니와 산업 협력 정책은 수용하기 힘들었다. 그들은 흥분해 있었고 싸울 태세가 되어 있었다.

4월 17일에 열린 조선공산당 21주년 기념식은 별 문제없이 끝났다. 이어서 대구 지역에서 함께 온 노동자들과 참석한 전평 대회가 문제였다. 노동조합에 쟁의부를 없애고 대신 산업 건설부를 설치하기로 결정했다는 전평 중앙의 보고 때문이었다.

"쟁의부가 없는 노조가 무슨 노조란 말이오?"

지방에서 올라온 간부들이 여기저기서 항의했다. 이일재로서도 이해할 수 없는 처사였다. 함께 고함치며 따졌다. 그러나 주최 측이 당과 전평 지도부의 결정이니 여기서 논의할 수 없는 사안이라고 못 박아버리자 이내 조용해지고 말았다.

이일재는 두고두고 이것이 공산당의 실책이라고 생각한다. 훗날의 사람들 중에는 해방 정국에서 공산당이 제대로 활동을 했으면 통일을 이루고 인민 정권도 세울 수 있었으리라 주장하고, 이일재도 그런 사람 중 하나였다. 그러나 세계 대전으로 분단된 어떤 나라도 자본주의와 공산주의의 대립을 합법적 투쟁으로 극복해 통일을 이룬 경우는 없었다. 동족 간의 전쟁 아니면 반세기가 지난 후 공산정권이 스스로 장막을 열기를 기다려야 했다.

쟁의부까지 없앤 데서 보이듯이, 조선공산당은 적어도 해방 이듬해 봄까지는 미 군정과 협조하고 우익과 통일 전선을 이루기 위해 노력했던 게 사실이었다. 그것도 조선공산당 지도부의 독자적인 결정이 아니라 소련을 중심으로 한 세계 공산주의의 전략에 따른 것이었다. 하지만 미국과 우익은 결코 공산주의자들을 믿지 않았다. 그들은 공산주의가 한반도에서 사라져버리기만을 원했다.

미국의 이러한 강경책을 자본가들의 책동으로 단순화시키는 것은 역사에 대한 편견일 수 있다. 이 시기 반공 정책은 스탈린의 전체주의 아래 벌어진 광범위한 인권 유린을 목도하면서 만들어진 극단적인 자유주의 사상의 반영이었다. 남한 내 민족주의자들이 반공을 택한 것도 해방 후 남북에 나타난 공산주의자들의 행태에 대한 반동이라는 측면이 컸다. 미국과 우익이 공산주의를 방어하기 위해 친일파를 재등용한 것은 사실이고 자본가들이 이를 지원한 것도 틀림없었다. 하지만 북한과 좌익은 무조건 옳았고 미국과 우익은 무조건 틀렸다는 믿음은 당대 역사에 대한 또 다른 편견이라고 할 만하다.

어쨌든 이일재를 사로잡은 것은 몸으로 겪어보지 못한 소련도 아니고 오지 않은 미래의 사회주의도 아니었다. 눈앞에 벌어지고 있는 노동자, 농민들의 빈곤과 그리고 미 군정의 지원으로 기가 살아나고 있는 친일파들에 대한 분노였다. 설사 스탈린 치하의 소련인의 고통을 알았더라도, 그는 그대로 자신의 길을 갔을 것이었다. 이일재는 85살에 '국제공산주의흐름'이란 단체가 프랑스에서 개최한 국제대회에 참석했을 때, 동행한 연세대 오세철 교수에게 이렇게 자신의 심정을 토로한다.

"나는 지금까지 평생을 나도 모르게 스탈린주의자로 살았음을 깨달았습니다. 부끄럽게 생각하며 반성합니다."

여기서 두 사람이 주고받은 스탈린주의란 혁명 동지들을 제국주의 간첩으로 몰아 잔혹하게 살해하고 인류 역사상 유례없는 감시와 억압 장치를 창안해낸, 악마적인 천재라 불리던 스탈린 개인을 숭배했다는 뜻은 아닐 것이다. 스탈린이 벌인 짓들이 옳다고 믿는 사람이 있다면 그는 결코 공산주의자일 수가 없는, 또 다른 광적인 파시스트일 것이다.

이일재가 말한 스탈린주의는 그렇다면 무엇일까? 그는 2007년의 논문 「노동운동에 대한 새로운 접근의 개요」에서 당은 목적의식을 가진 전위들의 조직이며 큰 강령에서 이념의 일치가 이뤄져야 하며 사상 통일과 행동 통일을 전제로 해야 한다며, 그렇지 않으면 혁명을 총체적으로 실천할 수 없다고 전제한 후 말한다.

풍부하고 다양한 의견이 존재해야 하고, 소수 의견이 존중되어야 한다. 만일 당이 민주집중제의 운영 과정에서 획일적이 되면 역사의 무대에서 사라져야 한다. 그것은 어떠한 획일적인 이론이 실패하면 다른 대안으로 전환할 수 없기 때문이다. 스탈린주의의 말로를 보라!

이 글에서 스탈린주의란 획일적인 이론을 강압적으로 강요하는 체제를 말한다. 신학교 출신인 스탈린의 결벽증과 관료들의 교조주의가 결합한 경직된 공산주의를 비판한 것이다. 하지만 여전히 의문은 남는다. 과연 운영 과정에서 풍부하고 다양한 의견을 받아들이지 않은 것이 스탈린과 관료들의 잘못일 뿐일까? 소련뿐 아니라 동독, 루마니아, 중국, 북한에서도 비슷한 상황이 벌어진 이유는 무엇일까? 공산주의 지도자들이 하나같이 악마가 아닌 이상, 혹시 '풍부하고 다양한 소수의' 의견이 적용되는 순간 공산주의가 무너질 수밖에 없음을 알고 강압을 가할 수밖에 없던 것 아닐까?

불행히도 이일재는 이러한 고민까지 하지는 못했다. 마르크스로부터 태생된 공산주의 이론 자체의 근본적인 모순을 고민하지는 못한 채, 그 제도를 운영한 사람들의 오류를 지적하는 데 그친다.

대구는 평양, 부산, 원산과 더불어 공장이 많은 도시였다. 자연히 전평 경북도 평의회는 상당한 조직력을 가지고 있었다.

지도자는 예천 출신인 윤장혁으로, 대구고보 재학 중이던 1927년 학생 비밀 결사 조직인 신우동맹에서 책임비서를 하는 등 대구 지역 학생 운동의 중심인물이었다. 옥살이 후에는 중국으로 건너가 대서소업자로 위장, 조선 청년들을 포섭해 무장투쟁조직인 조선의용군에 보내는 일을 했다. 조선 의용군 출신들의 수기 곳곳에 가명으로 등장하는 인물로, 해방 이듬해 터진 대구의 10월항쟁으로 체포되어 실형을 살고 나온 후 월북한다.

대구의 전평 조직에서 가장 강력한 부문은 섬유노조였다. 대구에는 일제시대부터 야마토미싱공장, 신흥제사 등 견사·견직공장이 집중되어 있었다. 전평 섬유노조는 3,000여 명의 조합원을 확보할 수 있었다.

섬유노조 경북 지부 위원장은 일본 전협에서 활동했던 이재영이었다. 공산당 중앙당에서는 이해기라는 인물을 섬유노조 오르그로 파견해 이재영과 함께 조직을 관리하도록 했다. 섬유노조에는 임재화라는 활동가와 가타쿠라(片倉)공장의 여성 노동자 현보열이 유명했다.

현보열은 1948년 황해도 해주에서 열린 남조선인민대표자대회에 참석했다가 그대로 북한에 눌러앉아 제1기 최고인민회의 대의원이 되었는데 한국전쟁 때 민간인 선견대로 남파되어 인민군보다 먼저 대구 근방까지 내려왔다가 체포되어 처형되는 여성이다.

섬유노조 다음으로 큰 것은 화학노조였다. 이일재가 책임진 전매청 연초공장과 월성고무, 국제고무, 경북고무, 경북제화, 삼국연탄 등이 소속되어 조합원 수만 2,000명이 넘었다. 위원장은 고용준, 부위원장은 이봉조였다.

다음은 1,000여 명의 조합원을 가진 금속노조였다. 중앙당에서는 김정덕을 파견해 금속노조를 지도하도록 했는데 대구농림학교 출신으로 만주에서 '조선독립동맹' 활동을 하다가 체포되어 사형까지 언도받았던 인물이었다. 운 좋게도 사형 집행 직전에 종전이 되는 바람에 소련군에게 구출되어 조선으로 돌아왔던 그는 1946년 중반 조선공산당 대구 시당 조직부장인 염필수와 함께 월북해 북한에서 당 정치학교에 다닌다.

소규모 노조인 의무노조는 대구사범 출신인 이원식이 위원장을 했다. 이원식은 대구시 건국준비위원회와 인민위원회 간부로 활동했고 1946년에는 민족혁명당 경북 지부 위원으로도 활동한 사람이었다. 나중 이야기지만, 몇 차례 체포되었던 이원식은 전향하여 국민보도연맹에 가입했는데 전쟁 중에 벌어진 보도연맹 학살에서 무사히 살아남았다. 이후 한의사로 일하다가 4·19혁명이 터지자 보도연맹 학살을 규명하려고 경북피학살유족회를 조직해 이끌다가 5·16쿠데타가 터지자 체포되어 옥살이를 한다.

의무노조에는 이원식 외에도 철도병원 의사로서 얼마 후 월북하는 서영덕, 인민당 유한종의 사촌이었던 이패동, 30살 정도의 간호사이던 박복조 등이 함께 활동했다. 박복조는 1948년 해주 남조선 인민대표자 회의에서 북한의 최고인민회의 대의원에 선출되는 여성이다.

이영옥이 위원장을 맡은 운수노조에는 일제 때 부두노조운동을 했던 조강상 등이 열성적으로 활약했다.

전기노조는 백형기 위원장 아래, 중앙당에서 김중이 파견되어 지도했다. 김중은 일제 때인 1929년 원산 총파업에 참가했던 노동자로, 사회주의 이론에 상당히 수준이 높았다.

출판노조위원장 우재린은 일제 때 '미국의 소리' 방송을 단파로 듣다가 일경에 체포되었던 전력이 있는 사람이었다.

체신노조는 한상수가 공산당 중앙당에서 파견되어 내려와 지도했다. 금속노조의 공산당 책임자인 김정덕의 친구인 그는 일제 때 대구상업학교를 다니다가 동맹 휴학 사건을 일으켜 퇴학당한 경력이 있었다.

전평 산하 대구 지방 평의회(약칭 대구노평)는 노동자뿐 아니라 일반인들에게도 신뢰를 받았다. 지도자들이 대부분 항일투쟁 경력으로 유명한 사람들이었기 때문이다. 서울의 전평 본부도 마찬가지였다. 지도부의 대다수가 노동운동을 통해 항일운동을 벌였던 저명한 인물들이었다.

서울의 전평위원장인 허성택은 함경북도 성진 출신으로, 1927년부터 농민조합운동을 하면서 항일운동에 투신한 인물이었다. 1932년 농민 조합 선전부장으로 활동하다 일제 경찰에 수배된 상태에서도 웅기 지역에서 항만 노동자를 조직했고 소련으로 망명해 동방노력자공산대학을 졸업했다. 귀국 후 함경북도에서 조선공산당 재건운동과 농민조합운동을 하다가 체포되어 4년간 징역살이를 하고 나온 후 일제의 사회안전법에 의해 예방 구금되어 있다가 해방을 맞았다.

부위원장인 박세영은 서울 출신으로 젊은 시절부터 인쇄 노동자로 일하면서 여러 인쇄 노동자 조직과 신간회 등에서 활약한 인물이었다. 허성택 위원장보다 먼저 모스크바에 유학해 동방노력자공산대학을 졸업한 후 함경남도 흥남에서 노동운동을 하다가 11년이 넘는 감옥살이를 하던 중 해방을 맞은 투사 중의 투사였다.

전기노조위원장 문은종은 전남 영광 출신으로 일찍부터 노동운동에 투신해 고려공산청년회 준비위원회 조직부장과 선전부장을 맡았다가 감옥살이를 했던 인물이었다.

출판노조를 지도한 이인동도 경성에서 인쇄 노동자로 일하며 이재유의 경성 트로이카와 박헌영의 경성 콤그룹에서 활동하며 수차례나 감옥살이를 했던 열혈 투사였다.

출신 파벌로 보면 전평 중앙은 다양한 여러 계열 운동가들의 집결체라고 할 수 있었다.

허성택, 문은종, 현훈, 한상두 등은 1930년대 함경남도 일대를 떠들썩하게 했던 태평양노동조합 사건의 관계자들이었다. '태로'라고도 불리던 태평양노조는 국제공산당 산하 국제적색노조에서 지휘한 사건으로 굳이 분류하자면 국제파 계열 운동이라고 할 수 있었다.

이에 비해 주로 서울에서 인쇄노조운동을 했던 이인동이나 흥남에서 오랫동안 운동했던 한철 같은 사람들은 국내파라 할 수 있었다.

일본에서 활동했던 인물들도 다수 들어 있었다. 일본의 전협에서 활동했던 김호영 같은 사람이 대표적이었다. 전평의 기관지인 「전국노동자신문」을 편집했던 김호영은 탁월한 이론가였으나 한국어를 겨우 알아듣는 정도였다.

대구, 경북 출신 중에 전평 중앙으로 진출한 이들도 여럿 있었다.

경북 칠곡 출신인 장호관은 어린 나이에 진주보통학교에서 동맹 휴학을 주도하다 퇴학당한 후 조선공산당 재건운동과 노동운동 등을 통해 항일운동을 하다가 두 차례 감옥살이를 한 인물이었다.

전평 집행위원의 한 사람인 백일성은 대구고보 출신이며 신정균은 경북 민전 부의장인 신학균의 아들로 전석담과 함께 해방 후 『자본론』을 처음으로 번역한 사람이었다.

이규형은 대구 지역 항일운동의 저명한 지도자의 하나인 이선장의 동생으로 경북 도당의 노동부 책임자로 활동했다.

정문택은 역시 항일운동 지도자인 정운해의 아들로 나중에 여순사건 때 이재복 밑에서 남로당 중앙당 군사부 부책임자로 있다가 체포되어 사형당한다.

이들 백일성, 신정균, 정문택 같은 경우는 일제 시절에 노동운동과 크게 관련되지 않았던 인물들임에도 전문 인력 영입 차원에서 전평 집행위원에 포함되었다.

이렇듯 쟁쟁한 인물들로 지도부를 구성한 전평은 해방된 초기에는 스스로 투쟁을 자제하고 산업 재건을 위해 앞장서는 등 평화로운 활동을 할 수 있었다. 그러나 동서 냉전의 시작과 미 군정의 대대적인 탄압이 시작되면서 온건 노선은 빛을 잃게 되었다. 미 군정과 우익의 대대적인 역공이 시작되었고 좌익은 일제히 저항하게 된다.

6. 대역공

우익의 역공이 시작된 계기는 신탁통치 문제였다. 신탁통치란 조선을 포함해 제국주의의 식민지에서 갓 해방된 몇 나라를 미·소·영·중의 네 강대국이 일정 기간 공동으로 관리하자는 방안이었다.

처음 조선에 대한 신탁통치를 제안한 것은 미국이었다. 북위 38도선을 기점으로 남북으로 분단된 조선을 우선 통일시켜 임시 정부를 세운 후 이를 네 나라가 20년쯤 공동 관리하여 정치적 안정을 이룬 후 완전 독립을 시키자는 제안이었다. 소련은 처음에는 반대했으나 기한을 5년으로 하는 조건으로 신탁통치안을 수락했고 1945년 연말부터 이 문제가 공개적으로 논의되기 시작했다.

신탁통치를 할 경우 조선이 또 다시 외세에 의해 5년간 간접 지배된다는 문제는 있으나 일단 갈라진 남북을 합쳐 조선인의 임시 정부를 구성할 수 있다는 점에서 유력한 통일 방안이 될 수 있었다. 처음부터 남북이 통일되어 새로운 정부를 세우는 것이 최선이지만 이미 남북에 미국과 소련이 진주해 힘의 대결을 벌이는 상황에서, 자력이 아니라 그들 두 나라의 힘으로 해방이 된 약소국 조선으로서는 신탁통치가 차선의 방안이라 할 만했다. 이대로 미국과 소련이 남북을 갈라 대치하면 남북은 영구히 분단될 수밖에 없는 상황이었다.

일제의 35년 지배에 시달렸던 조선인들은 그러나 현실을 용납하지 않았다. 조선인들이 원하는 것은 즉각적인 독립과 남북통일이었다. 1946년이 되면서 전국적인 반탁 시위가 시작되었다. 해방을 맞아 조용히 숨죽여 지내던 우익과 친일파들은 물론 좌익들도 맹렬히 신탁통치를 반대하는 성명을 내고 집회를 열었다. 조선공산당의 핵심 지도자들인 김삼룡, 이주하도 초기에는 반대 성명을 냈을 정도였다.

전평도 처음에는 반탁운동에 나섰다. 이일재가 속한 대구시에서도 신탁통치를 하려 한다는 소식이 알려지자마자 전평을 필두로 민청이라 불리던 민주청년회, 부총이라 불리던 부녀총동맹 등 좌익 단체들이 일제히 궐기했다. 이들은 연말에 대구 상공회의소 앞에서 군중대회를 갖고 미군 부대 앞까지 행진 시위를 벌였다.

"신탁통치 철회!"

"조선 독립 만세!"

수천 명이 넘는 군중들의 행진과 함성에 수없이 많은 주민들이 연도에 나와 손을 흔들고 박수를 치며 함께 구호를 외쳤다. 해방 후 처음 터져 나온 대규모 집회요 가두시위였다.

이일재가 이끄는 화학노조에서는 스탈린 인형을 앞세운 가장행렬까지 만들었다. 구호도 남달랐다.

"스탈린 대원수 만세!"

"조선의 주인은 인민이다!"

시위 행렬이 미군 부대 앞에 이르자 당황한 미군들은 저희들끼리 나와 보고 분주히 움직이더니 돌연 군중들을 향해 물을 쏘기 시작했다. 맨 앞에 서서 대열을 이끌던 이일재가 제일 먼저 물대포를 맞았다. 물의 힘이 어찌나 센지 한 방 맞으니 몸이 벌렁 뒤로 날아갔다. 그렇지 않아도 추운데 찬물을 뒤집어쓰니 온몸이 덜덜 떨리고 이가 부딪혀 정신이 하나도 없었다.

한겨울 추위에 소방 호스에서 뿜어 나오는 차가운 물을 뒤집어쓴 시민들은 분노에 차서 외쳐 댔다.

"외세는 물러나라!"

"미군은 철수하고 조선을 즉각 독립시켜라!"

분노는 거셌지만 폭력화되지는 않았다. 사람들은 두터운 흰 솜옷이 찬물에 흠뻑 젖어들어가자 견디지 못하고 해산하기 시작했다.

이 시위 사건이 1945년 12월 말의 일이었다. 그리고 며칠 지나지 않아서 돌연 조선공산당 중앙으로부터 모스크바 3상회의를 지지하라는 지령이 내려왔다. 각 단위 세포회의를 통해서였다.

중앙당의 지시는 정확히 말하자면 '신탁통치 찬성'이 아니라 '모스크바 3상회의 결정 지지'였다. 얼마 전 모스크바에서 열린 미·영·소 3개국 외무상들의 회의에서 우선 남북의 통일된 임시 정부를 수립하고 여기서 신탁통치를 할 것인가 말 것인가를 포함한 주요 문제를 결정한다는 내용을 결의한 바 있었다.

이 결의에 따르면 당장 신탁통치를 하자는 것이 아니라 우선 38선을 해체하여 통일된 임시 정부를 수립하고 신탁통치는 그 결정에 따르자는 것이었다. 때문에 모스크바 3상회의를 지지한다는 것은 통일정부 수립이지 신탁통치 지지라고는 할 수 없었다.

하지만 공산당의 주장은 일반인들에게는 신탁통치 찬성으로 받아들여졌다. 우익이나 일반 시민들은 물론, 공산당원들조차도 그렇게 생각했다. 공산당이 신탁통치 반대운동을 계속하면서 3상회의 지지를 선언했다면 달랐을 테지만 일시에 반탁운동을 중단시킴으로써 신탁통치에 찬성하는 꼴이 되었다.

3상회의 지지는 중앙당의 자체적인 결정이 아니라, 소련 군정의 요구로 개성에 올라갔던 박헌영이 돌아와 내린 명령이었다. 당원들의 의사를 묻는 과정이라곤 없이 소련의 일방적인 지시에 의해 전술이 바뀌자 하부 조직원들 사이에는 큰 혼란이 일어날 수밖에 없었다.

"중앙당에서 신탁통치를 찬성하다니 말도 안 된다."

"공산당은 나라를 팔아먹으려 하는 거냐?"

세포회의에서부터 혼란이 일어났다. 상부의 지시를 하달하는 각급 회의는 지방 당원들의 격렬한 반발에 부딪혔다. 일부 당원들은 공산당을 비난하며 탈당해버렸다.

우익들은 기회를 놓치지 않았다. 3상회의 지지를 알리는 중앙당의 발표가 나자마자 공산당이 찬탁으로 돌아섰다고 맹공격하며 대중들을 선동하기 시작했다. 반탁의 열기에 불타고 있던 대중들의 분노는 일시에 공산당을 향해 쏟아져 들어왔다. 좌익의 기세에 밀려 기죽어 살던 우익들에게는 회생의 기회였다. 그동안 숨죽이고 있던 친일파들까지 기회를 놓치지 않고 가세했다. 그들은 전국 곳곳에서 반탁 집회를 열고 모인 군중들을 몰아 서울 소공동 근택빌딩에 있던 조선공산당 당사와 좌익 단체, 좌익 신문사들을 때려 부수고 직원들을 폭행해 댔다.

대구의 경우는 신탁통치 문제로 인한 좌우 대립이 극심하지는 않았다. 대구 시당은 한민당 등 우익 단체들과 협력해 신탁통치 반대를 위한 공동투쟁위원회를 결성하고 있었다. 시민들의 반탁 의지를 잘 알고 있던 대구 시당은 반탁운동을 중지하라는 중앙당의 명령이 내려온 후에도 투쟁위원회를 그대로 유지하기로 했다. 상부의 명령이 신탁통치 찬성이 아니라 모스크바 3상회의 지지라는 명분이었다.

하지만 시당 지도부를 비롯해 대개 당원들은 중앙당이 신탁통치 찬성의 지시를 내렸다고 생각하고 있었다. 이일재도 마찬가지였다. 다만 이러한 사실을 대중적으로 쉽게 공표하지 못하고 미적대고 있은 것뿐이었다. 찬탁을 했을 때 벌어질 대중적인 분노를 감당할 자신이 없었던 것이다.

대구의 우익은 공산당이 찬탁을 한다는 이유로 1월 20일에 스스로 먼저 반탁 공동투쟁위원회를 탈퇴하고 좌익을 비난하고 나섰다. 그렇지만 서울과 달리 바닥이 좁아 서로 인맥으로 얽혀 있는 데다 해방 이전부터 워낙 좌익이 강하던 지역이다 보니 눈에 띄는 폭력 행위나 파괴는 일어나지 않았다.

중앙당은 노선 변경의 당위성을 알리기 위해 활동가들을 지방에 파견했다. 대구에는 명연설가인 구재서가 내려와 대구 시당 및 좌익 단체들을 방문해 설명회를 열었다. 유명한 만담가인 신불출도 내려와 대구와 경북 일대를 누비고 다니며 찬탁을 선전하는 만담회를 열었다. 신불출은 영주에 갔을 때는 우익들에게 폭행을 당하기도 했지만 대구에서는 별 탈 없이 활동했다.

대구에서 좌우 대립이 극심하지 않았던 데는 좌익이 따로 집회를 열지 않은 탓도 있었다. 대구 시당과 전평은 찬탁 집회로 비치기 쉬운 군중집회를 열기보다는 모스크바 3상회의가 최선의 통일 방안이라는 식의 해설 사업만 했다. 이런 융통성 있는 활동 덕분에 대구와 경북에서는 "찬탁이냐 반탁이냐가 문제가 아니라 이로 인해 민족이 분열되는 것이 더 큰 문제"라는 인식이 퍼졌다. 우익은 독자적으로 반탁 집회를 열어도 집회를 마친 군중을 몰아 좌익 단체를 공격하는 짓은 하지 않았다.

대구의 경우가 일반적이라고는 할 수 없었다. 서울은 연일 반탁 집회와 3상회의 지지 집회가 따로 열려 집회에 참석했던 군중들끼리 충돌해 폭력 난장판이 되고 있었다. 일반 대중들의 공산당에 대한 지지와 신뢰는 급속히 떨어져갔다. 먼저 신탁통치를 제안한 당사자인 미국은 재빨리 이에 대응해 신탁통치를 하지 않겠다고 선언함으로써 남한 민중의 지지를 선취해버렸다.

신탁통치 문제로 인한 혼란은 봄이 되면서 가라앉았다. 미국이 신탁통치안을 철회함으로써 더 이상 논란의 대상이 되지 않게 된 것이다. 신탁통치안과 함께 통일 임시정부 수립도 물 건너 가버린 것은 장차 한국사에 씻을 수 없는 비극을 예고한 것이었지만, 대중들은 그 점까지는 깊이 생각하지 않았다.

좌익은 미국과 소련이 한반도 문제를 논의하기 위해 설치한 미소공동위원회에 새로운 희망을 걸고, 어떻게든 이 위원회에서 통일 문제가 매듭지어지기를 바라게 되었다.

좌익의 희망은 그러나 순진한 것이었다. 미국도 소련도 조선인만으로 새로운 정부를 구성하기를 바라지 않는데 통일을 위한 공동위원회가 제대로 굴러갈 리가 없었다. 미국은 미국대로, 소련은 소련대로 서로 트집잡기에만 바빴다. 소련이 신탁통치에 반대한 단체들은 협상에 참가를 못하게 함으로서 미소공동위원회는 시작부터 삐그덕대더니 이내 파경에 이르렀다. 그리고 3월 20일 미소공동위원회가 결렬되자마자 미국은 또다시 조선공산당을 강타했다. 1946년 5월 7일에 터진 정판사 위조지폐 사건이었다.

정판사 사건이 터질 무렵, 이일재는 무척 바빴다. 4월 17일의 조선공산당 창당 21주년 기념 대회에 참석하고 내려와 곧바로 5월 1일의 메이데이 행사를 준비해 수천 명의 노동자들을 모았고, 이일재도 연사로 등단해 결의문을 낭독하는 등 정신없이 뛰고 있을 때였다.

정판사 위폐 사건은 조선공산당 당사 1층에 있던 인쇄소인 정판사에서 위조지폐를 찍었다는 경찰의 발표로 시작되었다. 선전 효과를 위해 인쇄소가 지하실에 있었다고 발표하는 등, 사건 내용은 발표 때마다 바뀌었는데, 결론적으로 말하자면 일제 때부터 정판사 직원으로 일했던 김창선이란 인쇄공이 일제 때 사용하던 100원권 화폐의 징크판을 숨겨두었다가 조선공산당 총무부장 이관술의 명령으로 900만 원이 넘는 위조지폐를 찍었다는 것이었다.

화폐의 원판이 아닌, 인쇄용으로 만든 징크판으로는 4차례에 걸쳐 900만원을 찍을 수도 없고 그럴 기술과 원료도 없는 등 미 군정 산하 남한 경찰의 발표는 앞뒤로 모순에 가득했다. 외국어대 임성옥이 2015년에 발표한 박사 논문 「미 군정기 조선정판사 '위조지폐' 사건 연구」를 통해 밝혔듯이 조작된 누명임이 명백했다.

그러나 미 군정 경찰과 우익 언론들은 일체 반론을 거부하고 일방적으로 공산당이 위폐를 찍었다고 주장하며 여론을 몰아갔다. 심지어 미 군정 검사조차도 이 사건이 조작되었으리라는 보고서를 올렸지만 미군 사령부에 의해 묵살되었다.

미 군정은 조선공산당에게 불하했던 소공동 당사를 압류해버리고 기관지인 「해방일보」를 비롯해 「현대일보」 등 좌익 계열 3대 신문을 폐간시켰다. 「동아일보」, 「조선일보」 등 우익 신문들만 떠들 수 있는 상황에서 정판사 사건은 기정사실화되어버렸다. 신탁통치 사건에 이은 정판사 사건으로 공산당에 대한 일반 대중의 지지와 신뢰는 급속히 떨어졌다.

첫 진술서에서 위폐를 찍었다고 진술했던 정판사 노동자들은 경찰의 혹독한 고문에 못 이겨 거짓 진술했다고 일관되게 주장했으나 검찰과 법원은 첫 진술서만으로 기소를 강행했다. 일본인들 밑에서 판검사를 하던 이들이 장악한 법원은 공산당 타격의 기회를 놓치지 않고 일방적인 판결을 내렸다.

정판사 재판이 한창이던 9월, 미 군정 경찰은 박헌영을 비롯한 공산당 지도부 핵심들에 대해 지명수배령을 내려 공산당 활동 자체를 봉쇄해버렸다. 박헌영, 이강국, 이승엽 등 공산당 간부 다수는 월북해버리고 말았다. 이제 남은 것은 극한 대립밖에 없어 보였다.

대구는 신탁통치 때도 우익의 공격이 그리 심하지 않았던 것처럼, 정판사 사건으로 인한 타격도 그다지 크지 않았다. 좌익이 워낙 대중적으로 깊이 뿌리박고 있던 덕분이었다.

정판사 문제에 대해 이일재가 처음에 상부로부터 내려받은 내용은 "김구 선생과 그의 며느리 안미생이 뚝섬의 인쇄소에서 위폐를 만들었다."라는 것이었다. 이는 김창선이 징크판을 팔아먹은 곳이 김구가 만든 독립촉성회의 기관지를 인쇄하는 곳이어서 나온 이야기였다. 독촉 뚝섬 지부 간부들은 원판만 구입했을 뿐 기술 부족으로 위폐를 찍어내지도 못한 채 되팔려다가 경찰에 덜미를 잡혔고, 경찰도 초기에는 이런 내용만을 발표했다가 김창선이 공산당 인쇄소에서 일한다는 사실을 이용해 사건을 조선공산당과 엮어버린 것이었다.

이일재는 처음부터 경찰의 발표를 믿지 않았다. 당에서 내려온 해명 때문이 아니었다. 조선공산당은 경제 혼란을 일으킬 이유도 없었고 당의 자금이 부족하지도 않다는 것을 그 자신이 당원으로 활동하면서 누구보다 잘 알았기 때문이었다.

대구 지역의 민심도 이일재의 심정과 비슷했다. 다른 지역에서는 위폐 사건이 공산당의 위신을 크게 떨어뜨리는 역할을 했는지 몰라도, 대구 지역에서는 미 군정의 발표를 믿고 공산당을 비난하는 사람을 거의 찾아 볼 수도 없었다. 공산주의자들에 대한 신뢰가 그만큼 높았기 때문이었다.

이 무렵 미 군정은 전평을 탄압할 목적으로 군정 법령 97호 '노동 문제에 대한 공공 정책'을 공포하기도 했다. 노동운동과 노동조합을 규제하기 위한 다양한 조항을 담은 법령이었다. 그러나 대구 전평은 이 법령에 구애받지 않았다. 법률이 존재한다는 것조차 느껴 보지 못했다. 서울과 대구의 상황은 여러모로 달랐다.

이일재에게 떨어진 화급한 임무는 신탁통치니 정판사 사건에 대한 해명보다는 대구 지역에서 벌어지고 있는 노동쟁의를 지도하는 일이었다. 대구에는 1946년 2월부터 전매청 연초공장과 남조선전기회사의 쟁의가 계속되고 있었다. 이일재는 전평 대구 지방 평의회 간사이자 화학노조 서기부장으로서 이 일에 전력했다.

전매청 연초공장은 노동자 수가 800명으로 대구 굴지의 공장이자 안정된 직장이었다. 노조위원장은 이봉조였는데 쟁의가 발생한 원인은 1946년 초 대구 지방 전매청장으로 부임해 온 정도영 때문이었다.

극우 반공청년단의 일원인 정도영은 전주 지역의 전평 조직을 깨버린 공훈을 인정받아 대구 전매청장으로 영전, 부임해 온 길이었다. 그는 오자마자 연초공장 내 전평 조직을 깨부수기에 나섰다. 핵심적인 조직원들을 부서 이동시키거나 사소한 이유를 트집 삼아 징계를 내리는 등 거리낌이 없었다.

노동조합은 항의 집회를 열고 시한부 작업 거부로 맞섰으나 조합원들의 피해는 나날이 심해졌다. 사실상의 쟁의는 2월부터 시작해 여름까지 계속되었으나 결판이 나지를 않았다. 이일재는 노조위원장 이붕조와 상의하고 세포회의를 거쳐 전면적인 투쟁에 돌입하기로 결정했다. 1946년 8월의 일이었다.

처음에는 전면파업을 계획했으나 교활한 정도영은 일반 노동자들을 자극하지 않으면서 전평의 핵심 노동자들을 하나씩 제거했기 때문에 내부 역량이 취약해져 있었다. 소수 정예로 공장의 전기 시설을 점거해 공장 가동을 중지시키는 기술파업으로 선회했다.

"정도영 반동은 물러나라!"

1946년 8월 25일 정기 조회 시간이었다. 아침부터 폭염이 쏟아지는 가운데 조회를 서던 노동자의 한편에서 미리 준비한 대로 구호가 터져 나왔다. 그러자 사전에 준비한 대로 여기저기서 호응하는 함성이 터져 나왔다. 절반 이상의 노동자가 여성이다 보니 여성들의 목소리가 더 높았다.

"전평에 대한 탄압 중단하라!"

남녀 노동자들은 일제히 주변의 기계들에 달려들어 입구로 끌어 막기 시작했다. 이일재는 밖에서 이를 지켜보고 있었다. 권상 기계(담배를 마는 기계) 등으로 공장 출입문에 바리케이드를 쌓은 노동자들은 공장 건물 안쪽에 연좌해 농성에 들어갔다. 공장 정문 밖에는 미리 연락받은 대로 운수조합 노동자들이 몰려와 함께 구호를 외치며 동참했다.

몇 시간을 지속되던 농성은 그러나 출동한 경찰에게 너무 쉽게 허물어지고 말았다. 농성자의 대다수가 여성이다 보니 경찰의 진압을 막아낼 수가 없었다. 바리케이드를 넘어간 경찰은 여성들을 무자비하게 잡아 끌어내 경찰서로 싣고 가버렸다.

"친일 매국 경찰 물러나라!"

"노동자 탄압 중지하라!"

이일재와 운수 노동자들은 밖에서 고함치며 항의했으나 한계가 있었다. 오히려 경찰은 이일재를 알아보고 현장에서 체포하려 들었다.

"이일재, 저놈 잡아라!"

형사들이 몰려와 이일재를 잡으려 하자 운수 노동자들이 에워싸고 보호하며 저항했다.

"이 더러븐 친일 경찰 놈아들아, 어데서 까부노?"

거친 남성 운전사들의 완강한 방어 속에 이일재는 무사히 빠져나올 수 있었다. 경찰은 즉각 그에게 수배령을 내렸다.

가뜩이나 약해졌던 연초공장 노조는 8월 25일 파업으로 치명적인 타격을 입었다. 위원장 이봉조와 전매청 운수과의 강주영, 공산당원은 아니었으나 노조 활동의 중심이던 석준달 등 3명이 포고령 2호와 군정 법령 13호 위반으로 구속되어버렸다. 3년형을 받은 석준달은 이 무렵 대구를 휩쓴 콜레라에 감염되어 감방에서 죽고 만다.

수배가 된 다른 사람들은 군중 속에 섞여 있으면 찾기 어렵지만, 이일재는 비뚤어진 입 때문에 누구나 금방 알아봤다. 더욱 철저히 숨어서 활동할 수밖에 없었다. 경찰이 그의 집과 친구들 집을 샅샅이 뒤지며 옥죄어 오는 가운데도 밤을 타 돌아다니며 비합법 투쟁을 이끌었다. 밤마다 조직원들과 함께 돌아다니며 노동자들이 많이 출퇴근하는 길목의 담벼락이나 광장 벽에 콜타르로 구호를 쓰러 다녔다.

'정도영 청장 물러가라!'

'모든 권력은 인민위원회로!'

'박헌영 체포령 취소하라!'

노조 탄압에 앞장선 전매청 간부들 집에 돌멩이를 던지고 구호를 외치는 야간 기습도 계속했다. 한밤중에 돌멩이를 던지면 창문이나 장독대 깨지는 소리가 얼마나 큰지 몰랐다.

야간 통행금지로 늦게까지 돌아다닐 수는 없었다. 통금이 될 무렵이면 연초공장 여성 노동자의 집이나 고무공장 노동자 집에서 여러 노동자들과 함께 밤을 지새우며 토론과 학습을 했다. 상황 분석력과 시사 해설에 뛰어난 이일재는 꽤 인기 있는 강사였다.

밤새 토론을 하고 난 뒤 야간 통금이 끝난 새벽이면 다시 몇몇 남성 노동자를 조직해 출근하는 전매청 간부들을 습격했다. 자전거를 타고 출근하는 간부를 골목 입구에서 기다렸다가 넘어뜨려 집단 구타를 하고 욕을 퍼붓는 식이었다.

이런 활동은 9월 중순까지 계속되었으나 파업 자체는 실패였다. 농성은 시작하자마자 깨지고 지도부는 구속된 채 요구 사항을 하나도 관철하지 못했기 때문이었다. 이 문제로 상부의 지적도 받았다. 대구 시당 확대간부 회의 자리에서 시당위원장 김일식은 전매청 파업이 너무 투쟁 일변도로 치우쳐 세밀하고 장기적인 계획을 세우지 못한 채 파괴되었음을 인정하고 반성한다고 자기비판을 했다.

이일재가 수배 상태에서 노동자들의 모임을 이끌어가는 사이, 대구 시민들의 생활은 급속히 악화되고 있었다. 미 군정의 잘못된 정책으로 인한 민생고는 남한 전역의 문제였으나 특히 대구는 더 심했다.

대구에는 일제 강점기 때 해외로 나갔다가 돌아온 귀환민이 7만 명에 이르렀다. 맨몸으로 일본에 갔다가 죽을 고생만 하고 빈손으로 돌아온 사람들은 돌아갈 고향도 없어 경상도 일대와 대구, 부산에 몰려와 빈민가를 이뤘다. 해방 무렵 20만 명이던 대구 인구는 27만 명으로 늘어났다.

대다수 귀환민은 내당동, 계산동 등지의 수도도 하수도도 없는 빈민굴에 살거나 천막 생활을 하며 일자리를 찾지 못해 굶주릴 수밖에 없었다.

미군이 들어와서 유일하게 잘한 일이 있다면 위생 문제뿐이라고 말해졌다. 미군들은 사람이 많이 다니는 길목마다 지키고 서서 맹독성 소독약인 DDT 가루를 마구 뿌려댔다. 이를 잡는다고 머리에 밀가루처럼 하얗게 DDT를 뒤집어쓰고 다니는 모습도 흔했다. 벌레뿐 아니라 사람에게도 치명적인 독약이었지만 그 해독을 모르던 시절이었다.

미 군정의 수많은 실정 중 가장 치명적인 것은 미곡 수집령이었다. 농민이 생산한 쌀을 일괄 수매해 배급제식으로 되파는 정책이었다. 일제 말기 전시 체제에서 시행되던 파시즘 정책으로, 일본인들도 공출하지 않던 보리쌀까지 해당되었다. 농민들은 싼값에 쌀과 보리를 빼앗기고 부족한 쌀은 비싼 값에 사먹어야 했다. 도시인들 역시 농민들로부터 직접 쌀을 사는 통로가 막힌 채 중간 거래상을 통해 비싸게 쌀을 사거나 암시장을 통해 더 비싸게 구매해야 했다.

자본주의를 이식시키려고 들어온 미국이 자본주의의 근본 동력인 시장 경제를 배제하고 사회주의적 통제 정책을 택한 것은 매우 괴상한 일이었다. 군인이 통치하는 전시 상황의 연장이라고 판단했겠지만, 그 결과는 자명했다. 사회주의가 관료주의에 숨통이 막혀버려 붕괴한 것처럼, 규제가 생기면 이를 이용한 부패가 따르기 마련이었다. 미곡 수집령은 남한 민중을 공분에 빠뜨리게 했다.

수매 과정에서 벌어지는 경찰과 관리들의 직권 남용은 심각했다. 그들은 온갖 부정한 방법으로 자기들 주머니를 채우느라 바빴고 또 정치적으로 악용했다. 좌익에 동조하거나 시위에 참가한 농민들에게는 감당하기 어려운 미곡 수집양이 할당되거나 식량 배급에서는 열외시켜 괴롭혔다.

농민이 할당량을 채우지 못하면 가축까지 압류했고 반항하면 구타와 연행으로 탄압했다. 일제 경찰보다 더 심한 수탈과 폭력이 광범위한 농민들을 울분케 만들었다.

1946년 2월부터 번지기 시작한 콜레라로 대구 사정은 더욱 나빴다. 위생 문제만큼은 철저한 미 군정은 전염을 막기 위해 외부로 드나드는 도로를 모두 차단해버렸다. 농촌인 안동, 경산, 성주로 나가는 통로는 봉쇄되고 콜레라 환자가 생긴 집은 문에 새끼줄을 쳐놓고 경찰이 와서 지키며 아무도 드나들지 못하게 했다. 외부로 나가려면 예방 주사를 맞았다는 증명서와 미 군정에서 찍어주는 통행증이 있어야만 했다.

식량 운반 차량이 통제되니 사람들은 도로가 없는 시 경계를 몰래 넘어 전라도까지 걸어가 쌀 한두 말씩 지고 와서 연명하는 판이었다. 비밀리에 거래되는 쌀값은 전년도보다 10배는 비쌌다. 해방되던 해 1945년은 유례없는 풍작으로 쌀이 풍부했음에도 굶주리는 현상이 생긴 것이다.

돈이 있어도 쌀을 살 수가 없으니 안정된 직장이라 불리던 전매청 노동자들도 굶주렸다. 허기진 여성 노동자들은 담뱃갑 붙이라고 나오는 밀가루 풀을 먹어버리기 일쑤였다. 풀을 먹고 물을 더 타서 담배갑을 붙이니 담배갑이 툭툭 터졌다. 이를 막으려고 풀에 푸른 물감을 풀어놓았지만 노동자들은 그래도 화학 약품이 든 그 풀을 먹어댔다. 파란 풀을 먹으면 대변도 파랗게 나왔다. 그래서 전매청 여공들은 파란 똥을 눈다는 농담까지 돌았다. 부녀자들은 식사가 나오면 먹지 않고 싸서 집의 아이들에게 갖다 먹였다.

보다 못한 대구 시민들은 시민 대표단을 만들어서 영어 잘하는 최문식을 대변인으로 내세웠다. 최문식 일행이 미 군정청에 찾아가 시장인 미군 장교에게 건의했다.

"시민들이 다 굶어죽게 생겼습니다. 전라도에서 쌀 좀 가져오면 안 됩니까?"

"운송 수단이 없어서 안 됩니다."

미군 시장의 거절에 전평 소속 운수노동자들이 나섰다.

"차량과 운전은 우리가 맡겠소. 우리를 보내주시오."

미군 시장은 융통성이라곤 없는 군인이었다.

"안 됩니다. 콜레라 보균자인 대구 사람이 외지로 나가면 그 지역도 전염병이 번진단 말이오."

협상에 실패했다는 소식이 알려지면서 시민들의 분노는 폭발 지경에 이르렀다.

조선공산당의 전술 변화도 시민들의 분위기에 영향을 미쳤다. 정판사 사건에 이어 지도부 검거령으로 궁지에 몰린 조선공산당은 미 군정에 협조하던 정책을 버리고 9월 들어 미 군정과 전면적 대결을 선언했다. 이른바 신전술이었다.

후일의 진보학자 중에는 신전술을 비판적으로 보는 이가 많다. 박헌영을 중심으로 한 강경파의 좌익 모험주의로, 좌익 역량에 치명적 피해를 입혔다는 것이다. 우파 학자들은 공산당이 신전술이라는 폭력 투쟁으로 나라를 혼란에 빠뜨렸다 일관되게 주장한다. 심지어 북한 정권은 미국의 간첩인 박헌영이 고의적으로 폭동을 일으켜 운동 역량을 소진시킨 음모였다는 음모론까지 퍼뜨린다.

이일재는 이 모든 비판을 부정했다. 그는 오히려 공산당이 부르주아 민주주의 노선에 얽매여 미 군정에 협조적이었던 게 잘못이라고 보았다. 뒤늦게나마 미 군정과 투쟁하게 된 것은 당연하고도 옳은 처사라 생각했다. 설사 공산당이 가만히 있었더라도 미 군정과 친미로 돌아선 친일 매국노들의 만행에 견디지 못한 민중은 스스로 폭발했을 거라는 게 이일재의 판단이었다. 그것이 현장의 정서였다.

좌우를 막론하고 또 다른 오해는 신전술을 무장 폭동으로 이해하는 데 있었다. 공산당의 신전술은 결코 폭력 투쟁의 선동이 아니었다. 전통적인 공산주의운동의 방식대로, 평화적 총파업으로 미 군정에 맞섰을 뿐이었다. 요구사항도 정치적인 것보다는 8시간 노동제, 임금 인상 같은 경제적인 것들이었다. 총파업이 민중들의 분노에 불을 붙여 폭동으로 비화되기는 했으나 공산당이 처음부터 무장 폭동을 기획한 게 아님은 확실했다.

9월 중순 무렵, 연초공장 파업으로 수배된 이일재가 경찰을 피해 조심스레 대구 시내를 걸어가고 있을 때였다. 우연히 전평 대구노평위원장 윤장혁이 마주 오는 것이었다. 관공서 아니면 대단한 부잣집에나 전화가 있던 시절이라 서로 얼굴을 보려면 몇 단계 연락을 거쳐야 하는데 우연찮게 만나니 반가웠다. 기쁘게 인사를 하니 윤장혁은 그의 양손을 움켜쥐어 흔들며 대뜸 말하는 것이었다.

"이일재 동무! 전매청 파업을 다시 할 수는 없는가?"

도피 중이던 이일재는 중앙당이 9월 9일자로 총파업을 결의했다는 사실을 아직 전달받지 못하고 있었다. 무슨 말인가 의아해하니 윤장혁은 남의 눈에 띄지 않게 앞장서 걸어가며 나직이 말했다.

"당에서 곧 총파업 지령을 내릴걸세. 더 이상 미 군정과 우익들에게 밀릴 수는 없어. 전면적 투쟁으로 나서게 될 거네. 전매청에서도 다시 파업을 준비하시게. 곧 공식 지령이 내려갈걸세."

기다리고 기다리던 투쟁이었다. 이일재는 흔쾌히 대답했다.

"지도부가 파괴되어 쉬운 일은 아니지만 준비해보겠습니다."

대구에는 벌써 조선공산당 중앙당에서 사람이 내려와 총파업을 준비하고 있었다. 이상진, 연필수, 서혁수 등 대구 시당 간부들만 알고 있는 극비 사항이었다. 총파업은 9월 23일 전국 철도노동자들의 파업으로 시작되었다. 대구에서도 철도파업부터 시작해 26일에는 우편국, 섬유공장, 금속공장 등이 가담해 총파업으로 발전했다. 27일에는 윤장혁을 위원장으로 남조선 노동자 총파업 대구시 투쟁위원회가 구성되었고 29일부터는 대구 지역 출판노조들도 파업에 들어가 대구 지역의 신문 발행이 중지되었다.

총파업에 참가한 대구 지역 노동자는 30여개 업체 5천여 명에 이르렀다. 당시 산업 상황에 비추어 대다수 노동자가 참가했다고 보아도 좋았다. 그러나 대구시 미 군정은 총파업에 대응한 어떤 해결책도 내놓지 못했다. 그들은 민중의 요구를 해결할 의지도 능력도 없었다.

파업 대표단과 부녀자들이 대구 시청에 찾아가 미군 장교와 공동으로 대구 시장을 맡고 있던 조선인 시장에게 쌀을 배급해달라고 요구하자 도리어 타박을 하는 것이었다.

"살림하는 아낙네들이 우예 쌀이 똑 떨어지도록 사는 기요? 한 열흘 먹을 양식도 준비해놓지 않았소? 그래 가지고 살림을 어떻게 한단 말이오?"

현실과 너무나 동떨어진 대답이었다.

"저런 놈이 시장이라꼬, 저놈 죽여라!"

군중들이 소리치며 항의하자 보고 있던 미군 시장은 한술 더 떴다.

"쌀이 없으면 고기나 과일을 먹으면 될 것 아닌가? 왜 조선인들은 밥만 먹으려 하는가?"

두 시장의 동문서답에 분개한 이들이 항의를 계속하자 조선인 시장은 인심을 베풀 듯 말했다.

"쌀은 없고, 빨랫비누 재고가 있으니 고마 이것 두 장씩 가지고 돌아가소."

일제 말기 일본군에 납품하기 위해 만들어놓았다가 필요 없게 된 빨랫비누나 가져가라는 이야기였다. 부녀자들의 분노는 극에 달했다.

"이노마들아, 너그들은 비누 먹고 사나? 너그나 쳐무라!"

부녀자들은 욕설을 퍼붓고 시장에게 달려들다가 경비원들에게 붙잡혀 쫓겨나고 말았다. 이 이야기가 시민들에게 퍼지면서 분노는 더욱 달아올랐다.

총파업대구시투쟁위원회는 대구역에서 전매청으로 가는 태평로에 있던 전평 대구노평 사무소에 설치되어 있었다. 투쟁위원회는 매일 사무실 앞 도로에서 노동자 집회를 개최하여 노동자들과 일반 대중을 선동했다. 이일재는 여전히 수배자였지만 시위가 시작되면서 드러내놓고 활동하고 있었다. 모인 군중들 맨 앞에서 구호를 선창하고, 전단과 깃발을 제작하느라 정신없이 바빴다.

"미 군정은 물러나라!"

"우리에게 쌀을 달라!"

"모든 권력은 인민에게!"

모여드는 군중들은 노동자뿐이 아니었다. 쌀을 얻기 위해 몰려나온 굶주린 부녀자들이며 일반 시민들까지, 대구역 광장의 인파는 갈수록 늘어났다. 일부 부녀자들은 빈 함지박 따위를 들고 대구 시내로 행진하며 쌀을 달라고 외쳤다. 이른바 '기아 행진'이었다.

기아 행진을 이끈 이는 채병기로, 독립운동가 채충식의 아들이었다. 여운형, 안재홍의 동지인 채충식은 해방 직후 경북 인민위원회 부위원장을 맡은 사람이었다. 채병기는 남산동, 내당동, 비산동 빈민가에서 모은 부녀자들로 기아 행진을 주동한 것이다. 기아 행진은 이때뿐 아니라 여러 번 있었다.

미 군정과 경찰은 투쟁이 확대되는 걸 막기에 급급했으나 역부족이었다. 9월 30일 전평 대구노평 사무실 입구에 총파업대구시투쟁위원회 간판을 걸려 하자 경찰이 못 걸게 막아섰다. 대구노평 조합원들과 경찰 사이에 치열한 몸싸움이 벌어졌다. 이 싸움에도 이일재는 가장 앞장섰다.

"파업은 노동자의 기본 권리요! 누가 강제로 노동자를 일 시키려는 거요? 민주주의 기본 질서를 지키시오!"

이일재가 간판 철거 명령서를 들고 온 경찰들을 향해 거세게 외쳐대자 주변 사람들도 맹렬히 소리쳐 항의했다.

"먹을 것을 다오! 먹을 것을 주면 일하겠다!"

"미 군정의 앞잡이들은 물러나라!"

경찰은 자기들 손으로 간판을 뜯어내려 들었다. 거구의 이일재가 맨 앞에서 몸을 던져 경찰과 몸싸움을 벌이기 시작했다. 주변의 청년들도 합세하니 경찰은 간판을 뜯지 못하고 물러났다.

매일 싸움이 벌어지면서 군중은 날로 늘어났다. 대다수가 일반 시민들이었다. 노동자의 총파업으로 시작한 투쟁이 전 민중적인 항쟁으로 고양되는 중이었다. 팽팽한 긴장 속에 폭발의 위기가 다가오고 있었다.

7. 대구10월인민항쟁

1946년 10월 1일, 전날에 이어 수천 명의 시민들이 아침부터 태평로 대구노평 삼거리에 모여들어 100여 명의 경찰과 대치했다. 이일재도 지도부의 한 사람으로 집회를 주도했는데 주로 경제적인 내용들이었다.

"8시간 노동제 실시하라!"

"가족수당 지급하라!"

연설과 구호가 이어지는 사이, 군중의 숫자가 점점 늘어났다. 시민과 학생들이 골목마다 몰려나오는 것이었다. 쌀을 얻기 위해 나온 흰 치마 저고리의 부녀자들부터 양복 입은 사무원, 검정 교복의 학생들이었다. 겨우 12살 먹은 보통학교 학생들부터 17살짜리 중학생들까지 학생들의 연령도 다양했다. 하나같이 미 군정에 분노한 사람들이었다. 인파가 늘어나면서 구호는 일반 주민들의 생존권 요구로 바뀌어갔다.

"쌀을 달라!"

"먹을 것을 다오!"

오후 1시쯤, 시위자가 1만 5,000명에 이르면서 태평로는 물론, 대구역 광장까지 인파로 가득찼다. 경찰 당국이 30여 명의 경찰을 파견해 투쟁위원회 간부들과 해산 문제를 협상하는 사이 군중들은 경찰을 포위해버렸다. 돌발 사태를 걱정한 공산당원들과 전평 소속 노조 간부들은 군중의 앞뒤에 늘어서서 질서를 잡고 구호를 선창했다. 경상북도 인민위원장 이상훈과 인민보안대장 나윤출의 지시를 받은 청년행동대원들도 수십 명에서 100명 단위로 광장 곳곳과 주변 거리에 배치되어 만일의 사태를 대비했다. 이들의 노력으로 질서는 잘 유지되고 있었다.

경찰청장 권영석이 무장경찰 60여 명을 데리고 현장에 나타난 것은 준비된 집회가 마무리될 무렵이었다. 진압경찰은 일본군 복장을 하고 있던 보통 경찰과 달리, 미군들에게 얻은 헬멧을 쓰고 카빈 소총이나 99소총으로 무장하고 있었다.

"여러분은 지금 불법집회를 하고 있습니다. 즉시 해산하시오!"

경찰청장이 확성기를 들고 외치자 군중들은 거세게 항의했다.

"쌀을 주기 전에는 집에 몬 간다!"

"무장경관이 물러나지 않으면 해산하지 몬 한다!"

무장경찰과의 대치는 한동안 계속되었다. 전평 지도부는 무장봉기 계획 같은 건 갖고 있지 않았기 때문에 시위대의 안전을 우려해 충돌을 자제하고 자진해산하도록 유도했다.

"시민 여러분! 오늘 충분히 우리의 의사를 전달했으니 일단 해산하고 내일 아침에 다시 모입시다!"

이일재도 지도부의 한 사람으로 군중을 진정시키다가 어느 정도 해산이 이뤄진 오후 7시쯤 전매청 노동자들과 함께 자리를 떴다. 총격 사건은 바로 그 직후에 터졌다. 집에 가는 사람들에 섞여 전평 사무실 방향으로 걷고 있는데 뒤에서 요란한 총성이 들려왔다.

"경찰이 발포했다!"

놀라서 역으로 되돌아 달려가는데 사람들이 도망쳐 나오며 소리쳤다. 오후 6시쯤 대구역 앞에서 경찰과 운수노동자들이 충돌하자 대구 경찰서 수사주임과 경찰 3명이 충돌해 이를 저지하고 있었는데 7시쯤 군중이 이들을 구타하자 경찰이 실탄을 쏘아버린 것이었다.

이일재가 밀려 도망쳐오는 군중들을 헤치고 광장으로 달려가보니 총격은 멎은 가운데 시체 한 구가 쓰러져 있었다. 난생처음 보는 총 맞은 시체였다. 흙바닥에 검붉은 피가 흥건한 가운데 얼굴은 새하얬다. 소름이 오싹 끼쳤다. 한국전쟁이 끝날 때까지 향후 7년간 한반도를 피로 물들일 불길한 사건의 시발점이었다.

이날, 화학노련 소속이었던 연탄공장 노동자 황팔용과 대구역 철길을 건너던 노동자 1명이 총에 맞아 사망했다. 경찰이 두 사람을 죽였다는 소문은 삽시간에 대구 전역으로 퍼져나갔다.

다음 날인 10월 2일, 시민들은 아침 8시부터 대구역 앞에 모여들었다. 오전 10시쯤에는 미 군정경찰 보고에도 1만 명이 넘어갔다. 주변의 시민들까지 합치면 2만 명이 넘었다. 대구 시내 인구가 23만 명이었으니 어른들은 다 나온 셈이었다. 공산당이나 전평에서 조직적으로 동원한 게 아니라 시민들이 사망했다는 소식을 듣고 분개해 자발적으로 몰려나온 시민들이었다. 대구역 광장부터 태평로 일대는 골목까지 사람들로 가득했다.

"살인 경찰 물러나라!"

"죽은 이를 살려내라!"

시위는 이제 공산당원이나 전평 지도부의 손을 떠나고 있었다. 모든 것이 자발적이었다.

대구의전 학생들은 전날 사망한 노동자의 시신을 들것에 싣고 시내의 학교를 돌아다니며 학생들을 선동했다. 대구의전 최문학·최무학 형제와 대구사범대 장 모 등 이일재도 아는 학생들이었다.

들것 시위의 위력은 컸다. 대구사범대, 대구고보, 대구상고, 대구중학교 학생들이 수업을 중단하고 거리로 뛰쳐나왔다. 민주청년회, 고려동맹노동조합 등 사회단체의 청년들이 곳곳에서 앞장서 구호를 외치고 선동하기는 했으나 전반적인 흐름은 대중들 스스로에 의해 만들어져 어떤 정치조직도 통제할 수 없는 상황이었다.

전날보다 늘어난 250명의 경찰과 경찰보조원이 출동해 있었는데 이들은 진압은커녕 엄청난 군중 속에 갇힌 형국이었다. 겁먹은 경찰이 총을 들고 있으니 전날 같은 사태가 또 일어날 수 있었다. 이일재는 동족끼리 서로 죽이는 것만은 막아야겠다 싶었다. 집회를 주도하고 있던 이일재는 경찰관들 앞에 서서 연설했다. 오후 2시쯤이었다.

"경찰 여러분! 일본 제국주의는 망해서 물러나고 미군이 들어왔을 때 우리가 어떻게 했습니까? 해방군이라고 나팔 불고 행진하고 환영하지 않았습니까? 그런데 미 군정은 무얼 했습니까? 일정 때의 고등계 형사들, 일정 때 조선인 괴롭히던 왜놈의 앞잡이들을 재고용해 인민을 억압하지 않았습니까? 이제는 우리 아까운 노동자를 총으로 쏘아 죽였습니다. 여러분의 상관들은 다 그런 놈들입니다. 그놈들은 지금 여러분을 우리와 싸우게 해놓고 저 높은 곳에서 배불리 먹고 살면서 우리를 죽이라고 손가락질만 하고 있습니다. 여러분! 미국 놈들과 일제 앞잡이들이 시키는 대로 동족에게 총부리를 들이댈 것입니까? 일본 놈에 이어 미국 놈의 앞잡이가 되어 동족을 죽일 겁니까? 여러분 총을 놓으십시오. 총을 내려놓고 우리와 함께 손을 잡고 새 조국 건설에 동참합시다!"

노년에는 뺨까지 늘어져 발음이 나빠지지만, 젊은 시절 이일재의 음성은 크고 발음도 정확했다. 군중들은 그의 연설에 함성과 박수로 환호했다. 경찰들도 차마 방아쇠를 당기지 못하고 웅성거렸다. 군중 속에 섞여 있던 좌익 청년들도 합세해 구호를 외쳐댔다.

"경찰은 무장 해제하고 동참하라!"

이때 놀라운 일이 벌어졌다. 경찰보조원 일부가 총을 바닥에 내려놓기 시작한 것이다. 한쪽에서는 청년들이 저항을 포기한 경찰관들로부터 총을 빼앗기도 했다. 이를 목격한 시민들은 만세를 부르며 환호했다.

"민주 경찰 만세!"

일이 잘 풀리는 것 같았다. 그때 돌연, 예기치 못한 사태가 벌어졌다. 좌익 단체원들과 노동자들은 어떻게든 평화적인 시위로 이끌려고 경찰에 박수를 보내고 있는데 흥분한 일반 군중 일부가 경찰에게 돌을 던지기 시작한 것이다. 이일재는 다급히 군중들을 막아서며 외쳤다.

"돌 던지지 마시오!"

"자중합시다! 경찰도 우리 편이오!"

하지만 흥분한 군중을 통제할 방도가 없었다. 우박처럼 날아간 돌멩이에 맞은 경찰이 얼굴에 피를 흘리며 쓰러지는 광경이 눈에 들어온 순간, 마침내 경찰의 발포가 시작되었다.

탕!

탕!

일제 사격이 시작되자 사방에서 사람들이 쓰러져갔다. 군중들은 혼비백산해서 달아나기 시작했다. 이일재는 마침 건물 모퉁이, 경찰의 총알이 날아올 수 없는 사각지대에 서 있었다. 그래도 본능적으로 납작 엎드렸다. 군중들은 삽시간에 흩어져 사방 골목으로 흩어지고, 경찰은 더 이상 사격하지 않고 대열을 정비하기 시작했다.

시위대가 흩어진 광장에는 수십 명의 사람이 쓰러져 피를 흘리고 있었다. 그중 13명은 즉사했고 모두 17명이 죽었다. 그러나 경찰이 지키고 있어 접근할 수도 없었다. 어떻게 해야 할지 잠시 아무 생각도 떠오르지 않았다.

대구노평 사무실 맞은편의 2층짜리 삼국연탄 건물 창문에서는 경찰로 부터 총을 빼앗은 몇몇 청년들이 경찰을 향해 사격을 가하기 시작했다. 이 총격전으로 경찰도 4명이 죽었다. 양쪽에서 터져 나오는 99식 소총 특유의 총성을 듣고 있으려니 점차 정신이 들었다. 경찰이 버리고 달아 난 듯 땅바닥에 떨어져 있는 99식 소총이 눈에 들어왔다. 총알은 없는 빈총이었다. 그는 소총을 집어 들어 흔들며 시민들을 향해 소리쳤다.

"여러분! 다시 모입시다! 다시 모여서 싸웁시다!"

몇몇 청년들만 총격전을 벌여 경찰의 진주를 막고 있을 뿐, 놀란 군중들은 쉽게 모여들지 않았다. 아무도 통제할 수 없는 상황이었다. 이병기 등 길바닥에서 만난 공산당 간부들도 어떻게 수습을 해야 할지 몰라 우왕좌왕했다.

이때, 대구 경찰서 쪽에서 함성이 들려왔다. 대구역 앞에서 유혈 사태가 벌어지는 동안 대구 경찰서에서는 또 다른 군중이 항의를 계속하고 있던 것이다. 이일재는 소총을 어깨에 멘 채 역전을 벗어나 대구 경찰서로 달려갔다.

"학살 책임자를 처벌하라!"

"경찰서장 나와라!"

수천 명의 학생과 시민들이 대구 경찰서를 둘러싸고 거세게 항의하는 중이었다. 대부분의 경찰이 대구역으로 나가 있어 경찰서에는 소수 병력 밖에 없었다. 그들은 엄청난 숫자의 군중들에게 감히 발포하지 못하고 겁에 질려 우왕좌왕했다. 몇몇 젊은 경찰관들은 스스로 총을 버리고 경찰관복을 찢어버린 후 시위대에 합류하기까지 했다.

군중들의 압력이 점점 거세지자 마침내 권영식 경북 경찰청장과 이상옥 대구 경찰서장이 직접 군중들 앞에 나왔다. 이때 미군 경찰서장도 있었는데 총을 쏴서 해산시키자고 거듭 요구했으나 한국 경찰은 말을 듣지 않았다.

"시민 여러분! 우리는 여러분과 대치하고 싶지 않습니다. 우리는 절대 발포하지 않습니다. 우리는 여러분 편입니다."

권영식 경찰청장은 경찰관들에게 직접 명령까지 내렸다.

"왜 노동자를 쏘아 죽였는가? 무기를 전부 무기고에 수납하라."

청장의 명령에 따라 일부는 무기를 반납하기도 했는데 거부하는 경찰관들도 있었다. 한동안의 혼란 끝에 권영식 경찰청장이 군중들에게 경상북도의 전체 경찰관을 무장 해제시켰다고 말하자 함성이 터져 나왔다.

"민주 경찰 만세!"

청장과 서장은 약속대로 경찰서 유치장의 열쇠까지 넘겨주었다. 맨 앞장서서 시위대를 이끌던 이일재가 열쇠를 받았다. 이일재는 몇 사람을 데리고 경찰서 안으로 들어가 유치장 문을 열어젖혔다.

유치장에는 약전 골목의 복양당 한약방 주인인 김관제와 전매청 운수과의 강규원 등이 수감되어 있었다. 김관제는 대구 지역 3·1운동의 주역 중 하나로 의열단 사건으로 수감 생활도 했던 저명한 인물이었다. 장총을 멘 이일재가 나타나 철문을 열자 어리둥절해서 나왔다. 김관제는 걱정스레 말하는 것이었다.

"왜 이렇게 폭동이 났노? 합법적으로 나가야지 이래 나가도 되나?"

이일재는 기가 막혀서 말이 나오질 않았다.

"선생님, 지금 법을 따질 때가 아입니더."

김관제와 강규원을 앞세워 밖으로 나오니 경찰서 앞에서 기다리던 시민들이 만세를 부르며 환호했다. 이일재는 빈총이지만 소총을 들고 이들을 호위해 조선공산당 대구 시당으로 향했다.

경찰이 스스로 무장 해제를 함으로써 대구는 무정부 상태가 되었다. 성난 군중들은 노도처럼 몰려다니며 그동안 원한을 샀던 지배자들을 공격하기 시작했다. 항쟁은 폭동으로 전화되었다.

청년과 학생들이 앞장선 시위대는 100, 200명씩 떼 지어 몰려다니며 친일 경찰관과 친일파들을 공격했다. 일부 청년들은 경찰서 무기고에서 탈취한 소총을 들고 있었으나 총격전이 벌어지지는 않았다. 본격적인 총격전은 나중의 일이었다. 악명 높은 일제 경찰 출신들의 집들이 곳곳에서 파괴되거나 불타고 경찰복을 입은 이들은 눈에 띄는 대로 두들겨 맞아 즉사하거나 부상을 입었다. 사흘간의 항쟁 기간 동안 죽은 경찰관이 55명이나 되었다. 재수 없이 걸린 신입 경찰도 있지만, 다수는 조선인 독립투사들을 고문하고 때려죽여온 친일 경찰들이었다.

이 와중에도 극적으로 살아난 이들이 있었다. 일제 때부터 유명한 고리대금업자는 붙잡혀 죽도록 맞았는데도 기적적으로 살아난 것이다. 군중들이 삽으로 쳐서 죽은 줄 알고 하수구에 버렸는데 살아났다. 그는 나중에 경찰에게 자기를 때린 사람들을 지목해 여러 사람이 처형되게 만들었다. 재래식 변소의 똥통이나 하수구 속에 몸을 숨겼다가 살아난 경찰관도 여럿이었다.

폭동 전체를 지휘하는 단일 지도부가 없음에도 군중들은 타격할 곳과 보호할 곳을 정확히 알고 있었다. 시위대에 의해 약탈된 곳은 대구시장과 전매청장·도지사의 관사 같은 곳들이었다. 쌀을 구하러 온 부녀자들에게 열흘 치 식량도 준비 안 했냐고 큰소리를 치던 대구 시장의 집에서는 몇 가마니의 쌀이 나왔고 전매청장 정도영의 집에서는 꿀단지와 깨가 쏟아져 나와 사람들을 분노케 했다.

질서도 군중들 스스로 유지했다. 약탈한 쌀과 광목들을 달성 공원에 실어다놓고 질서 있게 배급을 했다. 동네마다 청년들이 완장을 차고 다니며 교통정리를 했고 신발 가게 주인은 시위대에게 신발을 공짜로 나눠주기도 했다. 피해를 입은 이들은 그동안 일제 강점기부터 미 군정에 이르기까지 돈과 권력을 누리던 극소수에 불과했다.

이것이 노년의 이일재가 즐겨 말하던 '혁명적 질서'였다.

짧은 기간이지만 지배자들을 공포에 떨게 한 시간이었다. 그중에는 이일재의 오촌아저씨 이강학도 포함되었다. 항렬이 높아 존댓말을 쓰기는 하지만 나이가 동갑이라 친구처럼 지내온 사이였다.

이강학은 일본육사를 나와 일본군 장교로 근무하다가 해방이 되자 고향 대구에 돌아와 경찰에 들어간 전형적인 친일파 기회주의자였다. 귀국 초기에는 조선어에 서툰 데다 일본군복에 긴 칼을 차고 다녀 일본인이 돌아온 것처럼 보일 정도였다.

이강학이 이일재를 찾아온 것은 이 무렵이었다. 대규모 시위가 시작되자 향후 자신의 입지가 걱정되었던 모양이었다. 한밤중에 이일재의 집에 찾아온 그는 식구들 많은 집 안에 들어오지 않고 골목으로 이일재를 불러냈다.

"조카, 지금 어느 편이 이길지 모르는 상황이다. 만일 너희 편이 이기면 나를 살려줘라. 우리 편이 이기면 내가 조카를 살려주겠다."

이 이야기는 이일재 본인이 아닌 여동생 이양주의 증언이라 정확한 날짜가 언제고 이일재가 무슨 대답을 했는가 알 수 없지만, 실제로 두 사람이 한두 번씩 서로의 생명을 구해주게 될 것이었다.

미 군정은 이날 오후 6시를 기해 대구 지역에 계엄령을 선포하고 장갑차를 앞세운 미군 병력을 급파했다. 시위대는 화물트럭 등을 타고 대구시 외곽으로 분산해나갔다.

이일재가 김관제를 호위해 대구 시당 서부 지구당 사무실에 도착했을 때는 이미 미군 장갑차가 시내로 밀려들어 오고 있었다. 공산당 지도부는 여전히 어떻게 사태를 이끌어야 할지 몰라 상황을 수집하기에도 벅찼다. 이일재가 낮 동안의 사태 전개에 대해 보고를 하니 지구당 책임자가 말했다.

"이일재 동무! 어서 전매청으로 가보시오! 거기 다 모여 있소."

전매청으로 달려가니 넓은 식당에 노동자들이 가득했다. 전매청 노동자들뿐 아니라 섬유노동자, 운수노동자 등 전평 소속 노동자들이었다. 청년들과 일반 시민들도 꽤 많이 들어와 있었다. 노동자들 역시 예상하지 못한 거대한 사태에 스스로 놀라고 흥분되어 누군가 지도해주기만을 기다리고 있었다.

이일재는 어깨에 소총을 맨 채 화학노조의 서기부장 겸 대구노평 간사 자격으로 앞에 나섰다. 그는 지금까지의 상황을 설명하고 「해방의 노래」, 「농민가」, 「인터내셔널가」 등을 선창하며 집회를 이끌어갔다.

미 군정은 저녁 7시부로 야간 통금령을 내린 상태였다. 야간에 시위를 하거나 집단으로 이동하다 잡히면 미군 탱크와 장갑차의 기관총탄 세례를 받을 판이었다. 전매청에 모인 사람들은 집에 가려 해도 나갈 수가 없었다. 식당에서 주먹밥을 해 먹으며 차례로 앞에 나가 연설도 하고 노래도 하는 사이 밤이 깊어졌다.

들려오는 소식들은 점점 심각했다. 미군이 충청도에서 경찰을 징발해 대구로 이동 중이라는 정보도 들렸다. 무장한 노동자들은 거의 없는데 탱크와 경찰에 맞서 싸우라고 내보낼 수는 없었다. 자신이 가진 총도 총알도 없는 빈총이었다. 이일재는 노동자들이 더 이상 피해를 입지 않는 게 우선이라고 보았다.

"노동자 여러분! 이곳에 모여 있으면 미군 탱크와 경찰의 무차별 진압으로 투쟁 역량에 돌이킬 수 없는 타격을 입게 될 것입니다. 이렇게 아무런 무기도 없이 탱크에 뛰어들 순 없습니다. 한군데 모여 있을 게 아니라 일단 학살을 피해 흩어져서 각자의 현장에서 항의투쟁을 전개하도록 합시다."

이일재의 말에 노동자들도 동의했다. 이일재는 통금이 해제되는 새벽이 오기를 기다려 서너 명씩 짝을 지어 전매청을 빠져나가도록 이끌었다. 맨 마지막으로 자신도 전매청을 빠져나오는데 어깨에 멘 소총이 신경 쓰였다. 거리 곳곳에 경찰이 모래 포대를 쌓고 그 위에 기관총을 걸어놓고 있었다. 소총을 메고 가다가는 그대로 사살될 판이었다. 총을 길가 하수구에 던져버리고 맨몸으로 빠져나왔다.

서부 지구당의 판단도 그와 크게 다르지 않았다. 지구당에 가보니 사태가 이미 걷잡을 수 없으니 당분간 피신하고 있으라는 말들만 나누고 있었다. 공산당 간부들과 대구노평 지도부는 민중봉기를 감당할 능력이 없었다.

공산당 중앙당 역시 어떤 무장투쟁의 명령도 내린 적이 없고 그것을 계획한 적도 없으니 어떻게 처리해야 할지 지침을 내리지 못했다. 서울에서 긴급히 당 고위 간부들을 내려보내 상황을 파악하기도 바빴다.

혁명적 구호도, 혁명적 지도부도 없는, 오로지 쌀을 달라는 대구 시민의 외침은 사흘을 넘기지 못했다. 발포 사건 3일째인 10월 3일 낮에는 소문대로 충청도에서 온 1,000여 명의 경찰 증원 부대가 도착해 대구 시내 요소에 배치되었다. 지역 연고가 없는 이들은 조금만 집단행동의 여지가 보여도 무자비하게 진압하거나 총을 쏘아댔다. 중심가 모퉁이마다 기관총이 걸리고 경찰이 깔리면서 시위는 그대로 잠잠해졌다.

경찰은 외곽까지 합쳐도 인구 30만밖에 안 되는 소도시 대구를 장악하는 데 별 어려움을 겪지 않았다. 그러나 사방에 흩어져 사는 농촌 지역을 진압할 여력은 없었다. 시외로 빠져나간 청년들은 거의 제재를 받지 않은 채 대구 주변의 읍면을 휩쓸기 시작했다.

농촌에서는 확연히 공산주의자들의 활동이 눈에 띄었다. 대구가 자연발생적인 폭동이었다면 주변 농촌의 폭동은 한결 계획적이었다. 중앙당으로부터 체계적인 명령이 내려온 건 아니지만 대구에서 빠져나간 청년들이 앞장서 선동하면 지역의 공산당원과 청년단체원들이 곧바로 봉기를 선동했다.

민중의 분노는 마른 장작 같았다. 해방을 맞았어도 굶주림은 더 심해지고 일본의 앞잡이 노릇을 하던 악질 경찰과 대지주들이 다시 세상을 지배하는 데 대한 울분이었다. 몇몇 공산주의자들이 선동만 하면 초가지붕에 불이 붙듯 여기저기서 불길이 솟구쳐 올랐다.

눈으로 직접 보지는 못해 완전히 믿을 수는 없었지만, 이일재는 경상도 일대에서 벌어진 사건들에 대한 갖가지 무서운 소문을 듣고 있었다. 왜관 경찰서를 습격한 무장 시위대가 서장과 2명의 경찰관을 붙잡아 눈알을 빼고 혀를 자른 다음 살해했다거나, 경찰의 성기를 잘라버렸다는 식의 이야기들이었다. 경찰 지서와 경찰관 숙소들은 곳곳에서 약탈된 후

불태워졌다고 했다.

친일파와 손잡고 좌익 운동가들에게 잔인한 테러를 가해온 우익 청년단에 대한 복수도 사방에서 벌어졌다. 성난 군중이 총이 없는 대신 몽둥이나 쇠꼬챙이로 그들을 타살해버리고 시체의 머리와 팔다리를 자르고 얼굴 껍질을 벗겨버렸다고 했다.

일제 때부터 악질적으로 조선인을 괴롭혀온 관리며 지역 유지들도 목표가 되었다. 시위 군중은 그들의 가옥을 습격해 눈에 띄는 대로 잡아죽이거나 집단 폭행해 중상을 입혔다. 대구에서 그랬던 것처럼 빼앗은 식량과 옷감은 주민들에게 공개적으로 나눠주었다고 했다.

이런 이야기들이 어디까지가 사실이고 어떤 부분이 우익에 의해 허위 과장되었는가 알 수 없으나, 이일재가 확실히 아는 이야기 중에는 영천의 거부 이인직의 경우가 있었다.

만석꾼 이인직은 소작인에게 혹독한 착취를 가한 대가로 호화로운 사치를 누리던 악질 지주로 유명했다. 항쟁이 영천으로 번지자 이인직 밑에서 수탈당해오던 농민들이 들고 일어나 이인직을 때려죽이고 시신을 불태워버렸다. 군중들은 이인직이 가지고 있는 논문서도 불살라버리려 했다. 그런데 논문서는 두꺼운 금고 속에 들어 있어 꺼낼 수가 없었다. 농민들은 열쇠가 어디 있느냐고 이인직의 맏며느리를 추궁했으나 모른다고 버티는 바람에 논문서를 포기하고 물러났다. 나중에 며느리가 열쇠를 자신의 은밀한 곳에 감추고 있었다는 후일담이 돌았다.

봉기가 경상도 농촌 지대로 번져나가고 있을 때, 이일재는 대구 시내에 잠복해 있었다. 다른 간부들도 멀리 피신했거나 깊숙이 은신해 서로 연락도 닿지 않았다. 일주일이 지나서야 겨우 박일환과 선이 닿았다. 대구역 앞의 판자촌 가운데 있는 선술집으로 나오라는 전갈이었다. 미행에주의하며 선술집에 가니 한상수 등 젊은 당원 몇 사람이 와 있었다. 박일환은 말했다.

"중앙당에서 내려오신 간부가 지금까지 대구에 계시다가 서울로 돌아가는데, 마지막으로 이번 봉기에서 영웅적으로 활동한 동지들을 보고 싶다고 하셔서 여러분을 불렀소."

보통 체구에 마르고 강인한 인상의 신사가 수행원을 이끌고 들어왔다. 이름을 밝히지 않은 신사는 이일재와 당원들의 손을 차례로 잡아주며 격려했다. 똑똑 끊는 말투와 각이 진 눈매가 여간 깐깐해 보이지 않았다.

"수고들 많았소. 이 잘못된 나라를 바로잡는 데 여러분의 노고가 꼭 기억될 것이오. 중앙당에 올라가면 여러분의 영웅적인 투쟁을 잘 보고하겠소."

영웅적으로 투쟁했다는 찬사는 예의로만 한 말은 아닐 것이었다. 예기치 못한 폭동으로 비화되어 우왕좌왕하기는 했으나 그 시작이 대구 시당과 대구노평의 9월 총파업인 것은 사실이었다. 폭동이 전국으로 번져가는 과정에서 공산당원들이 결정적 역할을 한 것도 사실이었다. 대구와 경북이 다른 어떤 지역보다도 좌익의 대중적 기반이 탄탄했던 결과이기도 했다.

공산당을 대표해서 현지 방문을 내려온 그 신사의 발언 역시 의미심장했다. 좌익에 의해 장차 '10월인민항쟁'이라 불리게 될 이 대규모 폭동에 대한 공산당의 입장은 다른 야당들과는 확연히 달랐다. 폭동이 전국으로 번져나가자 공산당을 제외한 좌익 계열 9개 정당 대표들은 긴급 회동을 갖고 공산당 지도부를 맹렬히 비난했다.

이여성, 백남운, 정백, 강진 등 사회노동당과 근로인민당 지도자들은 미 군정의 실정이 인민항쟁의 원인을 제공했지만 이를 폭동으로 이끌고 있는 공산당은 좌익 모험주의라며 맹비판했다. 일제 때부터 박헌영과 대립해온 공산주의자 정백은 공산당 중앙파가 중국혁명 초기의 리리싼(李立三) 노선에 빠졌다고 비난했고, 같은 파벌인 강진 같은 이는 공개적으로 인민항쟁을 비판하는 성명까지 발표했다.

현지에서 직접 사건을 겪은 이일재나 동료들로서는 좌익 계열 9개 정당 대표들의 공산당 비판을 수용할 수 없었다. 신사의 격려 발언은 당연한 것이었다. 신사가 아무것도 먹지 않고 인사만 하고 간 후, 누군가 이일재에게 나직이 물었다.

"혹시 저분이 박헌영 선생이신가요?"

"아닙니다. 제가 본 박헌영 선생과는 다릅니다."

서울에서 열린 공산당 창당 기념식에 참가했던 이일재는 박헌영을 가까이서 본 적이 있었다. 박헌영은 상체보다 하체가 짧아 보이는 작은 키에 둥근 테 안경을 쓴 통통한 얼굴을 가졌다. 이일재도 나중에 알게 되었지만 선술집에 찾아온 이는 홍남표였다. 박헌영보다도 12살이 더 많은 조선 공산주의운동의 거물이었다. 그럼에도 이날 박헌영이 대구에 내려왔다는 소문이 퍼졌는데, 그것은 홍남표를 박헌영으로 오해한 탓이었다. 실제 박헌영은 대구항쟁이 터지기 직전 이미 38선을 넘어 북에 가 있었다.

폭동은 노도처럼 번져나갔다. 경남 지역은 10월 7일부터 시작되어 일주일 사이에 18개 군 중 10개 군이 폭동에 휩싸였고 10월 17일부터 19일까지는 충남 지역에서, 10월 20일부터 22일까지는 경기도와 황해도 곳곳에서 터져 일어났다. 10월 말부터 11월 초에는 강원도와 전라도에서도 크고 작은 폭동이 일어나는 등, 12월 중순까지 38선 이남 131개 군 중 56개 군에서 소요가 계속되었다.

이 과정에 죽거나 다친 사람의 숫자는 정확히 통계되기도 어려웠는데 경찰 집계는 경상북도에서만 경찰관 60명과 민간인 54명이 죽고 6,000여 명이 체포되어 1,500명이 구속, 수감된 것으로 발표되었다. 전국적으로는 1,000여 명의 사상자가 발생하고 3만 명 이상이 체포된 대규모 유혈 사태였다.

시위 군중들은 어디서나 미 군정의 식량 강제 공출 반대, 정권을 인민위원회에 넘길 것, 친일파 처단, 토지의 무상몰수와 무상분배, 소작료 3·7제 등의 구호를 내세웠다. 시위대는 경찰이 출동해도 물러나지 않고 마주 싸워 경찰을 진압해버리기 일쑤였고, 이 과정에서 경찰의 무기를 빼앗아 무장한 후 경찰서를 습격하고 원한 많은 지역 유지들의 집을 공격하는 경우도 많았다. 뒤따라 탱크를 앞세운 미군과 경찰이 출동해 진압하면 산으로 피신해 대치했다.

두 달 넘게 계속된 시위 과정에서 체포를 면했으나 경찰에 쫓긴 이들은 지리산, 월악산, 속리산, 신불산 등 주변의 큰 산으로 올라가 빨치산이 되었는데 초기에는 야산대라 불렸다. 야산대의 대다수는 무기도 없이 맨손으로 쫓겨 올라간 이들이었는데 산속에 숨어 살며 인가에 내려와 식량을 얻어가거나 소규모 경찰지서를 습격해 탈취한 무기로 무장을 하기도 했다.

흔히 10월항쟁 또는 대구폭동으로 불리는 이 사건에 대해 조선공산당 지도자 박헌영은 1897년의 동학혁명, 1919년의 3·1운동과 더불어 3대 인민항쟁이라 명명한다. 얼마 후에 일어나는 제주4·3 사건이나 여순 반란에 대한 비판적 입장과는 달리, 역사적 민중봉기라고 격찬을 아끼지 않은 것이다.

해방 정국을 뒤집어놓은 이 3가지 무장봉기는 공산당 중앙당의 공식 명령이 아닌 자생적 투쟁이었다는 공통점을 가지고 있었다. 대구항쟁과 다른 사건들이 다른 점이 있다면 대구항쟁은 공산당 중앙의 총파업 결정에 따라 시작되었으되 무장투쟁은 민중의 자발적 참여로 시작되었다는 점이었다. 다른 두 경우는 중앙당의 명령도 없이 지방의 공산주의자들이 일으킨 모험주의적 봉기였다.

아직 제주도나 여수의 반란은 일어나기 전이었다. 체포되어 법정에 선 윤장혁은 군대도 권력도 갖지 않은 조선공산당이 무슨 수로 민중에게 폭동을 하라고 명령했겠느냐고 반문한다. 어느 정치 집단의 지시도 아닌, 군중 스스로 일어난 투쟁이라는 견해였다.

"파업은 자유 합법적인 것이며 폭동은 조선 민족이 살기 위하여 결사적으로 싸워 나온 결과로서의 사건이다. 군중은 본인의 명령으로서 좌우할 수 없는 것이었다. 그것은 모든 권력이 우리에게 오지 않는 한 불가능하다."

이 사건으로 가장 큰 타격을 입은 것은 오히려 좌익이었다. 최문식, 이재복, 박일현, 손기채, 김일식 등 경상북도의 주요 좌익 간부들은 9월총파업과 10월항쟁의 주모자로 검거되었고 이일재 등 다수는 수배되어 활동이 어려워졌다. 또 직접 무기를 들고 싸우던 이들의 다수는 팔공산 등 산악 지대에 올라가 야산대가 되었다.

진압에 나선 경찰과 우익 단체들은 무자비한 보복을 가했다. 경찰의 보복행위도 가혹했지만 38선 이북에서 공산주의를 피해 내려온 극우 단체인 서북청년단과 방첩대라 불리던 군인들의 잔학 행위는 그야말로 극에 달했다.

봉기한 민중들이 그랬듯이, 우익들에게도 구속 영장이나 수색 영장 따위는 필요하지 않았다. 고문도 필요가 없었다. 고문이 겉으로는 표시가 남지 않도록 사람을 괴롭히는 행위라면, 그들은 그냥 폭행을 했다. 정보가 들어오는 대로 당사자들을 끌어다가 피투성이가 되도록 두들겨 팼다. 그러다가 죽으면 그만이었다.

폭동에 적극적으로 가담했던 사람은 물론, 그의 가족들이나 평소에 밉보였던 사람들은 무조건 빨갱이라는 이름으로 끌려가 피투성이가 되도록 두들겨 맞아야 했다. 도망치면 쏘아 죽이고 집은 불태워버렸다. 주모자가 아니라도 겁을 먹은 많은 사람들이 검거와 보복을 피해 산으로 피신했다.

당시 상황은 외국 기자들의 질문에 대한 주민의 답변으로 잘 나타난다. 주민 증언을 영어로 통역했다가 재번역해 말투가 어색하나 내용은 사실적이다.

마귀가 이 마을을 찾아왔다는 것은 날이 새고 다음 날이 되어서야 알게 되었습니다. 이미 계엄령이 내린 대구 지구로부터 응원 경찰이 미군 병사와 함께 출동해 온 것입니다. 마을 사람들은 뒷산으로 도망갔습니다. 이로부터 밤에는 내려오고 낮에는 산으로 가는 슬픈 생활이 습성처럼 되어갔습니다. 보복당한 그 면 서기의 복수 행위는 꾸준히 계속되었습니다. 밤낮 없는 검거와 수색에서 산으로 도망가다가 개천가에서 총 맞아 죽은 청년도 있었습니다. 폭동에 가담한 농부의 집은 불타고 대피할 길 없이 타 죽은 늙은이와 어린것들이 있었습니다. 그보다 더 지긋지긋한 것은 밤중에 산에서 내려온 폭도들에 의해 양식을 약탈당하는 것이었습니다. 경찰은 또한 폭도들에게 양식을 제공했다는 이유로 그 농민을 체포하고…… 부락민들은 오랫동안이나 이런 환경 속에서 살아가지 않으면 안 되었습니다. 패가망신한 농가가 많았습니다.

여기서 농민이 말하는 산중의 폭도란 야산대가 되어버린 좌익 활동가들이었다. 공산당 관련자의 다수가 형무소에 끌려가거나 가혹한 수사를 받은 후 저항 의지를 꺾고 은둔에 들어갔다. 일부는 야산대가 되어 내일을 알 수 없는 비참한 산중 생활에 들어갔다. 대구의 좌익 단체들이 사무를 재개한 것은 사건이 일어난 지 4개월이 지난 1947년 2월이 되어서였다.

때문에 후세의 학자나 진보운동권은 이 사건으로 남한의 좌익운동은 크게 타격을 입고 기가 꺾였다고 본다. 박헌영식 좌익 모험주의의 결과라는 것이다. 이일재는 이러한 주장에 전혀 동의하지 않았다.

사건의 시발부터 목도하고 함께했던 그는 10월항쟁은 설사 막으려 했더라도 막을 수 없던 불가피한 사건이었다고 생각했다. 미군이 해방군이 아니라 점령군으로 주둔하면서 민주적인 제 권리를 억압하고 민중들을 굶주림으로 몰아넣는 상황에서 민중들이 자연 발생적으로 봉기한 것이지 공산당이나 지역의 당원들이 극좌 모험주의에 빠져 먼저 선동한 것이 아니라고 보았다.

이일재는 또한 이 사건으로 좌익이 붕괴했다는 시각 역시 객관적이지 않다고 주장했다. 10월항쟁의 여파가 여전하던 1946년 말 조선공산당을 중심으로 좌익 3개 정당이 합당해 남조선노동당을 만들 때, 즉시 가입한 당원이 20만 명을 넘었다. 좌익이 붕괴했거나 대중성을 잃었다면 있을 수 없는 일이라고 이일재는 보았다.

실제로 1947년 3월 1일 대구에서 열린 3·1절 기념식의 경우, 공회당에서 열린 우익의 집회에는 2,000명이 참석했으나 달성공원에서 열린 좌익의 집회에는 그 두세 배가 넘는 수천 인파가 몰렸다. 서울도 마찬가지여서 우익 집회에 수천 명이 모였는데 좌익은 수만 명이 모이는 바람에 우익 단체 집행부가 퇴진했을 정도였다. 이일재는 10월항쟁이 좌익에 대한 민중들의 신뢰를 훼손하기는커녕 오히려 증가시켰다고 보았다.

그렇다면 이일재가 생각하는 좌익 몰락의 이유는 무엇일까? 말년의 생각을 기준으로 했을 때, 그는 오히려 공산당이 처음부터 미 군정과 정면 투쟁을 벌였어야 한다고 본다. 전평을 통해 산업 협력 방침을 내렸던 것은 오류이며, 9월총파업으로 시작되는 신전술은 명백히 옳았지만 너무 늦었다는 것이다. 신전술이 좌익 모험주의라는 비판과는 정반대되는 시각이다.

이일재의 주장을 뒷받침해주는 것은 공산당이 미 군정에 협조해 좌우 합작과 산업 협력에 힘을 쏟고 있던 시기에도 그들은 정판사 사건을 일으키고 지도부 검거령을 내렸다는 사실이다. 또한 깡패들로 구성한 대한노총으로 무자비하게 전평을 파괴했다. 처음부터 미 군정과 결사적으로 싸웠어야 했다는 이일재의 주장에 일리를 부여하는 상황들이다.

하지만 해방 초기부터 미 군정과 전면 투쟁에 나섰으면 더 많은 민중이 합류해 정국의 주도권을 장악했으리라는 이일재의 생각은 그다지 현실적으로 보이지 않는다. 10월항쟁 이후 민중이 공산당에 더욱 호의를 가졌다면 그것은 미 군정의 실정과 친일파들의 재기에 분노했기 때문이었다. 그들의 실체가 드러나기도 전에 공산당이 전면 항미를 시작했다면 이해를 받지 못했을 뿐 아니라 오히려 몰락을 재촉한 결과가 되었을 것이다.

만일 전면적 항미가 무장 유격전을 의미한다면 더욱 현실과 괴리가 있다. 얼마 후 일어난 제주와 여수의 무장봉기는 그 역사적 의미와 상관없이 봉기군이 무참히 소멸되는 과정에 지나지 않았다. 소련과 중국까지 가세한 전면전조차 승리하지 못한 한국의 상황을 후일의 베트남과 동일시하는 것은 맞지 않을 뿐 아니라, 베트남의 10년 내란이 가져온 막대한 피해를 감내해야 할 만큼 당대 공산주의자들의 정책 목표가 옳았을까도 의문이다.

진실은 간단했다. 조선의 좌익은 패전국인 일본이나 독일의 사회주의자들조차 누리는 정치적 자유를 처음부터 박탈당해야만 했다. 공산당은 서구의 좌파들처럼 평화적이고 온건한 정책을 취해보았으나 냉정히 거부당했다. 이에 총파업이라는 전통적 평화투쟁을 내세웠으나 민중항쟁으로 자동 점화되면서 무지막지한 탄압에 직면해야 했다. 영토의 절반에 사회주의 정권이 세워진 나머지 땅에서 사회주의를 지향해야 했던, 극단적인 반동에 직면할 수밖에 없던 이들의 비극이었다. 남한의 공산당 또는 남로당은 그 어떤 정책을 펴더라도, 얼마나 민중의 지지를 받는가와 상관없이 몰락하고 소멸할 수밖에 없는 운명이었다.

이일재는 감방에 갇혀 있어 참가하지 못했던 1947년 3월 22일 총파업에는 대구역 기관구와 2개의 방직공장 노동자들만이 참가했다. 일부 노동자들은 전신주에 올라가 전화선을 끊는 등 시설 파괴에 나서기도 했지만 소수에 지나지 않았다. 남로당원은 늘었으나 목숨 걸고 투쟁하는 사람은 현격히 줄어든 것이다. 우익의 탄압으로 활동이 극히 위축된 결과였다.

3·22총파업이 실패한 후에는 탄압이 더욱 공개적이 되었다. 미 군정 경찰은 5월 19일 민청동맹 본부를 습격해 강제 해산시키고 8월 13일에는 대구 시내 좌익 진영에 대한 대대적인 검거를 실시해 연말에는 대구에서만도 300명이 넘는 좌익 지도자들이 수감되었다. 1948년 8월 15일

남한만의 단독정부 수립을 앞두고 벌인 대대적인 검거는 일일이 나열할
수도 없었다.

　이제 남은 것은 산으로 가는 길밖에 없어 보였다.

8. 김달삼의 권총

수배된 이일재가 체포된 것은 10월항쟁 석 달 만인 1947년 1월이었다. 삼촌 집에 숨어 있었는데 경찰관이 된 보통학교 동창생의 미행으로 잡히고 만 것이다.

"네가 이일재야? 총 내놔!"

경찰서에 끌려가자마자 형사 몇이 둘러싸고는 다짜고짜 발길질과 주먹질을 하며 총을 내놓으라고 했다.

"총 어떻게 했어? 빨리 불어!"

무슨 말인지 이해가 되질 않았다.

"총하고 나하고 무슨 상관이 있습니까? 난 총 한 방 안 쐈봤습니다."

"거짓말 마라! 다 알고 있어."

두들겨 맞으며 생각해보니 항쟁 첫날 소총을 메고 다닌 기억이 났다. 총알도 없이 메고만 다니다가 하수구에 버린 99식 소총을 말하는구나 깨달았다.

"소총이라면 하수구에 버렸습니다."

"거짓말 마라! 너 경찰 몇 명 죽였어?"

"한 방도 쏜 적 없습니다. 어찌 동족끼리 살상을 한단 말입니까? 다른 사람들의 증언을 들어보십시오. 우리 공산당은 평화롭게 사태를 해결하려고 최선을 다했습니다."

"평화롭게 해결하자는 놈이 총을 왜 들어?"

"우리 쪽도 총을 들어야 경찰이 더 이상 사람을 죽이지 못할 것 아닙니까?"

"이놈이 입만 살아 가지고!"

우르르 몰려든 경찰이 또다시 몰매를 가했다. 아무리 항변해도 소용이 없었다. 혹독한 고문이 시작되었다. 하룻밤 내내 물고문까지 당하며 시달렸다. 그래도 아닌 건 끝까지 아니었다. 자신을 비롯한 공산당 간부들은 폭동을 선동하거나 주동한 적 없으며 평화적 협상을 위해 애썼다고 주장하며 버텼다. 끝까지 총을 쏘지 않았다고 우기자 형사들도 때리다가 지쳤는지 사실대로 진술서를 쓰게 했다.

밤새 계속된 구타와 고문으로 뼈마디와 근육이 다 부서진 듯 아팠다. 퉁퉁 부은 얼굴로 조사실 차가운 바닥에 앉아있으려니 울분과 서러움이 밀려왔다. 친미파로 변한 친일파들이 반공의 이름으로 민중을 죽이고 고문하는 현실을 생각하니 할 수만 있다면 진짜 총을 들고 다 쏘아 죽이고 싶었다.

밀려오는 잠을 참지 못하고 꾸벅꾸벅 졸고 있던 새벽이었다. 또 다시 형사들이 우르르 몰려 들어오더니 다짜고짜 발길질을 해댔다.

"권총 어딨어? 권총 어디 숨겼어?"

이번에는 또 무슨 소리인지, 꿈에서 덜 깬 것 같았다.

"권총이라니요? 난 그런 거 만져본 적도 없습니다."

"거짓말 마라, 다 알고 있어!"

또 다시 고문이 시작되었다. 권총은 만져본 적도 없으니 숨길 것도 거짓말할 것도 없었다. 경찰은 그러나 집요하게 물고 늘어졌다. 아무리 진실을 말해도 소용없었다.

"도대체 내가 언제 어디서 권총을 들고 다녔단 말입니까? 도대체 누가 그런 소리를 합니까? 그런 황당한 거짓말을 한 자를 불러오십시오."

내용은 말하지 않은 채 무조건 권총을 내놓으라고만 하니 미칠 지경이었다. 또 다시 하룻밤을 꼬박 새우며 고문을 당하고서야 무슨 일인가 알 수 있었다. 경찰이 자꾸 이승진이는 어디 갔냐고 묻는 것을 듣고서였다.

항쟁이 일어나기 사흘 전, 파업이 한창일 때였다. 이일재는 이승진, 채병기와 거의 매일 회의를 열고 있었는데 이승진이 불쑥 말했다.

"일재야, 오촌 아재가 경찰 간부라고 했지? 아재에게 가서 권총 한 자루만 얻어다 줘."

"권총? 권총을 뭐하게?"

놀라서 물었지만 이승진은 용도는 말하지 않았다. 본래 자기 과시가 심한 친구니 그러려니 했다.

"조직투쟁을 하는 우리가 권총은 어데써? 테러를 할 것도 아니고."

"꼭 필요해서 그러니까 구해주기만 해."

웬만한 정치인의 경호원은 권총을 가지고 다닐 정도로 무기 통제가 허술할 때였다. 오촌 이강학도 일본도와 함께 권총 여러 정을 가지고 있어 이일재에게 자랑 삼아 보여준 적도 있었다. 대규모 유혈 충돌이 일어나리라고는 생각 못하던 때라 권총 한 정 얻어도 크게 문제 될 것 같지는 않았다. 이일재는 이승진의 간청을 못 이겨 이강학의 집을 찾아갔다.

"아저씨, 권총 여러 개 있잖아? 나한테 한 자루만 주소."

"권총은 왜? 권총을 뭐하려고?"

이강학은 의심스런 표정으로 물으면서 캐비닛을 열었다. 기름이 반질 반질하게 칠해진 두 자루 권총이 나왔다. 이강학은 권총을 차례로 꺼내 허공을 겨냥해 보이며 중얼거렸다.

"민간인이 권총이 왜 필요해?"

이일재는 한 자루 주려는가 보다 하고 기다렸다. 그러나 이강학은 자 랑질만 하고는 끝내 안 된다고 거절하는 것이었다. 꼭 얻어야 한다는 마 음도 없었기에 더 부탁하지 않고 나왔다. 이승진에게도 권총을 못 얻었 노라고 대수롭지 않게 말해주고는 그 일 자체를 잊어버렸다.

이일재의 기억에 이승진은 항쟁이 한창이던 와중에 어디론가 사라져 버려 이후 다시는 보지 못했다. 이승진이 제주도의 처갓집에 내려갔다가 김달삼이란 가명으로 1948년 4월 3일 무장폭동을 일으켰다는 사실은 나 중에야 알았다.

어쨌든 권총에 관한 일이라면 그게 전부였다. 이일재, 이강학, 이승진 세 사람 모두 1923년생 동갑으로 24살 젊은 나이에 벌어졌던 사소한 일 화였다. 그런데 이일재가 잡혀 들어오자 어떤 사정이 있었는지 몰라도 이강학이 담당 형사들에게 그가 권총을 달라고 왔었다는 사실을 말해버 린 것이다.

경찰은 소총에 이어 권총까지 관련된 이일재를 무장폭동의 주범으로 몰아세웠다. 고문과 폭행은 8일이나 계속되었다. 권총에 대해서뿐 아니 라 조선공산당과 전평에 관련된 모든 수사가 이뤄졌다. 대다수 지도부가 체포되어 있어 그들의 조서 곳곳에 이일재의 이름이 등장하니 그 모든 부분에 대해 짜 맞추기가 필요했다.

하루에도 몇 번씩 집단 구타를 당하고 책상 사이에 거꾸로 매달려 물고문을 당하고 전화기에 연결된 전선으로 전기 고문을 당했다. 매를 맞으면서도 졸고, 거꾸로 매달려서도 졸았다. 수없이 얻어 맞아 헐어버린 입안에서도, 코에서도, 오줌에서도, 항문에서도 시커멓게 죽은피가 흘러나왔다.

꼬박 8일 동안 고문을 당하니 수사가 일단락되었다. 아침에 형사들이 들어오더니 손에 수갑을 채워 말없이 끌고 나가는 것이었다. 이제 유치장으로 넘어가나보다 했다. 그런데 형사들은 그를 차에 태우더니 시내의 꽤 큰 일본식 집으로 데리고 들어갔다. 또 무슨 일인가 긴장되어 따라 들어가니 군복을 입은 미국인들이 여럿 눈에 띄었다. 미군 방첩대인 CIC 사무실이었다.

수갑에 묶인 채 작은 방에 갇혀 기다리고 있으니 미군복을 입은 한국인과 미군 장교, 그리고 통역이 들어왔다. 가만 보니 미군복의 한국인은 한국어를 쓰지 않고 영어만 쓰는 것이 한국어를 모르는 재미 교포인 모양이었다. 그들은 몇 뭉치나 되는 전단과 벽보들을 가지고 들어와 책상 위에 올려놓았다. 해방 직후부터 지금까지 대구에서 나온 좌익 단체의 유인물이나 전단, 내부 교육용 팸플릿 같은 것들이었다.

미군들은 욕을 하거나 고문이나 폭행을 하지는 않았다. 대신 용의주도하게 질문 방법을 바꿔가며 진술의 모순을 찾아내고 이를 추궁하여 사실을 캐냈다. 전단이나 벽보를 한 장씩 내보이며 누가 어디서 만들었는가 물어보고, 그 단체의 책임자는 누구이며 구성원은 어떤 사람들인지 꼬치꼬치 캐물었다. 그들의 손에는 자신의 이름이 들어간 대구 시당과 대구 노평의 조직표가 들려 있어서 무조건 모른다고 잡아뗄 수도 없었다.

밤새 미군 부대에서 조사를 받은 후 경찰서 유치장을 거쳐 형무소에 수감되었다. 그런데 도무지 재판이 열리지를 않았다. 재판이 시작된 것은 10월항쟁에 관련된 조사가 거의 마무리된 1947년 여름부터였다. 총기를 들고 시위에 앞장섰다는 이유로 미 군정 법령 13호, 포고령 제2호 위반이 되어 6개월형에 처해졌다.

예상보다 훨씬 적은 형량이 나온 것은 경찰 조사 과정에서 이강학이 도와준 덕분이었다. 이일재가 총을 들고 있던 건 사실이지만 폭도로부터 수거하기 위해서였으며 한 방도 쏘지 않고 하수구에 집어넣어버렸다는 내용으로 유리하게 조서를 작성하도록 해준 것이다. 이일재의 집에 찾아와서 누가 이기든 상대방의 목숨을 살려주자고 제안한 본인의 약속을 먼저 지킨 셈이었다.

법정 형량은 6개월이지만 체포되어 재판에 넘겨지기까지의 구치 기간은 형량에 합산되지 않아 고스란히 1년 넘게 옥살이를 하게 되었다.

대구에는 아직도 콜레라가 남아 있어 형무소에서도 하루에 30, 40명씩 죽어나갔다. 바깥의 시민들도 굶주리는 판에 죄수들에게 배급할 식량은 없었다. 먹는 끼니보다 굶는 끼니가 더 많으니 죄수들은 콜레라에 걸리지 않았어도 말기 콜레라 환자나 다름없이 앙상했다. 환자가 너무 많고 형색이 비슷하니 간수들은 배가 고파 쓰러져 있는 사람과 콜레라에 걸려 쓰러진 사람을 구별하지도 않고 한군데 가둬놓았다. 멀쩡했던 사람도 병에 걸릴 수밖에 없었다. 그러면 간수들은 콜레라로 죽은 시신인지, 굶어 죽은 시신인지 구별도 하지 않고 한군데 묻어버렸다.

이일재의 유난히 큰 체격도 죽은 고목처럼 앙상해졌지만 기적적으로 살아 1948년 2월에 만기 석방되었다. 지옥에서 살아 나왔다고 생각했으나 바깥세상이야 말로 진정 지옥이 되어 있었다. 남북의 통일정부 수립을 위한 수많은 투쟁은 허사가 되고, 미 군정과 이승만은 단독정부 수립을 위한 마지막 절차를 끝내고 있었다. 그 밑바탕엔 좌익의 살과 피가 흐르고 있었다.

전평은 거의 붕괴되었고 살아남은 남로당 지도부는 모두 지하에 들어가 버렸는데 이 와중에도 남로당은 8월 15일 치러질 남한만의 단독정부 수립을 저지하기 위해 총력투쟁을 선동하고 있었다.

이일재는 피폐해진 몸을 추스릴 시간도 없이 지하로 잠적한 남로당 경북 도당 지도부를 찾아 여기저기 수소문을 했다. 며칠 후 연락이 왔다. 경북 도당 간부들의 인사를 맡은 간부 부책 이석으로부터였다.

이석은 1946년 메이데이 행사 때 이일재가 수천 노동자들 앞에서 낭독한 결의문을 작성해주었던 사람이었다. 비밀 지령대로 밤중에 변두리 도로변을 걷고 있으려니 불쑥 나타나 손을 잡아 흔들며 반가워했다.

"이일재 동무! 감방에서 얼마나 고생이 많았소? 석방되자마자 아픈 몸을 이끌고 당 사업을 재개하려는 동무를 보니 얼마나 든든한지 모르겠소. 도당에서는 이일재 동무를 영천 군당 조직책으로 임명했소. 곧바로 영천으로 내려가 당 조직을 재건하시오."

경북 도당에는 도당위원장 바로 밑에 오르그가 있고 그 밑에 부조직책이 둘이나 딸려 있었다. 또 각 군마다 하부 오르그가 하나씩 배치되어 군당의 전체 활동을 지도했다. 군당과 도당 사이의 연락은 도당 소속 공작원들이 맡았다. 이일재는 영천 군당 오르그가 된 것이다.

이일재가 인수하기 전의 영천 군당 오르그는 공산당 고위 지도자 중 하나인 이강국의 운전기사였던 인물이었다. 이강국이 미 군정의 수배를 받아 박헌영과 함께 월북하자 일자리를 잃고 경상도로 내려왔는데 마침 이일재가 석방되자 임무 교대하게 된 것이다.

경북 도당에서 이일재에게 내린 첫 번째 임무는 남로당 영천 군당 간부 7명을 출당 조치하라는 것이었다. 첫 임무치고는 고약한 일이었다. 사연도 복잡했다.

남로당은 이일재가 석방되기 직전인 1948년 2월 7일 남한만의 국회의원 선거와 단독정부 수립을 반대하기 위한 총력투쟁 명령을 내렸다. 이 명령에는 폭력투쟁을 금지한다는 내용이 포함되어 있었다. 문제의 영천 군당 간부들은 그러나 고경면 지서를 습격해 경찰관들에게 부상을 입힌 후 보현산으로 도망쳐 야산대가 되어 있었다. 영천 군당 선전책, 청년책, 부조직책 등 7명이었다. 고경면은 지서 습격 외에도 전화선을 절단 등 투쟁이 치열했던 곳으로, 입당한 지 얼마 안 된 열혈 당원들이 흥분해서 당의 평화투쟁 원칙을 어긴 것이었다.

하부 간부들의 이런 돌출 행동에 대해 도당의 입장은 매우 비판적이었다. 지금 무장투쟁을 하는 것은 인민과 괴리되는 파괴적인 행위라는 게 도당의 판단이었다. 이에 당원으로서는 최고의 징벌인 제명 조치까지 내린 것이었다.

사실 지방당 간부들의 과격한 행위는 영천 군당만의 일은 아니었다. '2·7총력투쟁'이라 불리던 단독정부 수립 반대운동은 전국에서 수많은 비슷한 폭력 사태로 확산되었다. 남로당 중앙이 폭력투쟁을 반대했다는 이일재의 기억이 틀림없는 사실일지라도, 실제 상황은 매우 폭력적으로 진행되었다.

노동자들의 파업은 규모도 작고 2월 7일 하루에 그쳤으나 각 지역마다 특공대가 조직되어 선거 거부, 선거 방해, 선거함 탈취 같은 집단 행동을 했는데, 본인들이 먼저 폭력을 쓰지 않더라도 불가피하게 경찰과 부딪힐 수밖에 없었다. 전라도, 경상도, 제주도까지 전국 곳곳에서 26개 경찰 지서가 피습되었고 12곳에서 무기를 약탈했다.

평화적 시위가 탄압을 받으면서 자생적으로 폭력화된 대표적인 사건이 이해 4월 3일에 이승진이 김달삼이란 가명으로 주동해 터진 제주도 봉기였다. 남로당의 지시에 따라 평화적인 시위를 벌였던 이들이 이후 거듭되는 경찰의 무자비한 폭력에 분개해 상부의 지시를 따르지 않고 스스로 무장폭동을 일으킨 사건이었다.

남로당을 이끌던 조선공산당 주류들은 분명 평화적 투쟁을 지시했고, 폭력투쟁을 일으킨 당 간부들에 대해 엄중히 비판했다. 평양에서 발행한 「노동신문」도 사건을 일으키고 월북한 김달삼에 대해서도 "당의 명령을 어긴 좌익 모험주의"라고 공식적으로 비판한다. 그러나 이 정책은 몇 달 후면 전면 수정될 것이었다.

영천 군당 조직책을 맡아 내려간 이일재를 고경면까지 안내한 이는 영천군 총무부책인 안경수였다. 밤늦은 시각, 접선 장소에서 만나자 모르는 사람처럼 앞장서 걷던 그는 사람 없는 마을 밖 논길로 들어서자 비로소 돌아서서 말했다.

"놈들에게 잡히지 않으려면 머슴 행세를 해야 하는데……. 바지 좀 걷어 보이소."

아직 2월이라 몹시 추운데 바지를 걷으라니 이상했지만 시키는 대로 했다. 안경수는 그의 다리를 손바닥으로 훑어보더니 말했다.

"다리털이 많네요. 농민은 모심기를 하느라고 다리에 털이 붙어 있을 새가 없습니다. 이리 오소."

안경수는 그를 논으로 데려가더니 샘이 나와 얼음이 얇은 곳을 찾아 얼음을 깨고는 진흙을 집어 이일재의 다리에 문질러댔다. 살이 찢어지는 듯 차갑고 아팠지만 이를 물고 참았다. 안경수는 그의 다리털을 강제로 다 뽑아버린 후에는 머리를 올려다보았다. 감옥에서 나온 지 며칠 안 되어 머리칼이 짧았다.

"머리칼은 적당합니다. 농민이라면서 머리를 길게 하고 다니면 의심받습니다."

두 사람은 영천 군당 사람을 만나기로 한 접선 장소까지 무사히 도착했다. 그런데 상대방이 나오지를 않았다. 불안했지만 조금 늦으려니 하며 어두운 접선 장소에서 얼쩡거리고 있을 때였다. 갑자기 사방에서 고함이 터지며 어둠 속에서 사내들이 튀어나오는 것이었다.

"꼼짝 마라! 두 손 들고 엎드려!"

"이 빨갱이 새끼들!"

완장을 찬 청년단원들과 경찰이었다. 20명은 되는 것 같았다. 달빛도 희미한 야밤이라 사방에 잠복해 있었지만 전혀 눈치채지 못했던 것이다. 그들은 총 개머리판으로 두 사람을 짓이기며 욕설을 퍼부어댔다. 도망치거나 반항하면 그 자리에서 쏘아 죽이던 시절이니 저항은 생각할 필요도 없었다.

"왜 이러십니까? 아이쿠, 나 죽네!"

영문을 모르겠다는 듯 비명을 질러댔다.

"사람 잘못 본 거 아입니꺼? 나는 가야군에서 머슴살이하는 사람입니더. 영천에 놀러왔는데 와 이러십니꺼?"

고문 강자라는 말이 있었다. 어떤 고문에도 버티고 조직을 지켜낸 강골들에게 붙여주는 존경의 칭호였다. 조선공산당 지도부 이관술, 이현상, 김삼룡 같은 사람들에 붙여진 존칭이었다. 그러나 동료가 피신할 하루 이틀 동안 피를 쏟으며 버틴다 해도 결국은 다 토해내기 마련이었다. 그래서 고문 강자보다 한 수 높은 것은 '잡히지 않는 사람'이었다. 어떠한 고문 강자라도 잡히지 않은 사람만은 못했다. 어떠한 당적 죄악도 '체포된 죄'만은 못했다. 만일 잡혔다면 공산당과 아무 관련이 없는 사람으로 위장하고 죽도록 버텨야 했다.

"이노마 이거 거짓말하는 거 보래이! 악질 중 악질이구만!"

"이런 놈을 뭐하러 귀찮게 끌고 갑니꺼? 걍 여기서 목 잘라 죽여버립시더!"

하도 겁을 주기에 곧바로 죽을 줄 알았는데 집단 구타를 하더니 수갑을 채웠다. 수갑에 채이니 살아난 기분이었다. 가면서도 계속 가야군에서 머슴살이하는 일꾼이며 영천에 놀러 왔을 뿐이라고 떠들어댔다.

영천 경찰서에 끌려가 다시 모질게 두들겨 맞고 유치장에 들어가보니 고경면 책임자를 포함해 간부 5명이 형편없는 몰골로 앉아 있었다. 나중에 알았지만 체포된 고경면 책임자가 혹독한 고문을 당한 끝에 접선 시각과 장소를 자백한 것이다. 이일재가 출당 조치를 하기로 한 7명의 당원은 잡히지 않은 상태였다.

지역당 간부들은 피투성이가 되어 유치장에 들어온 이일재를 금방 알아보았으나 일체 모른 체했다. 그들에게는 도당에서 이러이러하게 생긴 사람이 오르그로 갈 테니 보호하라는 지시가 내려와 있었다. 서로 아는 체를 했다가는 이일재의 바보 행세는 들통 나고 도당까지 화가 미칠 것이었다.

이일재도 다시 끌려나가 매질을 당하면서도 머슴이라고 버텼다. 입이 비뚤어진 데다 겁먹은 바보 머슴 흉내를 내니 어느 정도 먹히는 것 같았다. 그렇지만 고경면 책임자의 진술에 따라 체포해 왔으니 완전히 의심을 풀지는 않았다. 온종일 구타와 고문을 가하다가 이일재가 끝까지 바보 행세를 하니 포기하고 말했다.

"이 새끼, 별것 아닌 놈이네. 3·1절까지만 가뒀다가 내보내."

좌익 단체들이 준비하고 있는 3·1절 집회에 참석하지 못하게 하려는 것이었다. 끝까지 바보 행세를 한 끝에 3·1절이 지나자 무사히 석방될 수 있었다.

현지 경찰은 그러나 지역의 공산당원들에게는 무자비했다. 그들은 유치장에 남은 6명을 산속에 끌고 가서 자기 손으로 무덤을 파게 한 후 생매장을 시켜버렸다. 5명은 그대로 흙에 묻혀 죽고, 안경수 하나만 구사일생으로 살아나왔다. 흙 속에 파묻힌 채 신음을 하고 있는 것을 지나던 나무꾼이 발견하고 꺼내준 것이다. 하지만 안경수 역시 2년 후 전쟁이 터지자 제일 먼저 군경에 끌려가 총살되고 만다. 잔인한 시절이었다.

콜레라가 창궐한 형무소에서 살아나왔듯이 또 다시 홀로 기적적으로 살아나왔지만 영천 군당 오르그의 책임을 저버릴 수는 없었다. 고경면의 7명 당원을 출당 조치하라는 명령도 여전히 유효했다. 경찰서에서 무사히 빠져나온 이일재는 계속 머슴 행세를 하며 영천 군당과 연락하기로 한 무인 포스트를 찾아갔다.

무인 포스트란 돌담이나 전봇대 밑 같은 곳에 작게 쓴 편지를 감춰두면 다른 사람이 와서 찾아보는 장소를 말했다. 영천 시내 뒷골목 한 담벼락에 지정된 무인 포스트에 자신이 오르그로 내려왔으니 언제 어디서 만나자는 내용의 쪽지를 넣어둘 생각이었다. 살아남은 당원이 그걸 발견하면 언제 보자는 답장을 넣어둘 것이었다.

한밤중이었다. 일단 무인 포스트의 안전을 확인하기 위해 쪽지는 쓰지 않고 맨몸으로 그곳에 가보았다. 그런데 혹시 다른 쪽지가 있지는 않는가 돌담 틈을 손가락으로 후벼볼 때였다. 또다시 사방에서 고함이 터져 나왔다.

"꼼짝 마! 잡았다, 이 새끼!"

청년 몇 명이 권총을 겨누며 그를 둘러쌌다. 무인 포스트 위치까지 이미 다 드러나 누군가 그곳에 찾아오기만을 기다리며 잠복해 있던 것이다. 사실상 영천군의 조직은 완전히 파괴되어 맥없이 두 번이나 붙잡힌 것이다.

이일재를 덮친 청년들은 '국총'이라 불리던, 국민촉성회총연맹 소속 청년단원들이었다. 국총은 전국의 군, 면 단위까지 만들어진 극우 청년단으로, 좌익에게만 악마 같은 존재가 아니라 일반인들도 언제 좌익과 한패로 몰릴지 몰라 무서워 떨던 공포의 대상이었다.

이일재는 당시 사정에 대해 이렇게 후술한다.

"우익 청년단에게 법률이요? 그런 거 없어요. 재판도 없고. 뭐 귀찮게 재판을 합니까? 그냥 죽여버립니다. 총 쏴서 죽이기도 하고 칼로 찔러 죽이기도 하고 생매장을 하기도 하지요. 국총이 영천에서는 제일 반동적인 테러 단체였습니다. 빨갱이라고 죽이고, 빨갱이한테 밥 줬다고 죽이고, 빨갱이의 가족이라고 강간하고 죽여도 아무 처벌도 받지 않았습니다. 경찰하고 같이 다니면서 경찰이 못할 일까지 대신 해주는데 왜 그 사람들을 잡아가겠습니까? 천하의 악마 같은 자들이었습니다."

한참이나 무자비하게 두들겨 맞은 후 손이 묶여 국총 사무실에 끌려갔다. 살아남을 방법은 오로지 고경면에서처럼 바보 머슴 행세를 하는 수밖에 없었다. 청년단들이 각목으로 온몸을 무차별 난타해도 무슨 영문인지 모르겠다고, 머슴 일자리 찾으러 돌아다니는 사람인데 오줌을 누려고 했을 뿐이라고 버텼다.

하룻밤을 들들 볶이다가 아침이 되어 온힘이 다 빠져 의자에 앉아 있을 때였다. 청년단 완장을 찬 젊은이 하나가 들어오더니 따귀를 후려치며 말하는 것이었다.

"왜 남의 집 담벼락에 오줌을 싸서 우리를 귀찮게 해? 어서 나가라, 이 놈아!"

아주 짧은 순간, 청년이 남의 눈에 띄지 않게 얼른 나가라는 눈짓을 하는 게 느껴졌다. 청년은 다른 사람들 들으라는 듯 떠들어댔다.

"누가 이런 병신을 잡아오래? 얼른 내보내고 잠이나 좀 자자고!"

순간, 우익 청년단원으로 위장해 들어가 있는 남로당원일 거라는 생각이 스쳐갔다. 이일재는 두말할 것도 없이 고맙다고 거듭 고개를 숙여 인사하며 그곳을 빠져나왔다. 뒤도 한번 돌아보지 않고 내달리다시피 영천을 벗어났다.

두 번이나 잡혀 죽을 뻔했다가 대구로 돌아오니 도당에서는 의성 군당 조직책으로 내려가라고 지시했다. 하지만 영천 군당 지도부가 완전히 파괴된 것처럼 의성 군당 역시 지도부가 무너져 연락조차 되지를 않았다. 이에 도당에서는 문경군의 노동부책으로 내려가라는 새 지시를 내렸다. 소백산맥을 등지고 있는 문경에는 여러 개 탄광이 있었다. 그곳 광부들 조직을 책임지라는 명령이었다.

험악한 이념 대립은 사람들을 영악하게 만들고 비굴하게 만들었다. 좌익이 이야기하면 그 이야기에 끄덕이고 우익이 말하면 또 그 말에 동조했다. 그러나 실제로는 아무것도 하지 않고 오로지 자신과 가족의 생명을 지키기 위해 숨죽이고 있었다. 실제로 보통 사람들이 보기에 좌우 어느 쪽도 절대적으로 옳다고 할 수 없었을 것이다. 이일재도 거듭되는 생명의 위협으로부터 얼마든지 스스로를 지킬 수 있었다. 운동을 포기하면 그만이었다. 집에 돌아가면 그만이었다. 그러나 그는 미련스럽게도 매번 상부에 보고하고 새로운 지시를 기다렸다. 생전 가본 적도 없는 마을인 문경으로 가라는 지시에도 어떤 이의도 없이 복종했다.

문경탄광에 도착한 것은 단독정부 수립을 두 달 앞둔 1948년 6월이었다. 두 달 전인 4월 3일 자로 제주도에서 무장폭동이 일어나 섬 전체가 전화에 휩싸여 있을 때였다. 처음 영천군 고경면에 파견될 때만 해도 무장폭동을 중대한 과오라고 비판하던 남로당도 정책을 바꾸어 전면적인 무장투쟁을 선언했을 때였다. 고경면에서 이일재에 의해 제명 처분 당하기로 했던 7명의 당원들도 경북 도당으로부터 용감한 대원들이라 칭송받고 봉화군으로 보내져 그쪽 야산대에 합류해 있었다.

아직 태백탄전 지대가 개발되기 전이었다. 탄광이 삼척, 화순, 문경 등 몇 곳밖에 없어 문경탄광은 남한 경제에 중요한 위치를 차지했다. 그곳은 벌써부터 무장봉기의 열기로 끓고 있었다. 엽총으로 무장한 당원들도 있었고 일부 광부들은 단독정부 수립을 위한 5월 10일 국회의원 선거에 반대해 무장폭동을 일으켰다. 그들은 발파용 다이너마이트를 대량으로 확보해 주흘산과 월악산에 들어가 있었다. 거칠고 위험한 탄광 일을 하는 노동자들이라 투쟁력도 높았다. 문경, 가은 등 시내로 나와 관공서를 습격해 문경 경찰서장까지 살해했을 정도였다.

이일재의 임무는 산에 들어간 이들과 문경탄광, 은성탄광에 남아 일하고 있는 노동자들 전체를 조직하는 일이었다. 이를 위해 도당은 전담 연락원 1명과 보조연락원 3명까지 확보해주었다.

사회주의운동이 왜 노동계급을 중시하는가를, 이일재는 문경에 가서 절감했다. 영천군이나 의성군과 달리 노동자들이 많은 문경군은 면 단위까지도 조직이 살아 있었다. 조직되기 어렵고 집을 떠나 투쟁하기도 힘든 농민들과는 확실히 다른 분위기였다.

이일재는 탄광 내 당원들과 결합해 단독정부 수립에 반대하는 파업을 이끌어내는 데 성공했다. 파업이 터지자 대거 증원된 경찰이 노동자는 물론 배후 조정자를 찾아내기 위해 총력을 동원했다. 이일재는 검거를 피해 산에 들어가 무장대와 합류해 있다가 내려오기를 되풀이하며 오르그로서의 책임을 수행했다.

이 무렵 상부에서 내려온 또 다른 중요한 임무는 8월에 북한 땅 해주에서 열리게 될 남조선인민대표자대회에 보낼 대의원을 뽑는 연판장에 서명을 받으라는 것이었다. 서명의 목적이나 대의원 후보 이름도 적히지 않은, 가로 10센티미터 세로 5센티미터의 손바닥보다도 작고 얇은 미농지에 10명씩 주민들의 이름과 도장을 받으면 연락원들이 나란히 풀로 붙여서 돌돌 만 다음 몰래 38선을 넘어 해주의 박헌영에게 전달했다.

대의원은 인구 5만 명당 하나씩 배정되어 북한은 1,200만 명을 기준으로 240명이었고 남한은 인구 1,800만에 360명이었다. 특정 개인을 지지하는 형식이 아니라, 당에서 결정한 360명 대의원을 일괄해서 인준하는 형식으로, 남과 북의 주민들이 통일을 얼마나 갈망하는가를 보여주기 위한 상징적인 행사였다.

이일재의 지시에 따라 각 세포의 당원들은 연판장을 들고 다니며 주민들을 설득했다. 남한만의 단독정부 수립은 절대 안 된다, 통일정부를 수립하기 위해서는 남북이 회담을 해야 하니 대의원 선출에 동의하는 날인을 해달라는 내용이었다.

서명운동의 반응은 좋았다. 날인을 거절했을 경우 돌아올 보복이 무서워서 내용도 이해 못한 채 찍은 사람도 있겠지만, 대개는 통일정부를 수립하자는 뜻에 좌우익을 따지지 않고 찍어주는 순박한 농민들이었다. 조직된 노동자들은 물론이요, 일반 주민들도 경찰의 감시와 위협에도 불구하고 기꺼이 서명과 날인을 해주는 이가 많았다.

많은 경우 명단은 북으로 올라가기 전에 발각되어 머지않아 전쟁이 터지면서 집단 학살의 대상이 될 것이지만, 아직까지 누구도 전쟁이 터지리라 상상하지 못할 때였다.

훗날 이일재는 당시 경상북도 주민의 70% 이상이 이 비밀투표 연판장에 서명을 했다고 주장한다. 남로당도 1948년 8월 21일 해주에서 열린 남조선인민대표자대회에서 남한의 유권자 860만 명 중 77.5%가 투표했다고 발표했다. 무려 660만 명이 서명했다는 다분히 과장된 숫자로 보이지만, 남북통일에 대한 열망 자체는 그 수치보다도 훨씬 높았을 것이다.

전평은 와해되었으나 비합법적으로나마 일부 조직이 살아 있어 1948년 2월까지도 전평 기관지가 등사판으로 보급되고 있었다. 이일재는 문경탄광의 기사로 일하는 사람이 조그마한 종이에 적힌 '전평 신임장'을 내보이며 만나자고 하여 따로 만난 적도 있었다.

문경 생활도 오래가지는 못했다. 기어이 단독정부가 수립된 직후인 1948년 10월 말 또다시 체포된 것이다. 파견된 지 불과 5개월 만이었다.

문경 경찰서의 고문과 폭행도 무지막지했다. 지방 경찰이라 무식하기도 했다. 어느 날은 형사가 다그치는 것이었다.

"네가 569 맞지?"

무슨 말인가 이해가 되질 않았다. 형사는 불지 않는다고 두들겨 패며 거듭 묻는데 대답을 하려해도 할 수가 없었다. 한참 매를 맞고서야 오르그를 숫자 569로 알고 묻는 것임을 깨달았다. 그런 거 뭔지도 모른다고 바보 행세를 하며 버텼다. 형사의 수준이 그 모양이니 버틸 만도 했다.

담당 형사는 이일재가 몰랐던 이야기도 해주었다. 이일재가 전매청 사건으로 수배되어 마스크로 얼굴을 가리고 다닐 때의 일화였다. 입이 삐뚤어진 자를 찾던 경찰은 그가 마스크를 쓰고 다닌다는 것을 알고는 마스크 한 자를 잡으라고 지시했다. 그런데 마침 검사 하나가 감기가 들어 마스크를 하고 다녔는데 경찰관이 붙잡더니 욕설을 퍼부으며 마스크를 확 잡아 뜯어버리는 실수를 저질렀다. 담당 형사는 해당 경찰관이 그 일로 크게 곤욕을 치렀다는 이야기를 해주었다.

얼굴이 이렇게 알려졌으니 이일재가 아무리 공산당과의 관련을 부인해도 소용없었다. 재판에 넘겨져 10개월형을 선고받았다.

두 번째 옥살이는 김천 형무소에서 살았다. 그곳의 수감자 상태도 말이 아니었다. 멀쩡했던 사람도 몇 달만 감옥살이를 하면 엉덩이 살이 다 빠져 홀쭉해진 나머지 항문이 튀어나와 보일 정도로 야위었다. 게다가 11월이 넘어서부터는 여수 14연대 반란 사건과 제주4·3사건으로 붙잡혀온 이들이 대거 수용되어 감방마다 눕지도 못하도록 비좁았다. 전라도와 제주도에서 체포된 사상범들은 소나 돼지를 이송시키듯 트럭 짐칸에 때려 싣고 왔는데 오다가 죽으면 그대로 길가에 묻어버렸다고 했다.

여순 사건은 1948년 10월 21일 여수의 국방경비대 제14연대 병력 3,000여 명이 일으킨 무장폭동이었다. 국방경비대 안에 있던 남로당원들이 제주항쟁을 진압하러 가라는 명령을 거부하고 이승만 정부에게 총구를 돌린 것이었다. 대구10월항쟁이 시민들에 의해 우발적으로 터진 사건이라면, 여수 14연대의 반란은 군대 내의 남로당 하급 간부들에 의해 일어난 자생적 사건이었다.

이일재가 기억하기로 남로당은 여순 사건을 계기로 공개적으로 무장투쟁 노선을 택했다. 당원들 사이에는 중앙당 간부들이 "남한에는 유격대가 활동하고 휴식할 수 있는 넓은 산지가 없다."고 반대하자 박헌영이

"우리에게는 인민이라는 산이 있다."고 반박하며 무장투쟁 노선을 관철시켰다는 이야기가 돌았다.

김천 형무소에 수감된 열 달간, 운 좋게도 『자본론』을 공부할 수 있었다. 창녕군 인민위원장을 했던 김상용이란 이가 교도소 관리들과 싸워 일본어판 『자본론』을 반입해 감방 안에서 강의했던 것이다. 혼자 공부하기에는 엄두가 나지 않던 어려운 책을 함께 공부하니 한결 이해가 잘 되었다. 임금 노동과 자본, 화폐와 이윤 등 자본주의의 기초 원리를 비판적으로 배우는 게 너무 재미가 있었다.

이일재가 『자본론』에 빠져 있는 동안, 바깥 사정은 최악으로 치닫고 있었다.

9. 입산

1948년 8월 15일 대한민국이 수립된 후, 남로당은 도당만 도시에 남고 군당과 면당은 주변 산악 지대로 숨어 올라갔다.

입산한 군, 면당은 정치조직과 군사조직으로 나뉘었다. 정치조직은 과거와 마찬가지로 당 체계에 따라 조직, 선동, 정보 수집 등을 맡았다. 군사조직은 전투를 맡은 유격대로 정치조직의 지휘를 받았다. 형식상으로는 분리되었으나 산중에서 함께 생활하니 사실상 하나의 조직이었다. 통칭하여 빨치산이라 불렸는데 정식 명칭은 남조선인민유격대였다.

빨치산들이 주로 지리산, 팔공산, 신불산 등 큰 산에 웅거한 반면, 마을 주변 야산에는 들무리 또는 들꾼이라 불리는 소규모 조직들이 산재해 있었다. 면 단위 또는 큰 산이 없는 지역에서 서청이니 족청, 국청 등 우익 청년단들의 테러에 저항하기 위해 만든 자생적인 무장대였다.

들꾼들은 동네 주변 야산이나 공동묘지 같은 곳에 굴을 파서 낮에는 잠복해 있다가 밤이 되면 나와서 우익 청년단들에게 보복을 가했다. 우익 청년단원들이 낮 동안 남로당원들의 가족들에게 폭행을 일삼고 강간을 하거나 재산을 뺏는다면, 야심한 밤중에 우익들의 집에 쳐들어가 보복하는 게 들꾼의 역할이었다. 농민들은 유격대와 들꾼을 구별하지 못하고 야산대니 빨치산으로 묶어 불렀으나 유격대가 북한으로부터 정식으로 인가받은 정규군이라면 들꾼은 비정규군인 셈이었다.

경북 도당의 경우, 군당 조직은 산으로 올라가되 각 면당 조직은 현지에 남아 들꾼을 조직하라는 지침을 내린 적도 있었다. 농기구로 무장한 들꾼들로 하여금 경찰과 우익 청년단의 테러를 방어하고 반동분자를 개별 격파하라는 지시였다. 들꾼들은 산중의 군당 유격대와 협조해 연합작전을 펼치기도 했다.

야산대건 들꾼이건 대다수의 열성 당원들이 산중으로 도피해 들어갔다는 것은 그만큼 조직력이 약화되었다는 것을 의미했다. 당의 주력이 산으로 들어가면서 지지자들과의 연계는 약해질 수밖에 없었다. 고립이었다.

군당과 면당의 대중적 기반이 취약해지니 도당도 약화되었다. 1949년 초까지도 남부 지역의 도당들은 형식상으로나마 도시에 잠복해 있었으나 활동력이 둔화되면서 이 역시 산으로 들어갈 날만 기다리고 있었다.

자연히 도당 조직 체계도 간소화되었다. 경북 도당의 경우도 예전에는 군당마다 한 명씩 오르그를 내보내 지도하던 것을 1948년 6월부터는 3개 군을 하나로 묶어 블록이라 부르고 여기에 오르그를 1명씩 내려보내 지도했다.

1949년 들어 더욱 궁지에 몰리고 무장투쟁이 본격화되면서 군책은 다시 부활시켰으나 대신 도당에서 내려보내는 오르그의 숫자를 더 줄였다. 경북 전역을 북·동·남부의 3개 블록으로만 나누어 각각 블록 책임자를 두고 여기에 하나씩 오르그를 내려보내 지도하도록 했다. 또한 이 세 블록에 각각 도당에 소속된 정치위원을 내려보내 지도했다. 이들은 코민서(커미사르, kommissar)라 불렸다.

이일재가 김천 형무소에 갇혀 있던 1948년 8월, 경북 도당위원장 이선장은 월북하고 대신 일제 강점기 일본에서 항일운동을 했던 최운봉이 위원장에 임명되었다.

최운봉이 경북 도당을 인수한 직후 도당 조직부장 한동식이 체포되어 큰 타격을 주었다. 한동전이란 이름으로 더 알려진 한동식은 일제 강점기부터 조선공산당의 투사였다. 체포된 그를 심문한 경북 도경 사찰과장 심 모는 일제 때 평양에서도 그를 심문한 적이 있었다. 해방이 되어 북한에 친일파 숙청이 시작되자 남으로 도망쳐 온 심 모는 한동식을 알아보고 매일 곰탕을 사주면서 간곡히 설득했다.

"당신 평양에서 본 한동식 맞지? 전향한다는 한마디만 하면 살려줄게. 전생에 무슨 악연이 있어서 당신과 내가 이 대구 바닥에서 또 만나나?"

한동식은 그러나 "나는 너 같은 놈 모른다."며 끝까지 전향을 거부하고 사형을 당하고 말았다. 혹독한 고문으로 걷지도 못하던 그는 사형당하는 날도 총살장까지 경찰에 업혀갔다고 했다. 1949년 2월이었다. 이듬해까지 경북 지역 빨치산들은 회의 때마다 한동식에 대한 묵상을 했다.

한동식이 체포된 후 조직부 부책이던 채병규가 조직책의 뒤를 이었으나 그 역시 얼마 못 가 체포되고 말았다. 이일재가 10개월 징역형을 마치고 석방된 것은 이 무렵인 1949년 7월이었다.

모든 군당이 주변 산악 지대로 숨어든 시기였다. 선이 끊어졌다는 핑계로 운동에서 이탈한다 해도 욕할 사람도 없는 때였다. 과거에도 그랬지만 이제는 시체가 되지 않으면 돌아올 수 없는 길이었다. 그러나 이일재는 또 다시 동지들을 찾아 나섰다.

도당에 선을 넣으니 경산군 오르그로 내려가라는 지시가 내려왔다. 경산 군당은 대구의 남쪽에 붙은 군으로, 경산 군당 조직은 이미 팔공산으로 입산해 있었다. 자연히 빨치산이 될 수밖에 없었다.

1949년 8월 15일, 이일재는 서부 지구당에서 함께 활동해온 채병기의 안내를 받아 백기호라는 사람의 과수원을 통해 팔공산으로 들어가 경산 군 조직책으로 부임했다. 몹시도 무더운 여름날이었다. 채병기는 이일재 를 입산시키고 얼마 안 돼 체포, 수감되었다가 가창골에서 학살된다.

산에 들어온 경산군 당원은 30여 명으로, 17정의 총기를 가지고 있었 다. 총기는 45구경 권총과 38식 또는 99식 구형 장총인데 탄알이 거의 없어 화력은 보잘것없었다. 밥을 해먹을 솥단지조차 없어서 양말을 물에 헹군 후 그 속에 불린 쌀을 넣고 모닥불 밑에 넣어 익혀 먹기도 했다. 이 렇게 만든 밥은 발 모양이었다. 역량으로 보아 군경을 기습하거나 정면 으로 충돌하는 것은 무모한 짓이었다. 군당 유격대의 기본 전술은 유도, 매복이었다. 불가피하게 군경과 부딪혀도 되도록 교전은 피했다.

경북 도당위원장 최운봉은 입산하지 않고 대구에서 지하 활동을 해 왔 는데 이일재가 입산한 지 얼마 되지 않아 월북했다. 후임으로 도당을 맡 은 이는 배철이었다. 배철은 도당을 이끌고 팔공산으로 입산했는데 체면 상 도당이 산에 있을 수는 없다고 하여 '경북 도당 팔공산 대행 기관'이 라고 지칭하고 줄여서 '팔대'라고도 불렀다.

팔대를 이끌게 된 배철은 경기도 개성 출신으로 일제 때부터 수차례 감옥살이를 하며 항일운동을 해온 투철한 공산주의자였다. 일본의 재일 동포 사이에 여운형의 사위인 송성철, 박은철과 함께 '일본의 3철'로 불 렸던 걸출한 인물이기도 했다. 해방 당시 일본에 있던 그는 재일 조선인

연맹을 조직한 후 1946년 귀국해 여러 주요 직책을 맡고 있었는데 남로당 중앙당에서 경북 도당을 지도하는 오르그로 파견되어 내려왔다가 위원장까지 맡게 된 것이다.

배철은 담이 크고 호방한 인물이었다. 조선공산당으로부터 시작한 남로당 고위 간부들은 대개 양반 출신의 학자풍들로 말투도 점잖고 술도 잘 마시지 않았다. 배철은 그러나 술을 좋아해 손님이 오면 거나하게 술상을 차려 대접을 하고 사소한 잘못은 대범하게 용서해 하부 당원들의 존경을 받았다. 입산 후에도 전투가 벌어지면 평대원들과 함께 총을 들고 뛰어다니는 그를 다들 좋아했다. 이일재도 마찬가지였다.

마침 경찰에 처형된 한동식의 후임으로 경북 도당 조직책을 맡았다가 구속되었던 채병규가 1949년 말 천운으로 형무소를 탈출해 입산함으로써 조직 부분이 강화되었다. 여기에 국방경비대 6연대 반란군까지 합류해 팔대는 무장력도 어느 정도 확보하게 되었다.

대구에 주둔하던 국방경비대 6연대가 반란을 일으킨 것은 여수 14연대 반란 직후인 1948년 11월이었다. 14연대 반란을 진압하라는 명령을 받은 6연대의 특무상사 곽종기가 이를 거부하고 병사들을 설득해 총구를 이승만 정부에 돌린 것이다.

곽종기의 반란군은 산중의 달성 군당에 합류했다가 각 군당과 팔대에 분산 배치되어 취약했던 무장력을 강화시켰다. 곽종기 자신은 달성 군당 유격대에 남아서 달성군 중석광산 노동자들을 선동해 집단으로 유격대에 합류시키는 등 활약이 컸다.

이일재가 경산 군당을 이끌던 1949년 9월, 곽종기가 이일재에게 총기를 빌려달라고 요청해온 일이 있었다. 달성 군당 유격대가 화원 지서를 공격하려는데 화력이 취약하다는 것이었다. 언제 토벌대의 공격을 받을

지 모르는 대원들을 며칠씩 무기 없이 돌아다니게 할 수는 없었다. 거절할 수밖에 없었다.

경산 군당으로부터 총을 빌릴 수 없던 곽종기 부대는 작전을 바꾸었다. 먼저 화원 지서 뒷산에 올라가 꽹과리를 치고 봉화를 올리는 등 시끄럽게 굴었다. 이에 달성 경찰서 병력이 출동하자 매복, 기습해 다량의 총기를 탈취하는 데 성공한다.

14연대와 6연대의 잇단 군사 반란은 북을 고무시켰다. 월북한 남로당 간부들을 재교육시키기 위해 황해도 해주에 세운 강동정치학원에는 유격전을 위한 군사 훈련 과목이 강화되었다. 거기서 몇 개월간 단기 훈련을 받은 남한 출신들을 빨치산에 합류하기 위해 무리지어 남하시켰다. 이를 총지휘하는 조선인민유격대 총사령관은 훗날 미제의 간첩이란 명목으로 처형당하는 이승엽이었다.

이일재를 포함한 당대의 남로당원들이나 후세 사람들은 박헌영의 남로당이 빨치산 투쟁을 지휘한 것으로 알고 있지만, 월북한 남로당 지도부는 1948년 6월에 결성된 남북 노동당 협의회에 흡수되어 사실상 북로당, 곧 김일성의 지도 아래 들어가 있었다. 아직 여수 14연대 반란이 일어나기도 전이었다.

다시 이듬해인 1949년 여름에는 남로당과 북로당이 합쳐 조선노동당을 결성함으로써 남로당은 완전히 사라지고 공식적이자 실질적인 명령권은 김일성에게 집중되었다. 그러나 조선노동당의 결성은 당원들에게도 비밀이었기 때문에 대부분의 남한 좌익들은 전쟁이 터진 후에야 김일성의 조선노동당이 자신들의 운명을 결정했다는 사실을 알게 된다.

조선인민군 총사령관인 김일성은 1949년 9월을 총공세 기간으로 설정하고 이승만 정부에 대한 총공격 명령을 내렸다. 조국 전선 명의로 라디오를 타고 내려온 지시문에는 8월 15일과 9월 9일의 인민공화국 수립 1주년 기념일을 기해 모든 역량을 동원해 적의 거점을 공격하라는 내용이 담겨 있었다. 남한의 관공서과 군부대를 공격하는 동시에 후방의 교통과 통신망을 마비시킬 것, 모든 선전 역량을 동원해 주민들에게 반미, 반제, 반독재 투쟁을 선동하라는 지시였다.

총공세를 지원하기 위해 김일성은 8월 초부터 잇달아 수백 명의 유격대를 남하시켰다. 제1병단과 제3병단으로 불리던 이들은 해주 강동정치학원에서 군사 훈련을 받은 남쪽 출신들이었다. 대부분 노동을 해본 적도 없고 총이라곤 잡아보지 않았던 지식인들로, 조선공산당의 이론가였던 경성제대 교수 박치우 같은 사람도 일개 유격대원으로 남파되었다.

제1병단은 경성제대 출신으로 민청위원장과 강동정치학원 원장을 역임한 이호재가 이끌었고 제3병단은 제주폭동을 일으킨 후 월북해 있던 김달삼이 이끌고 있었다. 여순 반란 직후 지리산에 내려가 반란군을 이끌고 있던 이현상의 빨치산 부대는 제2병단으로 명명되었다.

당시 이일재를 비롯한 경북 도당 간부들은 북이 9월 총공세와 동시에 인민군 정규군을 전면적으로 남하시킬 것이라고 알고 있었다. 공식 전통문인 조국전선의 명령문부터 이를 밝히고 있었다.

"불원간 결정적 시기가 도래하니 각 지방 당은 정권 접수를 위해 준비하라. 인민군이 진격하게 되니 각 도당은 해방 지구 한두 개를 확보하라. 모든 당 조직은 군사조직으로 개편하고 결정적 투쟁을 전개하라. 돈 있는 사람은 돈을 바치고 집 있는 사람은 집을 바쳐 무기를 준비하라."

인민군은 그러나 내려오지 않았다. 남한을 내란 상태라 판단한 김일성과 박헌영은 전면전을 위해 소련으로부터 무기를 지원받으려고 거듭 모스크바를 방문했으나 자국민 2,500만을 잃은 세계 대전의 후유증을 앓고 있던 스탈린은 이를 완고하게 거절했다. 김일성의 유격대 남파는 그 자체로 정권을 탈취한다는 목적보다는 남쪽이 무정부적 내란 상태라는 것을 보여줘서 전면전 승인을 얻기 위한 목적이 더 컸을 것이다.

남한 전역을 혼란으로 몰아넣으려던 김일성의 계획과 달리, 남하하던 제1병단과 제3병단은 강원도도 벗어나지 못한 채 괴멸되었다. 이호재가 이끌던 제1병단은 오대산에서 대규모 토벌대를 만나 4분의 3이 사살되고 말았다. 이호재도 사살된 후 목이 잘려 전시되었다. 살아남은 100여 명은 태백산 지구로 남하해 김달삼이 이끄는 제3병단에 합류했으나 제3병단 역시 대부분 사살당하고 김달삼을 포함한 불과 수십 명만이 북으로 달아났다. 김달삼은 이듬해인 1950년 3월 다시 내려오다가 강원도 정선에서 사살당하고 말았다.

끈질기게 생존한 부대는 이현상이 이끄는 지리산의 제2병단뿐이었다. 14연대 반란군이 주력인 제2병단은 1949년 겨울 국군의 대공세로 치명적 타격을 입어 사실상 소멸하게 되지만 잔존 대원들은 아직까지 지리산과 덕유산을 오가며 생존의 기로를 헤매고 있었다. 얼마 뒤 전쟁이 터졌을 때 무장력을 갖춘 이현상의 직할 부대는 70여 명 밖에 되지 않았다는 증언이 있는데 산악 곳곳에 산재한 전남북 도당과 군면당 유격대원을 합치면 그보다는 많았을 것이다.

경북 도당 유격대도 제2병단에 소속되었다. 주력인 이현상 부대가 있는 지리산과 경북 도당 유격대가 있는 팔공산은 직선 거리로는 150킬로 정도지만 낙동강을 건너고 토벌대를 피해 산길로 가자면 시간을 기약할 수 없는 먼 거리였다. 북한이 이를 왜 하나의 병단으로 편성했는가는 알 수 없으나 연락원들이 오가며 지시를 전달하고 있었다.

총공세령에 따라 경북 도당 산하 모든 군당 유격대도 전투 태세에 들어갔다. 작전명은 '일규투쟁'이었다. 작전은 세 갈래로 계획되었다. 동부 블록은 경주군 경찰서를 점령하고, 북부 블록은 안동군 경찰서와 안동 형무소를 점령하기로 했다. 이일재가 정치지도원으로 있던 남부블록은 경산군 경찰서가 목표였다.

남부블록 책임자는 청도군, 경산군, 영천군 유격대를 대상으로 연합 작전에 들어갔다. 현황을 파악해보니 대원의 숫자는 120명 정도였는데 총기는 40자루밖에 되지 않았다. 총탄은 더욱 귀했다. 총이 없는 이는 쇠스랑이나 괭이 같은 농기구를 들기로 했다. 또 무기 열세를 극복하기 위해 새벽에 기습하기로 했다. 경산읍 남쪽에 있는 남산으로 몰래 이동, 매복해 있다가 10월 2일 오전 4시 경산 경찰서를 타격하는 작전이었다. 작전명은 '10·2투쟁'이라 명명했다.

갑작스런 변고가 생긴 것은 출동 전날이었다. 극우 청년단체인 대구시 대동청년단에 프락치로 들어가 있다가 노출되어 산으로 도피해 온 사람이 있었는데 그가 습격 전날 말도 없이 사라져버린 것이다. 전투도 없던 날이니 어디선가 유탄을 맞고 죽었을 리도 없었다. 그렇다면 몰래 하산해 경찰에 이번 작전을 밀고해 면책을 받을 확률이 높았다. 어쩌면 처음부터 경찰의 첩자로 전향해 정보를 얻으려고 산에 올라왔는지도 몰랐다. 이런 상황에서 경찰서를 공격했다가는 매복에 걸려 큰 피해를 입을 게 분명했다.

"이렇게 된 이상 작전을 변경해야 합니다. 군경이 매복해 있다면 우리가 가진 구식 소총 수십 자루로는 상대가 되지 않습니다."

"맞습니다. 이대로 공격하다간 우리가 전멸하게 될 겁니다."

조직책 이일재를 비롯한 간부 대원들은 작전을 변경하자고 주장했다. 이에 남부블록 책임자가 결단을 내렸다.

"어차피 우리 남부블록이 경산 경찰서를 습격하기로 한 것은 북부 지역의 투쟁을 지원해 국군 3사단 병력을 분산시키는 것이 주목적이오. 그러니 반드시 경산 경찰서만을 칠 필요는 없소. 그렇다면 어디를 치는 게 좋겠소?"

이일재는 경산군에서 가장 큰 지서가 있는 하양면 지서를 떠올렸다.

"하양면 지서를 습격하입시다. 경찰이 경산 경찰서를 지키기 위해 몰려갔을 테니 하양면 지서는 경비가 허술할 겁니다."

다들 찬성했다. 책임자가 결단을 내렸다.

"그렇다면 조직책 동무의 말대로 하양면 지서를 공격하도록 합시다!"

부대가 남산에서 하양면으로 이동해야 했기 때문에 공격 시간은 하루 늦춰졌다. 마침 10월 2일 하양면에는 하양국민학교 운동회가 열려 읍내가 시끌벅적했다. 행색이 깨끗한 일부 대원들은 번잡한 하양면으로 낮에 미리 침투시켰다. 주력 부대는 밤에 하양면 지서를 치기로 했다.

이일재는 주력 부대의 일원으로 하양면 인근 야산으로 이동해 밤이 오기를 기다렸다. 가을밤은 일찍 찾아왔다. 집집마다 굴뚝에 연기가 날 무렵 하늘은 벌써 어두워졌다. 야산에 은거해 있던 대원들은 다시 한 번 총기를 점검한 후 안내원을 따라 하양면 소재지로 침투해 들어갔다.

가로등도 전기도 없는 시절이었다. 읍내는 밤이 되자마자 허연 초가지붕과 창호지 문 속에 어른거리는 희미한 등잔 불빛 뿐, 길바닥의 돌도 보이지 않는 어둠에 잠겨 있었다.

"안내원이 사라졌습니다!"

얼마간 따라가는데 선두 대원이 돌아와 속삭였다. 눈에 띄지 않으려고 서로 거리를 두고 이동하다보니 안내원이 너무 앞서가버린 것이다. 이일 재와 대원들은 하양면 지서가 어디 있는지를 알지 못했다.

"행진 중지! 안내원을 찾아보시오."

대원들이 안내원을 찾으러 다니느라 우왕좌왕하고 있을 때였다.

탕! 탕!

어둠 속에서 총성이 울리고 총탄이 날아와 담장에 박혔다. 경찰이 먼 저 유격대를 발견하고 총을 쏘기 시작한 것이다. 총비상이 걸린 상황에 서 조그만 읍내에 100명이 넘는 남자들이 총과 농기구를 들고 돌아다니 니 들통나지 않을 수 없었다. 대신 경찰서의 위치도 드러났다.

"저기가 지서다! 공격하라!"

불을 꺼버린 지서를 향해 일제히 몰려갔다. 다른 동네와 마찬가지로 지서는 빨치산의 공격을 막기 위해 높이 돌담을 둘러 요새처럼 단단히 방어하고 있었다. 몰래 접근하는 데 성공한다 해도 두터운 돌담으로 가 로막혀 공격이 어렵기는 마찬가지였다. 경찰이 밖으로 나오지 못하게 봉 쇄하고 있는 것만도 성공이었다.

예상대로, 지서의 경찰은 몇 명 되지 않았다. 대원들은 간간이 총을 쏘 며 지서를 포위하고 소리쳤다.

"애국 경찰관 여러분! 제국주의의 충견 노릇을 거부하고 어서 인민의 품으로 돌아오시오!"

부드러운 말로 선전전을 시작했으나 총알만이 돌아왔다. 눈에 보이지 않는 총알이 머리 위로 핑핑 소리를 내며 날아가는 게 느껴졌다. 대원들 은 좀 더 흥분되어 소리쳤다.

"일본의 개가 된 것도 너희 집안의 수치인데 미국의 개가 되어 동족에게 총을 쏘는 거냐? 후손들에게 부끄럽지도 않은가?"

"손 들고 나오면 살려준다! 집에서 기다리는 처자식을 생각해라! 몽땅 불태워 죽이기 전에 손 들고 나와라!"

돌아오는 건 총탄뿐이지만 이일재와 대원들은 돌아가며 쉬지 않고 선전전을 했다. 경찰뿐 아니라 주변의 민간인들도 듣게 하기 위함이었다. 한참을 그러고 있는데 비무장으로 후미를 지키던 대원들이 이일재에게 달려왔다.

"지도원 동무! 금융조합을 찾았습니다. 어떻게 할까요?"

빨치산은 주민들로부터 밥과 옷을 얻어 사는 처지였다. 민심을 잃지 않기 위해 주민들에게 피해를 주지 않도록 엄한 규율을 유지하려 애썼다. 식량을 얻으러 가도 돈이 있으면 돈을 주고 없으면 나중에 주겠다는 혁명 전표라도 써주고 왔다. 이동 중에 산간 마을에서 자게 되더라도 방안에는 들어가지 않고 마당이나 외양간에서 자는 게 원칙이었다. 특히 이현상의 제2병단은 이런 원칙을 잘 지키는 것으로 군경 토벌대까지 인정했다.

주민들의 시각은 또 달랐다. 좌익에 동정적인 농민이든 반공주의자든 대부분 자기 식구 먹을 식량도 부족한 가난한 산간 마을 사람들이었다. 아무리 좋은 소리를 하고 혁명 전표를 써준다 해도 쌀을 빼앗아가는 건 마찬가지였다. 인민재판을 한다며 마을의 부자들을 무참히 죽이거나 빨치산의 출몰을 경찰에 신고했다는 이유로 주민들을 처참히 죽여버리는 감정적 보복은 끊임없이 일어나고 있었다. 빨치산들은 주민들이 다정하게 쌀과 옷을 내주는 모습만을 기억하고 자신들에게 협조적이었다고 생각했지만, 대개는 총구 앞의 친절이었다.

금융조합을 찾았다는 말에 이일재는 번쩍 정신이 들었다. 생각할 필요도 없었다. 현금은 주민들에게 민폐를 덜 끼치는 유일한 방법이었다. 의약품이나 등사 도구 같은 물건을 사기 위해서라도 현금이 반드시 필요했다. 엎드린 자세로 지서에 총구를 겨누고 있던 이일재는 단호히 말하며 일어났다.

"털어야지요! 갑시다!"

하양 금융조합을 지키던 경비원은 총성에 놀라 벌써 달아나버렸다. 대원들은 문을 부수고 들어가 금고를 파괴했다. 대구는 일제 때부터 사과의 주산지였다. 마침 사과 수확기라서 판매 대금이 엄청나게 쌓여 있었다. 대원들은 휴지를 쓸어 담듯 지폐를 배낭에 쓸어 담았다. 다른 면에서 경찰 지원 병력이 오고 있기 때문에 오래 머물 수는 없었다. 배낭마다 돈을 가득 채운 후 재빨리 후퇴했다.

남부블록 유격대가 1명의 사상자도 없이 하양 지서를 봉쇄하고 금융조합을 터는 데 성공하는 동안, 북부블록 유격대는 작전대로 안동 형무소를 파옥해 좌익수들을 방면했다. 10·2투쟁은 대성공이었다. 많은 간부들이 승진을 했다.

이일재도 공로를 인정받아 승진하게 되었다. 작전의 수립 단계부터 대원들을 인솔하여 하양 지서를 봉쇄하고 금융조합을 털기까지 그의 기민한 판단력이 큰 도움이 되었다는 상부의 판단이었다. 군경의 검문과 공세를 피해 운문산으로 이동했다가 팔공산 기지로 돌아가니 남부블록 선전책으로 임명한다는 지시가 내려왔다. 경산 군당의 조직책에서 3개 군을 합친 블록의 간부로 승진한 것이다.

선전책은 주로 유격대가 진주한 마을의 주민들을 모아놓고 북한의 토지 개혁의 의의에 대해 해설하고 지주들의 땅을 빼앗아 나눠주는 무상몰수 무상분배의 토지 개혁을 담당했다.

농민이 인구의 80%를 차지하던 시대의 토지 개혁은 농민의 지지를 좌우하는 중요 사안이었다. 남북의 정부는 이 문제를 해결하는 데 정권의 명운을 걸고 있었다.

북한은 이미 모든 토지를 몰수해 경작 가능한 농민들에게 나눠주고 농사를 짓지 못할 나이가 되면 반납하는 토지 개혁을 실시했다. 그러나 자본주의와 사회주의가 절충된 이 토지 개혁은 후세 진보학자들의 평가만큼 열광적인 인기를 얻지는 못했다. 무상몰수 무상분배라지만 상속할 수 있는 소유권을 주는 것이 아니라 경작권만 주는 데다 생산량의 30%를 세금으로 거둔다며 논마다 벼이삭을 세어가는 등 경직된 정책으로 반발을 샀기 때문이었다. 그럼에도 대다수가 소작인으로 소출의 절반을 지주에게 바치고 있던 남한 농민들에게는 선망의 대상이 되었다.

미 군정은 일찌감치 남한에도 자본주의식 토지 개혁을 계획하고 세부 계획까지 수립해 이승만을 압박하고 있었다. 그러나 이승만이 몸담고 있는 한민당이 지주들의 정당이라 반발이 심했다. 돈 많은 지주들을 정권 창출에 이용하기는 했으나 그들을 좋아하지는 않았던 이승만은 공산주의운동의 지도자였다가 사회민주주의로 전향한 조봉암을 과감히 초대 농림부 장관에 임명해 유상몰수 유상분배의 개혁을 단행토록 했다.

조봉암은 한민당의 극렬한 반발로 반년 만에 장관직에서 물러났으나 미 군정이 기초하고 그가 손 본 토지 개혁법은 그대로 시행되었다. 이에 반발한 한민당은 야당으로 변신해 오늘날 민주당의 뿌리가 되고, 이승만은 애초에 조봉암이 만들었던 자유당을 흡수해 자유당 독재의 길을 걷게 된다.

공교롭게도 조봉암의 토지 개혁은 얼마 후 일어난 전쟁의 승패에 적지 않은 영향을 미쳤다. 남침만 하면 남한의 민중들이 봉기를 일으킬 것이라는 김일성과 박헌영의 예상이 무너진 데는 토지 개혁도 한몫했다.

인민군이 내려와 토지 개혁을 시행했으나 남한 농민들은 이미 땅을 나눠받은 상태였다. 토지 대금은 정부에 불입하면 정부에서 이를 지주에게 주는 형태였는데 전쟁으로 인한 인플레로 돈의 가치가 급락해 큰 부담 없이 갚을 수 있었다. 이 땅을 다시 쪼개 빼앗겨야 하는 농민들의 반응은 냉소적이었다.

공산주의 1세대인 조봉암이 남한을 공산주의로부터 지키는 역할을 했을 뿐 아니라, 북한은 전쟁을 일으켜 인플레를 불러옴으로써 농민들이 땅값을 쉽게 치를 수 있게 하여 스스로 토지 개혁의 의미를 퇴색시킨 셈이었다.

이일재가 남부블록 선전책으로 활동할 때는 아직 조봉암의 토지 개혁이 실시되기 전이고 전쟁도 일어나지 않아 북한의 토지 개혁에 대한 농민들의 선망이 컸을 때였다. 북한의 개혁 정책을 선전하고 지주들의 토지를 빼앗아 소작인에게 나눠주는 일은 산중 빨치산들의 중요한 임무였다. 이를 위해 도당마다 토지 개혁 담당 부서를 두기도 했다. 하지만 정부 기관도 아닌 빨치산이 시행하는 토지 개혁은 실효성이 없었다.

1949년 하반기까지만 해도 경산군과 청도군 일대에는 민주 부락이라고 불리는 산간 마을이 꽤 있었다. 좌익에 대한 지지도가 높은 마을들로, 유격대가 진주하면 몰려나와 환영하고 식량을 모아주었다. 비밀 남로당원들이 있어 군경의 이동 같은 정보를 제공해주기도 했다.

토지 개혁은 주로 이들 민주 부락을 상대로 했는데 교육적인 효과는 있었으나 토지라는 게 손에 들어 옮길 수 있는 물건이 아니다 보니 유격대가 물러나고 경찰이 들이닥치면 바로 예전 상태가 되었다. 오히려 유격대의 말에 박수를 치고 좋아하던 농민들은 지주들에게 찍혀 경찰과 우익 청년단으로부터 몰매를 맞았다. 그러니 빨치산이 땅을 나눠준다 해도 나중에는 반기는 농민이 없었다. 선전책으로서는 퍽 실망스런 일이었다.

그래도 좋은 시절이었다. 적어도 팔공산 빨치산에게는 그랬다. 12월에는 동해안을 따라 북한에서 내려 보낸 일본제 99소총이 대량으로 도착해 대다수 대원들이 무장을 갖출 수 있었다. 38선 방어 병력까지 차출한 4만여 국군의 대토벌 작전이 본격화된 1950년 1월 이전까지는 호시절이었다.

빨치산으로 올라온 이들 중에는 여성도 있었다. 여성도 남자들과 마찬가지로 남루한 옷에 신발도 제대로 갖추지 못하고 세수도 못한 험한 몰골을 하고 산을 누비고 다녔지만 젊은 남녀들이 섞여 살다보면 자연히 연애도 이뤄졌다.

빨치산은 원칙적으로 연애를 금지하기 때문에 평소에는 누가 누구를 좋아하고 어떤 쌍이 연애를 하는지 잘 드러나지 않았다. 그런데 전투가 벌어지면 눈에 확 드러나버렸다. 총알이 빗발치는 가운데 서로 자기 짝을 찾아다니고 자기 목숨을 아끼지 않고 보호하는 것이었다.

이듬해 전쟁과 함께 전라남북도 도당 위원장으로 임명되어 내려온 박영발과 방준표는 본인들은 산중 연애를 하면서도 부하 대원 사이에 연애 사건이 나면 둘 다 즉결 처형해버리기로 유명했다.

일제 때부터 조직운동으로 잔뼈가 굵은 배철은 그런 사람이 아니었다. 비밀 연애가 발견되면 남자는 놔두고 여성 대원에게만 하산 명령을 내렸다. 나름대로 관대한 조치라고 할 만했다.

그러나 하산 조치 자체가 죽음의 명령이 될 수도 있었다. 군경 토벌대는 나중에는 귀순자를 살려서 수색전에 앞세우지만, 아직은 빨치산 가담자를 잔혹하게 학살하던 시기였다. 여성 빨치산을 잡으면 음부에 나무

말뚝을 박거나 칼로 난도질해 전시해놓는 끔찍한 일들이 일본군 출신 국
군 장교들에 의해 벌어지고 있었다. 공포를 극대화하려고 몽둥이로 때려
죽인 다음 목을 잘라 장터 입구 같은 곳에 긴 장대에 걸어놓기도 했다.
토벌대의 포위망을 무사히 뚫는다 해도 고향에서 잡히기 마련이었다. 때
문에 여자만 보내지 못하고 남자까지 몰래 달아나는 경우도 있었다.

융통성이 많았던 배철은 부하들의 오류에도 관대한 편이었다. 이일재
도 그 혜택을 받은 한 명이었다.

함께 일하게 된 남부블록의 총무부장은 농민 출신으로, 이일재와 사이
가 좋지 않았다. 이일재가 보기에 거만한 데다 동료애도 부족한 사람이
었다. 특히 이일재와 부딪힌 것은 혁명 노선 문제였다. 총무부장은 농민
출신답게 강변하곤 했다.

"우리 남조선의 혁명은 농민이 주체가 되어야 하오. 노동자는 숫자도
얼마 안 되고 여기저기 공장을 떠돌아다니지만 농민은 다르오. 농민이야
말로 혁명의 주체요."

노동자 출신임에 자부심을 갖고 있던 이일재로서는 받아들이기 어려
운 주장이었다. 그날도 이 문제로 언쟁이 벌어졌다. 이일재는 강력히 주
장했다.

"총무부장 동무는 혁명의 기초 이론도 모릅니까? 사회주의혁명의 주
체는 어디까지나 노동계급이란 걸 안 배웠습니까? 농민은 소자산가로서
자기 이익에 따라 오락가락하는 기회주의적인 세력이지 혁명의 주도 세
력이 될 수가 없습니다."

"선전부장 동무의 주장이야말로 교조적이오. 인구의 대다수가 농민인
나라에서 노동자가 어떻게 주체가 될 수 있단 말이요. 사방을 둘러보소,
사방에 논밭뿐 아니오? 도대체 공장 노동자가 어데 있단 말이오?"

"노동자가 왜 없습니까? 당장이라도 대구 시내에 가보시오."

논쟁은 점점 말다툼으로 변했다. 총무부장은 이일재를 관념주의자라고 비아냥거렸고, 화가 치민 이일재는 끝내 참지 못하고 그의 귀 옆에 대고 총을 쏘아버렸다.

은폐와 엄폐가 생명인 빨치산에게 총기 사고는 엄중한 처벌이 따랐다. 부대 이동 중 총기 오발로 군경에게 위치를 드러냈다는 이유로 총살당하는 일도 있었다. 사람이 다치지는 않았으나 고의로 동료의 귀 옆에다 총을 쏘았으니 처벌은 불가피했다.

원칙대로라면 이일재는 즉각 총살형을 당해야 했다. 그러나 상부의 지시로 남부블록 선전책에서 해임되어 평당원으로 강등되는 데 그쳤다. 게다가 배철은 한 달 만에 그를 복권시켜 남부블록 제3정치위원으로 임명했다. 이 무렵 벌어진 전투의 성과를 인정해 오히려 승진시킨 것이다.

각 블록에는 3명의 정치위원이 있었다. 제1정치위원은 유격대 내의 정치 공작을 총괄하고 제2정치위원은 대적 사업을 담당했다. 제3정치위원은 대민 관계 담당이었다. 이일재가 맡은 제3정치위원은 선전책이 하던 일과 다르지 않았으나 진급은 진급이었다. 순간적인 울화를 참지 못한 죄로 처형될 수도 있던 그를 살려 승진시켜준 도당위원장 배철에게 더욱 충성을 바칠 수밖에 없었다.

남부블록 정치위원은 이일재의 남로당 활동 중 가장 높은 직급이자 동시에 생애에 가장 자랑스러운 직책이 되었다. 그는 평생을 두고 자신이 경산, 영천, 청도의 3개 군을 관할한 정치위원이었음을 자랑스러워했다. 거기에는 제1정치위원인 홍망치 같은 사람과 같은 직급이었다는 자부심도 작용했다.

홍망치는 본명은 알 수 없으나 남로당 중앙당에서 활동하던 중요한 인물로 이론에 밝은 사람이었다. 그런데 박일원 사건과 관련하여 의심을 받아 경산 군당 유격대 평대원으로 강등되어 내려왔다. 마침 이일재가 경산 군당을 이끌고 있을 때였다.

박일원 사건이란 남로당 경기 도당 청년부책이던 박일원이 1947년 경찰에 체포되자 전향해 남로당에 대한 방대한 기밀을 누설한 사건이었다. 박일원은 남로당을 비판하는 『남로당 총비판』이라는 책자까지 썼다가 끝내 남로당원에 의해 암살된다. 홍망치는 박일원과 함께 일했던 경력으로 좌천되어 빨치산에 보내진 것이었다.

나이로나 경륜으로나 이론적 깊이로나 이일재는 홍망치의 상대가 되지 못했다. 대화를 할 때마다 감탄스러운 그런 인물을 부하로 데리고 있기에는 영 거북한 사람이었다. 다행히 홍망치는 얼마 지나지 않아 의심이 풀려 남부블록 제1정치위원으로 복권되었는데 이제 이일재도 같은 블록의 제3정치위원이 되었으니 자부심이 생기지 않을 수 없었다.

흔히 남한의 빨치산은 구빨치와 신빨치로 구분해 불렀다. 구빨치는 제주4·3봉기, 여수14연대봉기 등 단독정부 반대투쟁을 하다가 산으로 쫓겨 들어간 남로당 출신들을 말했다. 이현상, 배철 등이 그 지도자로 이일재도 이에 속했다. 신빨치는 주로 전쟁 때 후퇴를 못하고 산에 갇힌 인민군과 부역자들이었다. 방준표, 박영발, 하준수 등이 지도자로 구빨치로서 살아남은 이현상이 총사령관을 맡아 지리산에서 최후를 맞게 된다.

구빨치는 한국전쟁이 터지기 전에 대부분 소멸했다. 이일재가 제3정치위원을 하던 1949년 하반기가 구빨치의 마지막 전성기라 할 수 있었다. 이 기간 동안 팔대 소속 유격대들은 대구, 경북 일대를 마음껏 누비고 다녔다.

작전은 보통 유도, 매복, 기습의 순으로 이뤄졌다. 먼저 일부 병력이 밤중에 경찰서 뒤에 몰려가서 꽹가리를 치고 횃불을 올리고 총 몇 방을 쏘았다. 경찰은 밤에는 밖에 나오지 못하고 다음 날 토벌대를 편성해 산으로 올라오기 마련이었다. 유격대는 경찰이 지날 만한 곳에 미리 매복해 있다가 기습 공격해 경찰을 살상하고 무기를 빼앗았다. 자꾸 이런 일이 되풀이되니까 경찰은 빨치산이 나타나도 밖으로 나오지 않았는데 그럴 때면 멀리 경찰이 지켜보는 가운데 학교 운동장에서 주민들과 축구를 하며 놀기까지 했다.

빨치산 투쟁의 궁극적인 목표는 남한을 사회주의공화국으로 만드는 것이었다. 남한 민중들의 광범위한 굶주림을 해결할 길은 그것밖에 없다고 생각했다. 어느 날은 청도군의 전통 사찰인 운문사를 점령했는데 커다란 뒤주에 쌀이 가득했다. 굶주리고 있는 마을 주민들에게 쌀을 퍼주는데 아래쪽에는 썩은 쌀이 켜켜로 쌓여 있었다. 마을마다 한두 집씩 있는 부자들의 곳간도 마찬가지였다. 민중들로 하여금 이러한 현실이 부당함을 깨닫게 하기 위해서는 공포보다 설득이 필요했다.

10월에 있었던 평산 지서 공격은 유격대 쪽으로서는 기념비적인 싸움이었다. 경산의 평산 지서를 습격한 다음 후퇴하는 척하고 경찰을 유인해 미리 매복해 있던 대원들이 급습, 경관 27명을 생포한 쾌거였다.

교전 중의 살상은 어쩔 수 없으나 일단 생포한 적은 총만 빼앗고 훈계를 하여 살려 보내는 것이 이현상 부대의 철칙이었다. 부잣집 아들이 말단 경관으로 들어와 목숨 내놓고 싸울 리가 없었다. 경관이라도 간부를 제외한 대다수는 가난한 농민의 자식들이었다. 돈이 넉넉할 때는 체포한 경찰관에게 경관을 그만두고 집으로 돌아가라며 차비까지 나눠주기도 했다. 그에 감복해 자진해서 빨치산에 가담하는 경관도 있었다.

이일재는 선전을 책임진 제3정치위원으로서 생포한 경관 27명을 모아

놓고 일장 연설을 했다.

"경찰관 여러분! 우리가 이렇게 산중에 들어와 총을 들고 싸우는 것은 이승만 도당이 우리를 죽이려 들기 때문에 어쩔 수 없이 저항하는 겁니다. 이승만이 왜 우리들을 죽이려 합니까? 우리가 남한만의 단독정부를 거부하고 남북이 통일되기를 요구했기 때문입니다. 이승만은 미제국주의의 종이 되어 남북통일을 거부하고 우리 같은 애국자들을 반역자로 몰아 죽이고 있습니다. 그러나 우리는 여러분을 죽이지 않을 것입니다. 여러분도 집에 돌아가면 인민의 아들이요 귀한 남편이요, 아버지 아닙니까? 우리는 인민을 사랑하는 인민의 군대입니다. 인민의 이름으로 여러분을 용서합니다. 돌아가거든 부디 경찰을 그만두고 고향에 돌아가 가족과 함께 행복하게 살기를 바랍니다."

뜻밖에 목숨을 구하게 된 경찰관들은 뒤에서 총을 쏘아 죽일까봐 미심쩍어하며 쉽게 등을 돌리려 하지 않았다.

"쏘지 않을 테니 어서들 가시오!"

빨리 가라고 재촉해도 뒷걸음으로 주춤주춤 물러나던 경찰관들은 저만치 멀어져서야 냅다 뛰어 달아나는 것이었다.

포로를 죽이지 않는 원칙은 대체로 잘 지켜졌다. 이일재도 추위와 굶주림 같은 온갖 어려움에 적응했지만 사람을 죽이는 일만은 하고 싶지 않았다.

오히려 부하들이 죽이려는 경찰을 살려주기도 했다. 다름 아닌 오촌 이강학이었다. 이강학은 이 무렵 경산, 영천 토벌대장으로 내려와 있었다. 같은 경산군에서 대적하다보니 두 번이나 직접 맞닥뜨렸는데 그때마다 살려준 것이다.

한번은 이강학이 이끄는 경찰대가 1948년 12월 유엔이 한국의 독립과 통일을 위해 만든 기구인 '유엔한국위원회'를 호송하고 김천 근처 골짜기를 지날 때였다. 길목에 매복해 있던 이일재의 야산대는 일제히 총을 쏘며 꽹과리를 두드려댔다. 경찰은 트럭에서 뛰어내려 응사했지만 추격해오지는 못했다. 사상자 없는 가벼운 교전이었다.

그런데 다음 날, 대구의 이일재 집에서는 한바탕 소동이 벌어졌다. 이강학의 어머니가 쫓아가 '조카가 어떻게 아저씨에게 총을 쏠 수가 있느냐'며 항의를 한 것이다. 그러나 이강학은 이일재가 살상을 할 수 있던 거리임에도 살려주었다는 사실을 인지하고 있었다.

다른 한번은 경산서 교전이 벌어졌을 때였다. 이일재가 이끄는 유격대가 논두렁에 엎드려 숨어 있던 경찰 몇 명을 붙잡았는데 그중에 이강학이 있었다. 대원들은 하급 경관은 살려주어도 간부인 이강학은 죽여야 한다고 주장했다. 그러나 이일재가 나서서 자기 오촌이라며 살려주라고 했다. 두 번이나 이강학을 살려준 것이다.

저항하지 못하는 포로나 민간인을 죽이지 말라는 사령부의 명령이 항상 지켜지지는 않았다. 포로를 죽이는 경우도 있었고 농민들을 죽이는 일도 곳곳에서 일어났다. 숫자로는 군경의 민간인 학살을 따를 수 없지만, 잔학함에서는 다를 바 없는 범죄 행위였다. 영천 군당 유격대원들의 박사마을 집단 학살이 대표적이었다.

산에는 나무를 하거나 제사니 벌초를 하러 오는 민간인들이 있기 마련이었다. 어느 날 영천 군당의 비무장 대원들이 아지트 근방으로 나무 하러 온 농부와 맞닥뜨리게 되었다. 대원들은 농부에게 자신들을 목격한 것을 비밀로 해달라고 당부하고 살려서 내려보냈다. 그런데 마을에 돌아간 농부는 곧장 경찰에 신고를 해버렸고 국군 대대 병력이 출동해 비무장 대원들을 몰살시켜버렸다.

농민들이 빨치산을 신고하는 이유는 반공 의식도 있지만 비밀로 했다가 들통 나면 군경에 의해 즉결 처형되기 때문이었다. 농민 입장에서는 신고를 해도 죽고 안 해도 죽는 처지니 정부군인 토벌대에 신고하는 이가 많을 수밖에 없었다. 주민들의 눈에 띈 유격대가 아지트를 옮기는 게 맞았다. 그런데 그들은 자신들의 오류는 생각 못하고 주민들에게 복수를 한다.

신고한 농부가 살던 곳은 박사마을이라는 곳이었다. 격분한 유격대원들은 야간에 마을로 내려가 젊은 남자들을 모조리 끌어내 처참히 살해해버렸다. 누가 신고를 한 건지 알 수 없었으므로 모두 죽여버린 것이었다. 군당 책임자에게 보고도 않고 유격대원들끼리 벌인 잔인한 사고였다.

뒤늦게 사실을 알게 된 팔대는 학살 당사자들을 강력히 비판하고, 어떠한 상황에서도 민간인을 학살해서는 안 된다는 명령을 재확인했지만 이미 늦은 조치였다. 박사마을 사건은 경상도 일대 주민들에게 빨치산의 정당성을 크게 훼손시켰다.

박사마을 사건이 터졌을 때, 이일재는 그곳에서 멀리 떨어진 비슬산에 주둔하고 있었다. 사건이 나고 한참 후에야 보고를 받은 그는 이 사건을 두고두고 부끄러워했고 안타까워했다. 그는 훗날의 대담에서 말했다.

"박사마을 사건은 절대 일어나서는 안 될 엄청난 과오였습니다. 반세기가 지난 지금도 그 일만 생각하면 가슴이 무너집니다. 저는 빨치산을 하는 동안에도, 10월항쟁 기간에도 단 한 사람도 죽이지 않았습니다. 지배계급의 권력 기구가 아무리 악독한 짓을 한다 해도, 피지배계급의 군대는 그것을 흉내 내면 안 됩니다. 우리의 힘은 오로지 민중에게 나옵니다. 노동자 농민은 물론이요 그들의 아들인 하급 경찰까지, 민중이 어떤 잘못을 범하더라도 그들은 우리의 핏줄이요 가족입니다. 그들이 우리를 배신한다면 그것은 우리가 그만큼 선전 선동을 하지 못한 때문입니다. 죽어도 생각이 변하지 않을 것 같은 완고한 사람일지라도, 우리는 그들을 안고 역사의 강을 건너야 합니다. 내 생각과 다르다고 이 사람 저 사람 다 물속에 던져 버리고 나면 우리는 혼자가 되고, 역사의 강물은 지옥의 강이 되어버릴 것입니다."

박사마을의 비극을 제외하면, 1949년 연말까지는 그런대로 민간인들과 사이가 좋았다. 산에 제사를 지내러 오는 사람들에게 다가가면 반가이 맞아주었고, 음식이 귀한 시절임에도 일부러 제사 음식들을 그대로 남겨두고 가기도 했다.

좋은 시절은 그러나 오래가지 않았다. 이일재가 입산한 지 몇 달이 지나 1950년이 되면서 혹독한 시련이 시작되었다. 빨치산에게 겨울은 죽음의 계절이었다.

10. 생존자

1949년 12월이 되면서 이승만 정부는 4만여 정규군을 빨치산 진압에 투입했다. 여기에 경찰과 지방 민병까지 합친 토벌대는 빨치산 투쟁이 가장 왕성한 지리산 지구부터 경북의 팔공산까지 남부 산악 지대 전역을 참빗으로 빗듯 쓸어내기 시작했다.

토벌대의 공격이 없더라도, 겨울은 빨치산에게 잔인한 계절이었다. 영하 20도를 오르내리는 산속에서 두꺼운 이불 하나 없이 24시간 추위에 노출되어 있으니 살아 있는 게 기적이었다. 하룻밤 지날 때마다 약한 사람부터 하나씩 얼어죽어갔다.

먹을 것도 없지만 어렵게 쌀을 구해도 산중에서 밥을 해 먹는 일도 난관이었다. 쌓인 눈을 헤치고 주워온 젖은 나무로 불을 때다보니 화력이 약해 밥은 생쌀이나 다름없었다. 덜덜 떨며 몇 입 먹다보면 얼음덩이가 되었다. 민간에서는 제아무리 춥고 배고픈 가난뱅이라도 겪어보지 못할 끔찍한 겨울이었다.

전투가 없을 때는 비트라도 만들어 버텨보지만 민가에서 얻어온 하얀 광목천에 흙물을 들여 나뭇가지 사이에 걸어놓은 데 불과했다. 언 땅을 파고 불을 피워 밥을 해먹은 다음 남은 숯불 위에 돌멩이를 깔고 발을 걸쳐놓으면 그나마 피가 데워져 생명이 유지되지만 토벌대의 공격이 있는 날은 이조차 만들 수 없었다. 보초를 설 때는 쉴 새 없이 발을 꼼지락거리고 손을 문질러댔으나 동상은 사나운 짐승처럼 손가락, 발가락을 잘라먹고 기어이 목숨까지 앗아갔다.

경북 일대의 고산이라는 팔공산, 운문산, 비슬산이 크다고 해봐야 해발 1,000미터가 조금 넘는 흙산들이라 골짜기마다 사람 사는 집이 있기 마련이었다. 그러나 어디도 마음 놓고 들어갈 수가 없었다. 토벌대가 주민을 강제로 소개시키고 집을 불 질러버리기도 했지만, 아직 사람이 사는 마을이라도 빨치산이 드나든 흔적만 나타나면 마을 사람들을 폭행하고 식량을 준 사람은 그 자리에서 총살시켰기 때문이었다. 어떤 마을에서는 늙은이까지 모든 남자들을 끌어내 길 위에 줄지어 엎드려놓고 몽둥이질을 하기도 했다.

사정이 이러다보니 그동안 협조적이던 민주 부락의 남로당 지지자들까지 유격대가 찾아가면 달려 나와 가로막으며 애걸을 했다.

"여러분이 인민을 위한 군대라면 제발 마을에 들어오지 말아주시오. 여러분이 다녀간 사실이 알려지면 여러 사람이 죽습니다. 제발 부탁드립니다."

며칠씩 굶은 채 토벌대에 쫓겨 이 산으로, 저 산으로 도망 다니다 보면 어느 새 옆의 동료가 사라져버렸다. 뒤돌아 찾아보면 바위틈에 처박힌 채 얼어죽어 있었다. 땅까지 꽁꽁 얼었으니 묻어주지도 못한 채 달아나야 했다.

특히 도시에서 당 활동을 하다가 수배되어 입산한 지식인 여성대원들은 맥없이 죽어나갔다. 남부블록에도 여성대원이 여럿 있었는데 추위와 굶주림에 제일 먼저 죽어 쓰러졌다.

여성이 아니라도 결국은 다 죽을 목숨들이었다. 온 들과 산이 눈에 덮인 한겨울이 되면서 대원들의 생명은 눈사람처럼 녹아 사라져갔다. 9월 총공세 때만 해도 120명이던 남부블록 유격대원은 서너 달 사이에 30명으로 줄어들었다. 토벌대에 쫓기는 와중에서 헤어져 행방불명이 된 대원도 있지만 대부분은 토벌대의 총에 맞아 죽거나 잠자다가 또는 보초를 서다가 얼어죽은 이들이었다. 여성대원은 한 명도 남지 않았다.

일부러 낙오해 달아나는 대원들도 있었다. 그러나 항복하고 나가다 잡혀도, 포위망을 뚫다가 잡혀도 죽는 건 마찬가지였다. 일단 산에 들어온 이상 산에서 빠져나갈 방도는 거의 없었다. 시체가 되어도 군인들은 목만 잘라가고 몸뚱이는 아무렇게나 산중에 버렸다. 군인들은 잘라온 머리를 대나무에 꽂아 트럭에 묶은 다음 청도 시가지를 누비고 다니며 공산비적의 말로를 보라고 방송했다. 이발을 못한 빨치산들의 머리칼이 길게 늘어져 바람에 날리는 모습은 더욱 공포를 불러일으켰다.

이일재도 여러 번 죽음의 입구까지 갔다. 공포와 절망의 나날이었다. 그중에서도 홀로 비장되었을 때의 절망감은 잊을 수 없었다.

비장은 음식물이나 서류를 감출 때 쓰는 말이지만 부상이 심하거나 질병에 걸려 기동이 어려운 대원을 바위틈이나 낙엽 밑에 숨겨두고 떠날 때도 사용했다. 먹을 것이라곤 없으니 대개 물과 소금만 남겨두기 마련이었다. 비장된 대원들은 대부분 혼자 통증과 굶주림에 시달리다가 죽거나 아니면 토벌대에게 발견되어 그 자리에서 사살되었다. 운 좋게 살아나 본대에 합류하는 경우는 거의 없었다.

이일재도 비장을 당해보았다. 여름에 걸린 학질이 겨울이 되어도 완치되지 않더니 한겨울이 되어 굶주림과 추위에 시달리자 재발되었다. 온몸이 부서지는 듯 아프고 떨려서 한 걸음도 걸을 수 없는 상태가 되었다. 야산대 시절이라면 부축을 하거나 들것이라도 만들어 이동시키겠지만 온 산에 토벌대의 총성이 울리는 판에 그럴 여유가 없었다.

"도저히 갈 수가 없습니다. 먼저들 가요."

이일재가 동료들의 안전을 위해 먼저 말하자 동료들도 망설이지 않고 그를 여름에 물길로 패인 작은 도랑 사이에 비장했다. 너무 완벽하게 낙엽을 잔뜩 덮어도 의심을 받았다. 마른 도랑 속에 눕히고는 나뭇가지와 낙엽으로 얼기설기 덮어주었다.

"꼭 살아서 다시 만납시다, 정치위원 동무!"

동료들은 한 줌의 소금과 물만 남겨두고 서둘러 떠났다. 사방의 산골짜기에서 들려오는 총성이 그들의 발걸음 소리를 흡수해버렸다. 차가운 흙 위에 홀로 누워 있는데 온몸이 후들후들 떨리고 머리는 깨질 듯 아파 아무 생각이 나질 않았다. 뼈마디마다 바늘로 찌르는 통증과 어지럼증으로 곧 죽을 것만 같았다. 정신이 혼미하니 토벌대에게 발견이 되건 말건 공포도 느껴지지 않았다. 이대로 죽는구나 하는 생각밖에 나지 않았다. 정신을 잃었다가 간혹 깨어나면 빛이라곤 무수한 별들뿐인 한밤중이었다. 다시 기절했다가 깨어나면 이번에는 낮이었다. 얼굴이건 가슴이건 피부는 열이 나서 뜨거운데 왜 뼛속까지 추운지 몰랐다.

꼬박 사흘 만에 문득 정신을 차리고 눈을 뜨니 한밤중이었다. 이상했다. 몸의 오한도 사라지고 통증도 느껴지지 않았다. 기분 좋은 꿈에서 깨어난 듯 상쾌했다. 언제 먹었는지 기억도 나지 않는데 물통은 비어 있고 소금도 남아 있지 않았다. 혼수상태에서도 본능적으로 물과 소금을 먹은 것이었다. 몇 번이나 죽음의 문전에서 돌아왔는데, 또 다시 기적을 겪은 기분이었다.

고요한 밤중이었다. 오한 대신 저혈당으로 후들거리는 몸을 일으켜 동료를 찾아 나섰다. 별빛과 달빛에 의존해 빨치산이 은거했을 만한 골짜기를 따라 이리저리 얼마나 돌아다녔을까, 눈이 희끗희끗한 북향 골짜기를 지날 때 어둠 속에서 낮은 목소리가 들려왔다.

"누구냐? 꼼짝 마라!"

국군이었다면 물어볼 것도 없이 총질부터 하거나 큰 소리로 위협했을 것이다. 속삭이는 음성이 귀에 익었다. 살았구나 싶었다.

"남부블록 제3정치위원이오. 비장되었다가 살아나왔소."

낮게 대답하니 어둠 속에서 두 사람이 튀어나왔다. 여전히 총구를 겨누고 있었지만 목소리는 반가움에 차 있었다.

"정치위원 동무! 살아났구려!"

두 사람이 다가와 끌어안는데 눈물이 핑 쏟아졌다. 두 사람은 아직 기력을 잃어 제대로 서 있지도 못하는 그를 부축해 비트로 데려갔다. 비밀 아지트라 해서 비트라 불렀으나 아지트라고 할 것도 없었다. 큰 바위 옆에 몇 사람이 광목천을 뒤집어 쓴 채 웅크리고 누워 있었다.

대원들은 살아 돌아온 이일재를 위해 한밤중인데도 깨어나 보리죽을 끓여주었다. 깜깜한 산중에서 한밤중에 끓인 뜨거운 보리죽이 그렇게 맛있을 수가 없었다. 아무리 참으려 해도 밀려 올라오는 흐느낌을 감추느라 일부러 후루룩 소리를 내며 마셨다. 평생 잊을 수 없는 동지애였다.

국군의 동계 공세도 영원히 계속되지는 않았다. 1950년 3월이 오면서 대구 주변의 산야에서는 총성이 점점 잦아들었다. 아침저녁으로는 여전히 얼음이 얼고 서리가 내렸으나 산속에서 겨울을 지낸 몸이 추위에 적응한 듯 견딜 만했다.

남부블록 유격대는 군경의 공격이 집중되었던 팔공산을 떠나 운문산으로 이동해 있었는데 120명 중 생존한 대원은 정확히 29명이었다. 90명이 죽거나 실종된 것이었다.

국군이 철수한 산중을 지나다보면 목 없는 빨치산 시신이 널브러져 있곤 했다. 살아남은 이들은 시신이 발견될 때마다 나무 막대 따위로 얼기설기 땅을 파 묻어주며 눈물을 흘렸다. 제대로 땅속에 파묻히지도 못한 채 얕게 매장되어 돌이나 낙엽으로 덮인 시신들은 빠르게 부패되어 흔적조차 사라져버릴 것이었다. 실제로, 수십 년이 지난 1990년대에 이일재가 영남대학교 학생들로 이뤄진 답사단을 이끌고 팔공산과 비슬산을 샅샅이 뒤져보았으나 뼛조각 하나 찾을 수가 없었다.

살아남은 대원들의 몰골도 시신만큼이나 흉했다. 겨우내 벗어보지도 못한 더러운 옷들은 너덜너덜 찢어졌고 세수를 못한 데다 나뭇가지에 긁히고 동상을 입은 새까만 얼굴 위에 깎지도 감지도 못한 긴 머리칼이 등까지 내려와서 기차역 앞 걸인들과 다름없었다. 신발은 하나같이 밑창이 다 닳거나 떨어져 칡넝쿨로 얼기설기 묶은 사이로 발가락들이 삐져나왔다. 대개 지카타비(밑바닥은 고무에 발등은 헝겊인 작업화)를 신었는데 성한 신발은 하나도 없었다. 아예 신발도 없이 천으로 발을 칭칭 감은 대원도 있고 동상으로 발가락을 잘라낸 대원도 여럿이었다.

북향 나무 그늘 밑에 희끗거리던 눈도 다 녹은 3월 중순, 팔공산의 경북 도당 본부인 팔대로부터 연락원이 찾아왔다. 운문산의 남부블록 생존자 전원을 팔공산으로 데려오라는 것이었다. 다른 블록들도 대다수 대원이 몰살당한 상태라 남은 대원들을 모아 재배치하기 위함이었다.

대원들은 비트의 흔적을 없앤 후 홍망치의 인솔에 따라 팔공산으로 향했다. 대구의 서남쪽에 있는 운문산에서 대구 북쪽의 팔공산까지는 백리 길이었는데 야산과 하천이 널린 평야 지대를 에둘러 가야 했다. 하룻밤 새에 통과하지 못하고 날이 밝아버리면 반드시 군경에 노출될 것이었다.

선두에 선 홍망치를 따라 어둠이 깔리는 초저녁에 운문산을 나온 대원들은 한숨도 쉬지 않고 속보로 산을 타고 들을 건넜다. 하지만 대구 동쪽에 있는 하양들을 지날 때 벌써 날이 밝고 있었다. 동계 공세 때만 해도 밤이 길어 앞뒤로 2시간을 벌어줬는데 그 사이 낮이 늘어진 것이다.

원칙대로라면 날이 밝았으니 근처 야산에 몸을 숨기고 다시 밤이 되기를 기다려야 했다. 그런데 홍망치는 하양들을 관통하기로 결정했다.

"이곳은 산이 낮아 낮에 숨는다 해도 나물 캐러 나온 민간인이나 경찰에 들킬 위험이 너무 높소. 최대한 빨리 하양들을 통과합시다."

혹한의 대토벌에서 살아난 대원들도 겁이 없었다. 하늘이 완전히 밝기 전에 들판을 통과하기로 결정했다. 대원들은 논둑 밑으로 몸을 구부린 채 빠르게 이동을 계속했다.

이것이 크나큰 오판이었음은 몇 분도 지나지 않아 드러나고 말았다. 얼마 가기도 전에 하양 읍내 곳곳에서 요란한 사이렌 소리가 울리며 사방에서 총성이 울리기 시작했다. 철 이른 풀들이 푸릇거리는 논둑과 마른 논바닥 여기저기 흙먼지가 피어오르며 총알이 팍팍 꽂혔다.

"들켰다! 뛰어!"

대원들은 일제히 일어나 맞은편 야산을 향해 달리기 시작했다. 그러나 토벌대는 더 빨랐다. 들은 또 왜 이리 넓은지 몰랐다. 논들을 절반이나 지났을까, 목표로 삼았던 맞은편 산 아래 벌써 군인들이 몰려나오는 게 보였다. 얼핏 보기에도 100명은 넘어 보였다. 도저히 상대할 수 없는 상황이었다.

"이쪽으로! 오른쪽 산으로 뜁시다!"

홍망치는 급히 우측 야산으로 방향을 틀었으나 나무 하나 없는 황량한 들판이었다. 사격장의 움직이는 표적처럼 토벌대의 총구에 노출된 대원들은 벌써 여기저기 쓰러지기 시작했다. 총알이 남아도는 군인들에게는 인간 사냥이나 마찬가지였다. 부상자를 돌볼 상황이 아니었다. 맞서 총질할 겨를도 없었다. 달리면서 쏘아봤자 총알만 낭비이기도 했다. 목에서 피 냄새가 나도록 무작정 달리고 또 달렸다.

가까스로 야산에 도착했을 때는 이미 대원의 3분의 1을 잃은 상태였다. 논바닥 곳곳에 쓰러진 대원들의 시신이 보였다. 멈춰 설 여유도, 죽은 이들을 추념할 여유도 없었다. 평소라면 몇 개 조로 나누어 방어하면서 차례로 후퇴하겠지만 이 정도 전력 차이라면 아무 의미도 없는 작전이었다. 개별적으로 뛰고 또 뛰는 수밖에 없었다. 날카롭게 마른 나뭇가지들이 얼굴을 때리고 돌에 걸려 넘어지면서도 다들 정신없이 산 위로 뛰어올랐다.

군경 토벌대는 트럭으로 이동했다. 산길만 타고 다니던 빨치산들은 들길에서는 오히려 발길이 더뎠다. 아무리 달려도 국군의 포위망을 벗어날 길이 없었다. 산을 넘으니 이미 또 다른 국군들이 트럭에서 내리고 있었다. 거기서 또 한 차례 대원들을 잃고 멀리 산줄기를 타고 돌아 팔공산 기슭까지 도달했을 때 남은 인원은 겨우 6명밖에 되지 않았다. 불과 몇 시간 만에 23명이 몰살당한 것이다. 이일재의 일생에 가장 처참한 날이었다.

팔공산 중턱에 있던 팔대 사령부에 도착했을 때, 홍망치는 배철 앞에 무릎을 꿇고 엉엉 울며 소리쳤다.

"죄송합니다. 죽을죄를 지었습니다. 제가 판단을 잘못해 대원들을 다

희생시키고 조직을 파괴하고 말았습니다. 이 자리에서 죽여주십시오!"

허탈한 표정으로 한숨을 내쉬던 배철은 통곡하며 땅을 치는 홍망치를 안아 일으켰다. 그의 뺨도 눈물에 젖어 있었다.

"동지의 잘못만이 아니오. 이곳 팔공산 병력도 대부분 소실되었소. 우리뿐 아니라 지리산, 태백산, 오대산의 유격대들도 거의 전멸해버렸소. 이 모든 것은 저 악랄한 이승만 도당 때문이오. 너무 자책하지 말고 힘을 냅시다."

애초에 남한 땅에서 유격전을 벌인다는 게 불가능한 일이었다. 제일 산세가 넓다는 지리산도 한나절이면 정상에 오를 수 있는 좁은 땅덩어리에서 2년여를 버틴 것만도 대단한 일이었다.

배철은 살아남은 대원들에게 희생된 동지들의 죽음을 헛되이 하지 않기 위해서라도 더 가열차게 투쟁해야 한다고 연설하고는 함께 「인터내셔널가」를 부르며 사라진 넋들을 위로했다.

눈물에 흠뻑 젖은 「인터내셔널가」를 부르며, 이일재는 남은 목숨을 다바쳐 조국의 통일과 민주주의를 위해 싸우겠노라 다짐하고 다짐했다. 다른 대원들의 마음도 똑같았을 것이었다. 살아남은 6명마저도 머지않아 산중의 흙이 되어 버릴, 외롭고 슬픈 날의 맹세였다.

토벌대는 통한의 눈물이 마르기도 전에 밀려왔다. 바로 다음 날이었다. 아침부터 팔공산이 총성으로 시끌벅적했다. 헤아릴 수 없이 많은 군경들이 산기슭을 따라 옆으로 길게 늘어서서 올라오며 바위틈이나 수풀 우거진 곳마다 무작위로 총을 쏘아대는 소리였다. 군인들 사이의 공간은 넓어야 20, 30미터 밖에 안 되니 도망칠 구멍이라곤 없었다. 참빗으로 머리칼 속의 이를 쓸어내리는 것 같았다.

팔대와 남부블록의 생존자 수십 명은 대적할 엄두도 못 내고 달아나기 시작했다. 산등성이를 넘어가면 이미 그쪽에도 또 다른 군경들이 밀고 올라왔다. 총을 쏘며 달아나다가 잠깐씩 바닥에 엎드려 숨을 고르고 또 뛰는 사이 한두 명씩 쓰러져갔다. 배철을 호위하던 남녀 비서 2명도 얼마 못 가 날아온 총탄에 즉사해버렸다.

이일재는 비서들을 대신해 배철을 호위하느라 이리 뛰고 저리 뛰며 퇴각로를 찾아 헤맸으나 탈출로는 보이지 않았다. 양쪽으로 군인들이 줄지어 올라오는 한 산등성이까지 몰렸을 때는 달리 방법이 없었다. 다른 대원들은 사방으로 흩어지고, 이일재는 배철 등 몇 명의 본부 대원과 함께 수풀 속에 몸을 숨기고 그들이 지나가기를 기다리기로 했다.

잔가지 많은 관목들과 마른 풀잎 속에 사이에 납작하게 엎드려 낙엽을 뒤집어쓰고 있으니 밑에서 군인들이 총구를 앞에 한 채 줄지어 올라오고 있었다. 숨소리도 낼 수 없는 순간이었다. 이때 배철이 입을 가린 채 소리를 죽여 고통스럽게 기침을 해댔다. 고질적인 천식을 앓고 있던 탓이었다. 손으로 입을 눌러도 기침 소리가 새어나오지 않을 수 없었다. 군인들은 점점 다가오고 있는데 큰일이었다. 또 다시 기침소리가 나면 모두 벌집이 되어버릴 절체절명의 순간이었다.

이일재는 손가락을 방아쇠에 건 채 다가오는 군인들을 향해 총구의 가늠쇠를 겨누었다. 발각되는 순간 하나라도 죽이고 나도 죽자는 비장한 최후의 결심이었다. 그런데 이상하게 배철이 더 이상 기침소리를 내지 않는 것이었다. 군인들은 이일재 일행이 엎드린 곳에서 불과 20여 미터 옆으로 지나갔지만 바로 옆에 빨치산들이 누워 있다는 것을 알아채지 못했다.

또 한 번의 기적이었다. 군인들은 이일재 일행을 그냥 지나쳐 멀리 가버렸다. 살면서 수많은 위험한 순간을 만났지만, 그때처럼 긴장된 때도 없었다. 겨우 한숨을 내쉬며 배철을 돌아본 순간, 깜짝 놀라고 말았다. 배철은 모자를 자기 입에 구겨 넣은 채 얼굴이 파랗게 되어 기절해 있었다. 기침 소리를 내지 않기 위해 모자를 자기 입안에 박아 넣은 것이다.

"위원장 동무!"

서둘러 배철의 입에서 모자를 뺐으나 숨이 돌아오지 않았다. 이일재는 재빨리 그의 배를 힘껏 누르기 시작했다. 배철은 잠시 후에야 정신을 차렸다. 새파랬던 얼굴에 핏기가 돌아오는 것을 보는 대원들의 눈에서는 또 다시 눈물이 그렁거렸다. 배철은 겨우 눈을 뜨며 입을 떼었다.

"적들은 갔소?"

죽었던 이가 살아온 듯 반갑고 고마운 순간이었다. 눈물을 떨구며 답했다.

"예! 갔습니다!"

38선까지 방치하고 남하한 국군 4만 병력의 공세는 들과 산이 녹음에 덮이면서 끝났으나 전투경찰의 수색은 계속되었다. 식량과 무기를 보충하기 위한 빨치산의 보급투쟁도 계속되었다. 크고 작은 접전이 이어지는 가운데, 경북 도당은 모두 합쳐도 100명이 안 되는 잔존 유격대를 재배치했다.

남부블록은 10여 명으로 재편성되어 최 모가 사령을 맡았다. 홍망치는 경북 도당의 제1정치위원으로 승진되어 팔공산의 배철 곁에 남게 되었다. 이일재는 공석이 된 남부블록의 제1정치위원이 되었다.

배철은 남부블록 대원들을 운문산으로 돌아가도록 했다. 이일재는 최 사령과 함께 대원을 이끌고 대구 남쪽 산인 청도 운문산을 거쳐 비슬산으로 돌아갔다. 23명을 잃은 하양들을 피해 멀리 돌아가느라 시간이 많이 걸렸지만 다들 무사히 비슬산 근거지에 도착할 수 있었다.

그런데 비슬산에 자리 잡은 지 얼마 지나지 않은 5월 초였다. 또다시 팔공산에서 연락원이 왔다. 남부블록 전원이 다시 팔공산으로 들어오라는 지시였다. 경북 도당 잔여 병력이 모두 팔공산에 집결한 다음 태백산맥을 타고 오대산으로 올라간다는 통보였다.

오대산은 38선 바로 아래에 있는 산으로, 이일재는 이 명령을 북으로 올라간다는 뜻으로 받아들인다. 나중에 안 사실이지만, 이 무렵 지리산의 이현상도 북상을 하기 위해 70여 명밖에 남지 않은 잔여 병력을 모아 덕유산으로 향하고 있었다.

이일재는 이 북상 명령이 북한에서 방송으로 내려온 건지 아니면 제2 병단 사령관 이현상의 독자적인 결정인지는 알지 못했으나 인민군의 전면 남침에 대비한 '또 다른 명령'이 뒤따른 사실로 보아 라디오를 통해 내려온 북의 명령이었을 가망성이 높아 보인다.

잇달아 내려온 '또 다른 명령'이란 대규모 부대의 낙동강 도하에 대비해 낙동강의 나룻배 현황을 파악하고 사공들을 확보해놓으라는 것이었다. 이 명령이 전달된 것은 이일재가 남부블록 14명을 이끌고 운문산을 떠나 팔공산으로 행군하고 있을 때였다. 대구 남쪽의 비슬산을 지나는데 팔대로부터 연락원이 왔다. 남부블록의 책임자인 최 사령과 제1정치위원인 이일재 두 사람은 북상을 중지하고 나머지 대원만 팔공산으로 보내라는 지시였다. 연락원은 두 사람에게 배철의 명령문을 전달했다.

'고령군 성산면과 성주군 유역의 낙동강 뱃사공들을 포섭한 대원들이 뱃사공들의 명단을 가지고 올 테니 그들과 접선해 명단을 수령하여 팔대로 오라.'

낙동강 뱃사공 중에는 일제 강점기 때 중국군 산하 팔로군으로 일본군과 싸웠던 이들이 여럿 있었다. 몇 달 후 이현상 부대가 그들이 젓는 나룻배를 타고 낙동강을 도하해 비슬산 일대에서 미군을 상대로 유격전을 벌이게 된다.

두 사람은 그러나 뱃사공의 명단을 구하지 못했다. 비슬산에 잔존하고 있던 현지 유격대원 14명과 함께 뱃사공 명단을 가지고 올 대원을 기다렸으나 며칠이 지나도록 나타나지 않았기 때문이었다.

명단을 기다리는 사이, 이일재 부대는 오랜만에 전과를 올렸다. 가창 골짜기로 들어오던 국군 3사단 수색대 7, 8명을 발견하고 매복해 전원 사살해버린 것이다. 부대원 대부분을 화양들에서 잃은 빨치산은 독이 올라 있었다.

팔공산 팔대에서 연락원이 온 것은 아직 명단을 구하지 못하고 있을 때였다. 함께 북상해야 하니 명단 구입 여부와 상관없이 다 같이 올라오라는 명령이었다. 이에 따라 대원들을 이끌고 비슬산을 떠나 팔공산으로 향할 때였다. 또 다시 토벌대 7, 8명을 먼저 발견했다. 이번에도 국군 3사단 군인들이었다. 역시 매복했다가 전원 사살해버렸다.

두 차례나 정찰대를 몰살시킨 것은 빨치산 전사에 기록될 만한 큰 사건이었다. 토벌대는 국군 3사단 병력과 경주 경찰서, 영천 경찰서, 청도 경찰서까지 합동으로 대병력을 동원해 이들을 추적해왔다.

수백 명의 토벌대에 포위된 것은 1950년 5월 4일 오전 10시쯤이었다. 전투가 오후에 시작되었으면 밤이 되면서 소강 상태가 되거나 달아날 수 있었을 텐데 대낮부터 시작되니 피할 길이 없었다. 게다가 전투가 벌어진 곳이 몸을 숨길 숲이 없는 너덜바위 지대였다. 돌 뒤에 엎드리면 엄폐는 되지만 은폐는 할 수 없으니, 수백 명이 밀려오며 쏘는 총에 모두 당하고 말았다.

14명 대원 중 10명이 그 자리에서 죽고 4명은 체포되었다. 붙잡힌 4명

중 3명이 즉결 처형되었다. 살아남은 것은 이일재 단 1명뿐이었다. 그 이유는 경주 경찰서장으로 있던 이강학이 "입이 삐뚤어진 빨치산은 죽이지 말고 생포하라."고 부탁해놓았기 때문이었다. 옆구리와 다리에 총을 맞고 피를 흘리며 최 사령의 시신 옆에 쓰러져 있으려니 경찰끼리 주고받는 소리가 들렸다.

"이놈 죽여버릴까요?"

"아냐. 입 삐뚤어진 놈은 생포하라고 했어. 당가에 신고 가자고."

경찰의 대화를 들으며 아득히 정신을 잃어버렸다.

얼마나 기절해 있었을까, 무언가 몸을 건드리는 감촉에 눈을 떠보니 동네 아이들이 발로 자기를 툭툭 건드려보고 있었다. 뒤로는 동네 사람들이 서서 신기한 듯 구경을 했다. 피를 너무 흘려 아직 혼미한 상태에서 둘러보니 청도 경찰서 마당이었다. 몸에는 가마니가 덮여 있었다. 아이들이 발로 차거나 말거나 꼼짝도 할 수가 없었다.

이일재가 온몸이 피범벅이 되어 동네 사람들의 구경거리가 되어 있는 사이, 경찰서 안에서는 그의 생명을 놓고 한바탕 토론이 벌어지고 있었다. 그의 신원을 확인한 경찰 간부들은 어차피 정보도 내놓지 않을 악질이니 치료까지 해서 살릴 필요가 없다는 쪽으로 의견이 기울었는데 한 사람이 이에 반대하고 나선 것이다. 독립운동가 이기양 집안의 내력을 잘 알던 최 모 경위였다. 아버지 이강인과도 아는 사이였다.

최 경위는 이일재가 빨치산 중견 간부이니 정보 가치가 있다는 점을 내세워 다른 간부들을 설득, 일단 3대 3의 무승부로 만들어놓았다. 그리고는 이강인에게 연락해 이강학을 불러오도록 했다. 이강학은 이 무렵 경주 경찰서장으로 가 있었다. 소식을 들은 이강학은 급히 청도서로 달려왔다. 청도 경찰서장과는 잘 아는 사이였다.

"이일재 이놈을 죽일까, 살릴까?"

청도서장이 묻자 남의 경찰서 일에 간섭할 수는 없던 이강학은 넌지시 말했다.

"나 같으면 살려주겠다."

"알았네."

한 생명이 살아난 순간이었다. 이강학으로서는 두 번 진 생명의 빚을 갚은 셈이었다. 이일재로서는 벌써 몇 번째인지 헤아릴 수도 없는 구사일생이었다.

청도서장의 명령으로 이일재는 즉시 대구의전 병원으로 후송되어 치료를 받을 수 있게 되었다. 오늘날 경북대병원이었다. 본인은 그러나 혼절해 있어서 어떻게 돌아가는지도 알지 못했다.

깨어나보니 사흘이 지나 있었다. 손발이 묶여 있지도 않았고 옷도 깨끗했다. 아버지가 면회를 와서 새 옷을 입히고 피 묻은 옷은 집에 가져간 것이다. 나중에 들었지만, 여동생 이양주가 그의 옷을 빠니 핏물이 하수구를 물들여 아랫집 사람이 닭을 잡았느냐고 물어보았을 정도였다.

이일재는 대충 상처가 아물자 재판도 받지 않고 병원에서 바로 석방되었다. 어떻게 무사히 살아났는가에 대해 살아생전 이일재는 "혼절하여 경찰서 마당에 쓰러져 있는데 오촌 이강학이 와서 살려주었다."는 말 이외에는 하지 않았다. 더 자세한 대답을 바라는 질문에 "복잡한 사정이 있었다."는 답밖에 하지 않았다.

남한 군경의 핵심은 거의 일본군이나 일본 경찰 출신들이었다. 일본 육사까지 나온 이강학은 28살의 젊은 나이에 경주 경찰서장이 될 정도로 경찰청 내에 상당한 인맥과 권력을 가지고 있었다. 그렇다 해도 교전 중 포로로 잡은 빨치산을 아무 조건도 없이 형무소에도 보내지 않고 석방시켜 줄 수는 없었다.

이강학은 이일재를 사찰계원이란 이름으로 경찰 정보원에 편입시켰다. 사찰계란 체포한 빨치산을 살려서 빨치산 토벌에 역이용하는 작전이었다. 얼마 후 전쟁이 터져 빨치산의 숫자가 대량으로 늘어났을 때 상당한 효과를 보게 되지만 빨치산이 거의 소멸해 있던 이 시기에는 큰 의미가 없는 작전이었다.

이일재가 혼절해 사경을 헤매는 동안 아버지를 비롯해 온 집안 식구들이 나서서 살려달라고 부탁하면서 이뤄진 불명예 계약이었다. 깨어난 이일재도 이를 수락했다. 명분을 위해 목숨을 바치는 민족주의 지사가 아니라, 혁명을 위해 악마와도 손을 잡을 수 있는 사회주의자였던 이일재는 일단 살아난 후 운동을 계속하겠다고 생각했을 것이다. 그 이면에는 살아야겠다는, 죽고 싶지 않은 본능도 작용했을 것이다. 아버지와 동생들의 극진한 간호를 저버리고 죽을 수는 없었을 것이다.

죽음은 엉뚱한 사람을 찾아갔다. 퇴원하여 아버지의 부축을 받아 삼륜화학 관사인 집에 돌아가니 집안 분위기가 이상했다. 다들 살아 돌아온 장손의 손을 잡으며 반가워하는데 어쩐지 표정은 밝지가 않았다. 불길한 예감이 밀려왔다.

"왜들 이리 침통합니까? 집에 무슨 일이 있었습니까?"

물으며 둘러보니 바로 밑의 남동생 이설재가 눈에 띄지 않았다. 동생도 좌익으로, 대구 민주청년동맹에서 활동했었다. 형을 선생처럼 모시던 동생이었다. 직감적으로 그에게 무슨 일이 생겼음을 깨달았다. 마루 한편에는 동생의 영정 사진과 항아리 하나가 상 위에 놓여 있었다.

"네가 소탕작전으로 죽은 줄 알고 그만 염산을 마시고 죽었다."

이일재가 체포되기 훨씬 전부터, 청도 등지에서는 잔혹한 이동 전시가 벌어지고 있었다. 빨치산의 목을 잘라 대나무에 꽂아 트럭 앞에 달고 시가지를 누비고 다니는 짓이었다. 트럭이 달리면 긴 머리칼이 휘휘 날려 귀신처럼 보이는, 야만적인 짓이었다. 이일재가 체포되었다는 소식을 들은 동생은 형도 머리가 잘려 전시되리라 생각하고, 그 꼴을 보느니 차라리 죽어버리고 만 것이다. 정의가 죽은 세상에 살고 싶지 않았을 것이다.

"이 무슨 짓이냐, 내가 이리 살아 돌아왔는데……."

영정에 무릎을 꿇고 통곡을 했다. 조금만 참았어도 무사히 살아 돌아온 형을 만났을 텐데, 자신이 경찰서 마당에 시체처럼 버려진 그 시각에 자살해버리다니 마치 자신이 동생을 죽인 것처럼 가슴이 저렸다. 사실 자신이 동생을 죽인 거나 마찬가지이기도 했다. 울고 또 울었다.

동생의 죽음이 준 충격과 허탈감은 쉽게 가라앉지 않았다. 죽어간 동료들과 동생에 대한 그리움과 죄책감은 쉽게 가시지 않았다. 전투 중 10여 명의 분대원이 죽고 혼자 살아남아도 평생을 아픈 기억에서 벗어나지 못하는 법인데, 120명의 남부블록 동지들을 다 잃고 홀로 살아남은 그의 정신적 고통은 어땠을까? 배철을 비롯한 생존 대원들이 무사히 38선을 넘어 월북했다는 사실은 나중에서야 알았다. 이선장, 최운봉에 이어 경북 도당위원장의 세 번째 월북이었다.

이일재는 잠을 잘 수가 없었다는 간단한 대답으로 동생의 죽음에 대한 심정을 표현했다. 사랑하는 사람들에 둘러싸인 집에 돌아왔건만 그는 좀처럼 깊은 잠을 잘 수가 없었다. 매일 밤잠을 설치는 데도 낮에 잠이 오질 않았다. 배철을 비롯해 살아남은 대원들이 무사히 월북했다는 사실도 몰랐다.

밤마다 잠을 못 이루고 마당을 서성이며 고통을 삭이고 있던 어느 일요일 아침, 38선이 터졌다는 방송이 계속되었다. 인민군이 38선 전역에서 탱크를 몰고 내려오고 있다는 소식이었다. 전면전이 시작된 것이다.
1950년 6월 25일이었다.

11. 방황

산중에서 죽어가던 빨치산들이 그토록 고대하던 전면 남침이었다. 얼마나 많은 대원들이 북한의 지원을 갈구하며 죽어갔는지 몰랐다. 월북한 조선공산당 지도부가 그토록 앞당기려 애쓰던 전면전이기도 했다. 그러나 너무 늦은 지원이었다. 남한 땅에는 인민군을 맞이할 빨치산이 거의 생존해 있지 않았다.

강동정치학원에서 수차례나 남파한 유격대까지 치면 수천 명에 이르던 빨치산의 대부분은 이미 전사했다. 지리산의 이현상 부대 생존자가 70여 명, 팔공산의 경북 도당이 수십 명, 신불산의 경남 도당 역시 수십 명에 불과했다는 증언들에 따르면 남부 전역에 흩어진 이들을 다 합친다 해도 수백 명에 지나지 않았으리라 추측된다.

박헌영은 전면적 공격을 개시하면 20만에 이르는 남한의 좌익들이 동조해 폭동을 일으켜 남한 정부를 전복시키리라 공언했다. 김일성은 나중에 노동당 회의에서 자신이 박헌영의 말을 믿고 인민군을 남진시켰으나 인민봉기가 일어나지 않아 전쟁에서 밀렸노라고 공식적으로 불평을 털어놓음으로써 한국전쟁이 남침으로 시작되었음을 스스로 증언했다.

도시에서의 봉기가 일어나지 않은 결정적인 사유는 대부분의 좌익이 전쟁 초기에 죽었기 때문이었다. 남한의 좌익들은 대부분 형무소에 수감되어있거나 강제로 전향당해 국민보도연맹에 가입해 있다가 전쟁이 터지자마자 집단 학살되었다. 흔히 이때 살해당한 좌익이 20만에 이른다고 말하는데 현재까지 확인된 명단은 5만 명으로 알려졌다. 개전 초기 38선을 넘어온 인민군이 9만 명이었던 데 비하면 5만 명도 엄청난 숫자였다.

설사 좌익 수형자나 보도연맹원들이 학살되지 않았더라도, 구남로당의 조직망은 거의 다 파괴되어 있었다. 조직도 무기도 없는 좌익들이 개별적으로 봉기해 남한 정부를 전복한다는 것은 평양 사령부의 탁상에서 이뤄진 숫자 놀이에 불과했다.

이일재는 한국 역사상 미증유의 동족 학살이 될 보도연맹 학살에서도 살아남은 운 좋은 경우였다.

대구 형무소에 수감되어 있던 좌익수와 보도연맹원 수천 명은 경산의 코발트 광산으로 끌려가 학살당했다. 채굴이 중단되어 있던 갱도는 수직갱, 수평갱 할 것 없이 머리에 총알을 맞거나 생매장된 수천 명의 시신으로 메워졌다.

형무소에 수감되거나 보도연맹이 아니더라도 좌익 활동을 했던 이들은 무자비한 살육의 희생자가 되었다. 해방 직후 이일재와 야체이카를 함께했던 이병기 같은 사람도 그중 하나였다. 이병기는 초창기 공산당 활동에는 가담했으나 단독정부 수립 후에는 특별한 활동을 하지 않았음에도 코발트 광산에 끌려가 죽었다. 이강학이 사찰계에 넣어 보호해주지 않았다면 이일재 역시 광산 갱도에 생매장되었을 것이다.

전쟁은 3년이나 계속되어 수백만 명의 사상자를 냈다. 3·1운동 때 죽은 7,000명을 포함하더라도, 식민지 35년간 국내에서 일제에 저항하다 죽은 조선인은 1만 명이 되지 않을 것이었다. 해방 직후 조선인들이 때려죽인 일본인 경찰도 100명이 넘지 않았다. 그런데 해방된 자기 나라에서 동족끼리 최소 100만 명 이상을 살해하는 참극이 벌어진 것이다.

원인과 과정이야 어찌 되었든 6월 25일부터 시작된 전면전은 명백히 북한의 전면 공격으로 시작되었고 이는 남쪽 사람들의 가슴에 회복하기 어려운 반공 정서를 만들었다. 4,000년 역사상 처음으로 공산주의자들에 의해 제기되었던 인간 평등의 구체적인 요구 조항들이 남한 헌법과 법률에 놀라울 만큼 반영되었지만 공로는 모두 자유주의자들에게 돌아가고, 공산주의자들은 이념의 광기에 사로잡힌 살인마들처럼 취급되는 시대가 왔다.

20세기를 휩쓴 붉은 물결에 잠시 몸을 담갔다는 사실만 드러나도 언제 어디서 맞아 죽을지 알 수 없는 이 끔찍한 전쟁 기간 동안, 이일재는 술로 나날을 보냈다. 전향한 포로로서 대구 경찰서 사찰계원 명단에 올라가 있었으나 정복을 입거나 월급을 받는 것도 아니고 총도 계급장도 없는 형식적 직책이었다.

사찰계원은 좌익을 감시하는 일을 했지만, 한편으로는 자신들이 감시를 받는 처지였다. 포로에게 전향했다는 표찰을 붙여줌으로써 과거의 동료들로부터 분리시키는 효과도 컸을 것이다. 산중에서 싸워보지도 않고 도시에서 숨죽이며 살던 이들에게 배신자라고 경원당하는 비참한 시간이었다.

사찰계원 중에는 진심으로 공산주의에 회의를 품고 사상전향한 이들도 없지 않았다. 이일재 밑에서 활동했던 김 모나 남 모 같은 사람들이었다. 그들은 스스로 하산해 경찰에 들어간 사람들로, 진짜 경찰처럼 정보를 수집하러 다녔다. 그렇다고 해서 옛 동료들을 잡아 죽이는 일에 열성이라고 할 순 없었다. 죽이려는 게 아니라 하나라도 더 살리겠다는 게 그들의 진심이었다. '공산주의'는 싫지만 '공산주의자'에게는 애정을 가진, 특이한 심리였다.

이일재는 서류상으로는 굴복했지만 심정은 변치 않은 축이었다. 오직 살아남기 위해 입을 다물고 있을 뿐이었다. 그 굴욕감과 수치감은 폭음으로 잊었다. 대구 향촌동에서 거의 매일 술에 만취해 시비가 붙는 대로 싸움질을 했고 정신을 잃은 채 거리를 헤매고 다녔다. 이일재뿐 아니라 살아남은 빨치산 대다수가 같은 심정이었을 것이다.

김 모와 남 모는 충성을 다하는 만큼 사찰계에서 인정을 받고 있었다. 그들은 빨치산 선배였던 이일재의 심정을 이해했다. 이일재가 술에 취해 경찰서의 호출에 응하지 않거나 수배자 누구를 찾아내라 해도 못 들은 척 버티고 있어도 뒤에서 잘 이야기해 수습해주곤 했다.

무엇보다도 이강학의 보호가 결정적이었다. 이일재를 경찰서로 불러도 보고 찾아가 일을 시켜봐도 짜장면이나 얻어먹을까, 일체 협조를 하지 않자 참다 못한 형사들이 이강학에게 보고하면 "그냥 내버려두라."고 막아주었다.

덕분에 이일재는 형식적으로만 등록되었을 뿐, 양심에 찔릴 만한 일은 하지 않고 버틸 수가 있었다. 이때의 심정에 대해 이일재는 술회한다.

"전쟁 때는 그저 정세만 보았습니다. 전황만 보고 있었지요. 인민군이 어디까지 왔는가 정보를 얻어서 인민군 지역으로 탈출하려고 시도도 해봤지만 실패했지요."

더 이상 깊은 이야기를 하지 않았기 때문에 구체적으로 그가 어떻게 탈출을 시도했고 또 실패했는가는 알 수 없다. 인민군은 낙동강 전선까지 와서 2개월 정도 도하를 시도하다 9월 하순 인천상륙작전으로 후방이 뚫리면서 산악을 타고 북으로 후퇴해버렸다. 이일재가 인민군으로의 합류를 생각했다고 해도 모든 화력이 집중되어 있는 낙동강을 건너가지는 못했을 것이다.

전쟁이 끝난 1953년 여름, 이일재는 이강학에게 사정해서 사찰계를 그만둘 수 있었다. 전쟁이 끝났으니 빨치산 출신들을 경찰 근처에 놔둘 이유도 없었을 것이다. 좌익의 뿌리까지 뽑혀버린 참혹한 전쟁기를 무사히 넘기고 살아난 것이다.

언제나 시작은 공장이었다. 방황이 끝나고 자유의 몸이 된 그는 곧장 공장으로 향했다. 이강학이 자기가 사장인 버스회사의 상무로 취직시켜주고 페니실린 장사도 해보았으나 며칠 만에 때려치웠다.

처음 들어간 직장은 전매청 연초공장이었다. 10월항쟁 때 소총을 메고 와서 연설했던, 바로 그곳이었다. 해방 전에도 그랬지만 피난민이 몰려들어 더욱 취직하기 어려운 곳이었다. 임금이 싸고 필요 인원도 많은 여성들은 쉽게 취업이 되었으나 남자들은 들어가기가 여간 까다롭지 않았다. 국회의원이니 장관 소개로 들어온 사람도 있고 인사 담당에게 뇌물을 주고 들어온 이도 많았다. 이번에도 이강학이 취직을 시켜주었다.

담배공장은 일제 때부터 전매산업으로, 엄청난 돈을 벌어들이는 데다 일본식 노무 관리가 남아 있어 처우가 괜찮았다. 1,200명 중 여성이 900명이었는데 의사 1명이 상주하는 의무실도 있고 운동 시설도 갖추고 있었다.

갓난아이를 둔 기혼 여성이 많았는데 이들을 위한 수유실과 수유 시간도 두었다. 오전, 오후의 수유 시간이 되면 집에서 갓난아이를 돌보는 할머니나 누나들이 아이를 데리고 공장에 왔고 아기 엄마들은 작업을 중단하고 수유실에 가서 젖을 주었다.

야근 때는 화장실에서 잠깐씩 눈을 붙이는 여유도 있었는데 무엇보다도 밥을 주는 게 큰 특혜였다. 대규모 방직공장이나 밥을 줄까, 노동자든 사무직이든 누구나 도시락을 싸가지고 다니던 시절에 공짜 밥을 먹을 수 있는 건 큰 혜택이었다.

월급은 너무 적었다. 한 주는 주간 12시간, 다음 주는 야간 12시간씩 교대로 일하는데 임금은 쌀 한 말 값도 안 되는 7,000원에 불과했다. 그 돈으로는 살기 어려운 노동자들은 너나없이 담배를 훔쳐 내다 팔았다.

담배가 귀하던 시절이었다. 담배가게 앞에는 아침마다 길게 줄을 섰고 시장에서는 농민들이 직접 담뱃잎을 말아 만든 불법 사제담배를 팔았다. 노동자들은 반출하기 어려운 완제품이든 포장지든 담배가루든 어떻게든 훔쳐 나왔다. 여성들은 담배를 길고 둥글게 말아서 치마 가장이에 넣고 나오는데 경비원들이 이를 눈감아주고 절반을 나눠먹었다. 전매청 뒤편은 상설 시장이었는데 밀반출된 담배를 사려는 장사꾼들이 아침저녁으로 대기하고 있어 곳곳에서 은밀히 거래가 이뤄졌다.

담배공장만이 아니었다. 인천의 성냥공장에 다니는 여성들은 성냥을 훔쳐다가 팔고, 신문사에 다니는 노동자들은 신문을 훔쳐다 팔았다. 철도청에 페인트공으로 다니는 이들은 페인트를 작은 병에 담아 도시락에 숨겨 넣어 가지고 나와 팔았다. 방직공장에 다니는 이는 광목 한 조각이라도 배에 감아 가지고 나왔다. 어느 사업장이나 임금이 너무 박하니 도덕적 타락이나 도벽과는 다른 차원에서 스스로 생존을 강구하는 것이었다.

이일재도 거리낌 없이 담배를 훔쳐 팔았다. 본래 겁이 없는 그는 다른 노동자들보다 더 대범하게 훔쳐 팔았다. 훗날 말한다.

"훔쳤지. 나는 아주 오지게 훔쳤지. 그래서 담배 훔쳐서 말이지, 내
동생들 중학교 보냈어요. 하나는 1년밖에 안 다녀서 다 못 대줬지만
하나는 대학교 등록금도 내가 대줬어요. 담배 훔쳐서 말입니다, 대
학 졸업 때까지."

생계를 위해 일을 하면서도 관심은 여전히 과거사에 고정되어 있었다.
그의 주위에는 보도연맹 학살로 죽은 이들의 유가족이 널려 있었다. 이
들과 가족처럼 지내며 위로하는 게 유일한 낙이었다. 단체로 들놀이를
가기도 하고, 직장을 가진 여성들을 위해 아이들을 보살피는 탁아소운동
도 했다.

연초공장 여성 노동자들 중에도 피학살자 유가족이 여럿 있었다. 결혼
한 지 반년도 안 되어 남편을 학살로 잃고 과부가 되어 취직한 최찬 같
은 이는 훗날 대구 지역 통일운동과 여성운동의 중요한 인물이 된다. 경
성 트로이카의 안귀남도 취직해 있었는데 그녀의 남편도 보도연맹 학살
의 희생자였다. 그녀의 남편은 한때 공산주의운동을 했으나 전쟁이 터질
때는 경북 도청의 과장급으로 평범하게 살고 있었는데도 끌려가 죽었다.
대구사범의 현준혁과 함께 대구 지역 항일운동을 이끌었던 이영수의 부
인도 취직해 있었다. 그밖에도 여러 여성들이 남편을 우익의 총탄에 빼
앗기고 자녀들을 먹여 살리기 위해 힘든 일을 하러 들어왔다.

연초공장 내에는 비슷한 처지의 과부들끼리 모임도 만들어졌다. 주로
야간 근무 때 공장 안에서 만났는데 이일재도 몇 번 참석했다.

모임이라야 별다른 것은 없었다. 야식을 먹은 후 담배 쌓아 놓은 창고

에 7, 8명이 모여서 서럽게 우는 게 전부였다. 원래는 이런저런 이야기를 하려고 모여도, 남편이나 학살에 관한 단어만 나오면 하나둘씩 훌쩍이다가 기어이 다 같이 엉엉 통곡을 하는 것이었다.

다들 남편의 억울한 죽음에 분노했지만 어디에도 호소할 곳이 없었다. 누군가가 빨갱이라는 소문이 돌면 그 근처만 가도 함께 돌을 맞는 시절이었다. 같이 울며 한을 달래는 일 말고는 해줄 게 없었다. 정치적 활동은 불가능했다. 공식적으로 피학살자 유가족 모임이 만들어진 것은 7년이 지나 4·19혁명이 성공한 후였다.

좌익이 제거된 남한의 합법적 노동조합운동은 대통령 이승만의 친위부대 이상도 이하도 아니었다.

대한노총은 애초에 전평을 깨기 위해 만들어진 우익 정치단체였다. 1946년 3월 10일에 결성된 대한노총의 강령은 "노자간의 친선을 기함"을 목표를 정하고 있었다. 우익 정치인 이승만, 김구, 김규식, 안재홍, 조소앙이 고문을 맡았으며 결성 대회 참가자는 모두 우익 청년단원들로, 유일한 노동자는 철도청 용산 공작소의 김 모 한 사람뿐이었다. 창립 직후 열린 메이데이 기념식에서 고문 조소앙은 말했다.

"건국을 위해 8시간 이상 노동을 해야 한다."

또 다른 고문인 엄항섭도 역설했다.

"노동자들이 8시간 노동 대신 하루에 16시간, 필요할 땐 심지어 24시간 노동을 해야 한다."

국가를 위해 노동계급이 희생해야 한다는 파시즘적 지배 이념을 위해 만들어진 대한노총은 미 군정과 우익의 막대한 금권 지원을 받아 전평을 깨는 데 성공한다. 그리고 이승만 장기 독재의 선봉대가 되었다.

대한노총은 이승만이 정치적 고비를 만날 때마다 그를 수호했다. 1954

년에는 이승만으로 하여금 3선 대통령에 출마하도록 간청하는 노동자 시위를 벌였고 1956년에는 이승만이 재출마하지 않으면 총파업을 벌이겠다고 선언하기까지 했다. 메이데이 행사는 이승만의 자유당을 홍보하고 지지하는 정치 집회였다.

대한노총 간부 중 자유당에 비우호적인 이들은 집단 폭행을 당하고 쫓겨났다. 노조 간부들은 취업을 미끼로 뇌물을 받아먹는 거간꾼들이 태반이었다. 이들은 노총의 주도권을 쥐기 위해 서로를 노동 브로커라고 비난하고 전국 대의원 대회 때마다 서로 무자격자들을 참가시켜 분쟁을 일으켰다.

오늘날의 한국노총의 모태가 되는 대한노총에 대해 이일재는 이렇게 평가한다.

"대한노총은 노동자의 단체가 아니라 노동자의 세력을 기반으로 간부들의 이익을 도모하고 정치적 야합을 일삼는 이권 단체에 불과했습니다. 이승만의 자유당 정권은 독재 정치의 세력 기반으로 이를 이용했고, 노총 내부의 분열과 대립은 그들의 통제를 더욱 용이하게 해주었지요."

하지만 대한노총이 아무리 어용이라 해도 노동자들의 조직이었다. 상층 노조가 아무리 타협적이고 어용이라 하더라도 단위 사업장 노동 조건 개선을 위한 개량적 투쟁은 벌어지기 마련이었다. 설사 해당 노조 집행부가 자신의 입지를 공고화하기 위해 형식적으로 시작했다 할지라도 일반 노동자들의 요구는 그것을 뛰어넘기 마련이었다.

대구가 옷감과 의류의 주산지이다보니 싸움도 주로 그쪽에서 터졌다. 1954년 11월, 내외방직 노동자들이 5일간 파업을 벌였다. 노조가 임금 60% 인상을 요구하자 회사 측이 노조위원장을 비롯한 간부들을 해고한 데 맞선 파업이었다. 회사와 경찰의 탄압으로 37명의 노동자가 해고되는

것으로 끝났지만 이 문제는 몇 년 후 다시 쟁의가 일어나게 되는 단초가
된다.

1955년에 일어나 이듬해까지 계속된 대한방직 대구 공장의 쟁의도 전
국에 보도되어 관심을 끌었다. 이 싸움은 이일재로 하여금 다시 노동운
동을 하게 되는 계기도 된다.

과거 조선방직으로 불리던 대한방직에는 어용 노조라고 부를 수조차
없는, 반공청년단 출신들이 집행부를 장악하고 있었다. 노조에는 감찰대
라는 것이 있어서 조금이라도 색다른 사람이나 저항하려는 사람이 나오
면 직접 붙잡아다 두들겨 패고 고문까지 했다. 경찰이 따로 필요가 없을
정도였다. 대한방직 노동자였던 권오봉은 2000년대에 증언한다.

"대한방직 노조는 간판만 노조지 노조가 아닙니다. 이승만이 어용
의 주구 노릇을 했지요. 노조에 감찰대란 게 있습니다. 노조가 노동
자들을 감시하고 수사하는 겁니다. 감찰대란 놈들이 조합원 중에 좌
경이 있는가를 뒷조사 하다가 의심나면 노조 사무실에 끌고 가 폭
행해서 경찰에 넘깁니다. 어용 노조도 아니지요. 그냥 깡패들이었습
니다."

여기에 1955년 5월 새로 공장을 인수한 사장 설경동이 경영 합리화라
는 이유로 2,600여 노동자를 해고시키면서 1인당 한 달 치 임금을 퇴직
금이라고 지불했다. 설경동은 자유당 재정부장 출신으로, 이승만의 총애
를 받는 인물이었다. 해고 노동자들이 복직을 요구하며 회사 정문 앞에
서 항의 시위를 벌이자 설경동은 절반은 다시 고용하겠다고 약속했으나
5개월이 지나도록 아무 조치도 취하지 않았다. 이에 생활고를 못 이긴

노동자가 자살을 시도하는 지경에 이르렀고 시위는 계속되었다.

복직 투쟁이 계속되자 회사는 600명을 재고용했으나 이들에게 고의적으로 인권 모독을 가해 괴롭혀댔다. 또한 노동자들이 임시 대의원 대회를 열어 어용 집행부를 몰아내고 새 집행부를 선출하자 신임 노조 간부들을 무더기로 해고시키고 무장 경관을 동원해 노조 사무실을 폐쇄시키는 한편, 폭력배들을 끌어들여 무자비한 폭력을 휘둘러 여성 조합원들까지 부상을 입힌다.

사태가 이 지경에 이르자 대한노총 본조도 관여하지 않을 수 없었다. 대한노총은 대한방직의 탄압에 맞서 전국적 총파업까지 불사하겠다고 선언했다. 국회에서도 진상조사단을 파견해 노동자들의 요구가 정당하다고 확인했다. 국회의 압력으로 1957년에는 보사부 장관이 사장 설경동을 노동조합법 및 쟁의조정법 위반으로 고발하였고 해고된 노동자 105명이 소송을 제기했다. 하지만 자유당 정권 아래서 노동자 권익을 찾기란 불가능했다. 국회와 정부까지 동원된 조치들은 아무런 성과를 거두지 못한 채 1960년 4·19혁명 이후로 넘어가게 된다.

이일재는 대한방직 쟁의가 시작된 1955년, 전매청을 퇴직한 상태였다. 고문과 총상으로 인한 후유증으로 주야 2교대 12시간 노동을 견디기 힘들었던 탓이었다. 노동운동에 대한 관심을 잃지 않고 있던 그는 대한방직 쟁의를 계기로 다시 하나둘씩 노동운동가들을 사귀어나갔다. 33살 때였다.

이 무렵 대구에는 대한노총 대구 지부 조직부장 김말용, 대구여고 미술교사 김장훈, 대한방직의 새 노조 조직부장 권오봉, 작곡가 김진균 외에 신광현, 심화영 등 10여 명의 젊은이들이 진보운동에 관심을 갖고 친목계 형식으로 모이고 있었다. 김말용은 대한노총 간부이기는 해도 양심적이고 투쟁적인 젊은이였다. 대중 활동과 대중 조직에 수완이 있어 자연히 친목계의 중심이 되었다. 이일재도 이 계 모임에 들어가게 되었다.

이일재는 특히 권오봉과 친해졌다. 권오봉은 이일재보다 2살 어린 1925년생으로, 청구대학 야간부에 다니고 있었다. 대학생이란 이유로 7인 교섭위원에 뽑히고 새 노조의 조직부장까지 되었던 그는 해고가 되면서 본격적으로 노동운동을 시작했다. 두 사람은 계 모임에서 처음으로 만났는데, 「영남일보」 사진부장인 김광식이 이일재를 그에게 소개하면서 말한다.

"이일재 저 사람이 해방 직후 대구를 들었다 났다 한 사람이다. 대단한 인물이니 앞으로 함께해라."

권오봉은 이일재와 대화를 해보니 노동조건에 분개해 자생적으로 노동운동에 나선 자신과는 확실히 다른 사람이라는 느낌을 받았다. 이론적으로나 사상적으로나 투지로 보나 넘을 수 없는 권위를 가진 사람이라는 느낌이었다. 그는 훗날 구술한다.

"알고보니 일을 참 많이 한 사람이라. 해방 직후 똑똑한 사람은 다 좌익들이라. 해방 전에 사회주의를 했던 사람들 참으로 양심적이고 지식인이라. 이일재도 외삼촌이 무정부주의자라 영향을 받은 것 같아. 이일재 머리가 매우 좋아. 천재야 천재. 기억력이 좋고. 정식 학력은 국졸인데도 엄청난 서적을 탐독했더라고. 세계관이나 지식이나 우리네하곤 거리가 멀어. 우리보다 한참 위에 있는 사람이라. 그래서 나는 이일재를 말할 때 내하고 친구이지만 동시에 스승이라고 말한다. 내 인생의 세계관을 가르쳐준 사람이 이일재라. 해서 그렇게 친하고 나이 차이도 없지만 내가 깍듯이 형님 대접을 했다. 형님

되기에 충분한 사람이었으니까."

군이 학력으로 따지자면 권오봉은 대학 출신으로 보통학교 졸업생인 이일재보다 한참 높았다. 하지만 평생 이일재를 친구이자 스승처럼 의지하며 살게 된다.

친목계원 중에는 예술가들이 여럿이었다. 이일재와 해성보통학교 동창인 김진균은 작곡과 노래에 능숙했다. 이일재는 그에게 가곡의 창법을 배웠다. 커다란 체격에 아랫배에서부터 올라오는 힘으로 부르는 노래는 절창이었다. 그가 노래를 부르면 떠들썩한 술자리도 일시에 조용해졌다. 감동의 박수와 재창 요청으로 노래를 한 곡만 부른 적이 없을 정도였다.

뜻 맞는 사람들과 교류하면서 노동운동에 다시 개입하게 된 이 무렵, 여자도 만났다. 이승만 독재가 막바지에 이른 1957년, 상대는 대구 굴지의 술도가인 신한양조장집 셋째 딸 마정옥이었다.

대구시 중구 공평동 2번지에 있던 신한양조장은 1,000평 정도의 넓은 부지에 술 창고까지 갖춘 큰 양조장이었다. 경상북도에서 유일하게 청주를 제조하는 곳으로도 유명했다. 신한양조장 사장 마봉락은 인덕 높고 인심이 좋아서 길 건너편에 있는 대구여고 선생들을 비롯해 여러 관리들을 불러 대접하곤 하는 지역 유지이기도 했다.

전쟁이 터진 직후인 1950년 7월 초, 서울을 인민군에게 빼앗기고 다급히 피난 내려온 이승만 정부는 대구의 주요 건물을 접수해 청사로 이용했는데 대구여고에는 육군 본부가, 신한양조장에는 치안국이 주둔했다.

치안국의 임무는 좌익 동조자들을 색출해 처단하는 일이었다. 매일 수십 명씩 좌익 혐의자들을 잡아와 술 창고에 가둬놓고 혹독한 고문을 가한 뒤 다시 어디론가 끌어갔다.

신한양조장 셋째 딸 마정옥은 이때 대구여중 6학년이었다. 중고등과정을 합쳐 6년제 중학교로 운영하던 시절이니 오늘의 고등학교 3학년인 셈이었다. 인정이 많으면서도 대찬 성격으로, 치안대원들이 연행자를 물고문하기 위해 고춧가루를 달라고 하면 있으면서도 없다고 안 내주는 야무진 소녀였다.

어느 날, 양조장에 끌려와 마당의 긴 나무 의자에 앉아 있던 좌익 혐의자를 보던 마정옥은 깜짝 놀랐다. 자기 학교 김영기 교장이 묶인 채 앉아 있는데 수사관들이 뺨을 때리며 욕설을 퍼붓는 것이었다.

김영기는 일제 때 대구사범학교에서 조선 역사를 가르치며 반일 발언으로 여러 번 잡혀 다니던 인물이었다. 1930년대 초 만주에서 일어난 만보산 사건을 해설하면서 한국인과 중국인을 갈라놓기 위한 일제의 간악한 농간이라고 해설했다가 끌려가기도 하고, 이광수의 민족개량주의와 자치론을 냉정하게 비판하기도 하여 널리 존경받던 민족주의자였다. 해방 후 대구여고 교장이 되자 신한양조장 마붕락 사장이 여러 번 초대해서 음식을 대접하면서 딸 마정옥도 잘 아는 어른이었다.

김영기가 잡혀온 이유는 남동생이 좌익운동가였기 때문이었다. 남동생을 잡으려고 김영기 집을 수색하는 과정에서 사람 대신 좌익 서적들이 쏟아져 나오자 끌고 온 것이었다.

"우리 교장선생님을 왜 때려요? 때리지 말아요!"

당찬 마정옥은 수사관들을 가로막으며 김영기를 보호하고는 아버지에게 달려가 그를 살려달라고 애원했다. 좌익은 물론 아무 죄 없던 그 형제들까지 수만 명을 무차별 학살하고 있던 전쟁 초기의 살벌한 상황에서 특정인의 구명을 요청하는 것만도 매우 위험한 일이지만 마붕락은 딸의 간절한 호소를 외면할 수 없었다. 위험을 무릅쓰고 치안국 간부들에 부탁하니 그들도 지역 유지이자 집주인인 그의 체면을 봐서 김영기를 풀어 주었다. 김영기는 마정옥에게 생명의 빚을 진 것이다. 언젠가는 갚게 될 빚이었다.

김영기를 구해준 일이 있었다지만 사회운동과는 무관하게 그림 공부를 하며 성장한 마정옥을 이일재에게 소개한 이는 대구여중 미술교사 김장훈이었다. 마정옥이 대구여중에 다닐 때 미술을 가르쳤던 그는 이일재가 전쟁의 상흔을 벗어나지 못하고 술로 세월을 보내지만 뛰어난 두뇌와 문화예술에 대한 풍부한 지식을 갖고 있음을 알고 소개를 해준 것이다.

해성보통학교 시절부터 세계문학전집과 세계사상전집을 탐독하고 이강복 삼촌을 통해 영화와 연극에 대해서도 잘 알았던 이일재는 그녀의 마음을 어렵지 않게 사로잡았다. 은사인 김장훈의 보증이나, 근동에 유명했던 이일재 집안에 대한 믿음도 작용했을 것이었다. 나이 차이도 상당했던 두 사람은 만난 지 얼마 안 되어 결혼에 이르렀다. 1958년이었다.

결혼식은 서봉사에서 치르고 피로연은 대구 시내의 큰 중국집이던 기린원에서 열었다. 이일재는 자신의 잔치에서도 마음껏 노래 솜씨를 자랑했다. 그의 애창곡은 「뱃노래」였다. 한강 나루터에 뱃사공이 삯을 받는데 옛날 동전부터 오늘의 돈까지 계속 바뀐다는 가사로, 이일재는 술이 얼근해지면 꼭 이 노래로 흥을 돋우었다. 나중에 감옥에서도 달밤에 이일재가 「뱃노래」를 부르면 주변 감방이 다 조용해져 가만히 들었고 눈물을 흘리는 이도 많았다. 피로연에서도 친구들은 이일재에게 「뱃노래」를 불러달라고 요청했고, 연거푸 재창을 외쳤다.

양가의 승낙으로 결혼식까지 했으나 혼인 신고는 하지 않았다. 혁명의 길을 포기하지 않았으니 언제 또 다시 감방에 갈지 알 수 없다는 강박관념 때문이었다. 나이 어린 아내나 장차 태어날 아이가 자신의 좌익 전과로 인해 연좌제 피해를 보게 하고 싶지 않았다.

이 문제는 아버지 이강인이 더 신경을 썼다. 1960년 며느리가 아들을 낳았을 때 전주 이씨에 돌림자인 '廷'을 써서 이정수(李廷秀)로 이름을 지었으나 출생신고도 하지 않았다. 8살이 되어 초등학교에 들어갈 때 어쩔 수 없이 신고를 했으나 이일재가 감옥에 있을 때라서 연좌제를 의식해서 '正'을 써서 이정건(李正建)으로 이름을 바꾸어 자기 아들인 것처럼 거짓으로 신고를 했다. 이일재가 석방된 후에야 친자확인 소송 절차를 밟아 1990년 아들 이정건으로 정식 신고를 한다.

가장이 되었으니 생활비를 벌어야 했다. 친목계원인 신광현이 대구역 앞 교동시장에 차린 비닐가게에서 총무를 보게 되었다. 이 시절의 비닐은 새로 발명된 첨단 상품으로 각광을 받고 있었다. 비닐장판, 포장재 등 다양한 신상품들이 나오면서 장래가 밝은 사업이었다. 사업 수완이 부족한 신광현이 대인 관계가 넓고 언변이 좋은 이일재를 총무로 끌어들인 것이었다.

어떤 일이든 창의적이고 열정적인 이일재였다. 열심히 일한 덕분에 비닐가게는 2년 만에 안정된 궤도에 올랐다. 그런데 돈이 벌리면 분란이 생기는 것이 자본주의의 법칙이었다. 신광현이 욕심을 내어 자기 혼자 운영하겠다고 나섰다. 고생만 해놓고 고스란히 물러나고 말았다. 불행히도 비닐가게는 이일재가 나온 지 얼마 후 교동시장에 대화재가 발생하면서 불에 타 망해버린다.

비닐가게를 정리하면서 본격적으로 노동운동을 할 수 있게 되었다. 김말용을 중심으로 대한노총의 어용성을 극복한 새로운 전국적인 조직을 건설하자는 논의가 시작되었다. 그 기반은 대한방직 노동자들이었다. 비록 싸움 자체는 패배했지만 수년간의 간고한 투쟁을 통해 다져진 전투적 노동자들이 있었다.

이들은 대한방직 싸움에서 어용적인 태도를 취한 대한노총 경북 지구 연맹에 반발해 새로이 대한노총 대구 지구 연맹을 결성했다. 나아가 이승만의 16년 독재가 막바지에 이르던 1959년 11월에는 대한노총을 거부하고 새로운 전국 조직인 '전국노동조합협의회(전국노협)'를 조직하기에 이르렀다.

전국노협의 결성식은 서울 태화관에서 열었다. 전국노협의 규모는 대한노총에 비하면 미미했다. 대구의 20개 단위 노조와 인천의 6, 7개가 모였을 뿐이었다. 전국 조직이라지만 사실상 대구 지역 조직이라는 게 옳았다. 자유당 말기의 극성스런 탄압 아래 실질적인 활동도 거의 할 수 없었다. 과거 전평의 위용이나 투쟁 성과는 비교를 할 수 없었다. 그러나 어용 노총에 맞선 자발적이고 민주적인 최초의 독립 노총이라는 점에서 역사적인 의미를 가졌다.

이일재는 전국노협 대구시 연맹 조사통계부장을 맡아 사무실에 출근하게 되었다. 본인이 대구시 연맹을 탄생시킨 주역의 하나였으나 산하 노조의 공식적인 간부가 아니다보니 위원장 같은 대외적인 직책 대신 실무직을 맡게 된 것이다. 전평 산하 화학노련 실무자로 일했던 이후 14년 만에 다시 나가보는 노조 사무실이었다.

막상 전평 사무실에 나갈 때만큼 만족스럽지는 않았다. 노동자의 권익투쟁을 넘어 사회주의혁명을 지향하는 계급투쟁의 선봉대가 되기를 바라는 마음을 채우기에 합법적 노동조합이라는 틀은 너무 제한이 많았다.

생각해낸 것은 소모임을 통해 사회주의 인식을 교양하자는 것이었다. 마르크스나 레닌은 물론, 일본 좌파들의 저서들조차 구할 수도 없고 읽을 분위기도 아니었다. 일제 강점기 때 운동가들이 잡지나 신문을 매개로 사회주의적 시각을 갖도록 했다는 기억이 났다.

북한에 대한 정보는 북한 자체가 개방되어 있지 않아 알기 어렵고 세계의 사회주의 흐름에 대해서도 국내 언론은 거의 보도하지 않았다. 일본에서 발행되는 진보적 잡지를 구해보는 게 최선이었다. 외국 잡지는 외국에 오가는 선원들을 통해 구해야 했다. 선원들이 개인적으로 읽을 것처럼 사가지고 들어와 암매하는 일본어 책이나 잡지를 전문으로 거래하는 장사꾼도 있었다. 가끔씩 부산에 내려가 사온 잡지를 먼저 읽고 친목계 등 주변 사람들에게 자연스럽게 강의를 했다.

1957년 모스크바에서 열린 세계공산당대회는 이일재의 비상한 관심을 끌었다. 세계 12개 사회주의 국가의 공산당이나 노동당 대표들이 참석한 이 회담은 5개의 평화 원칙을 채택하는데 이는 그때까지 절대시되어온 스탈린주의에 대한 청산의 의미를 가지고 있었다.

인류의 역사가 자유와 평등을 위한 투쟁이었다면, 소련은 평등이 극단적으로 강조된 사회였다. 교육과 의료를 완전 무상으로 공급하는 것은 인류 역사상 기념비적인 사건이었지만 기계적인 평등은 자유를 지나치게 속박했다. 예를 들어 무료 병원에 입원하면 감옥에 들어갈 때와 마찬가지로 모든 사유물을 맡기고 수저와 컵까지 배급을 받는 것까지는 괜찮은데 환자 사이의 부의 차이를 없애기 위해 죽을 때가 아니면 면회도 안 되는 식이었다. 그렇다고 해서 인간 사이의 능력의 차이나 욕망의 차이, 직업에 따른 수입의 차이가 해소되지는 않았고, 생산력의 저하로 인한 국가적 빈곤은 갈수록 심각해졌다. 스탈린은 이를 강압적으로 통제하는 방법을 택함으로써 역사상 가장 철저한 주민 감시 체제와 개인 독재로 치달았다.

평화 5대 원칙은 1953년 스탈린이 죽자 뒤를 이은 흐루시초프가 채택한 신노선으로, 현실 사회주의의 폐해와 실패를 극복하기 위해 공산당 내부에서 나온 대책이라 할 수 있었다. 5대 원칙은 공산당 내부의 민주주의, 자본주의에서 사회주의로의 평화적인 이행 등 스탈린 시대에는 감히 꺼낼 수 없던 다양한 국가 운영 방식을 담고 있었다. 이 일은 「연합통신」 등 남한 언론을 통해서도 널리 알려졌다.

이일재는 흐루시초프의 평화 5대 원칙에 깊이 공감해 권오봉 등 동료들에게 적극적으로 교양했다. 5대 원칙은 명백히 북한 체제에 적용될 내용이기도 했다. 당대 소련과 북한식 공산주의에서 근원적인 문제들을 발견하지 못한다면 대단히 멍청한 사람이요, 오류를 알면서도 추종한다면 우익 파시즘만큼이나 위험하고 무서운 좌익 파시스트일 것이었다. 이일재는 멍청한 사람은 아니었기에 신문 보도만으로도 평화 5원칙에 크게 공감한 것이다.

이일재가 경찰에 의해 '남조선해방전략당'이라 이름 지어진 전국적 전위조직을 만들 때 북한의 지시를 받는 통혁당과 거리를 둔 것도 여기서 기원한다. 그는 2000년대 들어 가진 여러 대담에서 일관되게 말한다.

"나는 그때부터 북한의 노동당에 대해서 비판적이었습니다. 김일성에 대해서 비판적인 입장을 취하고 있었지요. 그 점은 지금도 변함이 없습니다. 존경받아 마땅한 그 수많은 혁명가들을 죽이거나 숙청하고 개인 우상화, 개인 독재로 사회주의의 대의를 망쳐버린 사람들 아닙니까? 스탈린과 김일성은 사회주의를 망친 사람들입니다."

유럽의 다수 사회주의자들은 1930년대 스탈린의 대숙청과 관료주의의 폐해를 직접 목도하면서 반스탈린으로 돌아섰다. 국내에서는 조봉암이

선도적으로 소련을 비판하고 공식적으로 사회민주주의를 천명했다. 그는 한국이 전쟁 중인 1951년 독일 프랑크푸르트에서 행해진 국제사회주의 자동맹의 선언에 동의했고 그에 가담했다.

소련에 대한 비판의 결과가 사민주의든, 더욱 원리 원칙을 강조하는 좌익 공산주의든, 소련과 북한에서 벌어진 기계론적인 속류 유물론이 인간성의 근원을 파괴한다는 지적에서는 일치했다. 이일재는 분명 일찌감치 이를 인식한 사람이었다. 그러나 그가 공개적으로 북한이 관련될 수밖에 없는 이런 발언을 하게 된 것은 매우 오랜 세월이 흘러 21세기에 들어서였다.

이전에는 아주 친근한 사람과의 개인적인 담화가 아닌 이상, 북한에 대한 비판을 자제했다. 아무리 북한이 모순이 많다고 하더라도 남한 자본주의보다는 낫다는 인식과 더불어 1960년대까지는 북한의 경제력이 남한보다 높았고 외형상으로는 사회도 안정되어 있었다는 측면에서도 그랬다. 다른 한편으로는 북한에 대한 배타심이 배철 등 조선공산당 출신들을 죽인 데 대한 감정적 차원으로 비치는 것을 우려했을 것이다.

이일재가 소련과 북한의 근원적인 문제에 대해 보다 체계적으로 이해하고 공개적으로 비판하게 된 것은 1999년 '청년진보당'을 만나고, 또 얼마 후에는 좌익 공산주의를 표방한 연세대 오세철 교수 등과 교류하면서였다.

대신 이전부터도 조봉암에 대한 존경심은 거리낌 없이 표현했다. 평화통일운동을 했다는 명분이었다. 2003년 경북대 학생들과의 대담에서도 이일재는 말한다.

"진보당, 아주 훌륭한 당이에요. 조봉암 선생이 평화통일을 주장했

다는 것은 아주 시의적절했고 용기 있는 결정이 아니냐고 생각합
니다."

어쨌든 이일재가 간접적으로나마 세계 사회주의운동의 정보를 수집하
고 그 흐름에 맞춰 고민하고 이를 동료들에게 교양시키는 사이, 이승만
독재는 점차 누수 현상에 빠지고 있었다.

12. 부르주아민주주의시대

전쟁이 끝나고 7년이 지나 1960년이 되면서, 남한 사회는 다시 들썩이기 시작했다. 해방 직후의 좌우 대립과 전쟁을 자신의 권력욕에만 이용했던, 반공을 도구로 삼아 죽을 때까지 대통령 권좌에서 물러나지 않으려던 늙은 독재자 이승만에 대한 불만은 광범위하게 퍼져나갔다. 그러나 이승만의 정적들은 모두 죽어갔다.

1956년 제3대 대통령 선거에서 민주당 후보 신익희에 대한 지지는 이승만을 압도했다. 자유당 이승만, 민주당 신익희, 진보당 조봉암의 삼파전이었는데 단연 신익희의 우세였다. 당시 상황을 이일재는 이렇게 증언한다.

"오늘날에는 이회창이 옳다, 노무현이 옳다 논쟁을 하잖습니까? 그
때는 논쟁이 필요 없어요. 어디를 가도 신익희가 대통령이 되어야
한다는 겁니다. 전 국민이 그랬습니다. 이승만이는 물러가고 신익희

가 대통령이 되어야 한다고 그랬습니다. 대놓고 이승만을 욕하면 정치 깡패나 경찰이 잡아다 두들겨 패니까 술집에서 넌지시 맹자의 고사성어를 나누며 손을 잡고 눈물을 흘리고 그랬습니다."

신익희가 급사한 것은 선거 직전이었다. 비통한 분위기에 치러진 선거에서 진보당 후보 조봉암은 216만 표를 얻어 이승만을 놀라게 했다. 경찰력과 정치 깡패가 총동원된 부정 투개표가 아니면 이승만을 이겼을지도 모른다는 점에서 더욱 충격이었다. 이에 이승만은 조봉암을 북한의 간첩으로 몰아 1959년을 못 넘기고 사형시켰다. 1960년의 제4대 대통령 선거에서도 유력한 야당 후보로 나선 조병옥이 선거 직전 돌연사한다.

3명의 유력한 정적이 모두 죽어버린, 이승만의 이 괴상한 행운을 지켜준 것은 경찰과 정치 깡패들, 그리고 권력의 시종 역할을 한 사법부였다. 일제 경찰과 일본 육사 출신들로 이뤄진 대한민국의 상부 지배층은 이승만 정권을 수호하는 데 사활을 걸고 있었다.

대표적인 인물이 다름 아닌 이강학이었다. 빨치산 토벌에 공을 세운 그는 30대 젊은 나이로 이승만에게 특채되어 치안국장이라는 막강한 자리에 오른다. 내무부 장관 바로 밑에서 전국의 경찰을 지휘하게 된 그는 이승만과 자신의 권력 보존을 위해 잇단 부정 선거를 총지휘했다. 그의 비호 아래 일선 경찰은 법률의 구애를 받지 않고 마음대로 정권 유지를 위한 행위를 했는데 그중에서도 지나치게 잔인하거나 눈에 띄는 일은 정치깡패들에게 맡겼다.

제4대 대통령 선거에서의 관권, 부정 선거는 대구도 극심했다. 1960년 2월 28일은 일요일이었으나 대구 시내 중고등학생들은 교복을 입고 등교해야 했다. 이날 수성천변에서 열릴 민주당 대통령 후보 장면의 유세에 참석하지 못하게 하기 위한 조치였다. 투표권도 없는 학생들의 유세 참관까지 막는 아부의 극치였다.

일단 등교는 했으나 불만으로 웅성거리던 학생들은 거리로 쏟아져 나왔다. 교모를 쓰거나 옆구리에 낀 학생들은 시내 중심가를 가득 메우고 행진하며 부정 선거를 규탄했다. 이일재는 이 장면을 보지 못했으나, 전국에서 최초로 일어난 반독재 시위로, 4·19혁명의 서곡이었다.

이승만 정권은 그러나 전혀 개의치 않고 부정 선거를 감행했다. 사전 투표 40% 완료, 3인조에 의한 반공개 투표, 투표함 바꿔치기, 정치깡패를 동원해 유권자를 위협하고 투표장과 개표장에서 야당 참관인을 내쫓아버리는 등 야비한 수단은 극에 달했다.

선거 결과는 이승만의 압승이었다. 학생 시위가 전국으로 번져나가는 것은 불가피했다. 마산 앞바다에서 중학생 김주열이 눈에 최루탄이 박힌 시체로 떠오르면서 급속히 확대된 학생 시위는 대통령 관저 경무대를 위협하는 수준에 이르렀다. 내무부장관 최인규와 치안국장 이강학은 시위대에 발포령을 내려 200명 가까이 학살하며 버텼으나 군대가 중립을 지키면서 이승만은 늙은 야욕을 포기했다.

이승만은 4월 26일 대통령직을 사임하고 미국으로 도피했다. 미국식 민주주의를 도입한 장본인이었으나 그 자신은 전근대적 봉건 독재자로 군림하려 한 이승만을 내쫓아버린 4·19는 전형적인 부르주아민주주의 혁명이라 할 수 있었다.

사회주의자들이 부르주아민주주의를 중시하는 이유는 그것을 통해 넓혀진 자유의 영역을 활용해 계급투쟁을 성장시킬 수 있기 때문이다. 훗날 1980년 민주화의 봄과 1987년 6월항쟁이 그것을 입증했다면, 1960년에도 그랬다.

해방이 되어 자유를 찾았을 때 제일 먼저 조직된 것이 전평이었던 것처럼, 독재가 무너진 자유의 공간에 제일 먼저 뛰어 일어난 것은 노동자였다. 그중에서도 노동쟁의가 가장 활발했던 곳은 대구였다. 대규모 중화학단지나 수출산업공단들이 세워지기 전, 변변한 공장이 거의 없던 시절의 이야기였다.

대구시에도 투쟁의 중심이 된 공장은 벌써 4년 전부터 분규가 계속되어온 대한방직이었다. 대한방직 해고자들을 이끌어온 권오봉은 학생 시위가 가라앉고 며칠 지나지 않은 4월 28일, 해고 문제를 관할하고 있던 대구 북부경찰서에 찾아갔다. 경찰서장은 마침 권오봉이 다녔던 청구대학교 출신이었다. 권오봉은 강력히 항의했다.

"서장님, 서장님도 학생들의 거룩한 피로 우리가 자유를 되찾은 걸 인정하지요? 그런데 학생들의 피의 대가로 자유를 찾았는데 우리 노동자들의 사정은 변한 게 없단 말입니다. 대한방직에서 노동자 권리를 요구하다 해고된 100명도 넘는 노동자 문제를 어떻게 할까요? 사장이란 사람이 자유당 재정부장이란 권한을 믿고 경찰을 동원해 우리를 이렇게 무참히 짓밟았는데 이제 자유당 정권이 무너졌으니 원상회복을 시켜줘야 하지 않겠습니까?"

계엄령하라 군대가 막강한 권력을 행사할 때였다. 권오봉의 설득에 경찰서장은 계엄 사령부로 전화를 해서 사정을 설명했다. 그러자 이기달이라는 국군 중령이 지프차를 타고 나타났다.

이기달 중령은 권오봉의 요구를 찬찬히 듣더니 즉각 대한방직에 전화를 했고, 군대의 압박을 받은 대한방직은 아무 소리도 못하고 해고자 105명을 그 자리에서 전원 복직시켰다. 4년간의 노력으로 해결 못했던 일이 단 몇 시간 만에 풀려버린 것이다.

대한방직 소문은 금방 퍼졌다. 대한노총에 맞서 만들었으나 유명무실했던 전국노협 대구 사무실은 노동자들로 북적대기 시작했다. 섬유산업이 발달한 대구에서도 굴지의 사업장인 삼호방직, 내외방직 노조들도 대한노총을 떠나 전국노협에 가입했다.

김말용은 전국노협 산하 경북노련 위원장을 맡았고 김갑수가 부위원장, 이동훈이 선전부장을 맡았다. 권오봉은 대구 지구 섬유노련 쟁의부장의 직함으로 활동했다. 대구시 연맹 조사통계부장으로 일해왔던 이일재는 더욱 바빠졌다.

나중에는 보수의 아성이 되지만, 이 시절 대구는 노동운동의 주요 근거지였을 뿐 아니라 사회주의운동의 중심지였다. 대구, 안동은 일제 치하 가장 많은 사회주의 항일운동가를 배출한 지역으로 꼽히며 10월항쟁의 발원지로서 사회주의운동의 뿌리가 깊었다.

훗날 만들어진 민주노총의 모델이라 할 수 있는 전국노협이 사실상 대구에서 시작되었다면, 후일의 전교조라 할 수 있는 교원노조의 발상지도 대구였다.

교원노조는 1960년 4월 29일에 대구 지역의 중고등학교 교사 60여 명이 준비위를 구성함으로써 시작되었다. 교사는 월급 받는 노동자가 아니라 인간을 가르치는 스승이라는 유교적 관념이 지배하고 있던 시절이지만, 조직은 부산과 서울로 빠르게 번졌다.

학생혁명 덕분에 권력을 잡았으나 반공을 토대로 한 자본주의라는 원칙은 자유당과 다를 바 없는 보수 세력인 민주당 정부는 경북 지방 교사 400명을 이동 발령해버렸다. 그러나 대구를 교사들의 호응은 나날이 늘어나서 8월에는 수천 명의 교사들이 대구 달성공원에서 대정부 규탄 대회를 열기도 했다.

전국노협 실무자로서, 이일재는 교원노조에 깊숙이 관여되어 있었다. 대구의 교원노조는 해방 직후 평안북도 초산군 인민위원회 위원장을 하다가 월남해 고등학교 교사로 일하던 김문심, 수학 교수이던 안재구, 고등학교 교사이던 박순직과 김장순, 초등학교 교사이던 신우영 등이 중심이었다. 이일재는 매일이다시피 교원노조 사무실에 들러 이들과 조직 문제를 상의하고 정부의 탄압에 맞선 대책을 논의했다.

교원노조운동에는 대구의 혁신계 인사들이 일제히 지원하러 나섰다. 전국노협이 주도한 교원노조 지원 투쟁위원회는 대구 상공회의소에서 첫 모임을 가졌는데 구성원들이 이색적이었다.

일제 때 흑기회(黑旗會)와 진우연맹(眞友聯盟) 사건의 주동자로 해방 후에는 뒷골목에서 약장사를 하고 있던 방한상, 한때 남로당 경북 도당위원장을 했던 이선장, 복양당 한약방 김관제가 참석했다. 대학교수로는 노동법 학자인 이종화 교수가 나왔고 4·19 이후 상당한 인기를 모으고 있던 사회당에서도 신재영 등 여러 사람이 참석했다. 나중에 인혁당 사건으로 사형당하는 도예종, 송상진 등도 참가했다. 지도위원은 안중근의 사촌인 안경근이 맡았고 안중근의 오촌인 안문식도 위원을 맡았다.

지원투위는 거듭 교원노조 합법화를 요구하는 집회를 열었다. 한번은 수백 명이 한밤중에 횃불을 켜들고 대구역 옆 KG홀에서 시작해 시내를 한 바퀴 도는 횃불 시위도 했다. 그런데 횃불 시위가 재미있어 보였는지 동네 불량배들이 가세해 불을 들고 함부로 동네를 뛰어다니는 바람에 집행부에서 쫓아다니며 불을 끄느라 몹시 애를 먹었다. 나중에 한 군인 출신으로부터 이 횃불 시위가 5·16쿠데타를 앞당기는 역할을 했다는 말을 듣기도 했다. 동학혁명이나 3·1운동, 10월항쟁 때나 나타나던 횃불이 등장하면서 보수 세력을 잔뜩 긴장시켰다는 것이다.

대구만이 아니었다. 노동쟁의는 전국적으로 번져 나갔고 신규 노조들도 집계가 어려울 만큼 빠르게 결성되었다. 신고하지 않고 이뤄진 쟁의까지 합치면 노동쟁의는 예년의 3배 이상 폭증했다. 신규 노조도 일 년 사이에 400개 가까이 늘어났다. 기존의 어용 노조 집행부가 쫓겨나고 새로운 집행부가 구성된 곳도 200군데가 넘었다. 전년도에 28만 명이던 전국의 노동조합원 숫자는 32만 명으로 늘었다.

어용 노조의 본산으로 비판받던 대한노총도 자유당 몰락과 더불어 기세가 꺾였다. 김기옥, 정대천 등 어용의 주범들이 일선에서 물러나는 등 내부 진통을 겪더니 자기들이 먼저 통합하자고 전국노협에 제안을 해왔다. 전국노협 지도부는 통합에 합의하고 9월 중순부터 통합 작업을 시작했다.

양대 노총은 각자 내부의 반발에 부딪혀 우여곡절을 겪으면서도 1960년 11월에 통합에 성공해 명칭을 '한국노련'으로 정했다. 13명의 운영위원으로 구성된 한국노련의 초대 지도부 임시 의장은 김말용이 맡았다.

진보계를 흡수해 명분과 실리를 얻으려고 먼저 통합안을 제시했던 전진한 등 대한노총 지도부는 김말용이 주도권을 쥐자 폭력배까지 동원해 방해 공작을 벌였으나 통합 작업은 계속되었다.

이 시기, 이일재는 한국노련 상층부의 대립과 통합 과정보다는 대구 지역 노동운동가와 현장 노동자들을 사상적으로 교육하고 투쟁을 통해 단련시키는 일에 매진하고 있었다. 대표적인 사업장이 제일모직이었다.

제일모직은 예나 지금이나 국내 최대 재벌인 삼성그룹의 주력 회사로, 사주 이병철이 했다는 "내 눈에 흙이 들어가기 전에는 노조를 용납할 수 없다."는 말은 수많은 자본가들에게 애용되는 관용문구가 되었다.

노동자 수가 3,300명에 이르던 제일모직은 대구에서 제일 대우 좋은 직장이라고 알려졌지만 이는 사무직원들에게 국한된 이야기로, 800여 여성 노동자를 포함한 대다수 현장 노동자들은 보잘것없는 임금과 장시간 노동에 시달리고 있었다.

노동자들 사이에서는 이승만 정권 말기부터 노동조합을 만들려는 분위기가 싹트기도 했으나 대한노총 아래 들어가봐야 무의미하다고 보고 미루던 차에 4·19를 맞자 다시 노조 결성을 시도했다.

5월부터 전국노협 사무실을 찾아오기 시작한 나경일, 김기곤 등 제일모직 노동자들은 이일재와 권오봉의 지도 아래 곧바로 노조 결성 준비에 들어가 6월 중순 노조를 결성하는 데 성공했다. 그러자 삼성은 노조에 가입한 노동자 152명에게 휴직 조치를 내려버리고 반장, 조장으로 이뤄진 어용 노조를 만들어 노동자 내부의 분열 작업에 들어갔다.

탄압에 맞선 여성 노동자 400여 명이 6월 14일을 기해 단식투쟁에 들어가자 삼성은 공장 폐쇄로 맞서면서 기숙사까지 폐쇄해버렸다. 여성 노동자의 대다수가 객지에서 온 이들이라 기숙사가 없어지니 머물 곳이 없어 고향으로 돌아가는 사람이 다수였다. 파업 기금을 모아둔 것도 아니니 속수무책으로 떠나보낼 수밖에 없었다.

공장폐쇄가 한 달째 되던 7월 4일, 열성적인 남녀 노동자 300여 명이 폐쇄된 공장 정문을 뚫고 들어가 본관 사무실을 점거해버렸다. 점거 농성 사흘째, 회사의 고발을 받고 경찰 200여 명이 농성 중인 본관 사무실에 밀려들어와 노동자들을 연행하기 시작했다. 치열한 몸싸움이 벌어졌다. 1시간이 넘는 충돌로 사무실은 여성 노동자들의 울음바다로 변했고 이숙자 등 여러 명이 부상을 입었다.

제일모직에 경찰이 난입했다는 소식이 전국노협 소속 사업장에 전달되자 소속 노동자 1,500여 명이 현장으로 몰려왔다. 완강한 저항에 연행에 애를 먹고 있던 경찰은 대규모 노동자가 몰려오자 진압을 포기하고 말았다. 경찰과 계엄부대는 철수하고 대신 헌병들이 회사 안의 경비를 맡았다.

노조는 평화적으로 싸운다는 원칙을 세우고 경찰과 협상해 농성장을 식당으로 옮겨 장기 농성에 들어갔다. 회사가 식사를 제공하지 않는 가운데 노동자들은 다른 노조에서 지원 보낸 쌀로 밥을 해 먹고 집에서 가져온 반찬으로 버텼다. 삼성은 그러나 완강했다. 여성 노동자들이 기진한 데다 이탈자가 늘어나 더 버틸 수 없던 노동자들은 열흘 만에 해산하고 전국노협 사무실을 본부로 삼아 장기투쟁에 들어갔다.

제일모직의 폐업은 이후 3개월이나 계속되었다. 노동자들은 매일 전국노협 사무실에 모여들었고 이일재는 이들에게 노동법과 노동운동사를 가르쳤다. 이때처럼 신나는 때도 없었다. 메이데이의 유래가 담긴 미국 노동운동사를, 일제시대 노동운동사와 탄압 속에 이뤄졌던 메이데이 행사에 대해 가르쳤다. 그의 논리정연하고 풍부한 지식은 노동자들에게 인기가 좋았다.

합의는 11월이 되어서야 이뤄졌다. 회사에서 만든 어용 노조와 민주 노조를 합쳐 새로운 노조를 만든다는 조건이었다. 이로서 4개월 만에 조업이 개시되었다.

삼성은 그러나 끝까지 노조를 인정하지 않았다. 자기들이 만들었던 어용 노조를 장미회로 이름을 바꿔 막대한 물량 공세로 노동자들을 회유해 나가는 한편, 민주 노조 조합원들에 대해서는 악착 같은 탄압을 가했다. 화장실 가서 조금만 늦게 온다거나 지각을 하거나 하는 사소한 사유만 생기면 바로 해고를 시키는 식이었다.

쟁의 기간 중 일본으로 도피해 있던 이병철도 돌아와서 노조 간부들을 매수하려 들었다. 당시 제일모직 본사는 서울 조선호텔의 2개 층을 빌려 사용하고 있었다. 그때까지는 삼성이 제일제당과 보험회사 등 계열사가 몇 개뿐이던 때라 사실상 삼성그룹의 본사라 할 수 있었다. 나경일 등 노조 간부 5명이 찾아가자 이병철이 직접 대면했는데 처음부터 끝까지 오직 노조를 해산하라는 말뿐이었다.

"노조를 안 만들어도 내가 제일모직을 이 땅에서 제일가는 노동자의 낙원으로 만들어 줄거요. 노조만 만들지 마시오."

"사장님도 대한민국 국민이라면 대한민국 헌법과 법률을 지켜야 할 것 아닙니까? 노동조합을 만들 권리는 헌법과 노동법에 명시되어 있습니다. 그런데 무조건 안 된다니, 사장님은 도대체 어느 나라 사람입니까?"

노조 대표들은 간곡히 호소하기도 하고 따지기도 했으나 소용없었다. 3시간이나 계속된 담판은 어떤 합의도 못 본 채 결렬될 수밖에 없었다. 허탈하게 돌아온 대표단은 조합원 총회를 열어 파업 찬반 의사를 물었고, 다시 파업이 결의되었다.

조업 개시 한 달 만인 12월에 또 다시 파업이 시작되었다. 그러나 이미 조직력은 약화되고 노동자들의 열기는 소진되어 있었다. 파업 농성이 시작되자마자 경찰이 투입되어 닥치는 대로 연행해 가는데 지원투쟁을 오기로 했던 연대 사업장들은 날씨가 너무 추워 인원 동원이 제대로 되지를 않았다.

결국 40명의 핵심 노동자가 해고당한 채 노조는 깨지고 말았다. 노조 결성 반년 만이었다. 비록 패배하기는 했어도 이후 반세기가 지난 지금까지도 노조를 용인하지 않는 삼성그룹에서 6개월이나마 노조를 만들어 치열하게 싸웠다는 데 자족할 수밖에 없었다.

제일모직 사건은 절친한 동지이던 이일재와 김말용을 갈라놓는 계기가 되기도 했다. 1961년 1월, 김말용이 서울에서 일방적으로 이병철을 만나 직권 타결해버렸기 때문이다.

김말용은 파업이 일어났을 때부터 비합법적인 무모한 파업이라고 지적해왔지만 4·19 이후 일어난 파업 중에 합법적 파업이란 거의 없었다. 완벽히 법에 따라 파업을 한다는 것은 사실상 불가능하게 되어 있는 반면, 그 어떤 파업이라도 불법으로 만들 수 있는 법 조항은 곳곳에 암초처럼 박혀 있었다. 판검사가 아니라 경찰 수준으로도 얼마든지 모든 파업을 불법으로 만들 수 있었다.

현장 노동자들은 파업에 반대하는 김말용을 의심했다. 이병철에게 돈을 받아먹은 게 아니냐는 소문이 돌았다. 이일재는 그렇게 생각하지는 않았다. 돈을 받을 사람도 아니고, 설사 받았다 해도 그 돈을 개인적으로 쓸 사람이 아님을 알기 때문이었다. 대한노총과 전국노협이 서울 진명여고에서 통합대회를 할 때나 포항 구룡포에서 부두노조를 결성할 때도 노조 간부들이 돈이 없어서 쫄쫄 굶고 있으면 한밤중에라도 어디서 돈을 구해와 밥을 사 먹이고 여비를 챙겨주는 이가 김말용이었다.

이일재가 실망하고 분노한 이유는 김말용이 비양심적이라서가 아니라, 그가 삼성 문제를 회사와 정치적으로 해결했다는 점이었다. 철저히 노동자의 입장을 견지하여 노동자의 힘으로 타결을 보아야 하는데 상급 노조 대표가 중계자로 나서서 밀실에서 단독으로 협상했다는 자체가 문제라고 보았다. 이 일로 이일재는 한동안 김말용과 멀어졌을 뿐 아니라, 전국노협 자체를 불신하게 되었다.

이일재가 유독 원리주의적이었던 건 아니었다. 김말용 사건은 대구 지역의 다른 여러 공장노조운동가들에게도 충격과 경각심을 주었다. 이들은 전국적 상급 단체가 없는, 대구 지역만의 독자적인 노동조합 연합체를 만들기로 결의했다. 물론 이일재가 그 주동자의 하나였다.

1961년 2월, 대구에는 지금까지 없었고 앞으로도 없을 독특한 지역 노조가 탄생했다. '노동조합 대구시 연맹'이 그것이었다. 제일모직, 동촌비행장, 대구이용사, 대구목공, 내외방직, 조선기업, 남선경금속, 전국 수리조합 연합회 대구 지부, 대구시 청소부, 대한중공업, 달성광산 등 10여 개 노동조합으로 이뤄진 대구시 연맹은 어떤 상급 단체에도 소속되지 않은 독립노조로, 한국 노동운동 사상 유례없는 독특한 조직이었다.

훗날 폴란드의 변혁을 주도했던 바웬사의 자유노조를 연상케 하는 이 대구시 연맹의 위원장은 요식업 노조의 한위술이 맡았다. 사무국장은 내외방직 노조 김정도, 쟁의부장은 권오봉, 선전부장은 수리 조합에서 온 이동훈, 조사통계부장은 이형락이었다. 이일재는 조직부장을 맡았다.

체계상으로 보면 조직부장은 집행 간부의 한 명일뿐이었다. 그러나 다른 간부들은 단위 현장에 적을 두고 있어 각자 자기 사업장에 출근하는 겸직이었다. 대구시 연맹 사무실에 상근하는 사람은 이일재와 권오봉 두 사람뿐으로, 자연히 이일재가 실질적으로 연맹을 이끄는 상황이 되어버렸다.

월급도 없는 자리지만 정신없이 바빴다. 전매청 해고자 복직투쟁, 교원 노조 지원투쟁, 남선경금속 쟁의, 시 청소부 노조 쟁의, 제일모직 쟁의 등 사건은 매일 밀려들어와 집에 들어갈 시간도, 마음 놓고 술 한잔 나눌 여유도 없었다. 첫 아이이자 외동아들이 태어난 것이 하필 격동의 1960년이었다. 월급도 나오지 않는 노조 일을 한다고 거의 집에 들어가지 못한 채 온갖 모임과 투쟁 지원에 바쁜 그에 대한 아내의 불만은 나날이 쌓여갔다.

대구시 연맹이 결성된 후에도 제일모직 싸움은 제일 중요했다. 이일재는 노조가 파괴된 후에도 삼성을 상대로 한 투쟁을 계속 지도했다. 제일모직의 골덴텍스라는 옷감이 피복 시장을 휩쓸 때였다. 남은 방법은 불매운동뿐이라 생각이 들었다. 골덴텍스 불매운동에 들어갔다. 제일모직 해고자들과 사무실에서 함께 기거하다시피 하며 불매운동을 이끌었다.

전단 초안은 글 잘 쓰는 이일재가 주로 썼다. 주된 내용은 이병철이 60억 원을 탈세해 부정 축재를 했으니 제일모직 옷감은 사지 말라는 것이었다. 60억 원이면 오늘날 가치로는 1,000억 원으로 환산될 정도의 거액이었다. 노동자는 각종 근로세를 월급도 받기 전에 미리 떼는데 60억이나 횡령하는 사장이 어디 있느냐고 질타했다. 제일모직 노동자들의 열악한 근로조건에 대해서도 썼다. 심지어는 개가 먹는 밥그릇에다가 식당에서 사람 밥을 담아줬다는 내용도 폭로했다. 개 밥그릇 이야기는 실제로 있었던 일화였다.

인쇄소에서 제작해 온 전단은 대구 시내에 붙이고 다녔다. 버스노조에 이야기를 해서 버스에도 붙였다. 「대한신보」 등 신문에도 보도되었다. 골덴텍스 불매운동은 해방 후 남한에서 일어난 최초의 불매운동으로, 노조 위원장 권태형, 이재오, 조현창, 박노훈 등이 열정적으로 활동했다.

동산병원의 노동조합 결성 사건은 실패한 투쟁으로 기억에 남았다. 대구 동산병원은 원장이 미국 사람인 기독교계 병원이었다. 의사나 간호사들은 참가하지 않고 수십 명의 일반 행정직들이 노조를 만들겠다고 해서 적극적으로 도와주었다. 결성식도 병원이 아닌 전국노협 사무실에서 할 정도로 관계가 돈독했다. 그런데 노동자들이 독실한 기독교 신자들이었다. 애초에 그런 사람만 병원에 뽑은 것이었다. 결성식에서도 노동자들은 하나같이 성경에 손을 얹고 단결을 맹세하는 것이었다. 게다가 병원 담임목사가 나서서 이들을 설득하자 군말 없이 자진 해산하고 말았다. 지나가고보니 우스운 사건이었다.

"아주 황당했습니다. 웃기기도 하고요. 유물론자인 나는 평소에도 종교가 민중의 계급의식을 흐리게 한다고는 생각했지만, 동산병원 사례를 보고 나니 정말로 징그럽습디다. 종교가 왜 자본가들을 위해 존재하는가를 알 수 있었습니다."

같은 기독교라도 노동조합을 권유하는 종파도 있었다. 이승만 정권 말기부터 대구에 도시산업선교회라는 단체가 들어와 노동조합 결성을 지원하고 있었다. 서양인 선교사들로 이뤄진 산업선교회는 무료로 영어도 가르쳐주고 노조 간부들을 자기 집에 초대해서 식사 대접을 하며 발판을 넓혀갔ㅋ다.

도시산업선교회가 기독교계라면 가톨릭 쪽으로는 노동사목이란 선교단체가 있어서 신부들이 비슷한 일을 했다. 1958년에는 벨벳 옷감을 생산하는 공장에 독일계인 오토리아 신부가 노동조합을 만드는 데 성공하기도 했다.

이일재는 종교계의 노동운동을 그리 탐탁하게 여기지 않았다. 허구의 신을 믿는 종교야말로 관념론의 극치인데 정반대편에서 유물론적 세계관으로 투쟁해야 할 노동계급을 그들이 지도한다는 걸 어떻게 받아들여야 할지 알 수 없었다. 그나마 얼마 후 군사 쿠데타가 일어나 산업선교회마저 잠잠해지면서 깊이 생각할 필요가 없게 되었다. 산업선교회는 1970년대 들어 다시 활성화되면서 전국에 십여 군데 이상의 노조를 결성해 투쟁적인 노동운동을 주도하는데 그때는 이일재가 장기수로 갇혀 있을 때라 교류할 일이 없었다.

한국전쟁기 양민 학살에 대한 진상 규명 활동도 이일재의 주요 관심사였다. 전매청에 다닐 때 만났던 피학살자 유가족들과의 유대 관계를 기초로 '국가 권력에 의한 불법 살인'에 대한 법적 투쟁을 조직하게 되었다. 이일재 자신은 피학살자 유가족이 아니었으므로 조직에 들어갈 수는 없었다. 전평의 대구 지역 의무노조 위원장을 하다가 전향해 한의사를 하고 있던 이원식이 앞장서고 이복령, 이상근, 이후근, 김흥국, 이연승 등 유가족들이 결집해 '경북피학살자유족회'를 결성했다. 전매청에서 이일재와 함께 노동했던 최찬, 안귀남 등도 함께했다.

보도연맹원 학살은 대한민국의 건국 이념을 근본적으로 회의하게 만드는 치명적 사건이었다. 아무런 실정법도 어기지 않은, 투항해 일상생활을 하고 있던 이들을 최소 5만 명 이상 집단 학살한 미증유의 사건이었다. 형무소에 있던 이들이라 해도 사형을 선고받은 이는 극소수였는데 모조리 죽인 것 역시 법치주의의 근간을 부정한 행위였다.

7,000명으로 추정되는 대전의 대량 학살 현장 같은 곳에는 미군 장교들이 참관하고 있어 미군의 지시나 재가 또는 최소한 방임에 의해 이뤄졌음이 확실했다. 때문에 한국에서의 학살을 증언한 미국 법무부 차관 출신의 초청으로 유족회 몇 사람이 미국을 방문하고 오기도 했다.

학생혁명으로 민주주의의 폭이 넓어지면서 불과 몇 달 전까지도 이적 용어로 취급받던, 조봉암을 간첩으로 사형시킨 결정적인 단어이기도 한 평화 통일이니 남북 협상 같은 말들이 나돌기 시작했다.

좌익은 죽여도 된다는 자신들의 확신에 정면으로 도전하는 학살 규명 운동에다가 북한과의 통교를 주장하는 평화 통일 운동은 우익들을 크게 자극했다. 이승만 정권 후반기부터 쿠데타를 기획하고 있던 박정희를 비롯한 일부 군인들은 이를 명분으로 쿠데타 시기를 조율하기 시작했다.

북한 역시 이 분위기를 놓치지 않고 남한의 노동운동과 사회운동에 영향을 미치려들었다.

이 무렵 대구 「영남일보」에는 통일 문제에 대한 글이 12회에 걸쳐 연재되어 관심을 끌었다. 이 글은 한국전쟁 중 월북했다가 공작원으로 남파되어 온 김세진이 김봉춘이라는 가명으로 기고한 것이었다. 이일재도 이 글을 유심히 읽었는데 그가 보기에 저자의 개인적인 생각이라기보다 북한의 통일론을 그대로 옮겨놓은 글이었다.

마침 전매청 노조위원장 선거가 실시되자 김세진은 이원걸이란 인물을 포섭했다. 이원걸은 자유당 시절부터 노동조합 간부였던 인물로, 이일재 편에서 보면 어용 세력이었다. 김세진은 이원걸과 합세해 어용 노조 출신인 김종화를 밀었다. 반면 이일재 쪽에서는 과거 전평 시절에 위원장을 했던 인물을 위원장으로 밀었다. 결과는 김종화의 승리였다.

김종화는 얼마 후 통혁당 사건으로 사형되는 김종태의 친동생이었다. 김종태는 남쪽 출신이지만 자진해서 몇 차례나 북한에 올라가 명령을 받고 내려온, 일종의 자생적인 공작원이었다. 북한의 공작원인 김세진과 김종태가 지원해 당선시킨 세력이 대한노총 출신의 어용들이라는 사실은 참으로 공교로운 일이었다. 두 사람은 경찰의 주목을 받는 민주 세력보다는 당선 가능성이 높은 어용 쪽을 밀어서 장차 통일운동의 기반으로 삼으려 했는지 몰라도 자주적이고 민주적인 노총을 건설하려고 뛰어다니던 이일재로서는 크게 반감을 가질 수밖에 없었다. 이는 북한에 대한 불신과도 연결되어 김종태가 주도한 통혁당과 거리를 두게 되는 한 계기가 된다.

대구시 연맹의 활동 중에는 악법 제정 반대 투쟁도 있었다. 민주당 정부는 연일 계속되는 통일운동과 민주화운동을 저지하기 위해 1961년 들어 '데모규제법'과 '반공법'을 제정하려 했다.

대구시 연맹은 이에 맹렬히 반대해 대구의 모든 민주 단체를 규합해 4월 2일 중앙로 광장에서 대대적인 집회를 열고 가두시위를 벌이려 했다. 시위는 경찰의 봉쇄로 실패했으나 이 사건으로 대구시 연맹 사무국장 김정도와 쟁의부장 권오봉이 현장에서 체포되어 재판에 넘겨졌다.

4·19혁명으로부터 이듬해 4월까지 1년여 동안 민주파 노동운동의 핵심은 관권과 자본에 종속되지 않은 자유롭고 민주적인 노조를 만들자는 것이었다. 이일재와 권오봉이 주도한 대구시 연맹은 그 뜻을 상징하는 기념비적인 조직이었다. 이일재는 2001년 대구은행에서 발행하는 「향토와 문화」와의 인터뷰에서 이렇게 말했다.

> "4·19가 일어나자 나는 다시 노동운동에 나서게 됩니다. 당시 관제 어용인 한국노총의 경북위원장이자 후일 한국 노동운동의 대부가 되는 김말용을 만나서 자주적 노동운동에 대해 논의했습니다. 결국 김말용이가 주도권을 장악하게 되는데 이게 한국노련입니다. 한국노총이 아니고 한국노련입니다. 나는 거기서 더 나가서 한국노련에도 한국노총에도 끼지 않는 새로운 독립노조인 노동조합 대구시 연맹을 만들었습니다. 우리 위에 아무것도 없는 독자적인 조직이었지요. 폴란드의 바웬사가 하던 자유노조, 즉 독립노조를 생각하면 됩니다."

자본과 권력으로부터 독립되어 활동한다는 의미에서 '자주노조'요, 어용적인 간부들의 독재를 거부하고 조합원의 뜻에 따라 활동한다는 의미에서 '민주노조'라는 개념이 이때부터 시작된다.

4·19혁명은 이일재와 동료들에게 민주주의가 진보운동에 미치는 놀라운 가능성을 열어 보인 사건이었다. 고립된 낙오병처럼 패배 의식에 잠겨 있던 이일재는 새롭게 기운을 얻어 운동가로 돌아갔다. 모든 것을 바쳤던 빨치산 시절처럼, 정말 혼신을 다해 뛰어다녔다.

그러던 어느 날 새벽, 중무장한 해병대와 공수부대 병력이 한강교를 넘어 중앙청으로 진군했다. 저지하려는 수도 방위군과의 총격전은 순식간에 끝났고, 남한 군대가 남한의 주요 도시 중심부를 장악했다. 대구도 군대에 장악되었다. 이미 정권의 핵심부와 미국에서는 줄기차게 거론되었던, 그러나 일반인들은 거의 예상하지 않고 있던, 불의의 군사반란이었다. 1961년 5월 16일의 일이었다. 쿠데타의 주역은 남로당 출신인 박정희였다.

13. 반동의 시간

군사반란의 지휘자가 박정희임이 알려졌을 때, 대구의 진보운동가들은 잠시 어리둥절해 했다. 이일재는 당시 상황을 이렇게 말했다.

"덜컥 5·16이 일어났어. 자, 판단이 안 되네. 한마디로 성격 규정이 안 되는기라. 참 막막해. 박정희 형인 박상희나 박정희 중신을 한 이석하고 주례를 한 황태성 등 주변을 보면 안심이 되기도 하는데 찝찝한기라. 박정희는 만주군관학교에 일본 육사까지 나온 친일파 아닙니까? 그런데 친형인 박상희는 대구에서 유명한 사회주의자란 말입니다. 다름 아닌 10월항쟁 때 경찰의 총에 맞아 죽은 인물이에요. 박정희의 중매를 선 이석은 월북했다가 남파되어 마산에서 16년 동안 고정간첩으로 활동하는 사람이었어요. 결혼식 주례를 선 황태성은 뭐 말할 필요 없이 유명한 사회주의자로 이때는 월북한 상태였습니다. 이런 영향 때문인지 박정희도 해방 후 남로당에 가입했다가 숙군에 걸려 죽다 살았단 말입니다. 이러니 박정희의 쿠데타가 어떤 성격을 가졌는지 선뜻 판단하기가 어려웠어요. 정말 순간적으로 다들 당황했습니다."

이런 심정은 대전, 서울 등지의 진보당 출신들이나 남로당 출신들도 마찬가지였다. 혹시 사회주의자에 의한 군사반란이 아닌가 하는 기대감이었다.

시기는 약간씩 다르지만 세계대전이 끝난 후 아프리카나 아시아의 신흥 국가들 중에서 사회주의를 표방한 군인들이 쿠데타를 일으켜 반제국주의 성격의 자주 정권을 세운 사례가 여럿 있었다. 직접 사회주의를 내세우지 않았으나 민족적이고 자주적인 색채가 강한 이집트의 나세르, 인도네시아의 수카르노, 이라크의 후세인 같은 경우도 있었다. 피델 카스트로가 2년 전 쿠바에서 민족주의 성향의 쿠데타를 성공시킨 후 사회주의 정책을 추진하면서 미국과 단교한 시기이기도 했다.

일단 혁신계라 불리던 진보당 계열의 운동가들은 대체로 기대와 환영을 나타냈다. 박정희가 대구 출신이란 점에서 대구 지역 인사들의 기대는 더 컸다. 대구의 혁신계 중에는 적극적으로 박정희의 쿠데타를 지지하는 연설을 한 이도 있었다. 대구시 연맹 사무국장 김종덕 같은 사람이었다.

이일재와 김종덕은 쿠데타 다음 날인 5월 17일 달성군의 중석광산에 위문을 가기로 계획되어 있었다.

전쟁 기간이던 일제 말기에는 중석이 인기가 높아서 노동자의 대우도 좋았는데 평화 시기가 되면서 가격이 폭락해 옥산광산, 달성광산 등 중석광산들이 폐광되어 노동자들이 산중에 갇혀 굶다시피 하고 있었다. 대구시 연맹이 이들 광산 노동자를 위문하기로 하고 사회당 쪽에 말하니 전일, 황기성 등 사회당에 자금을 대온 이들이 국수 몇 상자와 담배를 희사했다. 담배는 전매청에서 만든 정품이 아니고 상인들이 말아서 파는 사제담배였다.

위문품을 싣고 중석광산에 도착하니 오갈 곳 없이 산중에 버티고 있던 노동자들이며 가족들이 열렬히 환영했다. 이일재는 김종덕에게 연설을 하라고 했다. 김종덕은 북한 출신으로 월남해 봉화 경찰서장과 성주 경찰서장까지 했는데 경찰 내부의 분란으로 사표를 내고 나온 사람이었다. 내외방직에서 경비과장을 하던 중 노동운동을 알게 되어 누구보다도 적극적으로 활동하고 있었다. 공산주의가 싫어서 월남했지만 이일재에게 유물론이며 계급론을 배우면서 반공 색채가 거의 희석된 상태였다. 그는 노동자들에게 말했다.

"여러분, 소식을 들으셨지요? 어제 우리나라의 양심적인 군인들이 혁명을 일으켰습니다. 군인들이 혁명을 일으켜 새로운 정부를 세우면 장면 정부의 부정부패가 없어지고 광산도 재가동해서 노동자들이 살기 좋은 세상을 만들 것입니다."

이 연설이 얼마나 우스꽝스러운 것이었는가는 바로 다음 날 드러나버렸다. 김종덕 본인은 물론, 이일재를 포함해 대구시 연맹의 간부들이며 진보계 인사들이 모조리 체포된 것이다.

이일재는 대구시 연맹 사무실이 아닌 교원노조 사무실로 출근했는데도 그곳에 대기하던 경찰에 체포되었다.

아침부터 교원노조에 간 이유는 제일모직 쟁의가 끝난 후 가장 역점을 두고 지도하던 곳이기 때문이었다. 교사들은 노조로 뭉치기는 했으나 스스로를 노동자라고 생각하지 않는 이가 많았다. 이일재는 교사들도 노동자이므로 단결권만이 아니라 단체교섭권이 있어야 하고 파업권이 보장되어야 한다고 주장했으나 선생들의 반응은 미지근했다. 원칙으로는 맞는 말이지만 학교 선생이 공장 노동자처럼 파업을 해서야 되겠느냐는 것이었다. 같은 무렵 이탈리아에서는 교원노조가 파업을 했다는 소식을 전하며 설득해도 잘 먹혀들지 않았다. 교사들은 자신들이 공장 노동자와는 다른 사회 지도층이라 생각하고, 지식인으로서의 역할을 하려고 했고 실제로도 교원노조는 노동조합이라기보다는 사회단체와 같은 역할을 하고 있던 게 사실이었다. 아무튼 이런 문제 때문에 매일이다시피 교원노조에 찾아가 교육을 하고 토론을 벌이고 있던 차였다.

교원노조 사무실은 유명한 중식당 만경관 맞은편 2층에 있었는데 문이 잠겨 있었다. 할 수 없이 돌아서 내려오려는데 계단에서 얼굴을 잘 아는 노조 담당 형사가 길을 가로막는 것이었다.

"이일재씨, 좀 보입시더. 경찰서에 좀 가주셔야겠는데예."

"뭐꼬? 할 얘기 있음 여기서 하소."

이일재가 연행을 거부했으나 형사는 군이 경찰서에 가자고 했다. 여럿이 와서 잡아가는 것도 아니고 수갑도 채우지 않으니 대수롭지 않게 생각하고 순순히 따라갔다.

대구 경찰서에 들어가보니 시끌벅적했다. 새벽부터 노동운동가들은 물론 대구 지역의 명망 있는 원로 혁신계 인사들이 다 잡혀와 있었다. 전날 중석광산에 함께 갔던 사무국장 김종덕, 선전부장 이동훈 등 대구시연맹 간부들도 벌써 와 있었다.

체포된 것을 불안해하면서도 다들 여전히 박정희의 과거사에 희망을 걸고 싶어 했다. 일부 사람들은 태평하다 못해 은근한 기대까지 품고 있었다. 좌익이 권력을 잡았다는 기대감이었다.

"보이소, 우리도 박정희 장군 지지한다고 좀 카이소!"

일행 중 누군가 경찰에게 소리치자 다른 사람들도 말했다.

"기다려봅시다. 광주 민자통은 벌써 지지한다는 성명까지 발표했다는데 우리한테 뭔 일이야 있겠소?"

뭔 일은 바로 생겼다. 연행된 사람 중 비중이 있는 60여 명이 다음 날 대구 형무소에 수감된 것이다. 이일재도 포함되었다.

대구 형무소는 당시 삼덕동에 있었는데 남사에는 죄수가 많으니까 여사를 비워서 몰아넣었다. 이일재가 가만히 보니 나라를 생각하고 자기를 헌신하는 사람은 모조리 잡혀온 것 같았다.

대구시 연맹 간부들은 물론, 통일사회당, 사회당, 민자통이라 불리던 민주자주통일중앙협의회, 교원노조 등 정당과 사회단체 지도자들은 거의 다 와 있었다. 여기에 피학살자 유족회 사람들과 자유당 시절의 요시찰 인물들도 들어왔고 청구대 홍영희 교수와 수학자 안재구 교수 형제 등 대표적인 대구 지역 지식인들도 들어와 있었다. 경성 트로이카의 안귀남이며 안중근 의사의 사촌인 안경근, 오촌인 안민생도 잡혀왔다. 그들은 민족주의자였던 안중근과 달리 사회주의자로서 중국에서 항일운동을 했던 이들이었다. 항일 애국자 방한상도 교원노조 지원위원회의 회장을 맡았다는 이유로 감금되었다.

군사반란을 일으키고 불과 이틀 만에, 진보 혁신 계열과 투쟁적인 민족주의 계열만 골라 수감해버린 것만 보아도 박정희가 사전에 이를 계획했으며 어떤 정치적 의도를 가졌는가는 명백히 드러났다.

저항할 도리가 없었다. 영장도 없이 체포된 이들은 가족들에게 알리지도 못한 채 감방에 갇혀 꼼짝도 할 수 없었다. 가족들은 열흘이 지나서야 이들이 대구 형무소에 갇힌 것을 알고 면회들을 왔다.

구속자 중 일부는 혁명재판소라는 곳으로 넘어가 서울로 이송되고, 나머지는 두 달 만인 7월 17일이 되어서야 석방되었다. 이일재도 두 달 만에 석방된 대열에 끼었다. 조금도 기쁘지 않은, 허탈한 석방이었다.

밖에 나와보니 정당과 사회단체들은 모조리 해산당하고 없었다. 대구시 연맹은 물론 폐쇄되어 사라졌다. 함께 항의하며 싸울 분위기도 아니었다. 군사정권은 살벌했다. 4·19로 잠시 기가 죽었던 경찰은 다시 기세 등등해져서 진보 계열 사람들을 감시하고 잡으러 다녔다. 경찰과 군인들은 아무런 제약 없이 사람들을 두들겨 패고 고문했다. 역사는 발전과 퇴보를 거듭하며 나간다지만, 학생혁명이 성공하고 불과 1년 만에 이승만 시대보다 훨씬 가혹한 군사독재의 암흑시대로 돌아간 것이다.

월급 한 푼 없는 직책이기는 해도 2년 가까이 노조 간부로 활동했던 이일재는 또다시 실업자가 되어버렸다. 경찰의 감시 속에 당장 할 수 있는 활동이 없었다.

당장 먹고 살기 위해 쌍화탕 장사를 시작했다. 대구 포정동에 '돌체다방'이란 간판을 붙여놓고 실내 장식을 하여 쌍화탕 등 약차를 팔았는데 아는 사람이 돈을 빌려줘서 시작할 수 있었다. 그러나 장사하고는 인연이 안 맞았다. 아내는 다방 근처에도 안 왔다. 마담을 고용하고 주방장 월급을 주니 남는 게 없었다. 빌린 돈을 겨우 갚고 문을 닫았다.

극빈한 생활에 아내와 아이가 딸린 처지였지만, 무언가 해야만 한다는 강박은 여전했다. 공개적인 대중활동은 어려운 상황이라 이리저리 옛 동지들을 만나 지하조직을 모색하기 시작했다.

대구가 서울보다도 더 진보운동의 중심지였던 때였다. 구체적인 활동을 할 수 없는 상황에서 다양한 토론이 벌어지고 있었다.

대구에서 새롭게 친해진 이는 5·16쿠데타 때 함께 잡혀 두 달간 한

방에서 감옥살이를 한 안재구였다. 안재구는 북한 체제와 김일성 체제를 적극 지지하는 인물이었다. 안재구가 민족주의적인 입장에서 북을 옹호하고 통일운동에 앞장서고 있다면 이일재는 정통 사회주의 입장에서 북의 정치 체제를 비판적으로 보는 입장이었다. 하지만 안재구와 자주 만나면서 제국주의의 문제점에 대해서도 배우고 일본어로 된 『들어라 양키들아』 같은 책들도 읽어보았다. 안재구를 통해 제국주의 문제에 대해 깊이 생각하게 되었다. 한참 후의 일이지만, 2002년 '민주화운동 관련 인사 구술 사료 수집'을 위한 대담에서 대담자인 노중선에게 말한다.

> "흔히 이렇게 얘기해요. 민족 문제와 계급 문제는 수레의 양 바퀴다. 새의 양 날개라고 이야기하는데 저는 그렇게 생각 안 해요. 민족 문제와 계급 문제는 하나고 또 제국주의 시대에는 더구나 불가분의 관계다, 뗄래야 뗄 수가 없는 관계라고 봐요. 제국주의, 특히 20세기 후반 이른바 그 후진산업자본주의 시대에 있어서 다국적 기업, 초국적 기업의 세계적인 세계 제국의 지배하에서 민족 문제라는 것은 결국 자본주의 국가와 이른바 후진자본주의 민족국가간의 모순, 대립에서 나온 겁니다."

제국주의 자체가 팽창하지 않으면 버틸 수 없는 자본주의의 원리에서 비롯된 것이므로, 이로 인해 피해를 입은 타민족의 민족 문제는 결국 자본주의의 모순의 결과라는 뜻이다. 이는 제국주의 전쟁을 민족 대 민족의 문제로 보고 피해 민족의 입장에서 침략 민족과 투쟁하려는 보통의 민족주의자들과는 사뭇 다른 시각이었다. 이일재는 같은 대담에서 보다 정확히 이를 정리한다.

"그러면 제국주의란 뭐냐, 이게 즉 자본주의예요. 자본주의 체제 하에서 민족 문제라는 것은 계급적인 입장에서 벗어날 수 없다는 거예요. 계급적인 근거 위에서 민족 문제가 논의되지 않으면 안 된다, 이래 생각합니다."

여기까지는 대체로 북한 체제를 지지하는 이들과 큰 차별성을 느끼기 어렵다. 그런데 이일재는 한 걸음 더 나간다. 이 대담을 할 때는 소련과 동구 사회주의가 붕괴한 지 10년이 넘었을 때였다. 그는 북한도 올바른 사회주의가 아닌, 변형된 자본주의 국가일 뿐이라고 본다. 소련처럼 자본가 대신 관료들이 그 자리에 앉아 산업을 운영할 뿐인 '국가자본주의'라는 것이다.

소련이나 북한 같은 체제를 사회주의가 아닌 국가자본주의라 보는 관점은 물론 5·16쿠데타를 겪을 당시에는 생각 못했을 것이다. 그렇지만 근본적으로 북한에 대해 비판적이던 사람이 아니면 갖기 어려운 관점이다. 같은 대담이다.

"북한도 그래요. 당 관료하고 기술 관료들이 지배계급으로 형성되고 그 밑에서 일하는 사람들이 피지배계급으로 형성되는 지배 관계입니다. 지금 한국에서의 통일운동이라는 것은 저쪽의 지배층들과의 통일운동이라고 봅니다. 그 사람들이 자기 체제를 유지하기 위해서 민족 문제를 내세우는 게 강하지 않느냐는 겁니다. 그렇다고 해서 지금 진행되고 있는 통일운동에 의미가 없다는 건 아닙니다. 양쪽의 지배층들의 결합이 없이는 저쪽의 민중들과 이쪽 민중들과의 결합이 있을 수 없기 때문입니다."

안재구를 통해 통일운동에 보다 관심을 갖게 되었다면, 이일재로 하여금 남한의 진보운동은 남한의 독자적인 전위정당을 통해 이뤄야 한다는 생각을 갖게 만든 이는 도예종이었다.

상주고교 교사이던 도예종은 대구 교원노조를 주도했던 한 사람으로 이일재와 동갑내기 친구였다. 두 사람은 만날 때마다 남한의 정치경제의 현실을 개탄하고 이를 타개할 방법에 대해 토론했다. 결론은 남한만의 독자적인 전위정당 건설이었다.

전위당의 건설은 사회주의운동을 하려는 누구나 하는 말이지만, 두 사람의 결론은 특별한 의미를 갖고 있었다. 현재도 그런 이들이 많이 남아 있지만, 당시 사회주의자의 대다수는 북한에 조선노동당이 존재하므로 남한에 따로 당을 건설하는 것은 맞지 않다고 생각했다. 북한은 한반도 혁명의 민주기지로서, 남한의 혁명은 조선노동당의 지도를 받아야 한다는 논지였다. 그런데 도예종과 이일재는 조선노동당과 무관한 남한만의 독자적인 전위정당을 만들자는 데 의기투합된 것이다.

남한의 독자적인 전위정당이라는 두 사람의 주장을 뒷받침해준 것은 1965년 인도네시아 반둥에서 열린 비동맹회의였다. 남한은 초대되지 않은 가운데 아시아, 아프리카의 29개국이 참가한 이 회의는 중국의 주은래, 인도의 네루 등이 주도해 미국과 소련이 주도하는 냉전 체제를 거부하고 제3세계의 자주적 결정권을 천명한다.

이 회의에서 채택된 '반둥 10원칙'은 크고 작은 모든 나라의 평등과 주권을 동등하게 존중해야 한다는 데 초점이 모아졌는데 이일재는 특히 제5항인 '타국의 내정에 불간섭'에 관심을 가졌다. 민족적, 인종적으로는 하나이지만 남한과 북한은 엄연히 자본주의와 사회주의라는 서로 다른 체제를 가지고 있는 독립된 국가이므로 남한의 혁명은 남한 민중이 주도

해야 한다는 주장이었다.

반둥회의에는 김일성이 아들 김정일을 데리고 참석했는데 "혁명은 수출할 수 없다."고 발언한 것으로 알려졌다. 이일재와 도예종은 반둥회의 소식을 나누며 김일성 스스로 말한 대로 북한에서 남한 혁명을 지도하는 것은 맞지 않다는 자신들의 생각을 재확인한다. 도예종은 일찍 사형을 당하고 말았으나 이일재의 생각은 훗날에도 변하지 않았다. 노년의 그는 아들에게 말하곤 했다.

"김일성 수상도 스스로 말하길, 혁명은 수출할 수 없다고 했다. 그런데 왜 남한의 진보운동을 지도하려고 드느냔 말이다. 수많은 공작원 사건들, 조선노동당 지구당을 만들려는 시도들이 남한의 운동에 얼마나 큰 피해를 주고 있느냔 말이다. 이래 가지고는 방해밖에 되질 않는다."

김일성이 혁명을 수출할 수 없다고 했다면, 그것은 소련과 중국의 간섭으로부터 벗어나고자 한 말일 것이다. 남한이 독립된 국가임을 인정하지 않고 남한정부를 미국의 괴뢰정권으로만 인식하던 김일성으로서는 조선노동당이 남한의 운동을 지도하는 것은 타국의 문제가 아니므로 정당한 순리라 생각했을 것이다. 그러나 1992년 남과 북이 유엔에 동시에 가입해 서로 다른 국가임을 명백히 한 후에도 북한의 대남정책은 조금도 변하지 않았고, 이일재의 지적은 여전히 유효했다.

특별히 나아본 적도 없지만, 일종의 잠복기라고 할 수 있는 수년간, 이일재의 생활은 몹시 어려웠다. 돌체다방까지 문을 닫으면서 초등학교 교사로 일하는 동생이 조금씩 보태주는 돈으로 생활하고 있었다. 온전한 직장을 갖지 못하고 여전히 사람들만 만나러 다니는 남편에 대한 아내의 불만은 갈수록 커졌다. 그림을 배운 덕분에 미술계에 선후배가 많은 마정옥은 독립해나가 따로 살면서 화랑가에서 일하게 되었다. 아들은 이일재가 맡았다. 혼인 신고도 안 했으니 이혼을 한 것도 아니고, 서로 다른 배우자를 찾는 것도 아닌, 같이 안 살지만 헤어지는 것도 아닌, 아들을 매개로 한 기묘한 관계는 평생을 이어지게 된다.

더구나 아이에게는 희귀한 병이 있었다. 성대에 사마귀 같은 종양이 나서 기도를 막는 병이었다. 대구 경북대 병원 이비인후과에 찾아갔으나 다시 커지고 재발했다. 담당 의사는 서울국립의료원에 가서 치료해보기를 권했다. 국립의료원은 당시 국내 최고의 의료진과 기술을 가지고 있었다. 이일재는 댓 살된 아들을 안고 자주 서울을 드나들다 아예 한동안 서울에 눌러앉아 전국적인 조직의 구상에 들어갔다.

아들의 치료를 위해 이일재가 서울로 가면서 도예종과의 대화는 더 진전되지 않았다. 더 많은 이야기를 나눈다 해도 탁상공론에 불과하다는 생각도 했다. 도예종은 운동 경력이 일천한, 학교 교사에 불과하다는 약간의 거리감도 없지 않았다. 두 사람이 가지고 있던 남한의 독자적인 운동론은 몇 년 후 도예종이 가담한 '제2차 인혁당 사건'과 이일재가 주도한 '남조선해방전략당 사건'으로 가시화될 것이었다.

나이 마흔에 어린 아들을 데리고 서울에 처음 자리 잡은 곳은 신당동 언덕의 천막촌이었다. 좌익운동 경력이 있던 이홍주라는 사람이 천막을 쳐놓고 가방 공장을 했는데 거기에 얹혀살게 되었다. 난방 시설도 부엌도 따로 없는 천막에서 어린아이를 데리고 사노라니 노숙이나 다름없이 비참했다. 그럼에도 무언가 해야 한다는 부채 의식은 여전히 그를 지배했다.

남로당 출신인 박정희는 정권의 안정을 위해 제일 먼저 노동계의 목줄을 잡아야 한다는 사실을 잘 알았다. 그는 군사반란이 성공하자마자 노동계에 대대적인 수술을 가했다. 먼저 한국노련을 해산시켜버렸다. 대한

노총과 한국노련이 합쳐져 만든 노동자의 자주적인 조직을 군대가 해산 시켜버린, 파시즘의 전형이었다. 당연히 교원노조도 강제 해산시켰다.

대신 박정희는 대한노총의 어용 노조 간부 출신 9명을 뽑아 9인위원 회를 구성해 중앙정보부에서 3개월간 반공 교육을 시킨 후 이들로 하여 금 한국노총을 만들게 했다. 이승만이 만든 대한노총의 복제판이었다.

대한노총이 그랬듯이 처음부터 노동자를 통제하기 위한 정치 기구로 만들어진 한국노총의 강령은 반공 체제를 강화하자는 조항으로 시작되 고 결의문 역시 "5·16군사혁명을 전폭 지지한다."는 말로 시작되었다.

한국노총은 이전의 단위 사업장별 노조가 아니라 산업별 노동조합이 었다. 금속이든 섬유든 업종별로 단 한 개의 노조를 만들고 회사별 노조 는 그 지회나 분회로 소속시킨 것이다. 노조가 힘이 있을 경우 산업별 노조는 그 힘을 극대화하는 역할을 할 수 있었다. 하지만 박정희가 산별 노조를 만든 이유는 오직 노동자를 통제하기 위함이었다. 단위 사업장에 서 아무리 투쟁적인 노조가 만들어져도 교섭권이 산별 노조에 있으니 힘 을 쓸 수 없었다.

한국노총에 반기를 들고 나선 이는 이번에도 김말용이었다. 그는 1962 년 12월 6일 계엄령이 해제되고 정치 활동이 허용되자 한국노총 조직 과정에서 배제된 옛 한국노련의 간부들을 규합해 한국노련의 복권을 주 장하고 나섰다. 한국노련이 군사정권에 의해 해산된 것은 불법이며 한국 노총은 극히 일부 대의원만으로 결성되는 등 법적으로 결성 요건을 갖추 지 못했다고 주장했다. 또한 한국노총이 차지해버린 한국노련의 사무실 과 재산을 반환하라고 재판을 걸었다.

김말용은 집단 행동이 아닌 법적 이의제기를 했을 뿐이지만 군사정권 은 민감하게 반응했다. 박정희는 한국노총 기념식에서 대독한 축사를 통해 한국노련을 분열주의자라고 비난하고 엄중히 경고까지 했다. 헌법에 보장된 노동자들의 단결권에 대해 군사정권이 마치 노동자의 입장에 섰다는 태도로 분열주의라 비난하는, 황당한 일이 벌어진 것이다.

군사정권의 입장을 확인한 행정 관청은 노동조합의 설립을 신고제에서 허가제로 바꿔버리고 단일노조 체제로 만듦으로서 복수노총의 법적인 근거를 없애버렸다. 한국노련 소속 노동조합들은 노조 설립증을 교부받지도 못하고 사회단체로도 등록하지 못해 불법 단체가 되고 말았다. 결국 한국노련의 재기는 4개월 만에 무산되고 말았다.

다른 한편, 1963년 정치 활동이 허가되자 노동자의 정당을 결성하자는 움직임도 일어났다. 한국노총 산하 8개 산별 노조위원장들이 모여 가칭 '민주노동당'이라는 이름으로 새 정당을 창당하겠다고 나선 것이다. 노동자의 개량적 요구를 대변하겠다는 소박한 의도였다.

군사정권과 한국노총 집행부는 그러나 이 정도 수준의 창당마저도 강력히 반대하고 나섰다. 결국 민주노동당도 2개월 만에 무산되었고 이를 주도했던 광산노련위원장 김정원은 한국노총으로부터 무기정권 처분을 받았다.

이일재는 김말용과는 제일모직 사건으로 소원한 상태라 한국노련 복권운동에 참여하지 않았고 민주노동당 모의에는 참가할 이유가 없었다. 대신 '민주사회동지회'에는 자주 들러 세상 돌아가는 일에서 눈을 떼지 않았다.

민주사회동지회는 이 시기의 유일한 진보적 사회단체였다. 정당과 함께 모든 진보 계열 사회단체를 해산시킨 군사정권이 이 단체를 용인한 것은 감시를 용이하게 하려는 혐의가 짙었다. 진보, 혁신계 인사들이 뿔뿔이 흩어져 다방이나 집에서 만나면 감시가 어려우니 진보적이지만 반공, 반북적인 세력인 사민주의자들에게 대화 마당을 열도록 허락했다는 게 이일재의 추측이었다.

실제로 동지회를 만든 구익균과 안필수는 미문화공보원, 미대사관의 서기관 같은 사람들과 자주 교류하던 사민주의자들로 나중에 통일사회당을 만들어 공개 합법적으로 사민주의운동을 한다.

어용 단체라고 할 수는 없었다. 유일한 공개 공간이다 보니 서로 생각이 다른 온갖 정파의 사람들이 다 모여들었다. 저명한 항일운동가요 진보적 사상가이던 김성숙, 역시 원로 항일운동가인 장건상, 백범 김구의 비서를 했던 신창균 등이 드나들었다. 해방 직후 평양에서 사회민주당 당수를 하다 내려온 사람도 있었고 유관순의 오빠며 구진보당 인사들도 드나들었다. 빨치산 출신인 대학교수 박현채, 노동운동을 위해 한국노총에 들어간 지식인 김금수도 단골이었다.

이일재도 서울에 있는 동안 시간만 나면 동지회에 들려 여러 사람들과 교류했다. 그중에도 대구에서부터 알고 지내던 「대구매일신문」 기자 이재문과 각별히 친해졌다. 훗날 남민전이라 불리는 남조선민족해방전선의 조직가로, 사형 선고를 받고 수감 중 구치소에서 병사하는 인물이다.

갓 30살로, 이일재보다 10살 아래인 이재문은 대구의 대표적 언론이자 전국적으로 배포되던 「대구매일」과 「영남일보」에서 진보적인 기사를 써온 재능 있는 청년이었다. 4·19가 터진 후에는 새로 창간한 진보지 「민족일보」 기자로 입사해 서울에 올라와 충무로에서 살림을 하고 있었는데 창간 3개월 만에 5·16쿠데타가 터져 사장 조용수가 사형을 당하고 신문이 폐간되자 「대구매일」 서울 총판에 취직해 기자로 일하고 있었다.

이재문은 이수병, 서도원, 유한종, 박현채, 김금수 등과 일주일에 한 번씩 모임을 가지고 있었는데 이일재에게도 참석하도록 권했다. 언제 있을

지 모를 탄압에 대비해 모임의 이름 같은 것은 정하지 않고 일종의 자유토론회처럼 운영했으나 아무나 참여시키지는 않았다. 이일재는 반갑게 참가했다.

이일재가 기억하는 주된 토론 의제는 당 건설이었다. 남한에서 반제반봉건혁명을 일으켜야 하는데 반미를 내세우면 좌경으로 몰리니 우선 군부독재에 반대하는 민주주의혁명을 주도할 전위정당을 만들자는 것이었다. 이일재를 끌어들인 것도 그가 노동운동과 연계가 있기 때문이었다.

이일재는 그러나 이들의 열의에 찬 토론이 그다지 미더워 보이지를 않았다. 고급 지식인들의 관념적인 탁상공론처럼만 보였다. 그의 시각에서 이재문은 특별한 투쟁 경력이 없는 급진파 지식인일 뿐이었다. 서도원도 4·19 이전에는 운동 경력이 없던 사람이었다. 박현채는 어린 나이에 빨치산 활동을 한 경력이 있다지만 당시는 서울대 교수였고, 김금수도 나중에는 노동운동의 지도자가 되지만 당시는 진보적 지식인일 뿐이었다. 모임 구성원 중에 진짜 노동자 출신으로 투쟁 경력이 있다고 할 수 있는 사람은 유일하게 자신밖에 없었다.

지식인들의 모임이다보니 매번 전위 조직을 운운해봐야 어느 학교 어떤 교수를 영입하자는 식으로 주변의 지식인들을 모을 생각만 하지 진짜 노동자들을 조직하기 위해 내놓은 방안은 없었다. 5·16쿠데타 이전까지 항상 노동자 출신들과 조직을 해왔던 이일재에게는 감정적으로도 맞지를 않았다.

이론적으로도 동질감이 느껴지지 않았다. 중국과 소련의 노선 대립에 대한 토론이 벌어졌는데, 다수가 흐루시초프 노선을 비판하고 중국의 모택동을 옹호하는 것이었다. 소련의 흐루시초프 개혁에 대해 찬성하는 이는 이재문과 이일재밖에 없었다. 하지만 나중에는 이재문도 입장을 바꾸어 스탈린주의를 지지하고 나아가 북한 김일성이 내놓은 주체사상을 조직의 이념으로 받아들였다고 들었다.

더욱 이일재를 실망시킨 일은 설날에 벌어졌다. 설날을 맞아 다들 윤보선의 집으로 세배를 가는 것이었다. 윤보선은 박정희에게 대항하는 민주파로 알려지기는 했으나 이일재가 보기에는 대지주 출신의 반공 보수주의자일 뿐이었다. 그런데 이들은 반독재투쟁을 위해 윤보선까지 포괄해서 전선을 치자는 것이었다.

이일재는 그럴 시간이 있으면 현장 노동자 한 사람이라도 더 만나야 한다고 생각했다. 설사 이론상으로야 좌우연합을 구상할 수 있다 해도, 세배를 가서 큰절까지 올리는 것은 심정적으로 용납이 되지를 않았다.

더구나 이들은 서도원의 장인이자 화가인 배명학이 그린 그림을 윤보선에게 갖다주고 대신 용돈까지 받아오는 것이었다. 말로만 혁명이니 전위니 노동계급을 말하면서 이런 걸 실천이라고 하는 이들이 과연 전위당을 조직해 운영할 수 있을까 의구심을 갖지 않을 수 없었다.

자연스럽게, 이일재는 그들과 일정하게 거리를 유지했다. 여전히 이런저런 일로 만나기도 하고 나중에는 함께 조직을 해보려고 시도까지 하기는 했어도 구체적인 조직 과정에 들어가지는 않았다. 그래서 2년 후 '제1차 인혁당 사건'이 터졌을 때, 그들이 정말로 어느 정도 수준까지 전위정당을 만들었는지조차 알지 못했다. 다만 그들과 조직을 하려고 시도한 것이 문제가 될지 몰라 잠시 피신해 있었다. 중앙정보부는 이일재가 이들과 상당 기간 모임을 가졌다는 사실 자체를 파악하지 못해 유야무야되었다.

이일재가 우려한 대로, 제1차 인혁당 사건이 드러난 경위는 한심했다. 대구에 사는 김 모라는 청년이 동해에서 밀선을 타고 북한에 갔다가 돌아왔는데 중식당에서 친구들과 그 이야기를 나누다가 대화 내용을 수상히 여긴 주인이 경찰에 전화를 하는 바람에 체포된다. 그런데 그가 했던 말들이 평소 친하던 도예종으로부터 들은 것임이 드러나면서 줄줄이 구속되었던 것이다. 1964년의 8월의 일이었다.

중앙정보부는 40여 명을 검거해 인민혁명당 사건이라는 거창한 제목을 달아 발표했다. 김일성의 지령을 받아 국가변란을 기도했다는 것이었다. 이일재가 아는 한 터무니없는 모함이었다. 인민혁명당이라는 이름부터가 중앙정보부에서 지어낸 조작이었다.

다행히 이들에 대한 기소 내용은 북한을 고무, 찬양한 것으로 바뀌었다. 당시는 국가보안법과 반공법이 둘 다 존재했는데 국가보안법은 변란을 일으킨 죄이고 반공법은 공산주의를 찬양한 죄로, 반공법의 형량이 훨씬 낮았다. 이들이 혁명을 꿈꾸며 모임을 가졌을 뿐 구체적인 활동을 한 게 없음이 인정되어 반공법으로 낮춰진 것이었다.

제1차 인혁당 사건은 최종적으로 도예종과 양춘우가 각각 징역 3년과 1년의 실형을 사는 것으로 가볍게 끝났다. 김금수 등 6명은 집행유예로 석방되었다. 조사 과정에서 중앙정보부의 혹독한 고문과 구타가 있기는 했으나 요란한 발표와 달리 용두사미로 끝난 셈이었다.

도예종 등은 그러나 이후에도 모임을 계속했고, 결국 10년 후인 1974년 4월 8일 다시 국가보안법 위반으로 23명이 구속된다. 이른바 '인혁당 재건위원회 사건'으로, '제2차 인혁당 사건'으로 불리기도 하는데 도예종, 여정남, 김용원, 이수병, 하재완, 서도원, 송상진, 우홍선 등 8명은 사형을 선고받은 다음 날 전격적으로 처형되고 만다.

제2차 인혁당 사건이 터졌을 때 이일재는 '남조선해방전략당 사건'으로 감옥에 들어가 있었다. 감옥의 정보만으로는 한계가 있었으나, 잡힌 사람의 다수가 상식적 민주주의자들로 반독재 운동을 모색하다가 중앙정보부의 고문 조작의 희생양이 된 것으로 보았다. 나중에 이야기를 들어보니 이일재의 추측이 거의 맞았다.

인혁당 관련자에 대한 처형은 박정희의 18년 독재 중에서도 최악의 범죄 행위라는 게 이일재의 생각이었다. 설사 그들이 사회주의를 지향하거나 북한 정권을 지지했더라도 누구를 죽이거나 파괴하는 형법상의 죄를 짓지 않는 한 사상의 자유를 보장받아야 하는 것이 민주주의의 기본 원리인데 그와는 거리가 먼 이들을 고문으로 조작해 사형까지 시킨 것은 도저히 용납할 수 없는 행위라 보았다.

이른바 인혁당 재건위 사건은 그러나 나중의 일이었다. 이일재는 그들보다도 더 빨리 박정희의 정치적 제물이 되어야 했다. 이른바 '남조선해방전략당', 약칭 '전략당' 사건이었다.

14. 인사동 사람들

줄여서 '민사동'이라 부르던 종로구 인사동 '민주사회동지회' 사무실에는 청소도 하고 어른들의 심부름도 하는 마흔 살 전후의 사내가 하나 있었다. 직책으로는 민사동 상무로 되어 있었고 생김새나 체격이 다 근사했으나 이상하게 잡역부 취급을 받았다. 경남 마산 출신인 박점출이라는 노동자였다.

이일재는 처음 사무실에 드나들 때만 해도 그를 눈여겨보지 않았다. 박점출을 정식으로 소개해준 사람은 아들을 데리고 얹혀살던 가방공장 주인인 이홍주였다. 이야기를 들어보니 괜찮은 사람이었다.

박점출은 초등학교만 나온 사람으로 이력이 독특했다. 남로당원이던 그는 전쟁과 함께 후방의 좌익에 대한 대학살이 시작되자 1948년 일본으로 밀항해 일본공산당 산하 조선인 대책부에서 일했다. 한국을 탈출해 나온 좌익 출신들에게 군사훈련을 시켜 돌려보내는 일이었다. 그 일을 얼마나 해냈는가는 알 수 없으나 한국 정부와 미국을 비난하는 전단을 만들어 살포하다가 체포되고 말았다. 한국으로 추방된 그는 2년간 감옥살이를 하고 나온 뒤 서울에 올라와 노동판을 전전하다가 민사동에 드나들게 되었다.

이일재는 박점출과 쉽게 친해졌다. 지식인 모임에는 영 적응하지 못했는데 초등학교밖에 나오지 않은 노동자를 만나자 마음이 열린 것이다. 그가 사는 남대문 옆 남창동 빈민가에도 아들 정건을 데리고 자주 갔다.

넷이나 되는 아이들을 데리고 무작정 상경한 박점출은 남창동 남대문시장 한쪽에 판자와 골판지를 대충 붙여 만든 판잣집에 살고 있었다. 허리를 굽히지 않으면 드나들 수 없는 낮은 공간으로 난방 시설도 전등도 없으니 집이라고 할 수도 없었다.

박점출의 가족뿐 아니었다. 무작정 상경한 수많은 사람들이 서울 구석구석에서 비참하게 살아가고 있었다. 남대문 일대 빈민가 사람들은 재래식 공동 화장실을 이용했는데 똥통이 무척 깊었다. 생활고를 비관해 똥통에 떨어져 자살하는 이도 있었다. 똥 속에 빠져 죽은 시신은 보건소에서 수거해갔다. 어물전에서 내다 버린 복어 내장을 먹을거리인 줄 알고 끓여먹고 일가족이 죽은 이야기도 끊이지 않았다.

노동자의 현실과 어용 노조들의 행태에 분노를 나누던 두 사람은 함께 노동운동을 하기로 했다. 단 두 사람이지만 꿈은 컸다. 두 사람을 시작으로 전국의 주요 사업장에 노동자들을 조직해 어용 노총을 뒤집어엎자는 원대한 계획이었다.

이를 위해 박점출은 민주사회동지회 일을 그만두고 서울 시청에 청소부로 취직했다. 처음에 배정받은 일은 분뇨를 수거하는 인부였는데 도저히 똥 냄새를 참을 수 없어서 쓰레기 청소부로 옮기고 노동조합에 드나들기 시작했다. 시청 청소노조는 연합노조의 중심 사업장이었다.

조직을 맡은 이일재의 눈에 민사동에 가끔씩 나타나던 김봉규가 들어왔다. 이일재보다 9살 많은 이였는데 역시 독특한 이력을 갖고 있었다. 일제 시절 평양에서 보통학교를 중퇴하고 막노동을 하던 그는 치안 유지법 위반으로 두 차례에 걸쳐 4년 6개월간 옥살이를 한 항일운동가였다. 해방 후 북조선노동당에 가입, 평안남도 치안부 특무과 경제계장, 대동군 내무서장 등 여러 직책을 맡아 일했다. 그러나 김일성 체제에 적응하지 못하고 차츰 강등이 되어 노동당원에서도 제명당한 채 철도청의 약품 창고의 창고지기로 일하다가 전쟁이 터지자 1·4후퇴 때 월남했다. 서울에 와서는 일본말로 모구리(もぐり)라 불리던, 무면허 치과 의사가 되어 가난한 이들에게 이를 해주는 일을 했다. 김일성 체제에 적응하지 못하고 월남했으나 사회주의의 본래 이념을 버리지 않고 있던 사람이라 이일재와 금방 친해져 노동운동을 함께하기로 했다.

　　젊은이 중에는 노정훈이라는 청년과 친해졌다. 전북 옥구 출신으로 갓 서른 살이었다. 건국대 정치외교과에 재학 중이던 1960년 4·19혁명에 앞장선 신세대로 체격이 좋아 럭비와 당수도 하고 건국대 학생운동의 영웅이라고 부를 만큼 선동과 조직력이 뛰어난 인물이었다. 민족통일전국학생 연맹 건국대 지부위원장을 하다가 5·16으로 구속되어 혁명재판소에서 징역 10년을 선고받아 복역 중 6개월 만에 사면된 경력이 있었다. 민사동에 드나들며 새로운 활동을 모색하던 그는 이일재의 이론에 금방 반해 조직원이 되었다.

　　권재혁을 만난 것은 1963년 9월이었다. 아직 정식 모임은 없이 시간이 날 때마다 서넛이 어울려 다니며 반파쇼투쟁과 노동운동에 대한 이야기를 나누고 있을 때였다. 박점출이 미국 유학을 다녀온 권재혁이란 사람이 민주사회동지회에서 강연회를 하는데 가보자고 했다. 좋다고 따라가

보니 '미국 경제 현황 및 후진국 개발 문제'라는 제목의 세미나가 열리고 있었다.

강사로 나온 권재혁은 잘생긴 얼굴에 깔끔한 양복 차림을 한 신사였다. 미국계 다국적 기업으로 참치 가공업체인 한국수산개발 영업과장으로 일하고 있으며 서울대를 나와 5년간 미국에 유학을 하고 돌아왔다고 했다. 나이는 이일재보다 1살 어린 39살이었다.

이일재가 본 권재혁은 우선 박식했다. 여러 가지 복잡한 경제 이야기를 하다가 한국의 GNP가 80달러라는 통계를 가지고 참석한 대학원생과 논쟁을 벌이는데 경제 용어나 수치를 잘 모르던 이일재로서는 신기한 광경이었다. 가만히 그의 이야기를 듣고 있으니 느낌이 왔다. 이일재는 부산으로 밀수입해 들어온 「세계」 등 진보 잡지들을 통해 미국의 경제학자 하지만 폴 스위지라든지 매카시 선풍 같은 것에 대해 어느 정도는 알고 있었다. 권재혁의 이야기를 듣고 있노라니 그의 분석 방식이나 시각은 사회주의를 이해하는 사람이 아니면 말할 수 없는 내용이라는 생각이 들었다.

강연이 끝난 후에는 사람이 많아 서로 이야기를 나눌 수가 없었다. 이일재는 박점출에게 말했다.

"저 사람 분명히 우리 쪽 사람이오. 박 동지가 먼저 저 사람 집에 찾아가서 이야기를 해보고 괜찮다고 판단되면 나랑 같이 만납시다."

이일재는 마음 한구석으로는 권재혁이 미국 CIA와 관련이 있는 건 아닐까 의심을 품고 있었다. 서울대를 나와 미국 유학까지 다녀온, 사회적으로 자리를 잡아 경제적으로도 여유 있게 사는 사람이 경찰의 감시를 받는 혁신 단체에서 강연을 하고 공공연히 마르크시즘적인 시각을 드러내는 모습이 도리어 이상해 보였던 것이다.

길음동 길음시장 안에 있던 권재혁의 집에 다녀온 박점출은 그러나 동지가 될 수 있는 사람이라고 자신 있게 말했다. 무엇보다도 대단히 서민적이라며 극찬을 했다. 청소원이라니까 몹시 반가워하면서 점심으로 국밥을 사주는데 자기는 먹을 생각도 않고 박점출에게 고기를 다 덜어주며 고생 많다고 위로하더라는 것이었다.

"좋아요. 그렇다면 만나봅시다."

얼마 후 세 사람은 을지로 3가에 있는 국전다방에서 만나 많은 이야기를 나눌 수 있었다. 권재혁은 그 자리에서 자기의 이력에 대해 솔직히 말했다. 세부적인 내용은 나중에 중앙정보부에서 조사를 받는 과정에서 알게 되기도 했는데 진술 자체가 거짓이거나 수사관들의 고문에 의해 조작된 내용도 있어서 어디까지가 진실인지는 영원히 알 수 없는 부분도 없지 않았다.

이일재가 권재혁으로부터 직접 들은 이야기만으로 보면, 그는 고모가 일제 때 사회주의운동을 했던 사람으로, 어려서부터 그 영향을 받았다. 6년제 중학교에 다니던 20살 때 해방을 맞자 고모의 보증으로 조선공산당에 가입해 혜화동에 있던 조선공산당 아지트의 경호원(하우스 키퍼)으로 일하게 되었다. 조선공산당의 최고 지도부였던 박헌영, 이관술, 이현상, 이주하, 김삼룡 등만이 드나드는 비밀 아지트였다. 그러나 1년도 안 되어 조선공산당 지도부가 체포되거나 월북하면서 활동 기반을 잃게 되자 서울대 사회학과를 졸업했다.

나중에 그는 '남조선해방전략당 사건'으로 재판을 받을 때 "하숙집이 조선공산당 근처에 있어 그 근처를 지나면서 더러 들른 기억이 있을 뿐 공산당의 영향은 받은 적이 없다"고 공술한다. 공산당 아지트에 아무나 드나들 수는 없었으리라는 점에서 형량을 줄이기 위한 진술로 보이는데,

본인이 진실을 안은 채 죽음으로써 정확한 사실은 더 이상 알 수가 없게 되었다.

1950년 5월에 대학을 졸업한 권재혁은 서울 경신중학교 교사로 부임하는데 한 달 만에 전쟁이 터졌다. 서울이 인민군 치하가 되면서 이승엽이 조선노동당 서울 시당위원장을 맡아 토지조사위원회라는 것을 만들고 점령지의 토지 개혁에 착수했다. 권재혁은 이승엽 밑에서 토지조사위원회 조사원으로 활동했으나 3개월 만에 인민군이 후퇴하면서 또다시 고립되고 말았다.

혁명가라기보다는 공부를 좋아하는 학자였던 그는 인민군을 따라 월북하거나 빨치산에도 들어가지 못하고 피난민으로 떠돌다가 부산 세관 서기로 취직해 부산에서 종전을 맞게 되었다.

당시 세관은 부패한 정치가와 관리들의 부수입 창구나 다름없었다. 국무총리부터 장관, 국회의원, 고위 관리들 할 것 없이 항생제나 페니실린 같은 약품부터 파라솔까지 온갖 물품을 밀수했다. 경찰, 검찰이 한통속이었으니 제재할 사람도 없었다.

부패한 관리들을 눈감아주는 일에 회의를 느낀 권재혁은 1955년 7월, 가족을 이끌고 미국으로 유학을 떠났다. 몬태나대학에서 석사 학위를 마치고 조지타운대학, 오리건대학 등에서 경제학 박사과정을 밟고 있을 때 고국에 4·19혁명이 일어났다는 소식이 들려오더니 이듬해에는 5·16쿠데타가 일어났다. 고국에 거대한 변화가 잇따르고 있는데 공부만 할 수는 없다는 생각에 박사 과정을 포기하고 귀국한 것이 1961년 11월, 쿠데타가 일어난 지 반년 만이었다.

권재혁이 귀국한 이유는 격변하는 남한의 정세 속에서 무언가 역할을 해야 한다는 의무감 때문이었으나 무엇을 어떻게 해야 할지 몰랐다. 그런데 친형 권윤혁이 박정희의 개혁을 돕기를 권유했다. 권윤혁은 동국대 교수로 박정희에게 민족적 민주주의 이론을 제시한 사람이었다. 많은 진보 인사들이 처음에 혼돈을 겪은 것처럼, 좌익 출신 박정희가 권력을 잡자 진보적 정책을 펼지도 모른다는 희망을 품었던 한 사람이었다. 새나라 건설에 힘을 보태자는 마음으로 건국대학교와 육군사관학교에서 경제학을 강의했다. 육사에서 강의하게 된 것은 이한림 장군 덕분이었다. 육사 교장이었던 이한림은 박정희의 쿠데타에 반대해 강제로 예편되었으나 한국수산개발공사 사장을 맡고 있었다. 권재혁은 관변 어용 단체인 '한국경제문제연구회' 상임위원으로도 활동하는 등 박정희 정권에 최대한 협조하려고 한다.

박정희의 본질은 그러나 너무 빨리 드러나버렸다. 박정희가 추구한 것은 철저한 반공주의 아래 자본주의를 발전시키되 국가가 이를 엄격히 통제하는 국가독점자본주의였다. 또한 이러한 국가 통제를 원활히 하기 위해 국민적 단결을 강요하는 파시즘을 택했다. 경제적으로는 국가독점자본주의요 정치적으로 집단주의 파시즘이니 권재혁의 이상과 맞을 수가 없었다.

실망한 권재혁은 귀국 2년 만에 건국대와 육군사관학교 교수직을 버렸다. 또한 관변단체 '한국경제문제연구회'의 상임위원직도 버렸다. 생계가 난감한 그를 도와준 이는 이번에도 이한림이었다. 그는 자신이 사장으로 있는 '한국수산개발공사'의 영업계장으로 취직시켜주었다.

안정된 직장의 간부가 되었으나 세상을 바꿔야 한다는 권재혁의 꿈은 사라지지 않았다. 가끔씩 민주사회동지회에 나와 사람도 사귀고 강연도 하던 차에 이일재를 만나게 되었다.

이일재는 수시로 권재혁을 만나 시국에 대해 논의하고 어떻게 해야 할 것인가 상의하며 친해졌다. 주로 을지로 국전다방에서였다. 권재혁은 한때 좌익 활동을 했고 유물론적 세계관을 가지고 있기는 했으나 전형적인 진보학자였다. 실천 경험이 없던 그는 이일재가 전위적인 지하당을 건설해야 한다거나 어용 노총을 민주화시켜야 한다고 주장하자 흔쾌히 수용했다.

이 무렵 김말용은 서울에 올라와 연합노조위원장을 하고 있었다. 연합노조는 청소노조나 병원, 금융 등 기존의 산별에 들어가기 모호한 업종의 노조들을 모아놓은 곳이었다. 박점출이 소속된 노조이기도 했다. 제일모직 문제로 결별해 대구시 연맹을 따로 만들었던 이일재는 청소노조에서 실무를 보고 있던 박점출을 김말용 모르게 연합노조 간사로 취직시켰다. 조합원이 7,000명이나 되는 청소노조는 여전히 박점출이 깊이 관여하고 있어 중요한 활동 대상이었다.

다른 한편으로는 철도노조 사람들을 만나 일제시대 비밀지하노조였던 적색노조를 재건하자고 모의했다. 철도노조의 지도자인 이철희, 손진규 등을 만나기 위해 지방의 작은 간이역으로 찾아가기도 했다.

간간이 대구에 내려가 도예종과 서도원도 만났다. 민주적이고 전투적인 제2의 노총을 만들려는 생각으로 가진 만남들이었다. 나중에 대구 지역 조직 책임을 이형락이라 부르던 이권에게 맡긴 후에도 자주 내려갔는데, 이형락의 활동력이 떨어졌기 때문이었다. 어쨌든 당시 대구는 전국 노동운동의 핵심 근거지이기도 하거니와 이일재 자신의 존재 기반이기도 했다.

제2의 노총을 만들어야 한다는 생각은 다들 가지고 있었으나 여망일 뿐이었다. 군사정권은 전국에 60만 명에 이르는 정보원을 깔아놓았다고 알려져 있었다. 실제로 각 단위 노동조합마다 정보원이 배치되어 있어서 공장 내의 사정을 낱낱이 파악해 규제했다. 옴짝달싹할 수 없는 상황이었다.

이일재는 현실적 역량으로나 법률적으로나 독자적인 노총을 만드는 게 거의 불가능하다고 판단하고 한 사람이라도 더 현장에 들어가 노동자가 되어 한국노총으로 파고들기로 했다. 한국노총 내에 민주노동운동을 지향하는 사람들이 들어가서 주도권을 장악하자는 작전이었다. 그는 사람들을 만날 때마다 강조했다.

"현장에서 시작해야 합니다. 노동운동 활성화를 위해서는 대중 속에 깊이 발 디뎌야 합니다. 청량리 오팔팔 창녀촌부터 대기업까지 조직하지 않고 지식인들끼리 전위조직을 만드는 것은 사상누각입니다."

50만 조합원을 가진 한국노총을 10명도 안 되는 이들이 바꿔보겠다는 생각은 무모한 야심으로 보일 수 있었다. 그러나 1921년, 4억의 중국인 중 50명뿐인 당원을 대표하여 13인이 결성한 중국공산당이 불과 수년 후 수만 명으로 늘어난 전설을 그들은 믿었다. 이일재는 이를 "한국노총 내부에 복선을 까는 작업"이라 명명했다. 이에 따라 권재혁을 비롯한 구성원들을 만날 때마다 강조했다.

"한국 노동운동의 자주화를 위해 한국노총 내부에 복선을 까는 작업을 합시다. 그런데 이 복선을 까는 작업을 할 주체가 있어야 합니다. 가장 좋은 주체는 물론 전위당이지만 그 전에 전국에 산재해 있는 혁명 세력들을 서로 연결해야 합니다. 지금은 서로에 대한 정보가 없고 교류도 없으니 우선 이 모임이 일종의 정보 센터가 되어 사람들에 대한 정보를 수집하고 이를 체계화해 교류를 하도록 하는 게 필요하다고 봅니다. 일단 전국의 혁명 세력들이 모이면 그들의 뜻에 따라 전위당을 결성합시다."

자신들의 소모임을 일종의 정보 센터로 하여 점점 키워나가자는 계획에 따라 1965년 중순부터 이일재, 권재혁, 박점출, 김병권, 이형락, 노정훈, 김봉규 등으로 이뤄진 모임이 정규화되었다.

다른 한편, 자신의 근거지인 대구에 자주 드나들며 사람들을 늘려나가기에 힘썼다. 대구의 인물로는 한국노련을 함께했던 김기훈과 이형락이 꼽혔다. 김기훈은 양복점 직공들의 조직인 복장노조와 창호나 문을 만드는 목수들의 조직인 목공노조에 영향력을 갖고 있었다. 대구시 연맹이 살아 있을 때 지도했던 동촌비행장노조, 대구시 청소노조에 소모임을 조직하기 위해 뛰어다녔다.

삼촌 이강복을 합류시킨 것도 이때였다. 해방 후 연극동맹 서기장까지 했던 이강복은 좌익이 붕괴된 후 대구국민학교 앞에서 문방구를 하다가 아내가 경북 금릉군 연명국민학교 교사로 발령이 나는 바람에 1966년에는 연명리 산골에 살고 있었다. 이일재는 아들과 권재혁을 데리고 그를 찾아가 하룻밤을 자면서 설득했다.

이강복은 1968년 8월 중앙정보부에서 쓴 자술서에서 그날 밤 어떤 이야기를 나눴는가에 대해 아래와 같은 내용으로 진술했다.

"권재혁은 남한의 5대 모순을 열거한 후, 이러한 모순을 제거하지 않고는 남북통일은 불가능하다. 그러나 여기서 유의할 점은 북조선 인민이 남조선 문제를 해결 못하며 남조선 인민 역시 북조선 문제를 해결 못한다. 그러므로 여기에는 오직 남조선 노동계급이 주축이 되어 독자적이며 자주적인 남조선 해결을 위한 노력이 필요하지 밀

파된 몇몇의 간첩 행위로서 남조선 문제를 해결한다는 생각은 북조
선 노선은 아직 남조선 문제를 옳게 보지 못한 짓이라 비판하였습
니다."

남한의 독자적인 전위당 활동에 대한 집념은 이일재만의 것이 아니었
다. 그렇다면 어떻게 남조선 혁명을 이룰 것인가에 대해 이강복은 그날
나눈 이야기를 이렇게 옮긴다.

"남조선에서는 남조선만의 기본 정치노선이 확립되어야 한다. 이것
은 반미, 반봉건을 기본으로 하여 각계각층의 남조선 인민이 총집결
하는 대중투쟁 외에는 없다. 6·25와 같은 무력투쟁은 전면 전쟁을
야기할 것이요, 과거 남로당과 같은 유격투쟁은 인민과 유리된 극좌
적인 투쟁으로서 남조선 내부 분열을 조장할 따름이다. 그러므로 우
리는 현재 남조선의 상기 특징과 모순을 제거하는 대중조직이 되고
야 말 것이다. 이 문제만이 연구될 문제라라고 결론을 지었던 것입
니다."

이강복은 이일재와 권재혁의 노선에 적극 동조하고 다시 전선에 섰다.
조직 대상이 된 사람들이 이강복처럼 처음부터 사회주의에 동조했던 것
은 아니었다. 손정박과 노중선 같은 경우였다. 손정박은 서울대 문리대를
나왔는데 사회주의와는 거리가 있는 민주주의적 휴머니스트였다. 노중선
은 대학에서 행정학을 전공하고 교사로 있다가 노동운동에 관심을 가진
사람이었다. 4·19 세대지만 학생 때도 학생운동에 깊이 관여하고 있지
않았던 그는 당시 장준하가 발행하던 잡지 「사상계」를 보며 영향을 받았

다. 반공을 기반으로 한 민족주의자이자 민주주의자인 장준하가 발행한 「사상계」는 민주주의를 갈망하는 노중선 같은 이들에게 큰 영향을 주었다. 학교를 마치고 시골에서 선생을 하던 그는 이일재를 만나면서 직장을 버리고 가담하게 된다.

정보 센터를 지향하는, 그러나 이름을 정하지 않은 이 무명의 소모임은 대한민국 정부를 미제국주의의 앞잡이 괴뢰정권으로, 남한은 미제의 신식민지 치하에 놓인 반봉건 사회라 보았다. 자본주의 사회인 남한을 반봉건 사회라 규정한 이유는 산업이 극히 미약한 농업 국가이며 봉건적 사고방식이 잔존하고 있다고 본 때문이었다.

이러한 남한의 모순을 극복하기 위해서는 먼저 반독재 부르주아민주주의혁명을 통해 민주주의를 확보한 다음 사회주의 단계로 넘어가야 한다고 보았다. 이를 위해서는 노동자를 주축으로 하는 전위정당을 결성하고 농민과 빈민, 진보적 지식인들과 통일전선으로 동맹을 맺어 반독재 민주주의 투쟁을 벌여야 한다고 생각했다.

또한 민주주의혁명을 일으키려면 먼저 미군부터 철수시켜야 한다고 보았다. 때마침 일어난 베트남전 소식은 미군 철수의 희망을 갖게 했다. 권재혁은 미군이 베트남에서 고전하고 있다는 소식을 전하며 머지않아 남한에서 미군이 철수할 것이라고 보았다.

박정희는 1964년 들어 일본과의 수교를 추진하고 있었다. 일본으로부터 차관을 빌리는 조건으로 국교를 맺고 일본의 산업 기술 투자를 유도하려 함이었다. 이에 대해 대학생들은 물론 일반 시민들도 강력히 반발하고 나섰다.

모임은 박정희의 한일협정을 매국 행위로 보았다. 내버려두면 남한 경제는 또 다시 일본에 예속되게 된다고 보고 반일시위에 나선 학생들을 지원하기로 했다. 연결 고리는 학생운동에 관계가 깊은 노정훈이 맡았다. 모임은 그에게 활동비를 제공해 시위를 주동하게 했다. 대학생들은 6·3 시위라 불리는 격렬한 반일 시위를 계속했고 노정훈은 시위에 앞장선 학생들을 대상으로 소모임 조직 활동을 벌였다.

모임은 조직 방식으로 '포'의 형태를 택했다. 전래의 한국말로 바꿨을 뿐, '포'란 사실상 공산당의 야체이카, 곧 세포조직과 같은 말이었다. 3명이 한 포를 이루어 책임자를 두고 활동하다가 어느 정도 성숙하면 각자가 확보한 노동자 조직의 책임자가 되어 세포 분열하듯이 퍼져나가는 방식이었다.

이강복은 자술서에서 '포'는 3인 또는 5인 이하의 인원을 단위로 한다며 이렇게 진술한다.

> "포는 우리의 생활의 장이다. 우리의 학교다. 조직의 모체다. 이상 3가지를 포의 개념으로 삼고 각 포는 어디까지나 자주성을 살려 포원간의 개인적 문제까지를 그 포에서 해결하며 서로 교양을 높이되 포와 포 간의 연락은 절대로 금하며 새로운 포원 가입 시는 그 포의 만장일치를 원칙으로 하며 다른 포가 또 다른 포의 간섭은 있을 수 없고 의결 기관은 그 포 자체의 포 결의로 결정되도록 하여 각포가 독자적으로 운동하도록 된 것이 포의 특징입니다."

이일재는 석방 후 회고에서 포에 대해 이렇게 말했다.

> "각 12개 산별에 배치된 동지들이 각자 거기서 포를 만드는 기라. 포를 만들어서 그 포가 중심이 돼 가지고 한국노총 노동조합과 연

계를 하고 투쟁을 전개했다."

이일재는 서너 명 단위의 포를 바탕으로 하면 구성원들 사이에 유대감이 생겨 내실을 확보할 수 있을 뿐 아니라 보안 문제도 어느 정도 해결되리라 보았다. 경찰과 중앙정보부의 치밀한 감시망 아래 회원들이 다같이 모이는 것은 대단히 위험한 일이기도 했다.

이렇게 하나둘씩 알게 된 사람들이 최초로 한자리에 모인 것은 1967년 1월 1일 아침이었다. 양력 설날인 이날 권재혁의 집에서 다 같이 모여 밥을 먹으며 서로 인사를 나누었다. 참석자는 이일재, 이강복, 이형락, 노정훈, 박점출, 김봉규, 김병권, 조현창 등 10명 남짓했다.

나중에 중앙정보부는 이날 모임에서 떡국을 먹으며 지하당을 결성하고 당 강령을 채택했다고 발표한다. 당수는 권재혁, 나머지는 포책으로 임명되었다는 것이다. 하지만 이는 사실과 달랐다.

우선 구정을 지내던 시절로, 이날은 떡국을 먹지도 않았다. 아버지를 따라갔던 이정건은 떡국은 나온 적 없고 된장찌개에 밥을 먹었는데 찌개 속에 파가 있어 골라냈다고 기억한다. 해방 직후 조선공산당 당사에는 지하 인쇄소가 있지도 않았는데 '공산당이 지하실에서 위조지폐를 만들었다'는 경찰의 발표가 지금도 통용되는 것처럼, 설날이니 떡국을 먹었다는 이야기는 고문으로 만들어낸 그럴싸한 대본이었다.

이날의 모임은 비록 소규모지만 전국적인 노동운동 조직의 시발점이 되었다. 하지만 이 정도 인원으로 당을 결성한다는 건 말도 되지 않았다. 개개인의 경륜과 현재 조직력을 보아도 이런 구성원들로 당을 만든다는 건 우스운 일이었다. 사회주의자라면, 아니 보통의 민주주의자들조차도 자신들의 정견을 관철시키기 위해서는 정당을 만들어야 한다는 생각을 하기 마련이었다. 이날의 모임에서도 이일재 등 일부 참석자들은 그것을 지향하고 있던 게 사실이었다. 그러나 충분한 시간과 준비를 거쳐, 언젠가는 당을 만들겠다는 막연한 의지에 불과했다.

언젠가 만들어야 할 정당의 명칭에 대해서도 이일재는 '노동계급당'으로 생각하고 있었다. 권재혁이 논문 제목으로 택한 '남조선'이니 '해방' 같은 민족주의적인 단어는 그에게 맞지 않았다. 더구나 손정박, 노중선 등은 사회주의와는 거리가 먼, 반공 의식을 가진 민주주의자라고 할 수 있었다. 이렇듯 조직원 사이의 사상 통일도 제대로 되지 않은 상황에서 사회주의를 지향하는 전위당을 논의하고 결정했다는 건 아무래도 비상식적이었다.

이날 모임의 주된 의제는 전위당 건설이 아니라, 당장의 노동운동을 위해 각자 무엇을 할 것인가였다. 주로 어디에 어떻게 취업할까를 상의했는데 노중선은 권재혁의 소개장을 가지고 대구의 신성공업사에 취직하라던가, 김봉규는 탄광으로 내려가 무면허 치과 의사를 하며 광부를 조직하자던가 하는 식이었다. 손정박이 우편배달부로 취업하고, 김판홍이 철도에 들어가게 된 것도 이런 이야기의 연장선에서 이뤄졌다.

이날 권재혁이 정리해 온 문건을 낭독하고 공유했다는 것도 중앙정보부의 조작이었다. 중앙정보부는 이날 이일재 등 10명이 모인 자리에서 종이 2장에 정리해온 「오늘의 정치 정세와 우리들의 혁명 과업」을 낭독, 심의하여 통과시켰다고 발표했고 권재혁은 고문으로 강요된 진술서에서 이를 인정했다.

권재혁은 1968년 8월 6일 중앙정보부에서 쓴 진술서에서 「오늘의 정치 정세와 우리들의 혁명 과업」의 요지를 기술한다. "전체 6개 장으로 이뤄졌는데 제1장은 서문과 기본 전략에 관한 것, 제2장은 국제 정세 분석,

제3장은 국내 정세 분석, 제4장은 3대 혁명 특징과 5대 모순, 제5장은 반공 정보 통치 및 혁명 세력의 발아, 제6장은 전위당 조직 방향"이었다는 내용이었다.

이 진술도 고문에 의한 조작이었다. 구성원들 사이에 사상 통일도 되지 않은 상태에서 첫날 모이자마자 자신들의 혁명 과업을 발표한다는 것부터가 운동권의 상식에 맞지도 않았고 이일재의 조직 방식도 아니었다.

이날 회합에서는 서로 인사를 나누고 장차 한국노총을 민주화하기 위해 각자 현장에 들어가자고 결의했을 뿐이었다. 이 문제는 이일재가 총괄했다. 그는 모든 산별 노조에 조직책, 곧 포책을 집어넣는 목표를 세우고 역량을 배치했다. 이일재 본인은 전국을 돌아다니며 조직을 관리하는 총책임자를 맡기로 했다.

실제로 조직원들이 모두 현장에 배치된 것은 이듬해인 1968년까지였는데, 이를 미리 보면 아래와 같았다.

경남 합천 출신인 노중선은 대구에 있는 신성공업사에 취직해 금속노련에 파고들기로 했다. 신성공업사의 전무가 권재혁의 친구였다. 한양대학교에서 문화사를 가르치다 사퇴하고 전무로 일하고 있었는데 28살의 노중선이 권재혁의 명함을 가지고 가자 바로 취업시켜주었다.

경남 합천 출신으로 1967년 당시 26살이던 김판홍은 그해 11월 행정직 공무원 시험에 합격해서 청량리역 객화차 사무소 행정서기로 들어갔다. 김판홍은 철도노조의 오르그가 되었다.

춘천 출신으로 경기고와 서울대를 나온 수재인 손정박은 서울대 정치학과를 졸업한 후 체신부 우체국에 들어갔다. 김판홍보다 1살 어린 25살 때였다.

나경일은 제일모직 노조의 감찰위원장을 했던 사람으로 해고된 후 병원 조수, 약종상 등 허드렛일을 전전하고 있었는데 모임의 결정에 따라 훗날 코오롱모직이 되는 한국나일론에 취직했다. 중화학공업이 미약하던 당시 섬유 산업은 남한의 지배적인 산업이었는데 박정희가 추진한 제1, 2차 산업개발에 맞춰 면방직 같은 천연섬유 중심에서 나일론 같은 합성 섬유로 전환하던 중이었다. 나경일은 부산까지 내려가 섬유노조의 오르그가 되었다.

노정훈은 연합노조 소속인 PLO 노동조합에 관계했다. PLO란 미국에서 중유를 들여와 인천항에 저장하면 이를 서울까지 트럭으로 수송하는 기름 수송 회사였다. 이 운수 노동자들은 인천 부두에 허름한 여관을 빌려서 공동생활을 하고 있었는데 노정훈은 그들과 함께 살며 소규모 소모임을 만들어나갔다.

오시황은 택시 운전사로 취업해 운수노조 책임자가 되었다. 평양 출신인 그는 1948년에 단신 월남해 육군에 입대했다가 탈영해 징역을 산 경력이 있었다. 복역 후 재복무하다 제대한 후 중도 좌파 정당인 사회대중당에 입당, 통제위원으로 활동하기도 한 사람이었다.

김영대는 부산대를 나와 학생운동을 하다가 5·16 이후 감옥살이를 한 사람으로 부산 영도에 있는 대한조선공사에 취직했다. 당시 남한의 조선 산업은 극히 열악해 어선이나 고치는 소규모 조선소들밖에 없었다. 대규모 조선소로는 대한조선공사가 유일했다. 노동자가 5,000명이 넘는 굴지의 대기업이기도 했다.

대한조선공사에서는 1967년 대규모 파업이 일어났다. 정부 기업이던 것을 민간에게 불하하려 하자 노동자들이 이에 반대해 총파업을 벌인 것이다. 박점출의 친구가 그 회사에 다니고 있었다. 이일재는 파업이 터지자 부산에 내려가 김영대와 함께 배후에서 파업을 지원했다.

조현창은 경남 진주고등학교를 나와 대구 제일모직에서 일하다가 투쟁에 가담해 해고된 후 외판원, 경비 등을 전전하고 있었다. 모임을 할 무렵에는 서울 영등포구 진양화섬공업회사 실험실 조수로 일하고 있었는데 이일재의 권유에 따라 부산의 행성사에 취업해 화학노련의 오르그가 되었다.

권태형은 대구 제일모직 노조위원장을 하다가 해고된 후 경남모직에 들어가 활동했다. 경남모직은 양털을 가공해 옷감을 만들고 있었는데 사장 김한수가 악랄하기로 유명했다. 대출 이자가 매우 높아 20%가 넘던 시절이었다. 사장 김한수는 계속 흑자를 유지하고 있음에도 한 달씩 노동자 월급을 체불해 그 이자를 돈벌이로 삼았다.

1967년 추석에도 월급을 체불해 노동자들이 파업을 한다는 소식을 듣고 이일재가 급히 내려가보니 300여 명의 여성 노동자며 주민들이 경남모직 정문에서 시위를 벌이고 있었다. 시위대 속에는 월급이 안 나와 외상값을 받지 못하게 된 연탄장사, 구멍가게, 쌀가게 아줌마 등 주변 상인들까지 가세해 있었다. 권태형은 시위를 주도하고 이일재는 배후에서 이를 지원했다.

김병권은 직접 노동 현장에 취업하지 않았지만 조직에 더 없이 중요한 인물이었다. 일제 시절 대구에서 보통학교를 나온 후 일본, 만주 등지를 전전하며 우체부와 회사원으로 일하던 사람이었는데 해방 후 군납업으로 돈을 벌어 사회대중당 경북 도당 상무위원으로 활동하며 자금을 댔다. 그런데 5·16이 터져 혁명재판소에 재산을 압류당하는 피해를 입고 1963년경부터는 대구에서 대성공업사를 운영하며 비밀리에 모임의 활동 자금을 댔다.

민사동에 드나들던 무면허 치과 의사 김봉규도 현장에 취업하지 않고 외곽에서 노동자를 조직했다. 군사정권은 산업 개발과 함께 주유종탄 정책을 세워 석탄 산업을 사양화시키고 기름을 산업의 기반으로 삼는 정책을 펴고 있었다. 이에 여러 탄광이 폐쇄되면서 생계를 잃은 노동자와 가족들이 항의를 벌이고 있었다. 강원도 영월에 있는 탄광이 폐쇄되자 2천여 명의 노동자들이 상경해 국회 의사당 앞에서 시위를 벌이기도 했다. 이일재는 광부들을 조직하기로 하고 김봉규를 탄광으로 내려보내 무면허 치과 의사로 일하면서 노동자를 조직하도록 했다.

이일재가 김봉규를 탄광에 보내기로 한 것은 남미 혁명가 체 게바라가 볼리비아로 가기 전에 칠레의 초석광산에 가서 노동자들을 조직해 무장 게릴라를 일으키려 했다는 정보에서 착안한 것이었다. 이런 정보는 국내 언론에는 전혀 나오지 않았다. 부산에서 외국 선원들을 통해 밀수한 일본의 진보잡지 「세계」를 통해 얻은 정보였다. 「세계」에는 프랑스 기자가 체 게바라의 게릴라 부대에 잠입해 인터뷰한 기사가 실리기도 했고 끝내 생포되어 사살되었다는 기사도 실렸다.

이일재는 김봉규가 탄광 노동자 조직에 성공하면 체 게바라처럼 무장 게릴라를 일으킬 수도 있겠다는 꿈을 품었다. 당시 미국은 베트남전에 뛰어들어 엄청난 물량을 쏟아붓고 있었고 한국군도 이에 파병되어 있었다. 권재혁이나 당대 진보운동가들과 마찬가지로, 이일재는 베트남전이 미제국주의의 침략 전쟁이자 베트남 인민들의 해방투쟁이라고 보았다. 베트남에 세계적인 좌우 대립의 전선이 형성된 것이다. 그렇다면 제2의 전선을 만들어 제국주의를 타격해야 하는데 그곳이 바로 한국이 아닌가 생각했다.

실제 북한에서도 이러한 시각으로 1968년 무장게릴라를 청와대까지 침투시켜 박정희의 암살을 기도하기도 한다. 이듬해인 1969년에도 강원도 울진, 삼척으로 대규모 무장게릴라를 보내 남한정부를 흔들기도 했다.

이렇듯 조직원을 각지에 파견하는 한편, 이일재는 전라도 광주에도 드나들며 조직을 만들어나갔다. 강원도, 부산, 경상도에는 다 파견되었는데 전라도가 비었다는 점 때문이기도 했지만 다음 항쟁지는 광주라는 막연한 예감이었다. 무슨 구체적인 자료를 가지고 판단한 것은 아니었다. 대구에서 10월항쟁이 났으니 다음은 광주라는 직감이었다.

전라도쪽 인맥은 전북 군산 출신인 노정훈이 갖고 있었다. 이일재는 노정훈을 통해 광주에서 몇 사람을 만날 수 있었다. 빨치산으로 활동했던 여성과 윤 모라는 사람이었다. 여성 빨치산은 남편을 잃고 연합통신 기자와 재혼했는데 기자도 사회의식이 있는 사람이었다. 이들을 만난 이일재는 정세 교육을 하는 동시에 화순탄광 노동자들을 소개시켜달라고 했다. 몇 명의 탄광 노동자들과 사귀는 데 성공해 주기적으로 광주에 드나들며 조직을 도모했다.

삼촌 이강복은 권재혁의 주선으로 대구 연한물산의 수위로 취업해 노동자들을 접촉해나갔다.

권재혁은 계속 수산회사에 다니면서 제공하는 한편으로 이론적 지도자로서 역할을 했다.

중앙정보부는 이후 권재혁의 집에서 계속 '남조선해방전략당' 모임을 가진 것으로 발표했으나 이 역시 사실이 아니었다. 모임은 주로 미아리의 이일재 방에서 열렸다.

방 하나에 부엌이 딸린 단칸 사글셋방이었다. 모임이 있는 날이면 창문으로 연기가 풀풀 솟구칠 정도로 담배들을 피워댔다. 중앙정보부는 서울대를 나온 지식인인 권재혁을 이론의 지도자인 듯 조서를 꾸몄으나, 실제로는 이일재가 이론과 조직 모두를 이끌었다 해도 과언이 아니었다.

경제적 지식뿐 아니라 국제 정세에도 박식한 그는 모임 때마다 이를 해설하는 역할을 했고 노동운동의 현실을 잘 알다보니 조직 문제도 주로 그가 지도했다

첫 전체 모임으로부터 한 해가 지난 1968년 1월 1일, 권재혁의 집에서 두 번째 전체 모임이 열렸다. 권재혁, 이일재, 이강복, 노정훈, 김봉규, 이형락, 노중선 등 10명 남짓 참가했다.

권재혁은 이 자리에서 지난해부터 해온 토론의 결과물인 테제 「남조선 해방 전략에 대하여」를 읽었다. 남한 및 전체 한국의 문제는 미소 양 진영의 대립에 의한 것이며 미국의 신식민지 지배 및 군사 경제 원조가 남한을 빈곤으로 몰아넣는다는 것, 남한은 5대 모순을 가지고 있으며 이는 미제국주의 대 전체 인민, 봉건주의 대 인민, 매판자본 대 민족자본, 자본 대 노동, 지주 대 농민의 모순이라는 것, 이 5대 모순을 제거하기 위해 노동자, 농민을 단결시켜 반제국주의 반독재투쟁을 일으켜야 한다는 내용이었다.

논문이라기보다 일종의 선언서였다. 권재혁이 정리하기는 했으나 그가 혼자 쓴 것이 아니라 1967년 신정에 모임을 가진 이후 1년간 이일재의 미아리 집에서 주기적으로 만나면서 나눈 이야기들을 그가 정리하고 이 강복이 수정한 것이었다.

현재 이 논문은 남아 있지 않은데, 내용은 좌파들의 시각으로 보면 매우 상식적이었다. 남한은 미국의 신식민지이자 문화적으로는 반봉건 사회이기 때문에 미제국주의와 군부독재를 물리치고 부르주아민주주의정권을 세워야 한다는 것이었다. 이를 위해서는 북한과 연계되지 않은 남한의 독자적인 운동조직이 필요하다고 했다. 궁극적으로 사회주의혁명을 하자거나 공산주의를 하자는 지침을 담고 있지는 않았다.

하지만, 뒤집어보면 북한의 노선과도 별로 다르지 않았다. 반제 반봉건 민주주의혁명이라는 것은 북한에서 늘 하던 이야기였다. 또한 남한의 독자적인 전위당 결성이라는 것도 북한에서 말해오던 것이었다. 북한은 통혁당 사건에서 보듯이 지도자급들을 몰래 불러들여 조선노동당에 가입시킨 후 상당한 자금을 지원하고 있었지만 대외적으로는 남한의 혁명은 남한의 운동가들이 이뤄야 한다고 말해왔다. 이 점은 모임이 이적 단체로 판정받게 되는 결정적인 사유가 될 것이었다.

다음 순서로는 이강복이 국내외 정세 보고를 통해 중국과 소련 사이에 벌어지고 있는 이념 논쟁을 분석했다. 그는 소련의 수정주의적 오류와 중국의 교조주의적 오류를 동시에 비판하고 중소 논쟁의 쟁점을 올바르게 평가해야 한다고 보았다. 또, 베트남전은 미제국주의의 침략 야욕에서 일어난 침략전쟁인 동시에 베트남 민족으로서는 민족해방투쟁이라고 하는 게 옳다. 이에 대한 국제적 반전운동이 활발하게 일어나고 있는데 미국에서는 흑인의 반전운동이 폭동화하고 있고 일본, 서독, 영국, 프랑스 등에서 반전운동이 전개되고 있다고 보고했다. 베트남전에 한국군이 참전한 것은 약소민족으로서의 모순이다. 따라서 베트남전을 반대해야 한다고 주장했다.

이일재는 조직 책임자로서 전체 포의 현황에 대해 보고했다. 각 지구별 조직 현황 및 활동 계획에 대해 보고하고 그간의 포 조직이 부진하므로 앞으로 보다 적극성을 갖고 조직 확대에 나서자고 말했다.

오후 늦게까지 계속된 개별 발표와 토론은 주로 각자 현장에서 벌어지고 있는 조직 활동의 성과와 문제점들에 대한 토론으로 이어졌다. 첫 번째 모임과 마찬가지로 이 무명의 모임을 전위당으로 전화시키자거나 전위당을 결성하자는 이야기 같은 건 없었다. 구성원들의 활동 지역으로만 보자면 전국적이었으나 아직 대중조직에의 영향력은 거의 없는 상태였고 넓게 잡아도 20명이 안 되는 조직으로 전위당을 운운하는 건 우스꽝스러운 일이었다. 전위당의 기초가 되기 위한 현장 모임이라고 할 수 있었다.

이들의 지향성을 보여주는 유일한 근거는 「남조선 해방 전략에 대하여」라는 문건의 제목이었다. 중앙정보부는 나중에 이 논문 제목을 따서 이들 조직을 '남조선해방전략당'으로 명명하는데 차라리 '남조선해방당'이라면 모를까, '전략'에 당을 붙여 '전략당'이라고 명명하는 것은 문법적으로도 맞지 않았다.

모임이 끝난 후 이일재를 비롯한 여러 사람이 권재혁에게 당부했다.

"이 논문이 화를 불러일으킬 수 있으므로 반드시 소각해 없애버리십시오."

권재혁은 그러겠다고 대답했다. 그러나 지식인 특유의 자료에 대한 애착을 가진 그는 약속을 어기고 장롱 깊숙이 숨겨놓았다. 이것이 자신의 목숨까지 빼앗게 되리라곤 상상도 못했을 것이다.

모임에서는 다른 조직과의 연대 활동에 대한 논의도 이뤄졌다. 이 시기에 전위당을 지향하며 활동하는 다른 조직은 2개가 있었다. 역시 중앙정보부에 의해 명명된 이름이긴 하지만 인혁당과 그리고 통혁당이었다. 중앙정보부가 지어준 이름인 전략당까지 세 조직의 주요 구성원은 대구와 깊은 관련이 있다는 공통점이 있었다. 그러나 성향은 사뭇 달랐다.

김종태가 주도하는 통혁당은 이미 1964년 극비리에 창당준비위원회를 만들어 조직원 확대를 위해 뛰어다니고 있었다. 이 과정에서 김종태는 북한에 네 번이나 올라가 직접 김일성과 면담까지 하고 공작금을 받아와 활동하고 있었다. 이는 대구 지역의 운동가들 사이에는 공공연한 비밀이었다. 이일재는 북한과 연계된 통혁당을 매우 부정적으로 보고 이에 연관되지 않도록 권재혁에게 누차 강조하고 있었다.

전략당이 중앙정보부에 드러난 것은 그러나 바로 권재혁과 통혁당 때문이었다. 나아가 전략당도 통혁당의 하부조직처럼 발표가 된다.

15. 남조선해방전략당

아들 이정건의 기억이다. 8살이던 1967년, 성북구 미아리의 매원 국민학교 근처에 아버지와 단 둘이 살았다. 가까이 영화배우 김지미의 집도 있던, 환경이 그리 나쁘지 않은 동네의 단칸 사글셋방이었다.

아버지의 친구들은 한 달에 두세 번씩 집으로 찾아와 모임을 가졌다. 그해 1월 1일 권재혁의 집에서 첫 만남을 가진 후로는 주로 이일재의 방에서 모임을 갖던 '무명의 노동운동 조직'이었다.

어른들은 7, 8명 정도였는데 모일 때마다 다들 뭔가를 사들고 왔다. 어린애가 떼를 쓰면 회의를 할 수 없으니 달래기 위함이었다. 신기하게도 어른들은 매번 거의 같은 선물을 사왔다. 센베이만 사오는 아저씨는 매번 센베이만 사오고, 중국 호떡을 사오는 권재혁은 매번 커다란 중국 호떡만 사오는 식이었다. 중국 호떡은 가운데 팥이 들어 있었으나 달지를 않아 맛은 그저 그랬다. 사과 같은 과일이나 캐러멜을 사오는 아저씨들도 매번 같은 것만 사왔다. 그래서 이정건은 아저씨들을 이름 대신 선물

이름으로 기억했다. 호떡, 캐러멜, 센베이, 사과, 알사탕이 그네들의 이름이었다.

나중에 거창한 혁명조직으로 조작되지만 꼬마가 본 소박한 아저씨들의 모습이야말로 모임의 본질에 가까워 보인다. 1980년 5월광주학살을 겪은 수많은 대학생들이 전국의 공업 단지에 위장 취업해 만들었던 소모임의 전신이기도 했다. 그러나 불과 12년 전인 1967년에는 매우 희귀한 모임이었다.

민주화운동가들이나 학생운동가들의 비밀 모임이야 군사독재 기간 중 언제나 존재했지만, 오로지 노동운동을 위해 현장 취업을 하여 활동을 보고하고 상의하는 모임은 당시의 어떤 증언에도 찾아보기 힘들다. 더구나 젊은 학생들도 아닌, 많게는 58살 이강복부터 적게는 26살 손정박까지 나이도 다양했다. 조선공산당 간부 출신부터 상식적 민주주의자까지 사상도 다양했다. 학력도 서울대 출신들부터 보통학교 출신들까지, 출신 직업도 육사 교관부터 택시기사까지 있었다.

미아리 모임은 1968년이 되면서 끊어졌다. 전국으로 흩어져 취업을 함으로써 만나기가 어려워졌기 때문이다. 이일재도 아들을 데리고 대구로 돌아와 남구 대명동에 집을 얻어 아내까지 셋이 살았다. 위치는 경찰에게는 물론이요, 절친한 친구이자 동지인 권오봉에게도 가르쳐주지 않았다. 요시찰 인물이니 감시와 미행을 당하면 조직이 전부 드러날 수 있기 때문이었다.

1968년 7월 29일, 무더위가 극성을 부리던 아침이었다. 아침밥을 먹고 큰 고무대야에 물을 받아 목욕하기 싫다는 정건을 억지로 목욕시킨 직후인 오전 10시쯤이었다. 불쑥 형사 하나가 찾아왔다. 서로 안면이 있는 남대구 경찰서 소속 형사였다. 형사는 처음부터 자기가 연행의 주체가 아님을 밝혔다.

"이일재 씨! 누가 만나자고 하니 잠깐 나와봐요."

어떻게 집을 알았는가 알 수 없었으나 언젠가 경찰이 찾아오리라 예상했기에 담담히 알았다고 답하고 옷을 입었다. 권오봉이 벌써 전날부터 경찰서에 연행되어 두들겨 맞으며 이일재의 집을 대라고 고문을 당하고 있었다는 건 몰랐다. 정말로 그의 집을 모르는 권오봉은 끝까지 버텼는데 같이 활동한 이동훈을 통해 이일재의 집을 찾아낸 것이다.

옷을 입고 나가보니 검정색 지프가 대기하고 있었는데 권오봉이 매를 맞아 얼굴이 퉁퉁 부은 채 앉아 있었다. 지프 앞에는 낯선 청년 둘이 서 있었다. 그들은 신분도 밝히지 않고 한마디 설명도 없이 이일재를 차에 태우더니 중앙정보부 경북 지부로 연행했다.

비로소 일상적인 사상범 점검이 아님을 직감했으나 무슨 일인지 파악이 되지를 않았다. 머릿속으로야 사회주의혁명을 꿈꾸고 있다 해도 구체적으로 한 일이라곤 여기저기 현장에 취업시킨 것 밖에 없는데 경찰도 아닌 중앙정보부에서 조사를 한다니 뭔가 크게 잘못되었구나 싶었다.

수사관들은 서울까지 긴급히 두 사람을 올려 보내야 한다며 대구 동촌 비행장으로 전화를 걸었다. 중앙정보부가 무소불위의 권력을 휘두르던 시절이었다. 동촌비행장 담당자는 긴급히 수송기 한 대를 대기시켰다. 피의자 둘을 이송하기 위해 거대한 수송기까지 동원하다니 대단한 위세였다. 중정 요원 두 사람과 이일재, 권오봉은 동촌 비행장에서 수송기를 타고 서울로 향했다.

서울 여의도 비행장에 착륙하니 역시 검정 지프가 대기하고 있었다. 두 사람을 태운 지프는 곧장 남산 기슭에 있는 중앙정보부 본부로 달려갔다. 지프 안에서 권재혁도 체포했다고 자기들끼리 떠드는 소리를 들었다. 더욱 예감이 이상했다.

중앙정보부 본부는 충무로 쪽 남산 기슭에 있었지만 나중에 안 사실이었다. 두 사람은 머리에 검정 두건을 뒤집어쓰고 고개를 푹 숙인 채 정문을 통과했다. 단조롭게 생긴 7층짜리 붉은 건물이었다. 두 사람은 갈라져 몇 층인지도 모를 독방으로 끌려갔다.

"네가 이일재야? 이 새끼, 너 사회주의 정당 만들려고 했지?"

방에 들어서자마자 무자비한 구타가 시작되었다. 몇 명의 요원들이 둘러서서 샌드백을 치듯 뺨과 머리, 가슴, 복부 할 것 없이 얼이 빠지도록 두들겨 팼다. 한 명이 주먹으로 때려 뒤로 밀리면 뒤에 있던 자가 배구공을 받아치듯 주먹을 날렸다. 일제 강점기부터 체포한 독립운동가들에게 애용해온, 이른바 '공놀이'였다. 이일재로서는 헤아릴 수 없이 겪어온 지긋지긋한 매질이었다.

연행된 이들은 누구랄 것도 없이 들어가자마자 공놀이를 당했다. 구타가 얼마나 심했는지 노중선은 "왜 때리는지 알고나 맞자."며 야전침대 양편에 끼우는 참나무 몽둥이를 손으로 막다가 팔이 부러졌을 정도였다. 사회주의 의식보다는 민족주의 수준으로 참가했던 노중선은 팔이 부러진 덕분에 치료를 받느라 공소장에서 빠지는 행운아가 되었다.

문 앞에는 소총을 멘 헌병이 서서 지키는 가운데 며칠간 잠을 재우지 않고 두들겨 패서 기본 조사를 마친 중앙정보부는 본격적으로 사건 조작에 들어갔다. 반국가단체구성, 내란예비음모, 반국가단체 찬양고무 등을 인정하도록 강요하고 부정하면 가혹한 매질과 고문이 이어졌다.

'남조선해방전략당'은 그 고문 속에서 창작된 조직이었다. 수사 초기에는 연행된 권오봉에게도 "이일재와 사회주의 정당 만들려 했지?" 하며 두들겼을 뿐 전략당이라는 이름은 물어보지도 않았다.

한 달 가까이 계속된 혹독한 수사 과정에서 중앙정보부는 이들이 1967년 1월 1일 권재혁의 집에서 '남조선해방전략당'이라는 이름의 지하당을 조직해 무장혁명을 준비했다는 시나리오를 완성했다.

요약하자면 '권재혁이 일본에서 조선노동당 중앙위원 천만기를 만나 노동당에 가입해 40만 엔의 공작과 난수표 등을 받았으며 1970년에 폭동을 일으켜 대한민국을 전복하려 했다'는 것이었다.

이는 애초부터 잘못된 전제 위에 시작해 전혀 사실무근의 결론으로 끝난 대본이었다.

우선 조선노동당 중앙위원이라는 천만기라는 인물은 존재하지 않는 가상의 인물이었다. 조선노동당에 그런 인물은 없었다. 당연히 그로부터 받았다는 40만 엔도 존재할 수 없었다. 불과 2년 후인 1970년에 폭동을 일으키겠다는 이야기는 나눈 적도 없고 설사 꿈을 꾼다 해도 그럴 역량이 없었다. 최대치로 잡아봐야 16명이 모여서 노동운동을 모색한 이외에는 모두가 황당한 누명이었다.

도대체 어떻게 이러한 대본이 만들어지게 된 것일까? 고문으로 창작했다는 점을 배제하고 본다면, 중앙정보부 수사관들이 어떤 단초들을 모아서 이 황당무계한 대본을 만들게 되었던 것일까? 진실은 간단했다.

노동운동이든 민주화운동이든 대중운동을 하는 이들이 선전 매체를 갖고 싶어 하는 것은 자연스러운 현상이었다. 이일재의 모임도 현장에서 올라오는 다양한 소식을 널리 알리는 신문의 필요성에 대해 말이 나온 적이 있었다.

이일재는 비밀스런 지하신문은 탄압만 불러올 뿐 대중적 영향력에 한도가 있다고 보았다. 공개적으로 발행되는 합법적 신문을 만들었으면 좋겠다는 생각이 들었다. 새로 신문을 만들려면 돈도 돈이려니와 허가 내기가 어려웠다. 기존에 발행되다가 중단된 「한국노동자신문」의 판권을 사는 게 좋겠다 싶었다. 이일재는 권재혁에게 이 문제를 제안했다.

"우리 신문 하나 내입시다."

권재혁은 곧바로 동의했으나 발간 자금이 문제였다. 궁리하던 권재혁이 말했다.

"신문 만들려면 돈이 필요한데, 내가 일본인에게 돈을 빌려준 게 있는데 그걸 못 받고 있어요. 그 돈만 있으면 자금 문제는 해결될 텐데 말입니다."

"무슨 돈인데요?"

권재혁은 자신이 미국에 유학 가 있을 때 일본에서 온 유학생이 있었는데 그에게 돈을 빌려주었다고 했다. 일본 유학생은 아버지가 인조진주 만드는 사람으로 여유가 있는 집이었는데 급하게 빌려달라고 해서 꽤 큰 돈을 빌려준 것이다.

"내가 4·19가 터지면서 갑자기 귀국하는 바람에 돈을 받지 못하고 있어요."

"그렇다면 일본에 한번 다녀오지요?"

이일재의 말에 권재혁은 먼저 일본으로 연락을 해보았다. 국제 간의 송금이 원활한 시대가 아니었다. 유학생 친구는 권재혁이 일본으로 직접 오면 이자까지 쳐서 주겠다고 했다. 권재혁은 신문 만들 돈도 받을 겸, 직장인 국제참치주식회사 도쿄연락소에 출장도 갈 겸, 일본에 다녀오게 되었다.

이일재가 「노동자신문」을 인수하려고 계획한 데는 그만한 배경이 있었다. 당시 「노동자신문」의 판권을 가진 사람은 자유당 국회의원 출신인 하태환으로, 이일재와 잘 아는 사이였다.

이일재가 엉뚱하게 자유당 출신과 친해진 사연은 이랬다. 하태환은 본래 무소속으로 포항에 출마한 사람이었다. 그런데 4·19혁명 뒤 포항에 출마한 민주당 후보는 한국전쟁 때 양민 학살의 주범으로 알려진 인물이었다. 이일재는 무소속인 하태환을 찾아가 학살 문제 해결을 공약으로 내걸어달라고 요청했다. 하태환은 흔쾌히 받아들여 당선까지 되었는데 이후 자유당에 입당해버렸다. 그래도 이일재와 친분은 유지하고 있었다.

권재혁으로부터 자금 확보 약속을 받은 이일재는 하태환에게 찾아가 「노동자신문」의 판권을 넘겨달라고 요청했다. 「노동자신문」을 다음 번 국회의원 선거운동에 활용하려던 하태환은 이를 거절했다. 이일재는 그렇다면 경영권은 당신이 맡고 편집권만 달라고 협상해 승낙을 받아내는 데 성공했다. 이일재로서도 보수 정객인 하태환이 대표를 맡아 보호해주는 가운데 편집권을 확보하는 게 더 유리해 보였다. 편집권이 중요했던 것은 신문기자증만 있으면 한국노총과 산하 산별 노조는 물론 정부기관에 무상으로 출입할 수 있기 때문이었다.

이일재는 편집국장으로는 정종소라는 인물을 추천했다. 정종소는 시나리오 작가 출신으로, 이미 4·19 때부터 「노동자신문」에서 일하던 사람이었다. 문제는 여기에서 비롯되었다.

본래 「노동자신문」을 만들던 이들은 신광현, 김종태 등 통혁당의 주역들이었다. 신광현은 이일재와 함께 비닐장사를 했던 이로, 정종소는 그의 하부조직원이었다. 그런데 통혁당 책임자인 김종태가 신광현으로부터 많은 돈을 빌리면서 북한에서 자금을 받아오면 갚겠다고 해놓고는 하나도 갚지 않는 바람에 틈이 벌어졌고, 자연히 정종소도 선이 끊어져버렸다.

외톨이가 된 정종소는 인혁당 사건의 도예종, 서도원 등에게 찾아가 함께하자고 요청했으나 인혁당 사람들은 통혁당과 연결된 정종소를 달

가위하지 않았다. 이 무렵 김종태는 인혁당 관련자들을 포함한 대구 지역 운동가들을 찾아다니며 자신이 북으로부터 임명받은 조직 책임자이니 통혁당에 가입하라고 떠들고 있었다. 인혁당 쪽에서는 애초에 상식적 민주주의자들인 데다 북한과 연결된 운동은 큰 화를 입는다고 보아 정종소를 거부한 것이다.

오갈 데 없게 된 정종소는 이일재를 찾아와 같이 일하자고 제안했다. 이일재는 다시는 통혁당이나 북한과는 연계되지 않는다는 조건으로 그를 받아들였다. 정종소는 김종태를 만나지 않겠다고 맹세까지 했다. 그러나 얼마 지나지 않아 정종소는 다시 김종태를 만나 통혁당과 연결되었고, 이제는 도리어 권재혁을 김종태에게 소개하기에 이르렀다.

권재혁은 호기심 많고 낙천적인 사람이었다. 이일재는 권재혁에게 통혁당 쪽과는 거래하지 말라고 거듭 다짐을 주었으나 권재혁은 이일재 몰래 몇 번이나 김종태를 만났다. 이에 대해 이일재는 2002년 구술에서 밝힌다.

"대구서 4·19에 「한국노동신문」 하던 사람들이 모두 통혁당입니다. 신광현, 김종태가 중심이지요. 또 정종소도 있지요. 이종하 교수는 거기에 두문불출해가 있지. 나에게 자꾸 연락하는기라. 이종하 교수는 우리 선생이니까. 나는 그때부터 북한노동당에 대해서 비판적이었더랬고. (권재혁에게) 만나면 안 됩니다, 안 만납니다. 자기 안 만난다고 다짐을 했는데도 불구하고 만나는 거야. 나 모르게 만나는 거야. 4·19 후에 내가 가장 가까운 사람들이 서도원하고 도예종하고 이런 사람들이에요. 민민청 계통 사람들이야. 그래서 전위당 문제를 논의하면서 말이지 남조선의 전위당이라 하는 것은 가장 전위

적인 기구일 수밖에 없는 노동계급을 중심으로 한 노동운동이 중심

이 되어야 된다……."

김종태는 수차례 권재혁을 만나 자신이 북한노동당 당원임을 밝히고 두 조직을 합치자고 제안했다. 그러나 권재혁이 남한의 혁명은 남한 사람들에 의해 이뤄져야 한다고 주장해 언쟁을 벌이는 바람에 두 조직의 통합은 무산되었다. 재판 기록에 나오는 이야기다.

반면, 이일재 조직의 일원이었지만 북한 및 통혁당의 입장에 더 가까운 인물인 김병권은 김종태와 권재혁이 조직의 통합에 합의했다고 증언한다. 김병권은 징역 7년을 살고 석방된 후, 비전향 장기수 송환 사업에 많은 역할을 하는데 1990년대 민주화가 되면서 남긴 증언이다.

"우리 사건이 나기 1년 전쯤에 권재혁씨와 통혁당 책임자 김종태씨
가 여러 차례 만나 통합키로 합의했습니다. 누가 누구를 흡수하는
것이 아닌 당 대 당 통합이었지요. 권재혁과 김종태를 연결한 사람
이 정종소였어요. 우리의 조직 구성 원칙에서 중요한 점은 현장 노
동자를 기본으로 한다는 것입니다. 이 점이 통혁당과 통합을 결의한
한 가지 이유가 됩니다. 통혁당은 인텔리 중심이었으며 우리는 노동
자 중심이었기 때문이죠."

이 증언을 토대로 통혁당을 다룬 일부 책자와 논문에 두 조직이 합치기로 결의한 것처럼 기록되기도 했다. 그러나 이는 조직의 핵심이 아니던 김병권의 추측성 발언에 불과했다. 권재혁 자신은 항소이유서에서 이렇게 말했다.

"김종태와의 회담 결과를 토의하고 계속 접선할 것을 협의한 것이 아니며, 김종태와 이일재는 상호 구면이며 또한 정종소와도 친구입니다. 그들(김종태와 정종소)이 원해서 대면된 것이기 때문에 여기에 대한 잡담을 주고 받은 데 불과합니다. 따라서 동 31항에서 지적된 바와 같은 김종태 주장이라든가 또는 독자적 조직을 협의한 사실이 없습니다."

여기서 '동 31항'이란 김종태와 정종소의 진술을 말한다. 권재혁은 죽는 날까지도 시종일관 정종서의 소개로 김종태를 만난 것은 사실이지만 '통합 논의'나 '독자적 조직'에 대해 협의한 사실이 없음을 강력히 주장했다. 설사 권재혁이 개인적으로 통합에 합의를 했을지라도 이일재 등 다수에 의해 강력히 반발을 받아 무산되었을 것이다.

중앙정보부도 양쪽의 관련자들에게 혹독한 고문을 가했지만 '통합에 합의한 적이 없다'는 결론을 내릴 수밖에 없었다. 그렇다면 아무 성과도 없던 두 조직의 만남이 어떻게 해서 중앙정보부에 알려졌던 것일까?

통혁당이 드러난 것은 1968년 임자도 섬에서 활동하던 북한 공작원들과 주변인 118명이 체포된 '임자도 사건' 때문이었다. 체포를 예상한 김종태는 자기 아내에게 관계 서류를 숨기라고 했고 그녀는 다시 친구에게 맡겼는데 친구가 겁을 먹고 통째로 중앙정보부에 넘겨버렸다. 그 자료 속에 김종태와 권재혁 사이에 오간 이야기가 북한에 보내는 보고서에 담겨 있어 이일재 등이 체포된 것이었다.

큰 기대를 하고 이일재 일행을 연행했던 중앙정보부는 권재혁과 김종태가 만난 사실만으로 처벌할 수는 없었다. 중앙정보부는 이 '자생적 사회주의 조직'을 옭아매기 위해 고문과 조작의 초점을 권재혁 개인 행적에 맞췄다. 권재혁이 1967년 2월과 1968년 3월, 두 차례에 걸쳐 일본을 방문한 것이 꼬투리가 되었다.

권재혁이 두 번 일본을 방문한 공식적인 이유는 직장인 국제참치주식회사 도쿄연락소 출장이었다. 개인적으로는 출장 간 김에 이일재와의 약속대로 「노동자신문」을 인수하기 위한 자금을 확보하려 함이었다. 그런데 그가 일본에 간다고 하니까 이형락이 일본에 사는 자기 누나 이명자를 만나고 와달라고 부탁했다. 이형락은 평소 누나 이명자로부터 국내에서 구입하기 어려운 책들을 받아보곤 했는데 권재혁이 일본에 간다니까 가서 생활비를 좀 얻어오라는 부탁을 한 것이다. 딸만 다섯인 그는 생활이 몹시 어려웠다. 이것이 사건의 발단이었다.

권재혁은 일본인 유학생으로부터 돈을 받아내는 일까지는 예정대로 해냈고 아무 문제도 되지 않았다. 중앙정보부의 트집은 이형락의 누나 이명자를 만난 데서 시작되었다. 이명자의 남편 한학수는 재일 친북단체인 조총련의 교육부장이었다. 조총련의 존재 때문에 한국인이 일본을 방문하기도 매우 까다로운 시절이었는데 하필 조총련 간부의 부인을 만나는 것은 감옥행을 자처하는 행위였다.

사람 좋은 권재혁은 그런데 무심히 이명자를 만났고, 그녀는 동생에게 전달해달라고 돈 3만 엔과 세이코 시계 2개, 만년필 2개, 옷감 등을 건넸다. 권재혁은 귀국하자 이를 모두 이형락에게 전달했다. 이것이 일본 방문의 전부였다. 이일재가 권재혁에게 직접 들은 것도 이것이 전부였고 훗날의 재심 재판도 이를 인정한다.

하지만 중앙정보부는 이 짧은 이야기를 기상천외한 음모로 확장시켰다. 존재하지도 않은 천만기라는 조선노동당 중앙위원에게 40만 엔과 난수표를 받았으며 국군 1군 사령부의 병력 배치를 조사하고 1970년에 폭동을 일으켜 대한민국을 전복하겠다고 결의했다는 내용이었다.

귀국한 권재혁이 해준 말 이외에는 더 들을 말도 없고, 들은 적도 없는 이일재로서는 중앙정보부에서 고문을 받을 때 그들이 하는 말들을 듣고 권재혁을 의심했을 것이다. 그는 중앙정보부에서 조작한 조서대로 권재혁이 천만기를 만난 건 사실이지만 그 자리에서도 남한만의 독자적인 조직을 주장해 언쟁만 하고 헤어진 것으로 생각하게 된다. 이는 갑자기 체포된 이후 권재혁과 한마디도 대화를 할 수 없던 상태에서 그가 사형을 당해버림으로써 생긴 오해였다.

중앙정보부가 이렇게 무리한 조서를 꾸민 배경에는 박정희의 장기 집권 야욕이 자리 잡고 있었다. 박정희는 이듬해인 1969년의 3선개헌을 위해 안보 문제로 국민을 위협하는 전형적인 수법을 모색한다.

북한은 북한대로 김일성의 영구 집권을 위해 주체사상을 만들어내는 한편, 베트남전의 확산에 고무되어 남한에 대한 게릴라전을 기도한다. 1968년 1월 21일 31명의 무장 게릴라를 보내 청와대를 기습하고 미국 첩보함 〈푸에블로호〉를 납치했다. 울진, 삼척으로 100여 명의 무장 게릴라를 침투시키기도 했다. 여기에 통혁당 사건까지 터지면서 박정희의 위기감 조성에 힘을 실어준 꼴이 되었다.

중앙정보부의 시나리오에 맞추기 위해 연행된 이들이 당한 고초는 지독했다. 워낙 많은 관련자가 체포되니 방도 부족한 데다, 불법 심문과 고문의 증거와 흔적을 없애기 위해 수사관들은 연행자들을 건물 뒤편 남산 소나무 숲에 천막을 치고 그 속에서 두들겨 팼다. 어떤 이들은 창고에서 조사를 받기도 했다. 어떤 경우든 조사란 별 게 없었다. 그들이 짜놓은 시나리오를 인정하는 것이 시작이요 끝이었다.

한 달간 매질과 고문을 당한 이들의 몰골은 형편없었다. 이일재는 온

몸에 피멍이 들어 제대로 걷지 못하는 것은 물론, 거의 아무것도 먹지 못한 채 구토를 계속했다. 이일재가 갇힌 방은 대공분실 실장실로 들어가는 입구에 있어서 다른 이들이 앞으로 지나는 모습도 언뜻언뜻 볼 수가 있었다. 김봉규가 제대로 걷지도 못해 수사관들의 부축을 받은 모습이며, 권재혁이 머리카락이 뭉터기로 뽑히고 온 얼굴에 피멍이 든 채 지나는 모습도 보았다. 이형락이 걷지도 못해 들것에 실려 끌려다니는 모습도 보았다.

"우리들에게 더 이상 고문으로 허위자백을 강요하면 죽어버리겠소!"

견디다 못한 이일재가 저항하자 중정 요원들은 그의 양팔에 수갑을 채워 책상다리에 묶어두고 심문해 조서를 작성했다.

이렇게 작성된 조서는 허위자백으로 이뤄졌다. 모이거나 만날 때마다 사회주의혁명을 일으켜야 한다거나, 북한을 찬양했다는 이야기를 나눈 것으로 기록되었고, 전혀 사실무근인 '남조선해방전략당'을 결성했다는 것도 모두 인정되어 조서에 올라갔다. 중앙정보부에서 제시한 내용을 인정하지 않으면 항복할 때까지 매를 때리고 고문을 하니 어쩔 도리가 없었다.

한 달 만에 수사가 끝나고 서울 구치소로 이송되었다. 검사 취조가 있다 해서 검찰청으로 끌려가보니 황진호라는 검사가 조서 내용을 읽어주었다. 권재혁 외 12명이 전위당을 결성하고 대한민국정부를 전복할 목적으로 내란을 예비음모하고 북한을 찬양·고무했다는 내용으로, 중정에서 작성한 그대로였다. 그나마 권오봉, 노중선 등이 조사만 받고 훈방된 게 다행이었다. 검사는 이 내용을 그대로 인정하라고 했다. 이일재는 강력히 반발했다.

"검사님! 그 조서는 전부 거짓말입니다. 중앙정보부에서 구타와 고문으로 허위자백한 것입니다. 우리가 노동운동을 위해 두 차례 전체 모임을 가진 것은 사실이지만 전략당이란 걸 만든 일도 없고 북한을 찬양한 일도 없습니다. 수하에 대중조직도 하나 없는 12명이 무슨 정당을 만들겠습니까? 더구나 저희는 북한의 김일성 체제를 매우 비판적으로 보는 사람들입니다. 그 건 대구 지역의 다른 사람들도 다 아는 사실입니다. 저희가 북한의 지령을 받았다느니, 북한을 찬양했다는 건 고문을 못 견디고 정보부 요원들이 쓰라는 대로 쓴 것뿐입니다."

이일재는 정보부원들의 구타와 협박을 못 이겨 허위자백을 할 때도 검사 앞에만 나가면 진실을 밝히리라는 일말의 희망을 품고 있었다. 하지만 검사는 조금도 그의 말을 듣지 않았다.

"당신 공산주의자잖아? 여기 다 자백해놓고 무슨 소리야? 설사 북한을 비판하면 뭐해? 노선이나 행동방식은 북한의 주장과 똑같은 걸! 이 조서 그대로 인정해!"

"내가 사회주의자인 건 인정합니다. 그러나 나머지 범죄 사실은 절대 인정할 수 없습니다. 전부 조작된 겁니다!"

이일재가 완강히 버티자 검사는 갑자기 수화기를 들고 협박조로 말하는 것이었다.

"이거 안 되겠구만. 다시 중정에 돌아가서 조사를 받고 와야겠어."

중앙정보부로 돌아간다니, 심장이 벌렁거려 숨이 꽉 막혀왔다. 재판정에서 진실을 밝히는 수밖에 없겠다는 생각이 들었다. 그냥 서명하겠다고 말하고 검사가 내미는 대로 지문을 찍었다.

나중에 들어보니 다른 사람들도 마찬가지였다. 다들 중정에서 조사한 내용 그대로 인정하고 지문을 찍은 것이었다. 그나마 검사 취조는 그렇게 단 한 번밖에 없었다. 그들은 진실을 밝히겠다는 어떠한 의지도 갖고 있지 않았다. 기소장은 중정의 조서를 베껴놓은 데 지나지 않았다.

분노와 불안으로 미칠 것만 같았다. 제일 걱정되는 건 아들이었다. 목도 아픈데 어떻게 혼자 사나 걱정으로 견딜 수가 없었다. 심적 고통을 견디다 못해 황소처럼 감방의 나무문을 향해 달려가 머리를 들이받고 쓰러져버렸다. 병감으로 이송되어 보름 동안 식물인간처럼 혼절해 있었다.

첫 재판은 구치소에 수감된 지 5개월 만에 열렸다. 이일재는 격리되어 있던 동료들을 처음 만나는 자리라는 설렘까지 있었다. 그러나 서울지방법원 법정에 나가니 판사석 바로 밑에 중정 직원 둘이 의자를 가져다놓고 앉아 있었다. 법원 정리들은 피고들 사이에 인사는커녕 고개도 들지 못하게 했다.

재판관은 김기홍, 이영구, 정상학 세 사람이었다. 중앙정보부 요원들이 노려보는 가운데도 12명의 피고인들은 마지막 기회라 생각하고 혐의 사실을 전면 부인했다. 특히 권재혁은 탁월한 언변과 박식한 지식으로 중정 수사의 부당성을 성토했다. 그러나 판사들은 중정의 조사 내용을 그대로 인정해 반국가단체구성과 내란예비음모를 묵시적으로 합의했다고 보았다.

이일재는 검사와도 논쟁을 벌였다. 당시 재판 기록에 따르면 검사는 이일재가 전석담의 저서 『조선역사』라는 책을 김봉규에게 빌려준 것을 증거로 제시하면서 불온문서를 은익, 배포했다고 주장했다. 이에 이일재가 따졌다.

"아니, 『조선역사』가 왜 불온문서입니까?"

검사의 답이 기가 막혔다.

"북괴의 국호가 조선인데 조선역사라 했으니 불온이지."

이일재는 헛웃음을 치며 대꾸했다.

"그렇다면 「조선일보」도 조선이란 말이 들어가니 불온신문이란 말입니까?"

검사는 얼굴이 빨개져서 대답을 못했다. 나중에 들으니 그 검사는 김병권을 불러 모든 것을 시인하라고 종용하는 자리에서 다짐했다.

"이일재 그놈이 재판정에서 나를 모독했어. 이일재 그놈은 반드시 내가 죽인다!"

다짐대로 검사는 이일재와 권재혁에게 사형을, 나머지는 무기징역에서 징역 10년을 구형했다.

1969년 1월 18일에 열린 1심 판결에서 재판관은 검사의 구형을 거의 그대로 받아들였다. 권재혁과 이일재에게는 사형, 이강복과 이형락은 무기징역이 선고되었다. 노정훈과 박점출은 징역 15년, 김봉규는 범행 사실을 인정하고 반성한다고 하여 징역 10년에 처했다. 조현창, 김병권, 오시황, 나경일, 김판홍도 징역 7년에서 3년 6월이 선고되었다.

피고인이 전원 항소해 같은 해 5월에 열린 2심 재판은 다소 형이 줄어들었다. 조현창, 오시황, 나경일, 김판홍의 4명은 집행유예 5년을 받고 석방되었다. 이강복, 이형락, 노정훈, 박점출은 징역 10년을 선고받았다. 김봉규는 징역 7년, 김병권은 징역 5년을 받았다.

항소심에서 가장 큰 혜택을 받은 이는 다름 아닌 이일재였다. 사형에서 무기로 감형된 것이었다. 같은 시기 통혁당 사건 재판도 한창 진행 중이었는데 김종태 등 5명에게 사형이 확정되고 권재혁을 김종태에게 소개해 전략당 사건의 원인을 제공했던 정종소도 무기징역을 받는 등 30명이 중형을 받았다. 사형 언도를 받은 5명은 이일재가 대법원에 항소한 사이에 실제 사형이 집행되었다. 이 살벌한 시대 상황에서 이일재가 무기징역으로 감형된 것은 이례적인 일이었다.

감옥의 이일재는 이유를 몰랐으나, 무기로의 감형에는 아내 마정옥의 역할이 컸다.

이일재가 한창 재판을 받던 1968년 겨울, 마정옥은 아들 정건을 데리고 서울 삼청동에 살던 김영기의 집에 찾아갔다. 서대문 형무소로 이일재를 면회 갔으나 마침 아버지가 면회를 하고 가는 바람에 그냥 나온 길이었다.

김영기는 한국전쟁 초기 마정옥의 용기로 살아난 대구여고 교장 바로 그 사람이었다. 박정희의 스승이던 김영기는 대구시 교육감을 역임하고 박정희가 청와대 근처 삼청동에 얻어준 집에 살고 있었다. 어린애의 눈에는 큰 한옥이었다. 김영기는 한복을 입고 나왔다. 그는 생명의 은인인 마정옥의 신산한 삶에 대해 잘 알고 있었다. 위로를 받은 마정옥은 짧게 말했다.

"선생님예, 야 아버지 죽이지 말라카소."

석방시켜달라거나 살려달라는 호소가 아니라, 죽이지만 말아달라는 짧은 요구였다. 김영기의 대답도 간단했다.

"알았다."

김영기의 박정희 면담이 유효했는지, 아니면 항소심 재판부의 일반적인 감형이었는지는 알 수 없으나 죽다 살아난 이일재는 산다는 게 이렇게 좋구나 하는 생각뿐이었다.

식구들도 다들 기뻐했지만 특히 좋아한 이는 아버지 이강인이었다. 그는 아들이 1심 재판에서 사형을 선고받자 면회를 와서 "니 죽을 준비 되어 있나?"고 물어볼 정도로 선비다운 당당함을 가진 사람이었지만 막상 아들이 살아나게 되자 그렇게 좋아할 수가 없었다.

이일재는 살아났으나 권재혁에 대한 사형 선고는 그대로였다. 1969년

9월 23일에 열린 대법원 최종 판결에서도 변하지 않았다. 권재혁의 사형은 1969년 11월 4일 서대문 구치소에서 집행되었다.

이일재는 자기만 살아났다는 미안함을 평생 잊지 못했다. 권재혁의 죽음을 기려 매년 11월 4일만 되면 하루 단식을 했다. 감방에서 나와 사회생활을 하면서도 단식은 거르지 않았다.

16. 정지된 시간, 20년

　1988년 특별사면으로 가출옥될 때까지 꼬박 20년간, 이일재는 서대문 교도소로부터 대전 교도소, 대구 교도소를 두루 거쳤다.

　같은 시각, 박정희는 이미 누리고 있는 무소불위의 권력을 영구히 유지하기 위해 헌법과 법률을 무참히 유린했다. 박정희는 이일재가 구속되고 4년 후인 1972년 10월, 이른바 유신헌법을 만들어 종신대통령의 길을 열어놓았다. 대통령 직선제를 폐지하고 '통일주체국민회의'라는 어용 기구를 만들어 거의 만장일치로 대통령에 당선되는 한편, 이 헌법에 대한 일체의 논의나 비판을 처벌하는 '긴급조치'라는 기상천외한 법까지 만들어 민주주의를 원천적으로 말살시켜버렸다.

　감옥살이 초창기이던 유신 시절의 사상범 감시는 철저했다. 이일재를 비롯한 사상범들은 독방에 갇힌 채 일체의 세상 정보와 단절되었다. 심지어는 종교 신문이며 성경책까지 보지 못하게 했다. 하루 종일 아무와도 말을 못하고 앉아 있노라면 언어를 잊어버릴 정도였다.

감방에는 유신 체제에 반대하여 체포된 학생과 지식인들이 끊임없이 들어왔는데 제대로 가두시위라도 벌이고 들어오는 경우는 거의 없었다. 고작 수백 명이 교내에서 집회를 하거나 아니면 몇몇이 모여 반정부 유인물을 만들어 뿌렸다고 2, 3년 형을 받은 이들이 대부분이었다.

이렇게 들어온 이들은 대개 소박한 의미의 민주주의자들이었다. 이일재처럼 사회주의 사상을 가진 이를 사상범이라 한다면 그들은 정치범이라고 할 만했다. 정치범들은 사상범을 경계했다. 교도소 내 처우 개선 같은 문제를 놓고 공동투쟁을 제안해도 완강히 거부하는 학생들이 있었다.

"우리는 간첩이 아니다. 우리가 왜 저 사람들과 같이해야 하나?"

잘해주는 이도 없지 않았으나 대부분의 교도관들도 정치범에 대해서는 관대하지만 사상범은 나병 환자 보듯 멀리했다.

사상범들의 유일한 낙이 있다면 교도관 몰래 통방을 하는 것이었다. 주로 조용한 시간에 일제 때부터 내려오는 신호 방법으로 벽을 두드려 대화했다. 한글의 자음과 모음마다 두드리는 횟수를 정해 단추 같은 걸로 벽을 두드리면 옆방에서 벽에 귀를 대고 한 글자씩 짜 맞춰 이해하는 모스 부호 방식이었는데 한 문장을 전달하는 데도 한참이나 시간이 걸렸다. 그래도 할 일이라곤 없으니 시간만 나면 통방을 했다.

통방도 사상범들끼리 나란히 수용되었을 때의 이야기이지 서로 떨어져 있으면 불가능했다. 그럴 때면 식사나 운동 시간처럼 복도가 시끌벅적한 틈을 이용해 창문으로 고함을 지르면 다른 창문에서 맞받아 서로 고함으로 인사를 교환하는 정도였다.

늘 궁금한 것은 바깥소식이었다. 간혹 죄수를 위로한다고 교회 신자들이 김밥을 신문에 싸가지고 와서 공동 예배를 올리곤 했다. 그러면 재빨리 신문 쪼가리를 챙기지만 그 자리에서 읽는 것은 물론, 감방으로 가져가는 것도 엄금되어 있었다. 제일 머리 좋은 사람이 화장실이 급하다고 우겨 신문지를 구겨 들고 화장실로 달려가 기사 내용을 다 외워버렸다. 재수가 좋으면 며칠 전 신문도 있지만 몇 년 지난 것도 있었다. 어차피 감옥의 시간은 정지되어 있으니 무슨 이야기든 다 좋았다. 암기한 내용은 통방으로 다른 사상범들에게 전달되었다.

시사 정보는 차단되어도 중국어 공부는 할 수 있었다. 일본어와 한문은 원래 잘했는데 중국어는 배울 기회가 없었다. 감방에서 거의 15년을 독학하니 중국인들과 직접 대화는 잘 못해도 한자로 된 글은 다 중국어로 읽을 수 있는 수준이 되었다. 실생활에서는 써먹을 데가 없어 석방된 후 모택동 선집을 읽는 데 썼다.

여기까지가 이일재 본인의 짤막한 회고다. 그는 본인의 감옥살이에 대해 더 이상 자세한 이야기를 남기지 않았다. 대신, 이일재와 함께 대구 화원 교도소에서 복역했던 최봉도의 서면 증언이 남아 있다.

화원 교도소에는 양재공장, 목공장, 인쇄공장, 철공장 등이 있어 기결수들이 징역형을 살았다. 아무도 돌봐줄 사람 없고 가진 재산도 한 푼 없는 천애 고아로 힘들게 살다보니 뜻하지 않은 일로 무기징역을 받은 최봉도는 양재공장과 인쇄공장에 출역하고 있었다.

어느 날 대전 교도소 수감자들이 이감되어 왔는데 그중에는 대구 지역 노동운동의 효시인 이일재란 사람도 있다는 이야기를 미리 듣게 되었다. 마침 이일재가 최봉도의 방을 배정받은 데다 작업장도 양재공장이어서 긴 세월을 함께 지내게 된다.

복역 환경이 몹시도 열악한 시절이었다. 무기수인 두 사람이 갇힌 방은 죄질이 나쁘다고 판명된 4급 죄수들이 사는 곳으로, 겨우 4평 정도 되는 비좁은 방에 15명이 살아야 했다. 취침 시간이면 차례로 머리와 다

리를 엇갈려 누운 칼잠을 자야 했는데 자다 깨어 소변을 누고 오면 들어
갈 틈이 없어 간신히 몸을 비집고 들어가 눈을 붙여야 했다.

이때만 해도 사상범에 대한 독서 규정이 조금 완화되었을 때였다. 이
일재는 그 좁고 힘든 4급수 방에서도 시간만 나면 책을 읽었다. 교도소
내 도서관에서 빌린 책도 있지만 대개는 다른 사상범들과 책을 교환해
읽었다.

최봉도는 이일재의 모습에 큰 감명을 받았다. 이일재는 같은 방의 죄
수가 나이가 아무리 어려도 꼭 존댓말을 썼고 욕이나 폭행은 전혀 하지
않는 지성적인 사람이었다. 또 아무리 악한 죄를 짓고 들어온 이에게도
애정을 갖고 진지하게 인생 상담을 해주었는데 그 방대한 지식과 인간애
에 다들 감동하지 않을 수 없었다.

미래가 존재하지 않으니 아무런 희망도 없이 하루하루를 보내던 최봉
도는 같은 무기수임에도 인간적 품격을 지키고 지식을 쌓으며 수양하는
이일재를 스승으로 모시고 그와 같은 모습이 되려고 애썼다.

몇 년이나 성실하게 살다보니 이일재는 4급에서 3급으로, 다시 2급에
서 1급수로 우량수가 되어갔다. 착한 학생처럼 그를 따르던 최봉도도 나
란히 우량수가 되었다. 두 사람은 몇 해 만에 함께 우량수 방으로 옮겨
갈 수 있게 되었다. 다른 조건은 마찬가지지만, 재소자가 적어 잠자리가
넓은 쾌적한 방이었다. 최봉도는 편지에서 말한다.

"면적이 방이 넓고 재소자도 적어 쾌적한 그런 생활을 한두 달도 아
니고 몇 년간 하던 중 교도소 내 규칙 즉 행형 성적에 따라 사고 없
이 지냈기에 선생님께서는 4급에서 3급으로 다시 2급, 1급으로 우
량수가 되었고 저도 함께 우량수가 되어 잠자리가 넓은 우량수 방

으로 가게 되었습니다."

　우랑수 방에서 이일재는 최봉도와 보다 많은 이야기를 나눌 수 있었다. 최봉도에게 시간만 나면 한국 근대사를 설명해주었는데 박식하고도 자세한 이야기들이 얼마나 흥미로운지 몰랐다. 또 광복 초창기 이일재 본인이 체험한 노동운동이며 몇 번이나 죽을 뻔하다가 되살아난 경험을 말해주면서 최악의 상황에서도 결코 희망을 잃지 말라고 격려했다.

　인생을 포기하고 살아왔던 최봉도는 기능공 자격증 공부를 시작했다. 기술 서적을 대출해 취침나팔이 울린 후에도 밤새 켜있는 희미한 전등불 아래 공부해 인쇄 기술 자격증과 복장 1급 자격증을 딸 수 있게 되었다. 자격증을 딸 때마다 자기 일처럼 기뻐하며 격려해준 이일재의 환한 모습을 그는 잊을 수 없었다.

　수인에 대한 이일재의 따뜻한 애정은 모두에게 마찬가지였다. 수인들에게는 작업장 별로 하루에 30분씩의 운동 시간이 주어졌다. 수형자들은 이 짧은 시간 동안 축구나 야구를 했는데 꼭 이일재에게 심판을 부탁했다. 이일재가 심판을 보면 공정할 뿐 아니라 대단히 정확했기 때문이었다. 본인도 운동을 해야 하고 동료 사상범이며 정치범들과 이야기도 나누고 싶어 사양해도 끝까지 간청을 하니 들어주지 않을 수 없었다.

　운동 경기 심판을 볼 때만이 아니라, 정확함과 엄격함이야말로 이일재의 특징이었다. 읽던 책 중에 좋은 책은 최봉도에게도 권하는데 그냥 넘어가지 않고 꼭 독후감을 요구했다. 제대로 책을 이해했는지도 보고, 논리적으로 이야기하는 습관도 길러주기 위해서였다. 교도관의 진급시험 공부를 도와준 적도 있었다.

　최봉도는 이일재와 같은 해인 1988년 석방되어 평범하고 안정된 삶을 살아가고 있는데 서면 증언 마지막에서 이렇게 말한다.

"지금은 고인이 되었지만 선생님은 저의 아버지와 같은 사람입니다. 선생님의 지도가 있었기에 제가 존재하는구나 하는 생각과 이 나라 노동운동의 전설이 된 선생님은 언제나 제 마음 한구석에 참 스승으로 살아계십니다."

이일재가 주위의 죄수들에게 인덕과 지혜를 베풀며 수도사처럼 옥살이를 하는 동안, 집안 식구들은 온갖 고초를 겪어야 했다.

김천 직지국민학교 교사이던 넷째 동생 이극재는 이일재가 구속된 후 툭하면 중앙정보부원들이며 형사들이 찾아와 괴롭히는 바람에 사표를 낼 수밖에 없었다. 형사들은 정해진 수칙에 따라 사상범의 가족을 감시하러 오기도 하지만, 돈을 뜯어가려고 더 자주 와서 어디서 이상한 전화가 온 거 없냐며 겁을 주었다. 학교를 그만두고 세무 공무원이 된 후에도 툭하면 찾아와 감시하고 협박하는 바람에 돈도 많이 뜯기고 마음고생도 심했다. 또 다른 동생은 국군정보대 장교였는데 이일재가 구속되자 공병대로 좌천되었다. 그래도 동생들은 형을 원망하지 않고 조카 정건을 돌봐주었다.

기결수는 한 달에 한 번 면회가 허용되었다. 아버지는 매달 빠짐없이 서울이며 대전까지 먼 길을 마다 않고 면회를 왔다. 면회 시간은 5분이지만 뒷사람이 밀려 있어 3분이면 끝났다. 그 3분을 위해 달려오는 아버지에게 그렇게 미안할 수가 없었다. 꼬박꼬박 감방으로 편지를 쓰며 아들을 아끼던 그토록 아버지는 그가 감옥살이를 마치기 얼마 전에 사망했다. 이일재는 아버지 임종도 보지 못하고 장례식에도 참석할 수 없었다.

함께 구속된 삼촌 이강복은 10년형을 못 채우고 옥중에서 암에 걸려 사망하고 말았다. 이형락은 10년 감옥살이를 마치고 출소했으나 이일재가 아직 감방에 있던 1985년 자살로 생을 마감했다. 이일재는 감방에 있었기 때문에 이 소식들도 나중에서야 알았다.

고아 아닌 고아가 된 아들은 할아버지와 서울 삼촌 집에서 어린 시절을 보내고 삼촌들 집에서 학창 시절을 보냈다. 이일재와 같은 방에 있던 통혁당 노인영이 자주 그를 찾아가 용돈도 주고 이야기도 나눴다. 석방된 다른 공범들도 이정건을 잊지 않고 가끔씩 찾아와 돌봐주었다. 어머니 마정옥도 간간이 아들을 챙겨주었다. 아들은 아버지 없이 성인이 되었지만 어두운 그늘 없이 잘 성장해 외사촌과 어머니의 영향으로 문화운동을 하면서 개인사업을 한다.

이일재는 화원 교도소에 있을 때 미분, 적분 같은 고등 수학이 나오는 수학책을 영치해달라고 아버지에게 부탁하기도 했다. 운동이 망한 이유가 수학적 사고 부족 때문이었다는 나름의 진단이었다. 체계적이고 논리적인 사고력은 이일재를 다른 운동가들과 구분하는 특징이었는데 더 철저한 이성이 필요하다고 느꼈던 듯하다.

긴 세월 단절되어 있는 사이, 세상은 놀랍게 변하고 있었다. 1979년 10월 26일 종신대통령을 꿈꾸던 박정희가 직계 부하 김재규의 총에 맞아 죽자 또 다른 직계 전두환 일파가 권력을 찬탈했다. 이른바 신군부였다. 이들은 1980년 봄의 신군부 반대 학생시위를 5·17계엄령으로 억누르고 본격적인 권력 이양에 나섰다.

유일하게 이에 맞서 일어난 지역은 전라도 광주였다. 이일재가 구속되기 직전 드나들던 화순탄광의 광부들을 포함해 광주·전남의 학생과 노동자, 시민들이 신군부의 총검 앞에 몸을 내던졌다. 5월 18일에도 계속된 학생시위는 공수부대에 의해 무자비하게 진압되었고, 학생들의 피와 죽음을 본 시민들이 가세해 무장투쟁으로 확대되었다. 광주뿐 아니라 화순, 장성, 목포 등 전라도 전역으로 번져 나간 무장항쟁은 최소 수백 명의 시민이 죽고 2,000여 명이 부상당한 채 열흘 만에 진압되었으나 학살의 여파는 가라앉지 않았다.

감방에서 세상을 느낄 수 있는 사회 지표는 정치범의 숫자였다. 광주항쟁 직후부터 얼마나 많은 죄수들이 쏟아져 들어오는지 몰랐다. 학생이며 정치인들도 많았지만 실정법을 어기지 않았음에도 잡혀 온 동네 불량배나 전과자도 엄청났다. 20년 전 박정희가 쿠데타를 일으키고 사회 정화를 한다고 동네의 불량배며 식당이나 다방의 외상 장부에 오른 이들까지 몽땅 잡아들여 강제 노동을 시킨 것과 똑같았다. 전두환이 잡아들인 전과자들은 삼청교육대라는 이름으로 전방 부대에 끌려가 가혹한 구타와 기합으로 기록조차 남기지 않고 죽어갔다.

그러나 사람들의 인식은 20년 전과 달랐다. 전두환은 박정희의 쿠데타를 그대로 모방하고 공포 정치를 강압했지만 저항은 수그러들지 않았다. 광주의 충격 때문이었다. 광주는 대학생들의 사상까지 바꿔놓았다. 1970년대 민주화운동만 해도 반공 의식의 토대 위에 이뤄진 상식적 수준의 민주주의투쟁이었는데 80년대 학생운동은 공공연히 자본주의 자체를 부정하고 사회주의를 지향하게 된 것이다.

새로운 흐름은 감옥의 사상범들도 느낄 수 있었다. 이전에는 사상범과 정치범은 다르다며 거리를 두었던 구속 학생들이 이제는 장기수들과도 대화를 하고 존중해주었다. 이들을 통해서 감방에 앉아 있어도 세상이 변하는 것을 느낄 수 있었다.

군부독재에 대한 국민적 저항은 1987년 들어 대학생 박종철이 고문치

사당하고 이한열이 최루탄에 맞아 사망하는 사건을 계기로 폭발했다. 마치 1980년 봄처럼 구속자들이 쏟아져 들어왔다. 감옥 안에서도 군부 독재 타도를 외치는 학생들의 고함 소리는 멈추었던 민주주의의 심장이 다시 뛰는 소리 같았다.

한 달 가까이, 매일 밤 전국에서 수백만 명이 민주화를 요구하는 시위를 벌인 끝에 군부정권은 대통령 직선제 등 요구 사항을 대폭 수용했다. 뒤따라 7월과 8월에는 전국적으로 노동자들의 대파업이 일어나 노동 현장에서도 민주노조운동이 대폭 확대되었다. 6월항쟁과 7, 8월 노동자대파업이었다.

이일재는 감방을 메웠던 수많은 학생들이 7월 들어 썰물처럼 석방되는 걸 보면서 확실히 세상이 변했음을 체감할 수 있었다. 붉은 딱지를 가슴에 붙인 사상범들에게까지 그 바람이 불어와서 교도소 강당에서 특별 면회를 시켜주더니 나중에는 운동장 포도나무 아래 벤치에서 면회를 하게 해주기까지 했다.

마침내 1988년 여름에 석방되고보니 꼬박 20년을 보지 못한 얼굴들이 너무 늙어버려서 잠시 누가 누구인지 구별도 못했다. 남편을 잃은 이형락의 부인이 반갑다고 말을 거는데 누군지도 알아보지를 못했다. 이일재는 잠시 누구인지 알아보지도 못하고 '웬 할머니가 나를 안다고 말을 거나?' 어리둥절해 했다.

누구보다도 이일재 자신이 늙은이가 되어 있었다. 46살에 구속되어 환갑이 벌써 넘은 66살의 나이로 석방되어보니 눈에 보이는 모든 것이 신기했다. 무엇보다도 여자와 아이들의 존재가 신기했다. 20년 동안 여자와 아이들을 단 한 번도 본 적이 없다보니 길 가는 여자와 애들에게 눈을 뗄 수가 없었다.

백화점과 상가들도 놀라웠다. 예전에는 구경도 못한 화려한 상품들이 쌓여 있었는데 대부분 국산이었다. 자본주의의 생산력이라는 게 얼마나 무서운가를 실감했다. 그의 기억에 남은 대구는 초가집이며 판자촌이 게 딱지처럼 붙어 있었고 하수 시설이 안 된 뒷골목은 오물로 발 디딜 데도 없이 더러웠는데 이제 그런 동네는 거의 사라져버렸다. 대신 승강기까지 설치된 고층 아파트들이 온 사방에 치솟고 있었다. 높아야 5, 6층짜리뿐이던 중심가에는 20, 30층짜리 빌딩들이 즐비하고 낡은 전차 사이로 가끔 우마차까지 다니던 도로 위에는 국산 승용차들이 체증을 일으키고 있었다.

　인간 관계도 그랬다. 정치의 큰 흐름은 대충 들었지만 과학 기술의 발전이니 법률의 변화, 생활 수준의 발전 같은 세부적인 변화에 깜깜하다 보니 사람을 만나 대화를 나눠도 처음 듣는 단어가 너무 많고 사회 실정도 낯설어 상대방이 무슨 말을 하는지 잘 이해가 안 됐다. 어떤 때는 도대체 무슨 이야기를 해야 하는가 싶어 멀거니 앉아 있기도 했다.

17. 쇠비름처럼

쇠비름은 5월 말에 시작해 여름 내내 돋아나는 붉은 줄기의 키 작은 잡초다. 장마 전의 혹심한 가뭄에도 싹이 나고, 뿌리가 뽑혀도 다시 돋아나는, 그냥 내버려두면 어느 틈에 밭 전체가 붉게 물드는 생명력 강한 잡초다.

옥살이 할 때 운동장에 나가보면 한 구석에 늘 쇠비름이 자라고 있었다. 거름기라곤 없는 척박한 모래땅에서, 죄수들의 발에 밟히고 간수들에게 뿌리 뽑히면서도 되살아나는 쇠비름을 보며 생각했다. 자신이야말로 짓밟아도 잘라내도 기어이 다시 자라나는 잡초 쇠비름처럼 살았다는 생각이 들었다. 그래서 자신을 쇠비름이라 부르게 되었다.

> "20년 만에 감방에서 나와 보니 세상이 너무나 변해 있습디다. 교통수단이 얼마나 발달했는지, 한 3년 동안은 혼자서는 차도 못 탔습니다."

확실히 세상은 변하고 있었다. 그러나 이승만 독재부터 시작해 박정희, 전두환으로 이어진 군부독재가 내용이 아닌 형식적으로만 종식된 것뿐이었다.

1987년, 이일재가 석방되기 전해에 치러진 직선제 대선에서는 김대중과 김영삼의 분열로 군부의 제2인자 노태우가 당선되어버렸다. 노동자들의 파업과 시위는 해마다 계속되었고 최루탄과 돌멩이, 쇠파이프의 난투극이 끊일 날이 없었다.

사상의 자유도 이제 막 풀리는 중이었다. 별 내용도 없는 전석담의 『조선역사』를 소지했다는 이유만으로 반공법에 걸렸는데 마르크스와 레닌의 전집은 물론 김일성의 저작들까지도 공공연히 시중에 나돌았다. 법적으로는 판매 금지되어 있어도 책방 진열대에서 얼마든지 골라 살 수가 있었다.

정치적 자유는 과거에 비하면 격세지감이었다. 서너 명만 모여도 경찰의 수사를 받고 반독재 유인물 한 장 제작했다고 수년씩 감옥살이를 했었는데, '인민노련' 같은 지하 조직에서 만든 팸플릿까지 책방에서 살 수 있었다. 술에 취해 박정희를 욕하거나 김일성을 찬양했다가 잡혀 왔다고 하여 '막걸리반공법'이라 불린 죄수도 그리 많았는데 택시건 버스 안에서건 맘대로 대통령 욕을 해도 누가 뭐라지 못했다.

과거라면 상상도 못할 일을 직접 목격하기도 했다. 본인이 석방되고 얼마 안 되어 권오봉과 함께 다른 동지들 석방을 맞이하기 위해 교도소에 갔을 때였다. 마침 교도소 앞에는 한 떼의 청년들이 구속자 석방을 환영하기 위해 모여 있었다. 서로 모르는 사이라 인사도 않고 무심히 서서 동지들이 철문으로 나오길 기다리고 있을 때였다.

"국가보안법 철폐하라!"

"우리 동지들을 즉시 석방하라!"

청년들이 구호를 외치기 시작했다. 오전 10시가 지나도록 특사를 받은 이들이 나오지 않자 항의를 시작한 것이었다. 구호뿐 아니었다. 청년들이 철문을 밀고 들어가려 하자 교도관들이 가로막아 몸싸움이 벌어졌다. 이때, 철문이 닫혀 들어갈 수 없자 한 청년이 교도소 담장으로 기어올라 담을 넘었다. 그러자 다른 청년들도 잇달아 담장을 넘어 교도소 안으로 들어가 그 안에서 구호를 외치며 집회를 벌이는 것이었다. 무서운 세월만 살아온 이일재로서는 상상도 못했던 일이었다.

"저 사람들이 누구길래 용감하게 담장을 넘어 들어가는 거요?"

물어보니 남은 청년들이 대답했다.

"우리는 대구 노동자협의회 소속 노동자들입니다."

저절로 감탄사가 터져 나왔다.

"역시 우리 노동운동하는 동지들이, 후배들이 참 훌륭합니다."

이승만 시절이면 총으로 쏘아 죽였을 것이고 박정희 시절이면 잡아다가 죽도록 패고 고문했을 텐데 교도소 안에 들어갔던 노동자들은 몸싸움을 하며 끌려 나오고는 그만이었다. 눈앞에 벌어지는 모든 일들이 신기했다.

여전히 군사독재의 흔적도 남아 있었다. 출소는 했으나 보호관찰 대상이라 한 달에 한 번씩 담당 형사가 찾아왔다. 대구 경찰서 정보과 형사였다. 아들이 막 결혼했을 때라 며느리에게 여간 미안하지 않았다. 며느리에게 피해를 주니 찾아오지 말라고 야단치자 그럼 밖에서 만나자고 했다. 다방 같은 곳에서 만나 지난 한 달간의 생활에 대해 조사를 받았지만 형식적이었다.

미행도 따랐다. 석방되고 얼마 후 '대구노동정책연구소' 사람들을 상대로 소모임을 열어 중국공산당 당사를 가르쳤다. 혁명사뿐 아니라 나중에 벌어진 중소 사이의 수정주의 논쟁, 국경 분쟁 등에 대해서까지 나름대로 깊이가 있어 몇 달이나 강좌가 계속되었다. 이 일 때문인지, 아니면 장기수에 대한 일반적 감시인지 몰라도 1년이나 미행을 당했다. 정체를 알 수 없는 젊은이들이 교대로 종일 따라오니 화가 나서 발걸음을 멈추고 버럭 소리 지르기도 했다.

"너 왜 나를 따라오노? 어디 소속이야?"

고함을 치면 후다닥 피해버리는 것이었다. 나중에는 아예 무시해버리고 살았다.

감옥살이를 하는 사이, 주민등록증 제도가 만들어져 있었다. 석방되었으니 처음으로 주민등록증을 만들기 위해 증명사진을 찍었다. 사진을 받아 동사무소에 제출하고보니 깜빡 잊고 사진관에서 원판 필름을 가지고 오지 않은 생각이 났다. 다음 날 아들이 사진관에 가서 필름을 달라고 하니 누가 이미 필름을 가져갔다고 했다. 형사들이 미행하다가 필름을 가져간 것이었다.

예전처럼 저희들 필요한 대로 아무 때나 마음대로 연행해서 구타하고 고문을 가하지는 않았으나 감시 체제는 여전히 가동되고 있었다.

포항에 강연을 갔을 때는 좀 더 문제가 되었다. 포항제철 해고자들과 포항공대 학생들 100여 명이 수강하는 강연회를 했을 때였다. 국가 기간산업인 포철은 해병대가 주둔할 정도로 삼엄한 곳이었는데 사회주의적 시각으로 강연을 했다. 제2차 세계대전은 반파쇼민주주의전쟁이면서 동시에 반제민족해방전쟁이라는 내용이었다. 그런데 강의를 하다보니 어느새 정사복 경찰들이 강의실을 빙 둘러 포위하고 있었다. 그의 발언은 고스란히 녹취되었다.

며칠 후 형사들이 집으로 찾아와 경찰서에 가자고 끌어내려 했다.

"뭐꼬? 영장 있나? 영장도 없이 가자면 되나? 난 몬 간다."

이일재가 완강히 버티니 형사들은 집으로 밀고 들어오려 했다.

"집에 좀 들어가입시다. 들어가서 이야기하입시다."

"어데? 영장도 없이 가택수색을 하려는 기가? 몬 들어온다. 안 된다. 나가라!"

고래고래 고함을 질러 밀어내고 말았다. 하지만 계속 형사들이 찾아오니 강연도 가기가 어려웠다. 할 수 없이 경찰서 대신 여관에 가서 조사를 받았다. 경찰의 요구는 다시는 그런 내용의 강연을 하지 않겠다는 각서를 써달라는 것이었다.

"각서라고? 내는 그런 거 몬 쓴다. 사상의 자유가 있는 게 대한민국 아이가? 내가 형법을 어긴 것도 아니고 내 생각을 말한 게 무슨 잘못이란 말이고?"

계속 항의하며 거부하니 형사들은 발언의 내용을 인정하는 조서만 받아 가면서 구속영장이 청구될 것이라고 협박하는 것이었다. 무기수로 가석방된 몸이니 구속되면 다시는 나올 수 없었다. 은근히 걱정이 되었다.

생각하다 못해 서울의 인권 변호사 박원순을 찾아갔다. 침착하고 지적이면서도 융통성이 있는 사람이었다.

"각서 한 장 써달라고 하던가요? 그래, 써주셨습니까?"

"그걸 왜 씁니까? 자유민주주의 나라에서 자기 생각을 말 못하면 우예합니까?"

박원순은 웃으면서 말했다.

"에이, 한 장 써주시지요. 뭐 그까짓 것 가지고 싸웁니까. 저 사람들도 선생님 구속시키고 싶지 않아서 명분을 달라는 건데요."

말하고는 직접 경찰서에 전화까지 걸어 안전을 확인해주는 것이었다. 참 좋은 사람이었다. 결국 형사를 다시 만나 앞으로 다시는 그 발언을 하지 않겠다고 간단히 한 장 써주고 끝냈다.

이일재는 그 힘들고 긴 20년의 감옥 생활을 이겨냈던 첫 조건은 성격이 낙천적이고 미련스럽기 때문이라고 스스로 생각했다. 자신이 하는 일이 옳다는 신념, 곧 자기 나름의 세계관과 인생관이 있었고 이를 쉽게 바꾸지 않는 고집스러움이 있었기 때문이라고 생각했다. 그러나 어떤 상황에서도 죽음을 불사하고 그것을 지켜냈다는 것은 아니었다. 그랬다면 그는 벌써 여러 번 죽어야 했을 것이다. 그는 말년의 인터뷰에서 말한다.

"어떤 상황 속에서도 그걸 지켜냈다는 건 아닙니다. 죽인다고 그러면 안 하겠다고 해놓고 일단 살아나면 다시 또 하는 겁니다."

적에 대한 증오심으로 팽만한 병사들이라면 야간 기습이나 매복 또는 작전상 퇴각 같은 전술을 자유자재로 활용할 수 있을 것이다. 반면 자신의 체통만큼 적에 대해서도 존중심을 가진 군대라면 나폴레옹 군대처럼 들판에 뻣뻣이 서서 총을 쏘며 진군하거나 신립 장군의 기마병들처럼 배수진을 치고 장렬한 최후를 맞을 것이다. 사회주의자가 전자라면 민족주의자들은 후자에 가까웠다.

사회주의자들은 자본주의의 완전한 소멸을 원하기 때문에 자본주의와 그 군대를 없애기 위한 어떤 작전에도 거리낌이 없는 법이다. 대중적으로 너무 이름이 알려져 이념적 명분을 지켜야 하는 특별한 경우를 제외하고는 위장침투, 위장전향, 이중첩자 등 모든 전술을 수용해낼 수 있어야 했다.

일제 치하 많은 공산주의 운동가들이 일단 전향서나 반성문을 쓰고 나온 후 항일운동을 재개해 끝내 목숨을 바쳤다. 고문 앞에 의지가 무너진 것이었든, 위장 전향이었든, 중요한 것은 경찰의 손에서 벗어나는 순간 항일투쟁에 돌아갔다는 점이다. 단지 전향서를 썼다는 이유만으로 절개를 버렸다거나 배신했다고 비난하는 것은 봉건 시대의 선비적 정서와 더 가까웠다.

부상당한 이일재가 살고 싶은 마음에 앞으로 투쟁하지 않겠다고 서약하고 사찰계에 가입한 일은 분명 죽고 싶도록 수치스런 일임이 틀림없었다. 그는 두고두고 그 일을 부끄럽게 생각해 다른 사람들에게 함구하고 살았다. 대신 그는 전쟁이 끝나자마자 노동운동을 재개함으로써 자기모멸감을 덜어낸다. 포철에서의 발언 같은 것 다시 하지 않겠다고 각서를 써준 일도 마찬가지였다. 그는 전향 문제에 대해 이렇게 말하곤 했다.

"나는 갈릴레오 갈릴레이가 현명했다고 생각합니다. 지구가 태양을 도는 것이 분명하지만, 그걸 주장하다가 죽음을 당하는 것보다는 태양이 지구를 돈다고 인정해서 일단 살아난 다음에 왜 지구가 태양을 도는 게 맞느냐는 거를 과학적으로 입증해내는 겁니다. 그건 결코 목숨을 구걸하기 위한 비굴만은 아닙니다. 자기 개인의 체면과 명분을 지키려고 목숨까지 버리는 우국지사보다는 민중의 이익을 위해 자신에게 쏟아지는 수치와 모멸까지 감수할 수 있는 것이 진정한 사회주의자라고 나는 생각합니다."

이렇게 말한다고 해서 이일재가 비겁하게 살았던 것은 아니다. 오히려 더 많은 경우, 그는 운동을 포기해 편안히 살 수 있는 기회를 저버리고 계속 전선에 섰다. 15살부터 90살까지 장장 75년 간 그의 마음은 혁명을 떠나본 적이 없었다. 이에 대해서도 이일재는 말했다.

"사회주의운동을 그만두기만 하면 편히 잘살 수 있는 기회도 여러 번 있었지요. 그렇지만 나는 그럴 수가 없었습니다. 도저히 참지를 못하겠단 말입니다. 자본주의의 현실이 나를 가만두지 않는기라. 자본주의 제도 자체가 잘못되어 있어. 선진자본주의 국가에서는 합리적으로 문제를 해결하고 있잖아. 특히 사회민주주의를 하고 있는 스웨덴, 노르웨이, 핀란드 등은 잘하고 있는데 우리나라는 너무 잘못해서 견뎌나가질 못하겠어."

변혁운동이란 계속하기는 힘들어도 그만두는 건 언제든 가능한, 강력한 의지력을 필요로 하는 고통스런 일이다. 다른 많은 사람들이 그랬듯이, 운동을 포기하고 생계만 추구한다면 탄압을 받거나 굶지는 않았다. 운동하던 때의 성실함과 치밀함으로 부자가 된 사람도 없지 않았다.

이일재는 그러나 그만두지를 못했다. 전매청에 계속 다닐 수도 있었고 장사를 할 수도 있었지만 언제나 노동운동으로 돌아왔다. 이강학이 운수회사로 큰돈을 벌 기회를 제안한 적도 있으나 거절했다. 중년의 세월을 몽땅 철창에 바치고 세상에 나와서도 즐겁고 편한 여생을 찾기 못하고 사회의 부조리에서 눈을 떼지 못했다.

재야 민주화운동의 최고령인 문익환 목사와 5살 차이로, 어딜 가나 원로 대접을 받을 수 있었다. 이제는 빨치산 출신이나 장기수들도 그런 대우를 받는 세상이 되었다. 그러나 그는 화려한 행사장 단상에 올라가 박수를 받기보다는 학생이나 노동자들의 소모임에서 사회주의 이론과 역사를 가르치는 데 시간을 바쳤다. 쇠비름처럼 살아왔듯이, 쇠비름처럼 밑바닥에서 살아가리라는 결심이었다.

이일재가 석방되던 1980년대 말 노동운동판은 노운협이라 부르던 전국노동운동단체협의회가 주도하고 있었다. 아직 전노협이나 민주노총이 세워지지 않은 과도기에 전국의 노동상담소나 노동인권상담소 같은 공개 단체들이 연합해 노동운동을 이끌어가던 시기였다.

지금도 그 비율은 마찬가지지만, 당시 변혁운동에는 반미와 통일을 우선시하는 NL 계열이 대세를 이룬 가운데 남한 내 노동 문제를 우선시하는 PD파가 소수를 차지하고 있었다. 민족통일을 앞세우는 NL 계열이 북한에 우호적이거나 최소한 비판을 자제하는 편이라면, 계급운동을 앞세운 PD 계열은 북한정권에 비판적이었다. 노운협은 노동운동이라는 공통점으로 이런 정파를 두루 묶은, 굳이 규정하자면 NLPD파라 할 수 있었다. 따라서 현장 노동운동에 상당한 영향력을 가지고 있었다.

석방 후 동생이 마련해준 아파트에서 아들 내외와 살던 이일재는 아들로부터 노운협 활동가의 한 사람인 김찬수를 소개받았다. 김찬수는 그에게 운동권 정파들 사이의 이론투쟁을 담은 문건들과 신문, 전단 등을 전달해주고 전국에서 열리는 각종 집회에 데리고 다녔다. 덕분에 경희대, 연세대 등 서울의 여러 대학에서 열리는 노동자대회니 하는 집회에 빠짐없이 쫓아다니며 과거에 비해 비약적으로 커진 진보운동판을 이해해나갔다.

영남대 법대 학장이던 이종하와도 재회했다. 해방 전에 이일재가 다니던 해성보통학교에서 교사를 했던 이로, 10월항쟁 때 자신이 가르치던 사범대학교에서 학생들을 데리고 나와 시위에 참여하기도 했고 통혁당과 인혁당 사건에도 조금씩 연루가 되었던 진보적인 지식인이었다. 석방된 이일재를 다시 만났을 때는 민중의 생활사나 노동사, 투쟁사 같은 책을 쓰고 있었다.

정년 퇴임 후 이종하는 자신이 보유한 1만여 권이나 되는 장서도 보관할 겸 운동 단체 사무실을 하나 내고자 생각하고 있었다. 한글판 사회과학 서적이 나오지 않던 시절에 일어판으로 나온 책들로 하나같이 귀중한 자료였다.

마침 이 무렵 민족자주통일중앙협의회가 대구에서 발족되었다. 이종하는 이 단체에 사무실을 내주려 했다. 이일재는 이에 반대하고 '노동문제연구소'를 열자고 설득했다. 계급운동이 민족주의에 희석되는 게 싫어서였다. 이종하는 이일재의 뜻에 따라 사무실을 내고 공동으로 소장을 맡았다.

소장으로 매일 사무실에 출근해 노동자들과 상담하고 자료들을 정리하고 있으려니 돈 없는 여러 사회단체들이 공간을 함께 쓰자고 요청해왔다. 자금을 댄 공동 소장 이종하로서는 바라던 바였다. 계속 반대할 수는 없어 받아들이다보니 자꾸만 늘어났다. '영남 노동문제연구소'가 사무실 한편을 사용하더니 '민족통일민중운동연합대구지부'에서도 함께 사용하자고 요청해와서 좀 더 넓은 사무실을 얻어 함께하게 되었다.

이렇게 되니 노동문제연구소 사무실은 대구 지역 민주화운동과 통일운동, 노동운동의 중심 역할을 하게 되었다. 자연히 드나드는 사람이 너무 많아 노동자들은 온다 해도 마땅히 대화할 곳이 없었다. 안 되겠다 싶어서 노동문제연구소만 따로 나가기로 했다.

새로 얻은 사무실은 대구 3공단과 가까운 비산동이었다. 노동자들이 쉽게 드나들 곳을 찾아간 것이었다. 1990년 전후의 몇 해는 노동운동이 가장 활성화된 시기였다. 임금 협상과 단체협약 기간인 봄가을에는 전국이 파업과 농성으로 시끄러웠다. 파업 노동자들과 해고 노동자들은 끊임 없이 노동문제연구소에 찾아왔다. 오갈 데 없는 해고 노동자들이 단체로 연구소에서 농성을 하기도 했다. 경찰도 가만히 있지 않았다. 형사들이 연구소 주변에 잠복해 있어 툭하면 노동자들과 몸싸움을 벌였다. 이일재 도 늙은 몸으로 몸싸움에 합류해 노동자들을 보호하기도 하고 뺏기기도 했다.

이 시기 동안 이일재는 김찬수, 이정림 등 대학생 출신으로 노동 현장 에 위장 취업해 활동했던 이들과 함께 남선전기 파업, 염색공단 연대 파 업 등을 직간접적으로 지도했는데 단위 사업장 투쟁에 대한 이일재의 조 언은 퍽 유화적이고 융통성이 있었다. 무지한 반대파나 어용 세력이라도 적극적으로 끌어당겨 파업투쟁을 함께해야 한다는 이야기였다.

남선전기의 활동가 이정림 같은 경우는 1989년 이일재를 처음 만났다. 이일재가 노동문제연구소 소장을 할 때였다. 이정림은 노동조합을 만들 려는데 어용이 될 가능성이 있는 사람들과 함께할 것인가를 두고 고민 중이었다. 북부시장 돼지국밥집에서 만난 이일재에게 말했다.

"선생님, 고민입니다. 우리 핵심들은 그 사람들은 배제하고 우리끼리 노조를 결성하자는 의견입니다. 나서기 좋아하고 권력 좋아하는 사람들 과 노조를 하다가는 계속 내부에서 싸움만 하다 끝날 거라고 우려하고 있습니다."

이일재의 대답은 뜻밖이었다.

"아닙니다. 그런 사람들도 같이해야 합니다. 노동조합은 전위조직이 아니라 대중과 함께 가는 이익단체입니다. 이런 사람, 저런 사람 다 빼고 나면 힘을 가질 수가 없어요. 대중조직가가 좌익 소아병에 빠져서는 안 됩니다."

공산당원에 전평 출신이라는 경외심으로 잔뜩 존경심을 품고 있던 이정림으로서는 다소 실망스런 충고였다. 하지만 이후에도 여러 차례 이일재를 만나 상담했다. 항상 이일재가 먼저 전화를 해왔다.

"이 동지, 내 거기 있을 테니 시간 있으면 나오소."

전화 도청을 의식해 '거기'라고 한 곳은 언제나 만나는 북부시장의 돼지국밥집이었다. 주변의 활동가들을 데려가기도 했지만 대개는 이정림 혼자 갔다. 이일재의 발음이 분명치 않아 계속 통역을 해줘야 하니 다른 이들은 잘 오려고 하질 않았기 때문이었다. 이정림도 몇 번씩 되물어야 말귀를 알아들을 수 있었다. 그래도 이일재는 젊은이들과의 만남을 무척 좋아해서 그에게 끊임없이 노조 결성 준비 상황을 묻고 여러 가지 조언을 해주었다. 술을 마시며 자신의 이야기를 터놓기도 했다. 그는 자기의 한계와 오류에 대해 퍽 솔직한 사람이었다. 대중 노선을 강조하는 이유에 대해서도 솔직하게 말해주었다.

"전평 시기에 나는 대중활동이 크게 없었습니다. 조선공산당의 프락치로서, 세포로서 활동하면서 지시받고 전달해주는 역할밖에 없었지요. 조선공산당 노선은 그런데 대중적이지를 못했어요. 조선공산당에 이어 남로당까지 이어지면서 실패한 큰 이유 중 하나가 대중노선을 관철시키지 못한 것입니다. 통일전선운동, 좌우합작운동에 실패했기 때문이라고 봅니다. 대중을 주체로 내세우고, 대중을 결의의 주체로 내세웠어야 하는데 그러지를 못했어요. 당시 대중들은 집회장에 오더라도 목석처럼 서서 우리 지시만 들었습니다. 그래가 어떻게 운동이 성공을 하겠습니까?"

이일재가 석방되던 1988년 연말, 대구에서는 민중문화패 '꽃다지'의 노래 공연이 벌어졌다. 대구 지역 노조와 사회단체, 대학생들이 수많은 깃발을 들고 모여들어 공연을 관람하고 함성과 발언을 계속했다. 이일재는 이 광경에 몹시 감동해 흥분한 음성으로 말했다.

"내 평생 이런 걸 볼 줄은 몰랐어요. 이렇게 대중들이 모이는 걸 처음 봤습니다."

주위 사람들이 의아해했다.

"전평 때는 그러지 않았습니까? 그때야말로 엄청난 투쟁을 하지 않았습니까?"

"그렇지 않습니다. 전평 때는 대중들이 지금처럼 주체적이지 않고, 그 당시 말로 꿰다놓은 보릿자루였지요. 모두 동원되어 와서 상부에서 시키는 대로 했어요. 지금은 노래도 있고 서로 힘차게 흔드는 것도 있고, 남녀도 있고, 남성들도 용감하게 비치고, 참 격세지감입니다. 말로는 다 못할 감동입니다."

이일재는 지역을 방문하든, 대구에서 현장을 방문하든 해당 사업장이나 단체 활동가의 방에서 며칠씩 함께 자는 게 습관처럼 되어 있었다. 이정림의 방에서도 며칠씩 자면서 많은 이야기를 했다. 회사 측에서 먼저 어용 노조를 만들어버리자 이일재는 노조에 들어가라고 적극 권했다. 젊은 운동가들은 장기 근속자 중심으로 만들어진 어용 노조에 들어가봐야 이용만 당한다고 반대했으나 이일재는 강력히 들어가라고 주장했다.

"일찍이 레닌 동지도 말했다시피, 우리는 어용 노조든 소비조합이든 노동자가 있는 모든 곳에 들어가야 합니다. 대중조직을 순수하고 순결한 투사들만의 조직으로 만들려고 생각하지 마십시오. 그러한 활동가조직은 비밀스럽게 우리끼리 운영하면서 어떠한 대중조직도 마다 않고 들어가 노동자들을 우리 편으로 만들어야 합니다. 좌익 소아병에서 벗어나야 합니다."

이일재의 강력한 요구에 따라 민주파들은 노조에 가입했고 이정림은 교선부장까지 맡았다. 이일재의 말은 맞았다. 활동력 왕성한 민주파가 들어가 자기희생을 감수하며 투쟁에 앞장서니 노동자들의 지지는 금방 이들에게 몰렸다. 이듬해인 1990년 임금과 단체협약 과정에서 조합원들의 지지를 얻은 이들은 위원장, 사무국장 등 집행부를 장악했다.

한편, 한국노총에 맞선 민주노조의 전국 조직 건설도 잉태되고 있었다. 1990년 1월에 결성된 전노협은 중소기업 중심의 조합원 5만여 명으로 이뤄졌는데 숫자로는 한국노총에 비할 수 없지만 투쟁을 통해 검증된 노조들이 대다수라 전투력이 대단했다.

전노협은 5월 들어 총파업을 결의했다. 조합원이 900명까지 늘어난 남선전기도 파업에 동참할 것인가를 두고 조합원들이 갈등하고 있는데 이일재는 반드시 동참해야 한다고 주장했다. 나아가 투쟁위원회의 부위원장에 어용 쪽 사람을 넣으라는 주문까지 했다.

"투쟁위 부위원장은 저쪽 사람을 넣으시오. 서로 본질적으로 적대적 관계가 아닌 이상, 대중투쟁에는 가능한 모든 사람과 같이해야 합니다."

이는 현장의 정서와는 사뭇 다른 조언이었으나 이일재의 말에 따르기로 했다. 어용쪽 사람들을 투쟁위원회에 넣었다. 예상대로, 사사건건 부딪힐 수밖에 없었다. 애초에 회사와 싸울 의사가 없는 사람들이니 당연한 일이었다. 이로 인해 이정림 등 활동가들은 이일재를 원망했다. 그래도 이일재는 천연덕스러웠다.

"투쟁 속에서 기회주의 세력을 걸러내는 것뿐이니 골치 아파할 필요 없습니다. 비겁자들이 떨어져 나가는 모습을 통해 조합원들이 우리 민주파의 존재를 확인하고 지지하게 되는 겁니다. 올바른 투쟁이 그들을 걸러낼 테니 지레 겁먹지 말고 가능한 많이 동참시켜야 합니다. 최대한 많은 사람을 참가시켜라, 그것이 파업의 제일의 원칙입니다."

때로 현장 활동가들의 불만을 사기도 했지만 이일재의 충고는 대체로 옳았다. 자신의 과거 경험에 의한 직관력으로만 판단한 것이 아니라, 현황을 심도 깊게 파악하여 내린 결론이어서였다. 상담한 노동자들은 그래서 이일재에게 의존한 것도 사실이었다.

이일재는 보다 올바른 판단을 위해 스스로 끝없이 묻는 사람이 되었다. 활동가들을 만나 4시간을 대화한다면 그중 3시간 50분은 듣는 시간이라 해도 좋았다. 질문은 너무나 세밀했다. 대구 노동자협회, 지역의 민주노조들 현황, 투쟁 과정과 요구 사항 등등 그의 질문은 한도 끝도 없었다. 그렇게 모은 정보를 토대로 나름의 조언을 하는 것이었다.

적어도 1990년대 초반까지, 노동문제연구소의 소장으로서 이일재의 조언은 '대중노선'에 집중되어 있었다. 그는 '전투적 조합주의'라고까지 불리던 전노협의 투쟁노선에 비판적이었다. 그는 전노협 산하 대구노련 간부들에게 거듭 강조했다.

"전노협이 가지는 전투성보다 오히려 지금은 대중성을 강화해야 합니다. 그래서 중간노조, 한국노총에 있는 노조와의 연대사업에 중점을 둬야 합니다."

이에 대한 현장 간부들의 반발은 만만치 않았다. 말 자체는 맞지만, 노태우 정권의 폭력적 탄압으로 수십 명씩 무더기로 구속되는 판에 한국노총 소속의 기회주의적 간부들과 연대한다는 건 원칙을 떠나 현실적이지도 않다고 보았다. 그들은 반박했다.

"어용들과 연대하면 아무 일도 되질 않습니다, 선생님. 우리가 변혁 정신, 전투성, 다른 투쟁 사업장과의 연대 정신 같은 건 지켜야 하지 않겠습니까? 그런데 어용들과 같이하면 그게 다 사라집니다. 그런 것까지 포기하면서 그네들과 연합하면 무슨 소용입니까?"

대구 지역의 섬유노조들이 1990년 공동 임금투쟁을 계획할 때가 대표적이었다. 한국노총 섬유노조 소속 7개 노조와 전노협 소속 5개 노조가 합쳐 공동임투를 하자는 논의가 나왔을 때였다. 전노협 소속 노조위원장들은 이에 결사 반대했다.

"한국노총 소속 노조들의 성향은 뻔한 것 아닙니까? 우선 그들이 우리와 연대를 할 리도 없고요, 만일 같이한다 해도 형식적으로만 해서 조합원들로부터 자기네 명분만 지키려 할 겁니다. 싸움은 않고 말입니다."

"뻔하지 않습니까? 연대해봤자 걔들은 우리 쪽 정보나 빼내 갈 게 뻔합니다. 저는 왜 그들과 같이해야 하는지 도무지 이해가 안 됩니다."

이일재의 주장도 강력했다. 아무리 토론이 격해져도 절대로 반말을 쓰지는 않았다.

"무조건 같이해 보십시오. 같이 투쟁을 하면, 일을 벌여놓으면 대중이 판단할 겁니다. 노조 간부가 판단할 일이 아닙니다. 대중에게 넘기세요."

막상 12개 노조의 공동투쟁은 그러나 기자회견만 하고는 파기되어버렸다. 한국노총 소속의 노조 간부들이 안기부의 압력을 받자 바로 꼬리를 내려버린 것이었다. 이일재의 주장은 무색해져버리고 말았다. 그래도 그는 거듭해서 주장했다.

"어용이고 못 따라오는 친구들도 끌고 가야 합니다. 조건만 되면 파업을 하세요. 최대한 많은 사람을 참여시키세요. 파업은 노동자의 학교요, 훈련소입니다. 누가 진정한 노동자의 편인가는 파업을 통해 검증됩니다. 문제는 항상 대중적으로 폭로해야지, 우리 시각으로 판단하면 안 됩니다. 우리가 볼 때는 나쁜 전술이라도, 그게 전략적으로 연결되는 싸움이라면 나쁜 전술도 받아들여야 합니다."

이 무렵부터 시작된 민주노총 결성 문제에 대해서도 이일재는 대구 지역 다수 활동가들과는 다른 생각을 보여주었다.

전노협은 강성 노조라 불리던 전투적 노조들의 결합으로, 상대적으로 임금이나 복지 등 노동조건이 좋은 사무금융과 대기업노조들은 포함되어있지 않았다. 전노협 소속 조합원들은 그들 대규모 노조들은 민주적이고 투쟁적인 성향을 가지고 있더라도 본질적으로 고임금 노동자들로서 투쟁력이 약하다고 보았다. 그래서 전노협을 해체하고 민주노총으로 가자는 '민주 노조 총단결론'보다는 전노협을 강화하자는 '전노협 강화론'을 주장했다.

특히 대구는 '전노협 강화론'이 강했다. 그러나 이일재는 '민주노조 총단결론'의 입장이었다. 어차피 임금, 단체협약 등 조합운동의 전선은 같으니 총단결해야 한다는 논지였다. 대구 지역 운동가들과 부딪힐 수밖에 없었다.

이 논쟁은 제법 심각해져서 이일재는 대구 지역 전노협 지도부와 한동안 섭섭한 관계가 되기도 했다. 하지만 전국적 흐름에 따라 1995년 민주노총이 건설되면서 다시 합쳐지게 된다. 또한 이일재는 서울에 올라가 민주노총 제2기 집행부의 지도위원까지 맡게 된다.

한편, 노동문제연구소 공동소장 이종하는 영남대 법대 교수를 한 탓에 경찰 고위직에 제자들이 많았다. 안기부로 이름이 바뀐 옛 중앙정보부 직원도 있었다. 그들은 스승인 이종하에게 직접 압박하기 어려우니까 은근히 부인에게 연구소를 폐쇄하라고 압력을 가했다. 나중에는 세무 조사를 하겠다고 협박했다. 견디지 못한 부인은 연구소를 한국노총에 소속시키면 어떻겠느냐고 제안했다. 입장이 곤란해진 이종하도 이를 수용하자고 나왔다.

이일재는 평소 지식인들의 기회주의적 속성에 대해 말하곤 했다. "인텔리겐차들은 해가 뜨면 나왔다가 추우면 들어가는 사람들"이라고 했다. 그것을 일본식 표현으로 '일화견주의(日和見主義)'라고도 말해 주변인을 웃기기도 했다. 지식인은 가진 기득권이 많아 탄압이 오면 숨는 반면 가진 것 없는 노동자는 끝까지 싸운다는 뜻이었다.

사회주의 서적 어디에나 나오는 이 논리는 부분적으로는 옳았다. 노동자들은 투쟁에 실패해도 여전히 노동을 할 수밖에 없어 언젠가는 노동운동에 복귀할 수 있으나 대부분의 지식인들은 언젠가는 자신의 학력 기득권을 살려서 교사나 교수, 변호사나 판검사, 기자 등 고급 직업을 찾아 떠나버린다는 점에서 그랬다.

하지만 역사의 큰 흐름으로 보면 함부로 일반화시켜서는 안 될 주장이었다. 일제 치하의 3대 항쟁이랄 수 있는 3·1운동과 6·10만세운동, 광주학생운동이 모두 학생들이 주도했고 조선공산당의 절대다수는 지식인, 양반층이었다. 해방 후 노동자들이 저항운동의 전면에 나선 것은 4·19혁명, 5·18광주항쟁, 6월항쟁 등 지식인, 학생운동으로 정세가 열린 직후였다. 당장의 생계에 목을 걸고 있는 노동자들은 오히려 뒤늦게 일어났다가 탄압기가 오면 먼저 수그러드는 게 역사적 경험이었다. 러시아혁명과 중국혁명의 주역들 역시 압도적으로 지식인들이었다. 인간으로 하여금 목숨까지 바쳐 세상을 바꾸려 투쟁하게 만드는 것은 물질적 생계만이 아니라 사랑과 정의를 추구하는 인간 고유의 정신세계라는 증거라고 할 만하다.

어쨌든 개인적인 사례로는 맞는 말이 되었다. 이종하가 한국노총에 연구소를 소속시키자고 나서자 이일재는 절대 안 된다고 반대했다. 대중투쟁에서는 한국노총 소속 노조들과 손을 잡으라고 주장했지만, 그 속에 들어가버리는 것은 있을 수 없다고 주장했다. 결국 이종하와 갈라져 다른 사무실을 얻어 나오게 되었다.

마침 이 무렵, 대구 노운협에도 내분이 일어났다. 1992년도였다. 처음에는 NL과 PD가 공존하던 전국 노운협은 점차 NL계 활동가들과 1970년대 민주 노조를 했던 선배 노동자들이 빠져나가 이른바 선진노동자그룹이라 불리던 이들이 주도하고 있었다. 다수가 빠져나간 이유는 노운협이 주도하는 이른바 '전투적 조합주의'에 대한 반발이 컸다. 그런데 남은 이들 중에서도 지도부를 구성했던 선배 그룹과 후배 그룹 사이에 또 다시 갈등이 벌어졌다. 서로 노운협이라는 명칭은 고수하려고 노운협 A그룹, 노운협 B그룹으로 부르기까지 했다.

이일재는 이 분열이 대구 노운협 지도부의 권위주의와 패권주의 때문이라고 보았다. 애초에 그들의 "전투적 투쟁을 통해 노동자를 단련하고 조직한다"는 논리를 '전투적 조합주의'요 생디칼리슴이라고 비판했던 이일재였다. 사회주의 의식은 투쟁의 경험만이 아니라 체계적인 학습과 조직적 활동으로 만들어진다는 생각이었다. 또한 노운협 지도부가 사무 노동자들은 지식인이라 배제하고 공장 노동자만이 진짜 노동자라 생각하는 것도 잘못되었다고 보았다.

하지만 이런 정도의 이유로 분열까지 하는 것도 역시 옳지 않다고 보았다. 비주류라고 할 수 있는 중견 활동가들이 찾아와 대구 노운협에서 탈퇴하겠다고 했을 때 이일재는 적극 반대했다. 지도부가 옳지 못한 건 사실이지만 조직 안에서 문제를 해결해야지 분열해 나오면 문제를 해결할 수 없을뿐더러 더 큰 문제가 생긴다고 말렸다. 그러나 그들이 탈퇴하기도 전에 대구 노운협 지도부는 그들을 제명시켜버렸다. 이일재도 대구 노운협 지도부를 버릴 수밖에 없었다. 노운협을 그만둔 이들과 함께 현장조직을 만들고 학습을 지도하는 일에 열중했다.

이렇듯 여러 가지 문제에 관여해 영향력을 미쳤다고 해서 어떤 권위의
식을 갖고 선배로 군림했던 건 아니었다. 공산당의 평등주의로부터 운동
을 시작했던 그는 권위주의나 위계질서 같은 단어 자체를 혐오하는 사람
이었다. 여성이든 나이 어린 활동가든, 자신 앞에서 누구나 마음대로 담
배를 피우게 했고 아무리 어린 사람에게도 정중한 존댓말로 대했다.

몇 해 후인 1998년부터 이일재와 절친하게 활동한 울산의 노동운동가
조돈희는 2016년 역사학자 유경순과의 대담에서 이렇게 증언한다. '현장
노동자대표자회의'라는, 각 현장의 노동운동가들이 자유롭게 모여 현안
을 토론하는 모임에 참석하던 이일재의 모습이다.

"이야기가 많은 분이 아니세요. 이야기를 듣고 논의에서 어떤 쟁점
사안이 벌어지면 "개인의 의사 발언을 해도 되겠습니까?" 묻고는
발언권을 얻어 정중하게 자기 이야기를 하시는 분입니다. 그런데 자
기주장을 완강하게 주장하시기보다는 "나는 이렇게 생각한다. 그러
니 이야기를 더 해보세요." 하는 안내자 역할을 하셨죠. 토론을 안내
해주는, 토론을 바로잡아주는 안내자 역할을 하시는 겁니다. 처음부
터 그렇게 인식되었어요. 그분이 얘기하는 걸 보면 자기주장을 어필
하러 온 분이 아니라 관심이 있어서 왔고, 어떤 사람들이 활동하는
지 상당히 의미가 있다고 보고 관심을 갖고 꾸준히 오셨죠. 항상 그
런 자세였어요."

70세가 되어가는 노인과 20, 30대 젊은 운동가들이 정식으로 만나 운
동 방향을 협의하고 결정하기는 어려웠을 것이다. 몇몇 활동가와 개별적
으로 만나 심도 깊은 조언을 하거나 논쟁을 벌였지만 대개는 노동자 행

사나 집회, 송년회 같은 곳에 참석해 마이크를 잡는 것이 주된 역할이었다. 그럴 때면 모처럼 젊은이들에게 말할 기회가 아까워 제한 시간을 넘겨 계속 이야기를 해서 사회자를 곤란하게 만들기도 했다. 노동자들은 그래도 명절이 되면 단체로 집에 찾아가 세배를 하고 덕담도 듣고 옛날 이야기도 들었다.

한편으로는 서울에 드나들며 한국노동교육협회 사람들도 만났다. 나중에 한국노동사회연구소로 이름을 바꾸는 이 단체의 활동가들은 이일재를 통혁당 출신으로 인식하고 있었다. 이일재가 석방될 때 신문에 통혁당 외 몇 명이 나왔다는 식으로 기사화되었기 때문이었다.

통혁당과 전략당은 기묘한 관계라고 할 수 있었다. 1968년 사건 당시, 중앙정보부는 두 조직이 성향도 다르고 합친 적도 없음을 확인하고 '남조선해방전략당' 이름으로 전략당을 통혁당과 분리해 검찰에 송치했다. 그러나 통혁당 사건의 효과를 극대화하기 위해 '통혁당 사건'이라는 제목 아래 두 조직을 동시에 발표했다. 중앙정보부가 기자 회견에서 보여 준 도표에는 '북한노동당 대남 사업부' 산하에 통혁당과 전략당이 나란히 그려져 있었다. 그리고 두 당 사이를 점선으로 연결시켜놓았다. 도표만 보아도 두 조직이 서로 다르다는 걸 알 수 있지만 결국엔 북한의 지령을 받는다는 점에서 다를 바 없다는, 묘한 관계로 설정해놓은 것이다.

더구나 이 발표가 통혁당 이름으로만 됨으로써 당시 발표를 본 일반인들은 물론, 진보운동권에도 통혁당은 알아도 전략당이란 이름은 생소하거나 또는 통혁당의 일부처럼 인식하게 되었다. 한국노동교육협회 등 서울의 운동가들이 이일재를 통혁당 출신으로 알고 초빙한 것도 무리가 아니었다.

한국노동교육협회는 일주일에 한 차례씩 전국의 노동 현장에서 강연회를 열고 있었다. 그들은 이일재가 전평에서 활동한 경력을 가졌음을 높이 사서 이 강연의 연사로 자주 보내주었다. 덕분에 전국의 주요 노동자 지대에 찾아가 노동운동의 핵심적인 지도자들을 대부분 만나볼 수 있었다.

노동자 교육을 다니면서 우리나라 운동의 문제점을 느낄 수 있었다. 남한의 진보운동과 북한과의 관계에 대한 것이었다. 1960년대에 통혁당과 전략당의 관계에서도 이 부분이 문제가 되었는데 20여년이 지난 1990년대에는 예전보다도 훨씬 심각한 대립이 벌어지고 있었다.

어느 날은 창원에 있는 한 노동단체에 교육을 갔는데 선전물 내용에 주체사상이라는 단어가 들어가 있어 깜짝 놀랐다.

이일재가 생각하기에 주체사상이란 김일성이 일인 숭배를 정당화하기 위해 만들어낸, 사회주의 이론과는 거리가 먼 유치한 논리에 불과했다. 박정희가 한국적 민주주의라는 희한한 논리를 내세워 유신독재를 한 것처럼, 북한의 특수성이라는 명분으로 김일성 일가가 민족을 이끈다는 결론을 끌어내는 엉터리 논리라고 생각했다. 북한은 주체사상을 미제국주의에 저항하는 '민족적 사회주의'라고 포장하고 있지만 혁명운동의 시각으로 보면 자본제를 넘어선 사회주의를 지향하기는커녕 오히려 봉건 왕조제로 회귀하려는 반동수구적인 논리에 불과하다고 보았다. 실제로 북한에서 시행되고 있는 토지와 공장의 국유화는 사회주의만의 전유물이 아니라 봉건 왕조 시대의 기본적인 경제 제도이기도 했다. 그런데 1980년대 중반부터 수입된 주체사상이 제대로 사회주의를 공부하지 못한 대학생들을 중심으로 널리 퍼져 운동권의 주류 논리로 자리 잡고 있었다.

이일재는 주체사상이 운동권의 교리가 되는 것을 우려하고 경계하는 한 사람이었다. 그렇다고 해서 통일운동을 부정하는 건 아니었다. 자기

자신이야말로 민족통일을 위해 빨치산까지 했던 사람이었다. 주체사상과 1인 숭배는 비판했지만 북한 체제에 적용되고 있는 사회주의적인 가치들은 존중했고 그래서 북한정권을 특별히 비난하고 다닌 적은 없었다.

창원 강연에서도 주체사상이니 통일 문제로 청중들과 부딪히지는 않았다. 그런 단어는 꺼내지도 않았다. 전평과 빨치산 이야기를 하다보니 자연히 조선공산당과 박헌영 이야기가 나오게 되었고 말을 하다보니 흥분이 지나쳤다. 김일성이 권력을 잡기 위해서 숫한 선배 운동가들을 숙청하고 박헌영, 배철 같은 절세의 애국자들을 간첩으로 몰아 죽였다고 통렬히 비판해버렸다.

말을 하며 살펴보니 사람들의 표정이 몹시도 떨떠름했다. 박헌영, 이승엽, 이강국, 배철 같은 사람들은 일제 때부터 민족 반역자요 미제의 간첩 노릇을 했다는 북한쪽의 주장만 들어온 이들로서는 낯설기도 했을 것이다. 강연이 끝나면 뒤풀이 술자리를 갖기 마련인데 이날은 뒤풀이도 없이, 제대로 인사를 나누지도 않은 채 흩어져버리는 것이었다. 자신의 발언 때문이라고 느끼지 않을 수 없었다.

북한을 비판하면 청중들이 자신을 배척한다는 느낌은 이일재의 과민 때문은 아니었을 것이다. 당시도 그랬고 현재도 마찬가지로, 운동권에 금기어가 있다면 그 첫째가 북한에 대한 비판이었다. 보수파와 같은 말을 하는 것은 보수를 돕는 일이라는, 보이지 않는 내부 검열이었다. 보수 우익 쪽이 운동권을 비판할 때 북한과 같은 주장을 한다는 이유를 들 때는 정반대로 진리는 어디서나 진리라고 반박하면서, 북한에 대한 비판은 곧 우익을 대변하는 내부의 적이라는 식의 이율배반적인 감정이었다.

고집스러운 이일재는 그런데 거듭 그 말을 하고 다녔다. 한번은 경주의 현대호텔에서 경희대 사학과 학생들과 교수들이 세미나를 하며 그를 초청했다. 지난번 창원에서와 마찬가지로 그를 통혁당 출신으로 잘못 알고 부른 듯했다. 이일재는 거기서도 박헌영 숙청의 오류를 제기했다. 그래도 이성적인 지식인들이자 역사 전문가들이니 이해를 하리라 보고 마음을 터놓은 것이었다. 그런데 역시 다들 불만스런 표정으로 듣고 있더니 뒤풀이는커녕 강연비조차 제대로 주지 않는 것이었다.

이일재가 전국 강연을 다니며 한 이야기는 주로 전평과 빨치산의 경험담이었으나 간간이 이런 일이 일어났기 때문인지 NL계의 초청 강연은 점점 줄어들었다. 자연히 좌파라 불리는 PD파 쪽에 가까워질 수밖에 없었는데 이는 곧 운동권 내의 소수파가 되었다는 뜻이었다. 애초에 사회주의자로 출발했고 노동운동으로 성장한 그로서는 자연스러운 행로라고 할 만했다.

이렇게 출옥하자마자 바쁘게 움직이고 있는 사이, 세계는 큰 변화를 겪었다. 공교롭게도 한국 내의 민주화와 거의 같은 시기에 이뤄지면서 그 영향은 깊고 컸다. 동구 사회주의의 붕괴였다.

이일재가 석방된 이듬해인 1989년 11월 동서독을 가르던 베를린 장벽이 무너지더니 1개월 후 성탄절에는 루마니아의 독재자 차우셰스쿠와 그 가족이 공개 처형되면서 공산당 독재가 종식되었다. 잇달아 체코, 헝가리 등 동유럽 여러 국가들이 공산주의 체제를 해체하였고 마침내 1991년 12월에는 소련 공산당이 일당독재를 포기하고 소비에트 연방을 해체시켜버렸다. 나아가 두 번째 공산주의 대국이던 중국도 공산당이 주도하기는 해도 자본주의로의 개방을 시작했다. 한국에 버금가는 엄청난 희생을 치르고 사회주의공화국을 세웠던 베트남도 미국과 수교하면서 문호를 개방했다. 북한과 쿠바를 제외한 모든 공산주의 국가가 사실상 자본주의로 선회한 것이다.

동구 공산권의 붕괴는 남한의 운동권을 크게 흔들어놓았다. 사회주의 혁명을 지향하는 전위조직이라 자칭하던 수많은 지하조직들은 그야말로 해산식도 없이 와해되어 사라져갔다. 구로 공단에만도 50개가 넘을 정도로 헤아릴 수 없이 개설되었던 노동문제상담소들도 거의 다 문을 닫았다. 그 자리는 법무사나 노무사들이 차지했다. 80년대 정국을 주도했던 학생운동은 급격히 세가 약해져 더 이상 집회를 열기도 힘들게 되었다. 수년간 총파업으로 진동하던 공장 지대도 점차 조용해지고 개량주의적 시민운동과 환경운동 같은 주변부 운동이 성장했다.

남북의 분단 문제는 여전한 만큼 NL 계열은 그나마 명맥이 유지되었지만 러시아혁명과 레닌주의에 기초하고 있던 PD 계열은 더 큰 영향을 받았다. 지하조직 체계를 버리고 공개, 합법정당운동으로 선회해 세상 밖으로 나온 것이다.

한편, 1993년 김대중과 함께 야당의 상징이던 김영삼이 보수 여당인 민자당과 합당해 대통령에 당선되면서 1970, 1980년대 학생운동을 이끌던 다수가 그에 합류해 부르주아 민주주의자들의 대열도 뒤죽박죽이 되었다.

이일재의 집필 활동은 동구의 몰락 이후 왕성해지는데, 막상 동구 문제에 대한 깊은 성찰을 드러낸 글은 보기 어렵다. 다른 주제의 논문 속에 한두 문장씩만 나타난다. 소련 해체 후 16년이 지난 2007년 10월의 논문에는 이 문제에 대한 총체적인, 그러나 매우 간략한 정의가 나온다.

한국에서는 아직 참된 사회주의운동이 없었다. 일제 식민지하에서는 민족해방이 주된 과제였고, 1945년 해방 후는 스탈린주의에 따른 국가자본주의 체제가 목표였다. 소련을 위시한 현실 사회주의 붕괴 후는 많은 사이비 사회주의자들은 탈락하였다. 21세기 한국 사회주의자들은 세계 사회주의자들과의 교류, 협력, 연대로서 참된 사회주의의 길을 찾아 정착시키기 위해 노력하면 아마 새로운 길이 열릴 것이다.

공산당 치하 소련에서 벌어졌던 비인도적 참상들을 사회주의를 시행했어야 할 스탈린이 자본주의를 했기 때문이라고 보는 것은 자의적 변명으로 해석될 여지가 있다. 현실 공산주의의 문제점에 대해 반성하고 다양한 대안을 찾는 이들을 '사이비'라고 간단히 매도해버리는 것도 복잡한 인간 사회를 분석하는 태도로는 미흡해 보인다.

이렇듯 이일재의 논문이나 대담 속에는 관념주의적인 좌익적 시각이나 또는 반대로 대단히 현실주의적인 주장이 한꺼번에 들어 있곤 한다. 1990년대에 쓴 논문과 2000년 이후에 쓴 논문들의 강도에도 차이가 난다. 전반적으로 보면 말년으로 갈수록 더욱 교조적이고 원리주의적인 언어를 사용하는 경향이 느껴진다.

하지만 이일재는 실천가였고 현실주의자였다. 말년의 저술들에서 보이는 관념적 원칙론만을 보고 그를 평가할 수는 없다. 이 점에 대해, 함께 활동했던 노동운동가 조돈희는 이렇게 증언한다. 2016년 봄, 역사학자 유경순과의 대담이다.

"내가 봤던 이일재 선생은 이런 사상을 견결하게 유지하면서도, 전술 면에서는 상당히 유연했다고 봅니다. 우리는 민주노동당이 의회주의 정당이니까 우리는 안 가, 이런 거였거든요. 그렇지만 이일재 선생은 '그것이 의회주의 정당이라도 그 활용 가치, 전술적으로 활용할 가치가 있다, 그렇게 하면 안 되겠냐.' 그렇게 말씀하신 거가 뚜렷하게 생각나요. 이 양반은 자신도 의회주의 정당은 참여하지 않았지, 당원은 아니었을 거예요. 그렇지만 '그것이 얼마나 의미 있는 건지, 그래서 자네들이 거기 들어가서 하고, 여기서도 하고.' 하는 거였어요. 상당히 그 의견이, 나는 그 의견대로 행하지 않았지만, 그 의견을 보면 상당히 우리를 좀…… 한편으로는 의미 있는 운동을 한다, 하지만 안타깝게 바라봤던 거 같아요. 전술적으로 상당히 유연한 전술을 구사하신 분이라고 판단을 하는 거죠."

생애 말년을 함께했던, 운동권 내의 여러 좌파 그룹들에 대해 이일재가 어떤 감정을 가지고 있었는가를 엿볼 수 있는 단편적인 증언이다. 이일재는 원칙적인 측면에서는 그들과 함께했지만 실천 부분에서는 의견이 상충되는 경우가 많았다. '노동자의 힘', '사회주의정치연합', '사회당' 등 이일재와 가까웠던 조직에서 활동했던 이들의 공통적인 증언이다. 사회당 활동가였던 신석준도 2016년에 증언한다.

"이일재 선생님은 우리와 뭔가 달랐어요. 큰 틀에서는 같은 의견을 가진 것이 맞지만 실천적인 데서는 어딘가 달랐지요. 일제시대부터 혁명운동을 해온 분이라서 그런 것 같습니다. 딱히 뭐가 달랐냐고 하면 기억이 나진 않지만 우리보다 한결 유연한 사고방식을 가졌다고나 할까요."

보통 원로 운동가들은 집회나 회의에 참석해 주최 측이 원하는 발언을 해주는 것으로 자신의 의무를 다했다고 생각하기 마련이다. 그러나 이일재는 함께한 조직의 활동가들과 끊임없이 토론하고 논쟁하는 사람이었다. 이제 와서 그의 주장이 옳았는가 다른 사람이 옳았는가를 두고 또 다른 논쟁을 벌일 필요는 없을 듯하다. 아직 오지 않은, 경험하지 못한 상상의 미래를 두고 싸우는 좌파들에게는 논쟁과 분열이 필연적일 수밖에 없다. 이미 실현되고 있는 현실 체제를 고수하려는 보수 우파와는 그 점에서 다르다. 이일재가 끊임없이 논쟁의 한복판에 서 있었다는 것은 그가 진정한 좌파였기 때문이다.

'한국노동교육협회'는 '한국노동사회연구소'로 이름을 바꾸면서 이일재에게 고문을 위촉했다. 고문이 되자 매월 한 번씩 열리는 월례 토론회에 참석할 수 있었다. 노동 문제를 전공한 대학교수들과 활동가들이 참석한 토론회였는데 1년 반 넘게 빠짐없이 참가했다. 여기서도 끊임없는 논쟁이 벌어졌다.

노동교육협회 초기에 등장한 토론 주제는 개량주의 논쟁이었다. 토론회에 참석한 학자들 중에는 노동자에 대한 주식 분배, 성과급 제도 등을 통해 노동자의 권리를 높일 수 있다는 식으로 주장하는 이들이 있었다. 회사 경영의 투명성을 확보해 경제 정의를 실현하자는 논리도 있었다.

반면 이일재는 노동과 자본은 결코 융화할 수 없는 적대적 대립 관계라는 원칙을 강조했다. 노동자의 투쟁을 통하지 않는 자본의 양보는 있을 수도 없고 있지도 않는다는 것, 설사 한두 명의 양심적인 자본가가 존재할 수는 있지만, 자본주의 전체는 혁명을 통해서만 바꿀 수 있다고 주장했다.

영남노동문제연구소 사람들이 내놓은 '산별 노조 만능론'과도 논쟁했다. 산별 노조만 되면 뭐든지 다 해결될 것처럼 법 개정운동에 매달리는 데에 대한 비판이었다. 이일재의 경험으로는 노동자가 힘을 가지지 못하면 산별 노조는 어용화하기에 더 좋은 구조일뿐이었다. 파업권이나 교섭권이 각 단위 사업장 노조에 있지 않고 유일하게 산별 노조에 주어지기 때문에 산별 노조 상층부만 어용화하면 그만이었다. 박정희 때야말로 산별 노조 시기였지만 최악의 어용 노조였다. 이일재가 보기에 중요한 것은 노동자의 힘이지 산별이냐 단위 사업장이냐 하는 소소한 법률 문제가 아니었다.

채 모 교수가 내놓은 '노동자통일전선론'에는 공감했다. 노동조합운동은 정당운동과는 다른 차원에서 전개되어야 한다, 정치적 이념의 차이가 있더라도 임금 노동자라는 사실만으로도 통일전선을 형성해야 한다는 주장이었다. 이 논리는 썩 마음에 들었다. 이일재는 어디 가서나 노동자통일전선론을 이야기하며 노동자들이 대동단결할 것을 주장했다.

소련이나 북한식 사회주의에 반대하고 노동계급에 의한 정통적 의미의 사회주의혁명을 강조하다보니 차츰 운동권 내의 좌파 세력들과 친하게 되었다. 운동권 중에서도 PD 계열은 NL들을 민족주의라 해서 우파라 부르고 자신들을 좌파라 불렀다. 좌파들의 조직 흐름과 논쟁의 쟁점은 하도 복잡하고 변화무쌍하여 이 책에서 나열하는 건 무리라 생략하자.

이일재가 좌파들을 만나기 시작한 1990년대 중후반, 다수 좌파가 '노동정책이론연구소'라는 단체에 결집되어 있었다. 이일재도 자연히 이 연구소에 무상으로 출입하며 함께 공부하고 토론을 했다. 굳이 정리하자면 NL의 통일론에는 찬성하지만 그들 중 주사파 쪽에는 비판적인 입장에 섰고, '한국노동사회연구소'의 토론회에서는 개량주의를 비판했다면 노동정책이론연구소에서는 비로소 온전히 뜻이 맞아 의기투합한 셈이었다.

하지만 노동정책이론연구소 사람들에 대해서도 나중에는 비판적인 견해를 제출했다. 그들이 종파성을 띠고 있다고 보았기 때문이었다. 다른 노동자조직들과 연대하지 못하고 자꾸만 서로의 이론적 차이를 내세우며 갈라서는 데 대한 비판이었다. 그는 논쟁이 벌어질 때면 마르크스를 인용했다. 마르크스가 『공산당선언』 맨 마지막에 '만국의 노동자여 단결하라'고 한 것은 단순한 선동적인 구호가 아니라 과학적인 근거가 있다는 주장이었다.

이 기간 동안 이일재는 왕성한 집필력으로 길고 짧은 사설과 논문들을 썼다. 논문들은 산별 노조 문제, 비정규직 문제, 노사정위 문제, 민주노총 직선제 제안, 노동자평의회에 대한 제언, 반전운동 등 다양한 주제를 가지고 있었다.

인생의 제2막이 열린 듯, 마음껏 투쟁 현장을 누비고 마음껏 토론을 하고 사람을 만난, 황금 같은 10년이었다.

18. 민주노총으로

여러 노동단체의 소장과 고문, 강사로 활동하던 이일재가 민주노총 지도위원으로 위촉된 것은 1998년, 그의 나이 75세 때였다. 한국노총을 뒤집어보려다가 장장 20년의 옥살이를 해야 했던 그가 이제 당당히 한국노총에 맞선 민주노총의 지도위원이 된 것이다.

전투성이 입증된 수십만 조합원으로 향후 한국 노동운동을 이끌어 갈 민주노총의 지도위원이 된 것은 개인적으로 대단히 영광스러운 일이었다. 민주노총으로서도 조선공산당원 출신이자 1960년대 전국 민주노동운동의 지도자 중 한 명이던, 초지일관 사회주의자로서의 입장을 견지해 온 이일재를 영입한 것은 의미가 있는 일이었다.

이일재를 영입한 민주노총 제2기 집행부의 위원장은 이갑용이었다. 울산 현대중공업 현장에서 올라온 그는 이일재가 누구인지도 잘 몰랐다. 그에게 이일재를 추천한 이는 통일운동 단체인 범민련의 이규재였다. 이 과정에 대해 이갑용은 특유의 거침없는 직설법으로 증언한다.

"1998년 3월 24일 민주노총 제2기 위원장으로 들어갔습니다. 그때만 해도 민주노총이 많이 혼란스러웠습니다. 3월 30일 날 당선되고 5월 1일 메이데이 투쟁을 하고 민주노총 내의 새로운 질서를 잡아가야 하는데, 민주노총의 지도위원 중에서 조금 문제가 생겼어요. 그 당시 지도위원이 어떤 분들이냐면 천영세 지도위원, 김금수 지도위원, 김진균 지도위원, 거기다가 권영길 지도위원까지 네 분인데, 성향적으로 보면 김진균 지도위원을 빼고 다른 분들은 중앙파에 가까웠어요."

민주노총이 중앙파, 국민파, 현장파로 나뉘었다는 이야기가 처음 나오던 시기였다.

국민파는 권영길, 배석범, 이석행 등으로 대표되는 흐름으로, '국민과 함께하는 노동운동'이란 구호를 내세웠다고 해서 붙여진 이름이었다. NL 계열의 특징이라고도 할 수 있는, 온건하고 대중적인 노선이라고 해서 비판도 받지만 민주노총 조합원들의 넓은 지지를 받고 있었다.

현장파는 이갑용, 조돈희, 유덕상 등으로 대표되는 흐름으로 '아래로부터의 권력 쟁취'라는 조직 목표 아래 여러 형태의 현장 활동가 모임을 운영하고 있었다. 투쟁력은 강하지만 숫자 비율로는 제일 적었다.

중앙파는 단병호, 심상정, 문성현 등 전노협부터 시작해 민주노총 핵심 요직을 차지했거나 영향력을 가진 이들을 지칭했다. 중앙파야말로 현장에 상당한 지지 기반을 가지고 있었다. 굳이 성향을 NL과 PD로 구분한다면 PD 계열의 현장파라 할 만했다. 현장파임에도 중앙파라는 말이 나온 데는 민주노총의 실권을 장악하고 매사를 좌지우지한다는, 약간의 야유가 들어 있었다.

이갑용이 중앙파를 콕 집어 비판한 이유를 대신 설명하기는 어렵지만, 그가 생각하는 현장파의 조건은 노동 현장 출신 아니면 운동권 내의 좌파였던 듯하다. 그는 이어서 말한다.

"제가 민주노총 위원장으로 당선되고 나서 대의원 대회에서 결정하면 되는데, 좌파적인 현장 출신의 지도위원이 필요하다, 그래서 보강을 고민했어요. 보강으로 새로운 지도위원을 올리게 됩니다, 현장 출신인 박순희 지도위원, 남상헌 지도위원, 다 현장 출신이잖아요. 그리고 여기에 이일재 선생님인데, 저는 이일재 선생님을 잘 몰랐어요. 이일재 선생님을 추천한 분이 누구냐면 범민련 하시던 이규재 위원님이 추천했어요. 대구의 오리지널 좌파이시니 이분이 중심을 잡는 데 중요한 분이다……."

이갑용 자신은 잘 모르고 있었지만, 이일재는 민주노총 제2기 선거 때 이갑용을 위원장으로 지지했던 사람이었다. 1996년에 벌어진 민주노총의 노동법 개정투쟁 때부터 그랬다. 당시 이일재는 70대 노구를 이끌고 직접 민주노총 농성장을 방문하고 대표자 회의에도 참석하면서 권영길 위원장에게 보다 강력한 투쟁을 요구했다. 권영길이 총파업을 미룬다고 보고 이미 단식투쟁 중인 권영길에게 대구 지역 노동자들을 올려 보내 항의하게까지 했다. 권영길은 자신이 단식까지 하고 있는데 항의하러 오자 섭섭하다며 눈물을 보이기까지 했다. 이일재는 이런 투쟁의 과정을 통해 현장파와 가까워졌고 제2기 집행부 선거 때 이갑용을 지지했다. 이정림의 증언이다.

"이갑용 위원장하고 정갑득 위원장하고 붙을 때, 그때 선생님이 '이
갑용 위원장을 지지해야 하지 않겠는가?' 그러더라고, 그때 우리도
'맞습니다!' 했거든. 그때부터 선생님이 이갑용 위원장하고 적극 결
합을 했거든요."

이갑용은 본인 증언대로 현장성 강화를 위해 여러 명의 노동자 출신을
지도위원에 위촉했다. 그러나 막상 지도위원이 된 다른 이들은 그의 의
도와 달리 기존의 지도위원들과 다르지 않았다. 적어도 이갑용의 시선에
는 그랬다. 좌파적 시각을 가진 이는 오로지 이일재뿐이었다고, 이갑용은
증언한다.

"현장성을 강화했더니, 분위기가 좋아질 줄 알았더니, 좌파적 시각
을 가진 분은 이일재 선생님만이고. 박순희 지도위원이나 남상헌 지
도위원은 김금수 지도위원에게 꼼짝을 못하시는 분들이라…… 이
일재 선생님은 말씀하시는 거 들어보면 딱 정리가 되는 거예요. 이
일재 선생님만 원칙을 주장하는 거예요. 김진균 선생님이 보충 발언
하시고. 나머지 분들은 투쟁에 대한, 박순희 지도위원은 발언은 굉
장히 투쟁적인 발언을 하시지만, 늘상 협상해야 하고 사람들과 타협
하고…… 회의를 할 때, 지도위원 회의를 꼬박꼬박 하면, 이일재 선
생님이 싸워야 한다는 말씀해주시고, 내용 정리해주시고, 예전의 경
험 말씀해주시고. 그리고 김금수 선생님과는 늘상 부딪히고……"

김금수와 이일재는 오랜 동지 사이였다. 이일재는 후배들에게 김금수
와 자신의 관계를 농담처럼 말하곤 했다. 김금수는 자기보다 열댓 살이

적은 후배로, 고등학생이던 김금수에게 삐라를 주면 꽂아놓고 오던 하부 조직원이었다는 이야기였다.

이제는 위치가 달랐다. 고려대를 나온 김금수는 1970년대부터 노동운동을 위해 한국노총에 들어가 활동하며 많은 업적을 쌓은 유명인사가 되어 있었다. 인맥도 대단히 넓어서 김대중 정부의 노사정위원장을 맡을 정도였다. 혼자 운동하는 데다 몸도 좋지 않은 이일재와는 비교가 되지 않았다. 같은 민주노총 지도위원이라 해도 발언의 영향력이 달랐다.

이갑용은 그러나 이일재를 높이 샀다. 좌파적 시각도 좋았거니와 그 성실함 때문이었다. 어느 조직이나 지도위원이니 고문이니 하는 사람들은 이름만 걸어놓고 회의에 불참하거나 참석하더라도 자기 발언은 않고 듣기만 하는 게 보통이었다. 이일재는 그렇지 않았다. 형식적인 직위가 되지 않도록 중요한 회의에는 꼭 참석해 발언을 했다. 특히 논란이 될 만한 토론에는 적극적으로 발언권을 행사했다. 자신이 보기에 개량주의적인 성향을 가진 간부들과의 논쟁도 불사했다. 이갑용은 이일재가 명분뿐인 지도위원이 되지 않도록 교육강사로 배치하고 멀리 대구에서 올라왔다는 이유로 회의에 참석하면 다른 위원들과 달리 반드시 차비를 챙겨주었다.

민주노총의 산하 대부분의 연맹위원장들이나 지역본부장들은 그러나 이일재를 그다지 존중하지 않았다. 교육을 가거나 회의 때면 어른이고 지도위원이니까 어쩔 수 없이 그의 말을 듣고 있을 뿐, 함께해야 한다는 태도가 아니었다. 서로 정치적 시각이 달랐기 때문이었다. 노동조합이라지만 대다수의 간부를 NL 계열이 차지하고 있었고 중앙파라 불리던 PD 계열이나 현장파는 소수였다. 이갑용과 이일재의 좌파적 시각은 다수파와 계속해서 마찰을 일으킬 수밖에 없었다. 심지어는 이일재의 탁한 목소리를 문제 삼아, 대놓고 소리를 질러 면박을 주기까지 했다.

"아, 알아듣게 말해야 하는 게 아닙니까?"

이일재는 그래도 물러나거나 논쟁을 회피하지 않았다. 때로는 무시당하기도 하고 때로는 그의 주장이 관철되기도 했다. 노사정위원회 같은 경우였다.

이일재가 지도위원이 된 1997년은 김영삼의 대통령 임기가 끝나는 해였다. 오랜 야당 지도자였던 김영삼은 보수 세력과 손을 잡고 대통령이 된 이래 정치적 민주주의 확대에는 적지 않은 기여를 했으나 경제적 실정은 심각했다. 신자유주의를 기반으로 한 세계화를 주창하며 대기업들의 무분별한 외채 도입을 방임하던 김영삼은 결국 국가 부도의 위기를 불러놓은 채 임기를 마친다. 세계은행 IMF가 한국 경제를 지휘하는, 이른바 IMF 사태였다.

IMF 사태의 여파에다 여권 후보의 분열로 아슬아슬하게 대통령에 당선된 김대중은 국가 기간산업과 대기업의 주식을 다량으로 국제 투기 자본들에게 팔아넘겨 겨우 위기를 모면했다. 그 과정에서 수많은 중소기업이 부도를 당하고 해고 노동자들의 폭증해 영세 기업가와 노동자들의 자살이 헤아릴 수가 없었다. 또한 해고의 자유를 보장한 노동의 유연성은 대폭 확장되어 모든 노동자들이 만성적인 실업 위기에 시달리게 되었다.

이 와중에 민주운동권은 또 한바탕 이합집산을 겪었다. 많은 사람들이 김대중 정부의 진보성에 희망을 걸고 국회의원이나 관료로 들어갔고, 반정부투쟁으로 일관하던 이들이 친정부적인 분위기로 돌아섰다. 그들은 김대중 정권을 '국민의 정부'라 부르며 운동권의 협조를 구했다. 김대중 정부가 구성한 노사정위원회도 그중 하나로 김금수가 그 위원장으로 임명되었다.

노동자, 사용자, 정부의 3자가 협상을 통해 정책을 결정하는 노사정위원회에 대해 긍정적으로 보는 이들도 적지 않았다. 그동안 노동자가 싸운 것은 자본 및 정부와 직접 교섭을 위한 것인데 이제 그 자리가 마련되었으니 서로 대등한 위치가 된 것 아니냐는 시각이었다. 김금수가 대표적이었기에 적극 참여한 것이었다.

이일재는 그러나 노사정위에 대해 처음부터 비판적으로 보았다. 그의 지론으로는, 부르주아민주주의를 위해 투쟁한 것은 그 자체가 목표가 아니라 부르주아민주주의 제도 아래서 보다 강도 있게 싸울 수 있기 때문이었다. 김대중 정권이 열어주는 민주주의를 활용해 더욱 열심히 투쟁해 노동자의 권리를 대폭 향상시켜야지, 노사정위의 틀 안에서 자본이며 정부와 협상으로 노동 문제를 해결하는 것은 부르주아민주주의의 함정에 빠지는 길이라 보았다. 그는 민주노총의 노사정위 참여를 적극 반대하는 쪽에 섰다. 결국 1998년 정기 대의원대회에서 노사정위 탈퇴가 만장일치로 결정되었다.

연맹위원장들과는 노사정위 문제까지는 그래도 뜻이 맞았으나 이일재가 '지역 산별 노조론'을 내세우면서 또 다시 심하게 마찰을 빚었다. 이일재는 전국적 산업별 연맹 체계로는 투쟁이 어렵다고 보았다. 전국에 산재한 같은 업종 노동조합이 일제히 파업을 하기란 쉽지 않으니 지역 단위의 산업별 노조로 묶자는 의견이었다. 과거 4·19 이후 자신이 만들었던 대구 지역 독립노조와 같은 형태이기도 했고 이갑용 위원장의 선거 공약이기도 했다. 이일재는 연맹위원장들에게 강력히 요구했다.

"지역에서 투쟁이 되지 않으면 연맹 차원에서 투쟁이 되지를 않습니다. 지역으로 투쟁이 확산될 수 있도록 지역 차원에서 조건을 갖춰야 합니다."

연맹위원장들과 지역본부장들은 기존의 조직 체계를 흔들려는 이일재의 주장에 반발했으나 이일재는 고집을 굽히지 않았다. 미움을 받을 수밖에 없었다.

자신의 근거지인 대구의 현장파들과도 이 문제로 부딪혔다. 양상은 조금 달랐다. 전국적 산별 노조를 만들었을 때 가장 강력한 위력을 발휘할 부문은 금속노련이었다. 이일재는 궁극적으로 지역별 산별 노조를 만들기를 바랐으나 우선 전국적 금속노조를 만드는 것도 현실적이라 보고 이렇게 말했다.

"지역별로 산별 노조를 만들어 합치는 것도 맞지만 지금 이 고양된 분위기에서 즉각적인 전국 금속노조를 건설하는 것이 더 현실적이 아니겠습니까? 지금 전국조직을 만들지 않으면 추후에 지역별로 산별을 만드는 건 더 어렵다고 봅니다. 힘 있는 조직에서부터 어떻게든 전국 산별의 틀을 만들어 놓고 그 안에서 지역 산별의 문제를 해결해나가면 되지 않겠나 싶습니다."

김대중 대통령에 대한 평가에서도 대부분의 연맹 지도부와 시각이 엇갈렸다. 이일재는 노사정위원회를 포함한 김대중의 노동 정책과 신자유주의적인 경제 정책에 맹비판을 했다. 김대중에 대한 비판적 지지론을 고수해왔던 연맹위원장들은 반발했다. 이갑용의 증언이다.

"그때 김대중이 대통령 됐는데 연맹위원장들이 대놓고 그랬다니까요. '김대중 대통령, 우리가 뽑은 대통령인데, 왜 당신 자꾸 욕하냐, 우리 편인데.' 그러면 이일재 선생은 '김대중이 어떻게 우리 편이냐.' 이랬다니까요. 그런 시각에서 연맹위원장들은 이일재 선생을 아주 안 좋아했지."

김대중을 비판했지만 그래도 이일재는 김대중 대통령의 도움을 받은 한 사람이 되었다. 민주노총 지도위원이 될 때도 법률적으로는 여전히 가석방 상태였다. 국가보안법 위반으로 받은 무기징역형은 여전히 살아 있어서 언제든 다시 구속될 수 있었다. 이사를 가거나 장기 출타를 할 때는 경찰에 보고를 해야만 했다. 가족들 역시 자유롭지 못해서 그가 노동자 집회에 쫓아다니는 게 확인되면 가족들에게 압력을 넣곤 했다.

김대중 정부는 1999년 2월 25일 자로 이일재를 사면복권시켰다. 사면복권장을 받으러 오라는 연락을 받았을 때 처음에는 가지 않으려고 했다. 사람을 죽인 것도 아니고 도둑질한 것도 아닌데 복권이랄 게 무어 있겠나 싶었다. 그래도 이것 역시 오랜 민주화투쟁의 결과라 생각해 받으러 갔다. 사면복권장에는 국가보안법 위반으로 무기형을 받은 내역이 적혀 있었다. 그 옛날 일들이 꿈만 같았다. 비록 76살에 얻은 자유지만 소중했다. 복권이 되기 전부터도 민주노총 지도위원으로서 자유롭게 활동하고 있었지만 이제 더욱 거칠 게 없어 보였다.

논쟁은 계속되었다. 민주노총 위원장의 직선제도 그가 열정적으로 주장하여 논쟁을 일으킨 사안이었다. 민주노총 위원장은 대의원에 의한 간선제 방식으로 선출되고 있었다. 이일재는 이를 잘못된 제도로 보았다. 4천만의 대표인 대통령도 직선제로 뽑는데 겨우 50만 조합원의 대표를 선거 비용이니 번잡함을 이유로 간선하는 것은 옳지 않다고 보았다. 이일재는 회의 때마다 거듭 주장했다.

"무조건 직선제가 되어야 합니다. 조합원들이 직접 선거를 하면 민주노총에 대한 애정도 높아지고 싸울 때 적극성도 더 높아집니다. 직선제를 통해 조합민주주의를 확보해야 한다는 의식이 필요하니다. 일반 조합원들에게 조합비 내고 집회에 참석하는 의무만 강요할 게 아니라, 직접 자기 손으로 대표를 선출하는 권리를 주어야 합니다. 직선제야말로 조합원과 집행부를 결합시킬 수 있는 우리의 무기입니다."

직선제는 이갑용의 선거 공약이기도 했다. 이일재는 이갑용이 위원장일 때 직선제가 관철되어야 한다고 거듭 강조했다. 결국 이 문제는 대의원대회에 상정되었다. 이일재는 대의원대회를 맞아 긴급히 찬성의 글을 발표했다. 그러나 직선제 찬성이 과반수를 넘었음에도 규약 개정 정족수인 3분의 2를 넘지 못해 부결되고 말았다. 그는 자신의 글이 열흘 전에만 나왔어도 대의원들을 설득해 통과되지 않았을까 아쉬워했다. 민주노총위원장 선거가 직선제로 바뀐 것은 그로부터 10여 년이 지나, 이일재가 사망한 후였다.

노동운동 내부의 여러 논쟁에 관련되어 이일재의 생각과 발언을 모두 나열하기는 어렵기도 하고 불필요하기도 하다. 다만 이 무렵부터 현장 노동자 중심의 논의 구조에 대한 관심을 보인 것은 특기할 만하다.

민주노총 내 좌파들은 각 현장 내의 정치조직들을 중시했다. 노동조합의 관료화에 맞서 혁명적 노동운동을 추구하는 현장 활동가들의 모임이 필요하다는 인식 아래 좌파는 전국 현장조직 모임을 만들어 전국을 순회하며 회의를 열고 있었다. 이일재는 이 모임에 빠지지 않고 참석했다. 혼자서 전라도까지 가서라도 꼭 참석해 발언을 했다. 그는 대공장 활동가들이 집행부를 장악하고 나면 현장 노동자들의 뜻을 모아 투쟁하기보다 상층 지도부들 사이의 연대에 매몰된다고 분개하곤 했다.

"권력을 잡는 것도 중요하지만 더 중요한 것은 현장에서의 노동자
   평의회 구조를 구현하는 겁니다. 현장 내에서의 정치적 실천이 중요
   합니다."

노조 간부들로서는 실현하기가 쉽지 않은 주장이었다. '현장에서의 정
치적 실천'이라는 과제 자체가 이해하기 어려웠다. 이일재는 그것을 대
중적인 정당이라고 주장하며 대중정당을 통해서 정치적 실천이 안 되면
대중조직은 굉장히 힘들다고 강조했다.

현장 노동자들의 정치적 각성과 정치적 실천을 강조하다보니 오히려
현장파 쪽 활동가들과 부딪히기도 했다. 이 무렵 '인민노련' 등 과거 PD
출신들이 모여 합법 공개 정당으로 발족된 민주노동당에 대해 현장파는
사민주의 성향의 개량주의자들이라며 경원했다. NL 계열에서도 여러 이
유를 들어 비판하며 불참했다. 그러나 이일재는 민주노동당에 적극적으
로 동참해야 한다고 보았다.

"민주노동당과 같이해야 합니다. 그렇지 않으면 지금 정세에서 굉
   장히 힘들어져요. 합법 공개적인 대중정당 활동이 현장운동을 고양
   시킬 수 있습니다."

초대 민주노총 위원장 권영길이 대통령 후보로 나서면서 '국민승리21'
이 만들어졌을 때도 그랬다. 현장파 쪽은 '국민승리21'이 계급성이 제거
된 개량주의라고 비판했으나 이일재는 적극적으로 참여해야 한다고 주
장했다. 김대중의 집권으로 열린 정치 공간을 적극적으로 활용해 노동자
들의 정치의식화 기회로 삼아야 한다는 주장이었다. 이 공간 속에서 정

치의식화가 안 되면 기업별 단위노조 역시 활동이 어려워질 거라는 생각이었다.

같은 사안이라도 시대 조건에 따라 내용이 변화하기 때문에 일반화시킬 수는 없지만 적어도 이때까지 이일재의 언행에는 여유가 있었다. 현장 노동자들이 정치적으로 각성되고 훈련될 수 있는 기회라면 어용 세력과의 공동투쟁도, 개량주의 합법 정당의 활동도 수용할 수 있다고 생각했다. 그러나 이일재의 주장을 수용하기에 현장파를 포함한 좌파들의 하한선 허용치는 너무 높았다. 국민파와 중앙파는 그보다 더 유연했으나 지나치게 유연한 나머지 민주노동당을 지지하되 실체 투표는 민주당의 노무현에게 하는 이가 더 많았다.

이처럼 노동 문제나 사회 문제의 현안들은 어느 하나의 노선이 정답이라고 규정하기에 대단히 어려운, 난해한 문제들이었다. 이일재는 젊은 운동가들 사이에서 좌충우돌하며 자기 의견을 개진해 설득도 하고 비판도 받는 자체를 좋아했던 것으로 보인다. 단, 어느 누구라도 공감할 수 있는 문제가 있었다. 노동자들의 비정규직화였다.

수년 안에 노동자의 절반 이상이 비정규직으로 나락해 고용 불안정과 저임금에 시달리게 될 이 심각한 사안에 대해, 이일재는 상당히 빨리 간파한 사람이었다. 민주노총 지도위원이 될 때부터 벌써 가장 큰 현안으로 비정규직 문제를 제시하고 이를 중시하도록 촉구했다.

이일재는 집회에 가면 뿌려지는 유인물들을 빠짐없이 모아서 집에 와 다시 꼼꼼히 읽고 분석해보는 버릇이 있었다. 1997년 전국노동자대회 때 광주 아시아자동차와 울산 현대중공업에서 해고된 비정규직 노동자들이 뿌린 유인물들을 집에 가져와 읽으면서 비정규직 문제가 앞으로 노동운동에 치명타를 입힐 것이라고 예감했다.

이일재는 비정규 노동자야말로 일방적으로 자본의 자유를 보장하는 신자유주의 고용 정책의 가장 큰 피해자로 보았다. 자본이 지나치게 자유로워지는 것을 막아주고 있던 동구 사회주의가 붕괴하면서 세계적으로 일어난 반동 현상이라고 보았다. 국가 사이에 전쟁이나 중과세 없이 자본의 이동을 자유롭게 하는 '세계화'와 더불어 자본주의의 승리를 알리는 전리품이라 생각했다.

노동자의 대부분은 아직 그 의미에 대해 제대로 알지도 못했고 자신이 비정규직이라도 그것을 큰 문제로 삼지 않던 초창기였다. 이일재는 이때부터 줄기차게 비정규직 문제, 나아가 신자유주의에 대한 대책을 논하는 칼럼이나 논문들을 썼다. 중국의 옛이야기를 인용해 비판하기도 했다. 16세기 전후 중국에서는 흉년이 들어 먹을 게 없으면 사람을 갖다 버렸다는 이야기였다. 노동자라는 한 인간을 고용하는 게 아니라 노동력이라는 물질만을 임시로 써먹다가 필요 없으면 바로 버리는 비정규직이야말로 자본의 비인간적인 본질을 적나라하게 드러내는 제도라는 주장이었다.

비정규직의 급속한 증가는 단순히 자본의 경제적 이익만을 위한 것이 아니라, 1987년 대파업 이후 10년간 계속되어온 노동의 공세를 한숨에 꺾는 역공세라 할 수 있었다. 비정규직의 확대로 노동자의 단결력은 현저히 약화되고 이를 통해 노동자에 대한 처우 역시 대파업 이전으로 회귀시킬 수 있게 된 것이다.

이일재는 주로 대기업의 안정된 정규직들로 이뤄진 민주노총이 이 문제에 대해 형식적으로만 대응한다고 보았다. 실은 민주노총 자신이 아직 이 문제를 제대로 이해하지 못하는 측면도 있었다. 제2기 집행부의 지도위원으로서 수차례나 이 문제에 적극 대응할 것을 요구했으나 아무런 대책도 나오지 않아 그를 분노케 했다.

다른 한편, 반세기 넘는 오랜 세월을 노동운동에 바친 대선배로서 남한의 노동운동사를 알리는 일에도 힘썼다. 전평에 관한 논문도 2편 썼다. 그가 전평 출신이란 점 때문에 간혹 전평을 소재로 석사나 박사 학위를 준비하는 이들이 찾아오곤 했는데 학자들의 시각이 마음에 들지 않았다. 전평의 운동 과정을 통해 무엇을 배울 것인가에 대한 교훈을 찾으려는 생각보다는 중립적인 입장에서 실증주의적인 연구만 하려는 태도가 싫었다.

이일재가 보기에 당파성, 계급성이 없이 중립적인 글이라 주장하는 글들도 냉정히 따져보면 특정 당파나 계급의 입장을 대변하기 마련이었다. 객관적으로 쓴다는 글들이야말로 대개 지배계급의 사상을 대변한다고 보았다. 이일재는 전평 활동가의 한 사람이던 입장에서, 전평의 의미와 활동 내용을 알리는 몇 편의 논문을 썼다.

대중적으로는 널리 이름이 알려지지 않았으나 의미 있는 글들을 쓰는 노동자 시인들이 찾아와서 시집의 발문을 부탁하기도 했다. 이일재는 이강복 삼촌으로부터 예술론에 대해 귀동냥을 한 게 있어서 사회주의 리얼리즘의 의미를 어느 정도 이해하고 있었다. 그는 발문을 통해 리얼리즘의 필요성을 강조하고 현실 사회주의 국가들에서 실패한 사회주의 리얼리즘의 한계를 어떻게 극복해야 할 것인가 나름대로 제시해보기도 했다.

민주노총 지도위원 중에는 김진균 교수가 뜻이 잘 맞았다. 직접적인 노동운동 경험은 없는 사람이지만 좌파적 입장에서 운동의 원칙을 환기시키는 역할을 했다. 구체적인 문제를 두고 토론하는 과정에서 답답하다가도 김진균 교수의 말이 시원스레 가슴을 뚫어주곤 했다. 그때마다 이일재는 '아! 훌륭한 사람이다!' 하고 속으로 감탄했다.

지도위원으로서 현장 문제에 직접 개입한 적도 몇 차례 있었다. 병원노련과 영남대 병원 노조의 파업과 복직 투쟁을 위해 직접 따라다니며 해고자 복직에 도움을 주었다. 이 일로 추석이나 설날이면 복직된 노동자들이 집에 찾아와 세배를 했다.

끝내 파업에는 실패했지만 한국통신 노조의 쟁의에도 관여했고 발전노조 파업에도 직간접적으로 도움을 주었다. 철도노조의 노조민주화추진위원회와도 관계를 맺어 이들과 함께 사무실에서 자면서 도움이 될 만한 충고를 해주었다.

대우자동차 문제로 민족자본 문제에 대한 논쟁을 일으키기도 했다. 대우자동차가 부실을 겪으면서 미국 자동차 회사인 GM으로 넘어가게 되자 투쟁을 할 것인가 말 것인가를 두고 내부적으로 논쟁이 벌어졌다. 인수 반대 투쟁을 하자는 쪽은 '주식회사 대우'라는 민족자본을 보호하기 위해 싸워야 한다고 주장했다. 반면 젊은 운동가 중에는 자본이 세계화되고 있는데 민족자본이 무슨 의미가 있느냐고 민족주의를 비판했다.

좌파 활동가들이 보기에는 의외로, 이일재는 GM의 대우자동차 인수에 반대하는 투쟁에 동참하자고 주장했다. 그는 세계가 하나의 자본주의로 통일되고 있다지만 그 기본 단위는 민족국가라고 보았다. 다국적이고 초국적인 기업들이 늘어나고 있지만 그 기업들도 뚜렷이 국적을 가지고 있으며 특히 미국을 국적으로 한 다국적 기업들은 미국 정부의 정치적, 군사적, 경제적 지원 아래 약소국들을 침략하고 있다고 보았다. 이일재는 한국이라는 국민국가가 존재하는 이상, 한국의 국민경제라는 개념을 버릴 수는 없는 것이고 따라서 민족자본인 대우자동차가 도산의 위협에 빠진다면 미국 기업에 넘길 게 아니라 국민주를 모집해 국민의 소유로 만들어야 한다고 주장했다. 하지만 투쟁은 성공하지 못했다. 대우는 결국 GM으로 넘어가고 말았다.

대우자동차에서도 격돌했듯이, 활동을 하다보면 계급 문제와 민족 문제의 관계에 대한 논쟁을 피해갈 수 없었다. 이일재는 어느 정파에 소속될 의사는 없었으나 통일운동이나 이에 결부된 국가보안법 철폐투쟁 같은 일에 특별히 앞장선 적이 없었다. 대다수의 빨치산 출신이나 장기수 출신들이 통일운동에 남은 생애를 바치는 것에 비하면 분명한 차이가 있었다. 때문에 이 점에 대한 지적을 받기도 했다. 많은 사람들이 그에게 질문했다.

"통일이 되어야 국가보안법이 없어져 노동운동도 활성화될 수 있지 않습니까? 그러니 선생님도 통일운동, 국가보안법 반대투쟁에 보다 적극적으로 나서시지요?"

이일재는 그 말에 부분적으로만 공감했다. 아무래도 국가보안법이 없어지면 사회주의 선전이나 정당 활동에 유리하리라는 생각은 들었다. 하지만 북한 체제로 통일되든 남한 체제로 통일되든 문제는 언제나 노동자의 손에 달려있다는 게 그의 지론이었다.

오히려 북한 체제로 흡수 통일될 경우, 노동운동은 아예 사라진다고 보았다. 해방 직후 북한은 전평을 없애고 '직업총동맹'이라는 관변 단체를 만든다. 노동자의 천국을 이뤄냈는데 불만을 갖고 노동운동을 하는 것은 이적 행위라는 거였다. 이일재는 이를 노동운동을 박제화한 것으로 보았다.

만일 남한 체제로 또는 연방제로 통일될 경우도 그것이 노동운동을 성장시킨다는 보장은 없다고 보았다. 그는 답하곤 했다.

"언제나 중요한 것은 우리 자신의 조직력입니다. 남북이 분단되어서 노동운동이 피해를 보는 것은 분명하지만, 통일이 된다고 모든 게 해결되진 않습니다. 보십시오. 세계에 200개 국가가 있는데 분단국은 한국이 유일하지 않습니까? 그렇다면 분단되지 않은 나라들은 노동운동이든 민주주의든 잘되어야 하는데 과연 그렇습니까?"

이일재는 20세기가 제국주의 시대였다면, 21세기는 신제국주의 침략시대라고 규정했다. 군대를 동원한 식민지 전쟁은 그 비효율성 때문에 억제되고 있지만, 대신 선진자본주의 국가의 자본이 자유로이 국경을 넘나들며 후진자본주의 국가의 노동자들을 착취하는 시대가 되었다는 것이다. 자연히 선진자본주의 국가와 후진자본주의 국가 사이의 모순이 민족 문제로 발현될 수밖에 없다고 보았다. 제국주의 침략 전쟁 시기에는 전선이 눈에 명확히 보였으나 이제는 너무나 복잡한 자본의 이동과 노동자 계급의 분화로 인해 싸우기가 힘들어졌을 뿐, 모순은 과거보다 더 악화되었다고 그는 생각했다.

이처럼 이일재가 중요한 모든 문제에서 북한이나 NL계의 주장과 대치한 것은 아니다. 그는 남북통일이 안 되는 이유를 미국의 남북 분리 정책에서 찾고, 미국과의 투쟁을 통해 민족통일을 이뤄야 한다고 그들의 주장에 동의했다. 북한이 제시한 통일 방안인 연방제도 공감했다.

다만 약간의 차이가 있었다. 북한은 오래 전부터 쌍방의 체제를 인정한 가운데 대외적으로 하나의 연방을 만들자고 제안하고 있지만 그 궁극적인 목표가 남북 모두의 사회주의화라는 것은 속일 수 없는 진심이라고 보았다. 남한에서 말하는 통일 역시 명백히 북한 정권을 없애고 자본주의로 흡수하자는 것이었다. 김대중 정부는 한때 국가 대 국가의 연합, 곧 영연방 같은 체제를 주장했으나 그런 형태를 통일국가라 불러야 할지도 의문이고 남북의 지배층들이 원하는 방식도 아니라고 이일재는 보았다.

이런 현실을 배경으로, 이일재는 자본주의화될 것인가, 사회주의화될 것인가를 따지지 않는, 순수한 민족주의적인 결합이 절실하다고 보았다.

이는 매우 낭만적인 생각처럼 보이지만 실제로 수많은 나라들에 자본주의 정당과 사회주의 정당이 공존하고 경쟁하며 조화를 이루고 있다는 점에서 결코 환상이 아니었다.

물론 쉬운 일로 보지는 않았다. 엄연히 다른 남북이 정치, 경제 제도를 불문한 채 같은 민족이라는 이유만으로 통일을 하는 건 대단히 어려운 과제라는 걸 그는 인정했다. 연방제란 자유로운 왕래를 전제로 하는데, 경제 상황이 나쁜 북한이 이를 허용하기도 어려울 것이며, 만일 왕래가 자유롭지 않다면 연방이라는 이름이 무색해지리라 보았다.

현실이 이렇다면 어떻게 통일을 이뤄야 할 것인가? 이일재의 글이나 발언에서 그에 대한 구체적인 프로그램을 찾기는 어렵다. 이런 한계는 이일재뿐 아니라 전체 운동가들이 겪고 있는 고충이라고 할 수 있었다. 수학 공식처럼 명쾌한 답을 낼 수 있다면, 세상만사에 명쾌한 답이 하나씩만 있다면 고민하고 논쟁할 이유가 어디 있겠는가?

남한의 비약적인 경제 발전과 절차적 민주주의의 확산, 소련을 비롯한 동구 사회주의의 몰락과 북한의 경제 파탄, 신자유주의의 확산으로 인한 노동운동의 침체 등 20세기가 끝날 무렵부터 시작된 벌어진 급격한 변화는 어떤 운동가도 감당하기 어려운 과제를 던져주었다.

100년 전 초기자본주의의 야만성과 투쟁하던 선배 운동가들이 부딪혔던 선명한 전선은 이제 너무도 복잡하고 불투명한 복합전선으로 바뀌어 버렸다. 어떤 탁월한 운동가라도 이 모든 문제를 단번에 정리할 수 있는 묘안을 내놓을 수는 없는 시대가 되었다. 이일재 개인에게 이 혼잡한 시대를 정리할 보다 현실적인 대안을 내놓으라고 요구하는 것은 무리일 것이다.

지도위원이라도 늘 혼자서 전국을 돌아다니고 있던 이일재에게 깊은 관심을 보인 정파도 생겼다. '청년진보당'이었다. 나중에 '사회당'으로 당명을 바꾸는 이 정파는 스탈린주의와 김일성주의를 공개적으로 비판하며 사회주의의 대원칙을 복원하자는 정통주의 좌파였다. 당원의 대다수가 20대 청년들로 운동권 내에서는 매우 젊은 세대인 데다 한때 당원이 7,000명이나 되는 탄탄한 조직력을 가지고 있었다. 청년진보당이 충남 부여에 만든 연수원에 들어가 한동안 살기도 했다. 그러다가 만난 것이 운동권 좌파 중에서도 좌파로 연세대 오세철 교수를 중심으로 한 '좌익 공산주의' 계열이었다.

19. 노동자평의회

　운동권 내 좌파들의 흐름을 간략히 기술하자면, 1980년대 후반부터 공식적으로 사회주의를 천명하며 활동해온 여러 조직들의 합종연횡이 계속되어왔는데 2001년 무렵에는 '노동자의 힘'과 '사회당'으로 큰 맥이 이어지고 있었다. 그런데 2002년 대선을 맞아 '노동자의 힘' 주류와의 의견 충돌로 탈퇴한 오세철 교수가 약칭 사정연이라 불리는 '사회주의정치연합'을 만들며 이일재를 불러들였다.

　이일재는 또한 같은 시기에 만들어진 '노동자평의회 전국 모임'에도 참여했다. 사정연 회원들도 대부분 중복 가입해 있던 노동자평의회는 지역별 조직까지 갖춘 새로운 형태의 현장조직이었다.

　이일재가 가입한 두 조직의 공통점은 레닌을 중도로 두고 스탈린은 우익으로, 트로츠키는 좌익으로 본다는 점이었다. 스탈린을 사회주의의 근본 대의를 왜곡해 단지 자본가를 당 관료로 바꿔치기한 '국가자본주의'의 운영자로 본 반면, 남한 운동권이라면 그의 저서를 읽어보지도 않고 혁명의 배신자로 규정하고 비난해온 트로츠키야말로 진정한 사회주의자라 본 것이다.

이일재는 두 조직에 이중으로 적을 두고 있었으나 실천 전략에 관해서는 다른 구성원들과 여러모로 다른 생각을 가지고 있었다. 특히 평의회에 깊은 관심을 갖고 이에 대한 여러 편의 글을 쓰게 된다. 이 점에 대해 오세철은 2016년에 증언한다.

> "노동자평의회에 대한 생각이 워낙 굉장히 강하셔서, 이일재 선생님이, 그게 좀 다릅니다. 그래서 여튼 생각이 좀 다르셨어요. 노동운동에 대한 생각도. 그러니까 노동자평의회 전국 모임에도 적극적으로 오셔서 토론도 하시고. 우리 모임이 있었으니까. 그러니까 조직 활동으로 보면 그 두 조직이죠."

이일재가 해성보통학교 졸업 후 맨 처음 읽은 사회주의 서적이 트로츠키의 『배반당한 혁명』이었다는 점은 의미심장하다. 이일재는 이 그룹으로부터 자기 사상의 원초적 단서들을 찾아내 복원할 뿐 아니라, 그룹의 여러 활동가들과의 토론을 통해 이론적으로 정립해나갔다.

2003년 11월에 발표한 '노동자평의회에 접근하기 위한 몇 마디 선언'이라는 제목의 논문이 대표적이었다. '노동자의 힘' 조직의 기관지 「노동자의 힘」에 실린 조돈희의 글에 대한 화답으로 쓰인 이 글에서 이일재는 본격적으로 노동자평의회운동을 제안했다.

> "'노동자평의회'는 1945년 8월 15일 조선에서 일제의 통치가 무너진 직후부터 생긴 모든 공장, 사업장, 금융 기관, 운수 기관, 유통 기

관 등에서 생겨난 '자주관리운동' 조직입니다. 전 산업의 90%가 넘
는 산업 기관들의 새 주인이 된 노동자들이 산업 시설을 접수하였
습니다. 모든 시설과 금품의 반출과 절취를 막고, 조업과 관리, 경영
까지를 노동자들이 직접 운영했습니다."

이일재는 노동자평의회를 '워커 카운실(worker council)'로 번역했는데, 각
공장마다 만들어진 종업원회, 관리위원회, 유지회 등 다양한 명칭의 자주
관리 조직들을 통칭했다. 이들 조직들은 미 군정 포고령 2호에 따라 모
든 자산이 미 군정에게 넘어가는 1945년 11월까지 두 달 남짓 존재했다
가 사라지는데 이일재는 그 짧은 기간이나마 한국 노동자계급으로서는
귀중한 경험을 했다고 자평했다.

평의회에 대한 생각이 어느 날 갑자기 떠오른 것은 아니었다. 본인이
전평에서 경험해보았고, 간접적으로는 1980년 광주항쟁 때의 이야기를
듣고 있던 차에 1998년부터 '전국현장조직대표자회의'에서 원형을 발견
하게 된다.

당시 전국현장조직대표자회의는 특정한 조직 구조나 지도부를 갖지
않은 개방적 회의였다. 노동조합이나 투쟁위원회 또는 비합법 정치조직
을 막론하고 활동가들이 자유로이 참가해 전국적 투쟁 현황을 공유하고
정세 분석이나 투쟁 방향을 토론했다. 그야말로, 모든 참석자가 동등한
발언권과 결정권을 가진 노동자평의회의 한 종류라고 볼 만했다.

신탄진에서 열린 전국현장조직대표자회의에 처음 참석한 이일재는 혁
명적 시기에 주로 발생하는 평의회의 모습이 재현되었다는 점에 매우 고
무된 듯하다. 초기에는 발언을 자제했지만, 조직의 위상에 대한 토론이
벌어지자 대단히 적극적으로 자신의 의견을 제출했다.

"저는 이 전국현장조직대표자회의야말로 노동자평의회의 맹아라고 생각합니다. 충분히 노동자평의회로 발전할 가능성이 있다고 봅니다. 노동조합을 중심으로 진행되던 한국의 민주노동운동이 이제 평의회운동으로 발전하는 거라고 저는 봅니다. 전국의 현장 활동가들이 이렇게 동등한 관계로 모여서 이러저런 사안에 대해 보고하고, 논의하고, 실천에 옮기고 하는 것이 참으로 훌륭합니다. 이거야 말로 노동자평의회의 맹아라고 봅니다. 의미 있는 일입니다. 잘해보십시오."

막상 이 모임은 구성원들 사이의 정파적 갈등으로 결속력이 약했다. 이에 모임의 향후 진로에 대한 몇 차례 토론이 열리게 되었는데 주된 흐름은 노동계급의 전위정당으로 가자는 것이었다. 애초에 '노동자의 힘' 그룹이 지향하던 바이기도 했다. 당 건설이나 평의회 형태로 유지할 것이냐를 두고 논쟁이 벌어질 수밖에 없었다. 평의회운동을 부정적으로 보는 활동가들은 대체로 이렇게 주장했다.

평의회라는 것이 우리가 만든다고 만들어지는 것이 아니다. 평의회는 혁명적, 역동적 시기에, 계급투쟁이 활성화되는 시기에 자연스럽게 만들어지는 것이지, 일상의 시기에 만든다고 만들어지는 것이 아니다. 우리는 당 건설 중심으로 가야 한다. 노동자의 계급당 건설을 중심에 놓고 현장조직이 가야 한다.

반면, 이일재는 당 건설은 그대로 가되 전국현장조직대표자회의는 평의회를 지향한다고 주장했다. 대체로 아래 논지였다.

당 건설은 별도의 과제로 가져가되, 전국현장조직대표자회의를 당 건설에 우선할 게 아니라 스스로 노동조합의 한계를 뛰어넘는 자기 운동체로서 평의회를 지향하는 운동을 해야 한다. 따라서 우선 단위 사업장 현장조직을 강화하는 동시에 전국현장조직대표자회의를 확대 강화하자고 강력히 요청한다.

몇 차례나 거듭된 토론은 하나의 조직으로 재탄생하자는 결의를 이끌어내지 못한 채 끝났다. 그리고 '노동자평의회 전국 모임'이 만들어진 것이다. 이와 관련된 좌파 진영의 조직 분화와 이합집산에 관해서는 생략하는 게 좋겠다. 나열하기에는 너무 복잡하기도 하거니와, 운동권 중에서도 극소수인 좌파 내부의 이합집산일 뿐 실제적 영향력은 너무 미미하기 때문이다.

둘 다 얼마 못 가 소멸되지만, 사회주의정치연합과 평의회운동을 통해 좌익 공산주의 그룹과 친해진 이일재는 오세철 교수와 각별한 사이가 되었다. 2005년에는 둘이 함께 일본 도쿄도 방문했다. '동아시아 반전회의'에 참가하기 위함이었다. 한국 노동운동의 국제화라는 개인적 소망도 작용했을 것이다.

도쿄의 회의에 가보니 이라크 등 세계 여러 나라에서 전쟁을 반대하는 좌파들이 와 있었다. 이일재로서는 최초의 해외 나들이기도 한 대회에서 그는 83살의 최고령으로 전쟁에 반대하는 일장 연설을 하여 박수갈채를 받았다.

반일 감정이 여전한 그는 처음에는 일본어를 잘할 수 있음에도 일부러 한국말을 쓰다가 나중에 일본인들과 개별적으로 만날 때는 자유롭게 일본어를 구사해 사람들에게 웃음을 선사하기도 했다.

2006년에는 한국에서 '혁명적 마르크스주의 국제대회'가 열렸다. 비밀스럽게 추진했으나 결국 다 알려지게 된 이 대회는 연세대와 울산에서 두 차례 개최되었는데 외국의 여러 좌익 공산주의자들까지 내한해 현시대 사회주의의 전망과 임무에 대한 다양한 토론을 벌였다. 이일재도 처음부터 끝까지 토론에 참석해 발언했다.

85살이 되던 2007년에는 1주일간 프랑스도 방문했다. 국제적인 마르크스주의자의 모임인 '국제공산주의흐름'이라는 단체에서 2년에 한 번씩 여는 대회에 참석하기 위함이었다. 역시 오세철 교수와 함께였다.

대회에는 세계 10여 개국 공산주의자 수십 명이 참석했는데 프랑스의 1968년 학생혁명을 주도한 세대가 주최했다. 이일재와는 20년 이상 차이 나는 이들로, 일본에서처럼 이일재가 제일 연장자였다. 외국인들은 "한국에서 노혁명가가 왔다."고 반겼는데 그는 구경꾼에 머물지 않았다. 오세철 교수가 통역을 해야 해서 언어 소통이 자유롭지 않은 가운데도 이일재는 며칠이나 계속된 토론회에 빠짐없이 참석하고 발언해서 외국인들을 감탄하게 했다.

같은 해인 2007년, 생애 거의 마지막 시간에 쓴 논문 「노동운동에 대한 새로운 접근의 개요」에서 이일재는 노동자평의회를 다시 한 번 강조했다.

노동자평의회는 누구의 지배도 받지 않고 노동자 스스로가 스스로를 다스리는 권력 기구이다. 지도하는 사람 따로 있고, 지도받는 사람 따로 없다. 또 결정하는 사람 따로 있고 실천하는 사람 따로 있지 않다. 스스로 결정하고 스스로 실천하는 노동자계급의 집체적인 목적의식을 가진 노동자계급의 권력 기구이다.

이 논문에서 이일재는 노동자평의회의 사례로 러시아의 2월혁명, 독일의 11월혁명, 1919년 북부 이탈리아에서 나타난 노동자평의회를 들었다. 또한 1860년대 초반 남북전쟁 당시 미국의 한 도시에서 노동자평의회가 시를 통치하자 일선에 있던 정부군을 동원하여 진압한 기록이 있다고 적시했다.

그는 노동자평의회 운동이 러시아혁명기 러시아에서의 역동적인 군중운동으로, 제1차 세계 대전 직후에는 이탈리아, 독일, 영국, 폴란드, 헝가리 등에서 노동자평의회 또는 공장 위원회라는 이름으로, 곧 소비에트라는 명칭으로 광범위하게 일어난 대중운동임을 상기시킨다.

평의회를 강조했다고 해서 노동조합이나 노동자의 정당을 부인한 것은 아니었다. 노동자평의회는 엄밀히 말해서 노동조합보다 덜 체계적인, 어떤 면에서는 무정부주의적인 형태의 기초 조직이라 할 수 있었다. 실제로 조선공산당은 미 군정이 모든 산업 시설을 접수해버린 11월에는 노동자 개개인이 모인 노동자평의회가 아닌, 노동조합들의 평의회, 곧 전평을 결성해 본격적으로 노동운동을 시작한다. 노동자평의회를 새로운 운동의 방향으로 삼자는 자신의 말을 교조적으로 현실에 적용하기를 원치 않았던 그는 같은 논문에서 말했다.

"자본주의 체제가 전일(全一)화된 세계 제국의 시기에 1900년 초 제국주의 시대의 유럽에서 노동자 권력 기구였던 '노동자평의회'의 재현이 한국에서 가능할 것 같지는 않습니다. 그러나 당위적 현실성으로서 노동자 권력 기구인 '노동자평의회' 운동은 한국 변혁운동의 절실한 요청입니다."

노동자평의회, 노동조합, 노동자의 정당이라는 삼두마차가 동시에 달려야 한다는 말이었다. 이를 위해 노동조합과 노동자의 정당의 필요성을 거듭 강조했다.

"현장조직인 노동자평의회운동은 지역별, 산업별, 업종별 단위의 전국 노동자 대중을 광범하게 포괄하는 노동조합과 결합해 있었으며, 노동조합이 조직하는 집회, 시위, 파업 없이는 운동이 불가능했습니다. 노동자당과 노동자평의회, 노동조합이 결합해서야만 비로소 노동자가 주인 되는 사회의 설계, 노동자의 산업 접수, 역동적인 군중투쟁을 통해 변혁이 가능했던 것입니다."

노동자평의회를 노동운동의 새롭고 유일한 형태로 이해하려는 일부의 시각을 견제하기 위해 '평의회'의 개념을 정립해놓기도 했다. 평의회란 어떤 일을 평의하는 기관에 붙이는 일반 명사에 불과하며, 노동조합들끼리 모이면 전평과 같은 조직이 되고, 노동자들끼리 모이면 노동자평의회가 되는 것뿐이라는 논지였다.

본인 말대로 정당법과 노동조합법이 사라질 리가 없는 21세기 자본주의의 현실에서 평의회가 노동운동의 주도권을 쥐는 것은 가능하지도 않고, 그럴 필요도 없다면서 왜 그는 평의회운동을 주창하게 되었을까?

이일재가 제시한 노동자평의회란 단순한 혁명적 복고주의나 또는 눈에 보이는 조직 형태는 아님이 분명하다. 혁명적 낭만이 넘쳐흐르던 러시아와 해방 직후 남한의 사례를 참고하기는 했으되, 나름대로 새로운 철학적 개념으로 이에 접근한 것이다. 그의 글을 종합해보면, 평의회란 노동자의 정당이나 노동조합을 대체하는 새로운 조직이 아니라, 그 두 조직과 공존하면서 현장 노동자가 현장을 직접 대변하는 대의 기구라 할 수 있었다. 단순한 현장 노동자들의 대표 기구가 아니라 생산 수단을 가동할 수도 있고 멈출 수도 있는 현장 노동자들이 장악한 혁명적이면서도 대중적인 조직이었다. 진정한 의미의 노동자 권력 기구라 할 수 있었다.

이일재는 이에 대해 안토니오 그람시의 정의를 인용했다. '노동자평의회는 생산 기구의 지배라는 필요에 따라 결정된 사회의 역사적 형성물이며 생산자가 획득한 자각으로부터 생겨난 형성물이다'라는 선언이었다.

세계사에서의 노동자평의회의 근원에 대해서는 14세기 초부터 이탈리아 피렌체에서 일어난 치옴피[ciompi : 노동자인 하층 소모공(梳毛工)]운동을 예로 들었다. 치옴피운동이란 노동자들이 봉기하며 즉석에서 뽑은 노동자들의 대표단이 공장을 접수하는 운동이었다.

유럽의 경험을 그대로 한국에 적용할 수는 없지만 그것들이 가진 의미를 되살려야 한다고 보았기에 '당위적 현실성'으로서의 노동자 권력 기구인 노동자평의회운동이 한국 변혁운동의 절실한 요청이라고 주장했다.

뜻밖의 주장을 하기도 했다. 1993년 전국의 투쟁 현장에서 수많은 해고자가 발생하면서 만들어진 전국해고자원상회복투쟁위원회(약칭 전해투, 이후 민주노총해고자복직투쟁특별위원회)의 지도위원으로 활동할 때였다. 주로 좌파 그룹에서 주도한 전해투는 어떤 단위보다도 강경하고 치열한 투쟁력으로 위력을 발휘했고, 그만큼 희생이 컸다.

2004년 무렵, 전해투 총회에서 위원장을 맡을 사람이 없어 선출에 난항을 겪고 있을 때였다. 전국현장조직대표자회의에서 평의회 논쟁을 선도했던 현장활동가인 조돈희는 "현재 전국에는 2000년 이후 각 산별에서 많은 해고자가 발생했는데 지금의 전해투는 너무 협소하여 그들을 대표한다고 볼 수 없다. 어차피 위원장을 맡을 사람도 없으니 4월 투쟁 계획을 먼저 확정하고, 새롭게 형성된 해고 동지들이 전해투로 모여 그들이 4월 투쟁을 하도록 해야 한다."는 의견을 제시했다. 평의회 정신을 살리기 위함이었다. 조돈희의 평의회 정신을 살리려 한 의견에 강력히 반대하고 나선 이는 엉뚱하게도 이일재였다. 그는 강력히 주장하고 나섰다.

"투쟁을 위해서는 총지휘하고 책임지는 위원장이 있어야 합니다. 조돈희 동지 의견은 전해투 해체론이나 다름없어요. 조돈희 동지가 제안한 4월 투쟁 계획을 집행하려면 위원장이 있어야 해요."

당시의 조돈희로서는 대단한 실망이었다. 평의회 정신에 따라 4월 투쟁 계획과 새로운 공동 대표들이 책임지는 투쟁 계획안이 전해투 해체론이라니, 노동자평의회에 대한 애착이 남다르던 조돈희는 당황하고 황당하지 않을 수 없었다. 화가 나서 따지기까지 했다.

"선생님, 제게 이러실 수가 있습니까? 그토록 아래로부터의 권력을 지향하는 운동을 하시자는 분이, 그걸 안내하고 지지하셨던 분이 어떻게 이러실 수가 있습니까? 지도부 중심의 중앙집중제를 주장하시다니요."

논쟁은 발전노조 해고자 1명이 위원장을 자임하고 나섬으로써 이일재의 의견대로 마무리되었다. 평의회라는 것을 무조건 기계적으로 해석하지 않고, 레닌 시절의 평의회도 항상 의장은 있었던 경험을 살린 것이라 볼 만했다.

이 경우에서 보이듯이, '강고한 원칙'과 '전술적 유연성'의 조화는 때때로 후배들을 혼란스럽게 했다. 때문에 이일재에 대한 사후 평가는 "전략적 원칙은 엄격하지만 전술적으로는 유연했던 선배"라는 평과 "좌익 공산주의를 견결히 하고, 개량주의에 맞서서 비타협적으로 투쟁하신 분"으로 엇갈리게 된다. 전자가 주로 2000년 이전에 함께했던 이들의 평가라면, 후자는 주로 2001년 이후에 함께했던 좌익 공산주의 그룹 성원들의 평가라고 해도 좋을 것이다.

판이해 보이는 두 그룹의 평가는 따라서 시기적으로 나눠보면 둘 다 맞아 보인다. 예컨대 70대에는 민주노동당에 동참하자고 주장했던 그가 80살이 넘은 후에는 "개량주의를 지향하는 의회주의 정당의 현장 침투를 막아야 한다."는 기조를 유지하며 더 이상 입당을 권하지 않았다. 민주노동당은 사회민주주의 정당인데 한국은 유럽과 같은 물질적 기초가 없기 때문에 사회민주주의가 성공할 수 없다는 것이었다.

민주노총에 대해서도 대단히 비판적으로 바뀌었다. 민주노총이 갈수록 급진성을 상실하면서 진보성조차 후퇴하고 있다고 보았다. 전투적 조합주의조차 거세되면서 실리적 조합주의가 내부로부터 강화되고 있다고 질타하면서 심지어 어용이 되었다는 표현까지 했다.

이에 따라 민주노총에 교조주의와 권위주의를 버리도록 요구하면서 몇 가지 과제를 제안했다. 그것은 노동조합 내의 관료주의를 청산할 것, 제도와 법률에 구애받지 않는 법외노조로 전환할 것, 산별 노조 위주의 조직 형태를 버릴 것, 비정규직 노동자들의 독자적인 조합을 결성할 것 등이었다.

대개 사람들은 나이가 들수록 더 고집스러워져서 자신의 오류를 인정하지 않는데, 이일재는 자신의 오류를 인정하는 데 인색하지는 않았다. 젊은 시절의 경험만으로 후배들을 이끄는 노인이 되지 않기 위해, 그는 어느 운동가도 따라가기 힘들 정도의 독서열로 책을 읽었다. 하루도 책을 손에서 놓은 일이 없이 눈만 뜨면 밥도 안 먹고 책을 읽어 위장병까지 재발했다. 마르크스 이론서는 물론 서유럽의 탈마르크스 이론서까지 통달한 그의 해박한 지식과 논리는 여러 젊은 운동가들을 감탄시켰다.

프랑스에 다녀오고 2년 후인 2009년, 그는 그동안의 논문들을 모아

『노동자평의회와 공산주의 길』을 펴냈다. 오세철 교수가 만든 출판사 '빛 나는 전망' 편집장 남궁원이 발행을 맡아주었다.

이 책에서 이일재는 평의회운동과 노동조합운동, 나아가 노동운동에 대한 견해를 총결산했다. 그는 노동조합이란 태생적으로 노동계급 중 상 층 노동자들의 요구와 부르주아지와의 사이에 타협으로 만들어진 것으 로서 부르주아의 무기 역할을 한다고 보았다. 하지만 노동조합은 노동자 대중을 조직하기 위한 가장 쉽고 가능성 있는 조직으로, 이를 적극 활용 해 노동계급의 무기로 바꿀 수 있다고 보았다. 그러기 위해서는 노동자 들의 일상적인 요구를 반영하는 활동을 해야 한다고 주장했다.

> 내일의 빵을 위해서 오늘 굶을 수는 없듯이, 먼 혁명의 날만 바라보 아서는 안 되며 현실의 사안을 개선하기 위한 투쟁에 적극 참여해 야 한다. 사회보장 제도를 위한 소득 재분배 정책, 잔업 없는 실질적 인 8시간 노동, 동일 노동에 대한 동일 임금제, 생산성과 물가 연동 에 따른 임금 인상, 비정규 고용의 철폐, 정리해고 반대 등을 위한 투쟁에 사회주의자들이 가장 앞장서야 한다. 또한 언론, 출판, 결사, 시위, 신앙, 파업의 자유 등을 부르주아 국민국가에서 전취해 혁명 의 에너지로 전환시켜야 한다.

이일재는 현재 대부분의 노동조합은 조합 관료들이 모든 권한을 장악 하고 있고, 그 선출권마저 조합 관료들이 가지고 있어 노조가 조합 관료 들의 이해관계에 따라 움직인다고 보았다. 부르주아 국민국가의 제도와 법률에 충실하며 부르주아지의 동반자에서 탈락될 것을 두려워하여 생 산성 향상이니 산업합리화니 온갖 아양을 떨고 있다고 질타했다.

그렇다고 목욕물을 버리는데 아기까지 같이 버릴 수는 없다고 했다. 노동조합을 버릴 게 아니라 노동조합에서 관료주의를 청산해 노동자의 무기로 전환시켜야 한다는 주장이었다. 계급성과 전투성, 대중성을 지닌 노동조합으로 전환하는 일은 조합 관료들은 할 수 없으며 평조합원들과 노동자 대중이 나서야 한다는 것이다.

본인이 평생을 두고 추구해온 전위정당에 대해서도 정리했다. 노동자의 당은 목적의식을 가진 전위들의 조직이며 큰 강령에서 이념의 일치가 이뤄져야 하기 때문에 사상 통일과 행동 통일을 전제로 해야 한다, 그러나 풍부하고 다양한 의견이 존재해야 하고 소수 의견이 존중되어야 한다, 만일 당이 민주집중제의 운영 과정에서 획일적이 되면 역사의 무대에서 사라져야 한다, 그것은 어떤 획일적인 이론이 실패하면 다른 대안으로 전환할 수 없기 때문이다, 스탈린주의의 말로를 보라는 내용이었다.

노동자평의회의 개념에 대해서도 생애 마지막으로 다시 한 번 정리했다. 전위당과 노동조합 운동을 중심으로 지배계급에 대한 혁명적인 투쟁과 목적의식적인 노동자 권력 획득을 준비해야만 격동의 시기에 노동자평의회를 이끌 수 있다는 결론이었다.

> 혁명적인 노동자당은 사회주의를 위한 합목적성과 정확한 전략 전술을 세워야 할 의무를 지니며, 노동조합은 계급성과 전투성, 대중성을 지닌 노동자 대중 단체로 확립되어야만 비로소 혁명기에 노동자 권력 기관인 노동자평의회를 창건할 수 있다.

이 주장이 얼마나 현실적 실천력이 있는가는 아직 검증되지 않았다. 일반 대중은 물론 대다수 진보 세력조차도 사회주의라면 소련이나 북한과 동질의 것으로 인식하고 있는 가운데 노동자평의회라는 상상의 형태를 내세워 사회주의 본연의 가치를 부각시키는 일은 결코 쉽지 않을 것이다.

신자유주의로 인한 남한 노동계급의 개별화, 파편화는 노동조합운동조차도 후퇴를 거듭하게 만들고 있다. 제도적 평등주의에는 성공했으나 정치, 경제, 인권 등 모든 면에서 총체적인 파탄에 이른 북한의 존재는 보수 우익들로 하여금 모든 진보운동과 사회주의운동을 북한과 연결시켜 국민들로부터 고립시키는 가장 좋은 선전 수단으로 전락한 지 오래다.

이런 상황에서 그가 마지막으로 남긴 대원칙들이 언제나 실천될 수 있을까? 알 수 없는 일이다.

20. 「뱃노래」

2008년이 되면서 선생의 건강은 급속히 나빠졌다. 여전히 정신은 맑아서 찾아오는 후배 운동가들이며 기자들과 대화를 나누고 매일 쉬지 않고 독서를 했지만 날이 갈수록 병원에 드나드는 횟수가 늘었다. 프랑스 대회에서 85살 노혁명가의 열정에 감탄의 박수를 보냈던 '국제공산주의 흐름'은 2009년에 열리는 대회에 그가 다시 한 번 참석해주기를 바랐으나 더 이상 해외 나들이를 갈 수가 없었다.

서울까지 올라가 녹색병원에 입원했을 때 인도주의실천의사협의회(인의협) 소속 의사들과 남궁원, 이영덕, 이정림 등 여러 후배들이 이일재동지 후원회를 결성했다. 2008년 5월이었다. 윤문호, 백형근 등 60여 명의 회원들은 본인들도 살기 어려운 가운데 후원금을 모으고 대구와 서울까지 병원을 오가는 차편을 제공하는 등 부단히 애썼다.

병상에 누워서도 선생의 관심은 여전히 사회주의 전위당 건설에 있었다. 녹색병원에 입원해 있던 2009년 2월에도 불편한 몸으로 외출해 '사회주의 노동자당 건설을 위한 토론회'에 참석하기도 했다. 그것이 사실상 마지막 외출이었다.

그해 4월 8일, '진실·화해를 위한 과거사정리위원회'는 이일재와 동지들에게 가혹한 고초를 주었던 '남조선해방전략당사건'에 대해 국가기관인 중앙정보부가 조작한 사건이라고 발표했다. 이 결론이 내려지기까지 2년이나 철두철미 자료를 모으고 수많은 증언을 청취한 전명혁 조사관의 업적이었다.

> 이 사건은 1968. 7. 30. 무렵 중앙정보부가 국가보안법 위반 사건으로 권재혁 등 13인을 검거하여 수사 과정에서 '남조선해방전략당사건'이라는 이름을 붙여 반국가 단체로 조작한 사건인데, 조사 결과 중앙정보부가 권재혁, 이일재, 이강복, 이형락, 노정훈, 김봉규, 박점출, 조현창, 김병권, 오시황, 김판홍, 노중선 등 13인을 연행하여 3~53일간 장기간 불법 구금하고 고문과 가혹 행위를 통해 허위 자백을 받아 내고, '남조선해방전략당'이라는 반국가단체를 구성, 가입하였다는 범죄 사실을 조작하였음이 확인되었다.

진화위의 결정에 따라 사건은 재심에 들어갔다. 그러나 선생의 건강은 재심 결과를 보기 전에 빠르게 악화되었다. 노태맹 원장의 호의로 대구시 인근 성주군 효병원에 입원한 후에는 더욱 기력이 빠졌다. 그런 중에도 손자들이 올 때면 제일 행복해했다.

병석에 누운 지 3년째 되던 2011년 말부터는 정신도 차츰 혼미해졌다. 병실을 감방으로 착각하고 방을 바꿔달라고 고래고래 고함을 지르곤 했다. 운동조차 할 수 없는 몸이 되어 침상에서 꼼짝도 못하고 잠들었음에도 어느 날은 아들에게 대구에 가서 옛 동지들을 만나고 왔다고 말하기도 하고, 박사마을에 다녀왔다는 말을 몇 번이나 되풀이했다. 박사마을은 빨치산들이 신고당한 보복으로 죄 없는 주민들을 학살한 곳이었다. 자신이 직접 한 일은 아니지만, 죄책감이 무의식중에 드러난 것일까?

필자가 선생을 마지막으로 본 것은 아직 증세가 심해지기 전이었다. 선생이 입원한 병실은 10여 명이 누운 다인실로, 죽음을 기다리는 노인들을 적적하지 않게 할 만큼 적당히 소란한 대화들이 오가고있었다. 이웃 침상의 노인들과 평생지기나 되는 듯 편하게 이야기를 나누던 선생은 30살 넘게 차이 나는 내게는 깍듯이 존댓말을 썼다.

"선생님, 그때 왜 인혁당이나 통혁당과 합치지 않고 남조선해방전략당을 따로 만드셨나요?"

선생에 관한 자료를 수집하는 단계여서 궁금한 게 많았다. 적어간 쪽지를 보며 묻는 내게 선생은 발음이 정확하지 않아 잘 들리지 않는 음성으로 답했다.

"인혁당은 말입니다. 그 사람들이 윤보선에게 세배를 가는 겁니다. 설날에 단체로 가서 세뱃돈을 받아요. 내가 그랬습니다. 이렇게 계급성이 없는 사람들과는 같이할 수 없다고 그랬습니다. 그래서 따로 만들었습니다."

"통혁당과는 왜 따로 하셨나요?"

북한정권에 관한 입장 차이에 대한 답변을 기대한 질문이었다. 그런데 답은 엉뚱했다. 잠시 망설이더니 말하는 것이었다.

"통혁당 김종태가 말입니다. 재판 출정 가다 만나니 이리 말합디다. 할 일이 많은데 일을 더 못하고 일찍 죽어 억울하다고 말입니다."

구체적인 활동 노선은 달랐지만 평등주의를 추구한 점에서는 동지였고 개인적으로는 친구였던 이에 대한 안타까움이 묻어났다.

"통혁당쪽은 어떤 점이 맘에 안 들어서 따로 하셨는데요?"

재차 물어보자 답하기 어렵다는 듯 픽 조심스레 말하는 것이었다.

"그쪽은 관념적인 지식인들이 많았습니다. 우리 쪽은 노동자가 많았고요. 그 사람들은 관념 속에서 이북을 이상 사회로 보았던 것이고 우리는 그렇지 않다고 보았지요."

취재 중에 어떤 통혁당 출신이 전략당에 대해 학력이 짧은 사람들이라 표현했다는 말을 들었다. 이일재 선생에게 그 말을 전하지는 않았다. 선생은 잠시 쉬었다가 말을 이었다.

"나는 '전략당'이라는 이름의 조직을 만든 적이 없습니다. 그건 중앙정보부에서 멋대로 만들어 붙인 명칭이지요. 우리가 본래 만들려던 조직의 정식 명칭은 '노동계급당'이었습니다."

"이름이 멋집니다. 당을 만들려고 하신 건 맞지요?"

내 말에 선생은 처음으로 얼굴을 일그러뜨리며 웃어 보였다.

"당을 만들지 않으려면 뭐하러 힘들게 조직을 합니까? 노동계급의 당을 만드는 게 나의, 아니 우리의 목표였습니다."

생각난 듯, 선생은 사형을 선고받던 재판정 풍경에 대해 말해주었다.

"재판관이 허수아비였습니다. 판사석 아래 정보부 직원이 책상을 놓고 앉아서 껌을 질겅질겅 씹어대며 감시를 했습니다. 사형이든 무기징역이든 판사는 정보부에서 지시한 대로 선고한 거지요."

"선생님, 무려 70년이나 사회주의노동운동을 하셨는데요, 특별히 기억나는 사람 없으세요?"

"너무 많아서 어찌 다 말을 합니까마는 먼저 박점출 씨가 생각납니다. 시청 청소부로 일했지만 키가 늘씬하니 멋진 사람이었지요. 권재혁 씨도 잘생긴 분입니다. 해박한 지식에 신사다운 사람인데 호기심이 너무 많았지요. 이강복 삼촌도 참 착하고 재능 있는 분이었는데…… 내가 노동운동에 끌어들여 옥사하게 한 것이…… 지금도 후손들에게 미안합니다."

자신이 끌어들였다가 사형당한 권재혁과 옥사한 이강복 선생에 대한 미안함은 이일재 선생의 후반기 인생에 가장 큰 짐이었으리라. 위로를 해 보았다.

"이강복 선생은 관록 있는 공산당원이고 나이도 훨씬 많으신데 조카 말만 듣고 운동을 하셨을 리가 있나요. 본인의 선택이었겠지요. 너무 자책하지 마시지요. 그럼, 살아 계신 분 중에 보고 싶은 분은 없으세요? 하긴 다 돌아가셨으니……"

"권오봉 씨는 아직 살아 있습니다. 그렇잖아도 면회를 올 때가 됐습니다. 내 가장 소중한 평생의 벗입니다. 의리의 사나이지요."

그러나 얼마 후 권오봉 선생이 면회 갔을 때, 선생은 심한 정신착란에 빠져 있었다. 병실을 감방으로 착각해 밤새 방을 바꿔달라고 고함을 치며 침상에서 내려오려 해 팔다리를 꽁꽁 묶어놓은 상태였다. 수저로 음식을 떠먹여도 흘리기만 했다.

권오봉 선생이 다음에 면회 갔을 때는 다행히 정신이 돌아와 옛이야기를 나누며 즐거워하기도 했다고 들었다. 세상을 떠나기 1주일 전에 다시 면회를 갔을 때는 이상할 정도로 정신이 맑았다고 했다. 이일재 선생은 권 선생에게 '인터내셔널가'를 불러달라고 요청했고, 권 선생은 70년 전에 배웠던 그 노래를 나직이 불러주었다. 두 사람의 마지막 만남이었다.

수차례 위독한 고비를 넘기던 이일재 선생은 2012년 3월 24일 밤 11시쯤 그리운 동지들 곁으로 떠났다. 향년 90살이었다.

장례는 전국노동자장으로 치러졌다. 민주노총 김영훈 위원장이 장례

위원장을 맡았고 600여 명에 이르는 노동운동가들이 장례위원으로 들어왔다. 유럽의 '국제공산주의흐름'에서는 애도의 전문을 보내왔다.

장례식 집행은 임성렬 민주노총 대구 지역 본부장이 맡았고 운구는 대구 지역 노동자들이 맡았다. 노제는 10월항쟁의 발화점이자 대구 지역 총파업 때 노동자대회가 열리던 대구역 근처의 옛 전평 사무실 앞에서 치러졌다. 10월항쟁유족회 채영희 회장이 울면서 추도사를 했다. 유해는 경북 칠곡군 현대공원에 안장되었다.

사망 몇 시간 전, 울산 지역 노동자들과 함께 마지막으로 이일재 선생을 면회한 울산이주민센터 조돈희 소장은 고인을 이렇게 회상한다.

"내 스타일인데, 백기완 선생을 좋아하기보다는 이일재 선생을 좋아했습니다. 나하고 이견이 있어서 매도하기도 했지만, 이일재 선생이야말로 우리의 진정한 지도자의 모습이라고 생각합니다. 백기완 선생은 선동가잖아요? 선동가. 그런 걸 따르는 사람이 있다면, 저 같은 경우는 그러한 활동가들 속에서 안내하고 잡아주는 그런 역할을 하는 분이 참 중요하다는 생각이 들어요. 이일재 선생님이 그런 분이라는 거죠. 항상 예의 바르고, 수십 년 나이 어린 후배들이 앞에서 담배 피우고 그런 거 그야말로 문제가 안 됐죠. 나도 나이가 들다보니 젊은 여성들이 와서 "조돈희 동지!" 하면 "헐" 그러는데, 그분은 전혀 그렇지가 않았던 거 같아요. 애초부터 그렇게 훈련되고 익숙해진 거 같아요."

생애 말년의 이념적 동지였던 연세대 오세철 교수는 이일재 선생이라면 늘 무거운 가방을 메고 전국의 현장으로 돌아다니던 모습으로 기억한다. 몸이 아픈데도 중요한 투쟁이나 집회에는 꼭 참석해서 현장 노동자들 사이에 앉아 이야기를 나누던 모습이야말로 이일재 선생의 역할이자 실천이었다고 말한다.

오세철 교수는 현 시대까지 살아남았던 마지막 공산당원으로 이일재 선생과 함께 이수갑 선생을 꼽았다. 이수갑 선생은 전평 시절 철도노동자였던 이로, 이일재 선생과 마찬가지로 평생을 사회주의운동에 바친 인물이다. 전평 당시에는 서로 몰랐으나 노년에 만나 동지로서, 벗으로서 함께했다. 오 교수는 두 사람의 철저한 사상과 실천에 감탄하는데 이일재 선생의 특징에 대해서는 이렇게 말한다.

"이일재 선생님을 존경한다고 할까? 그건 정말 젊은 친구들한테도 반말을 안 합니다. 정말 반말을 안 해요. 토론을 할 때도 젊은 사람들한테 절대 반말을 안 해요. 철저하게 안 해요. 그게 공산주의자의 말과 행동이 어떠해야 하나, 그런 점에서 젊은 친구들도 이일재 선생의 그런 모습을 보고, 그때, 알죠, 지들이. 그게 참, 늘 겸손하시고, 절대 표현을 이렇게 안 하셨어요."

장례식장에서, 평생의 동지이자 벗인 권오봉 선생은 술자리를 함께한 젊은이들에게 말했다.

"일제에 항의하고 사회주의했던 사람들 다 양심적이고 똑똑한 지식인이었어. 이일재도 그랬지. 정말 두뇌가 비상했어. 그냥 수재가 아니야. 천재야, 천재! 기억력 너무 좋고, 책도 엄청 많이 읽고. 우리하고는 거리가 멀어. 우리보다 한참 위에 있었지, 언제나."

추억담은 끝나지를 않았다. 그는 술에 취해 말을 이었다. 노자영의 시

「사공의 노래」에 목당(木堂) 윤일도가 곡을 붙인 「뱃노래」 이야기가 빠질 수 없다.

"이렇게 술 한잔 하는 날이면 우리 모두 일재 노래를 들으려고 기다렸어. 노래를 정말 잘하거든. 한강 나루터 뱃사공에 얽힌 노래를 어찌나 구성지게 잘 부르는지 몰라. 노래 막바지에는 다들 눈물을 흘렸다 아이가. 장가가던 날도 사회자가 신랑 「뱃노래」 한번 들어봅시다, 하고 청했어. 일재가 「뱃노래」를 부르니 다들 깜빡 죽어. 다시 한 번 부르라고 난리야. 5·16 후 대구 감옥소에 나랑 같이 갇혔잖아. 달밤에 이일재가 「뱃노래」를 뽑으면 죄수들이 모두 입을 다물고 가만히 경청하는 거야. 어떤 죄수는 눈물까지 뚝뚝 흘리면서 말이지. 그리워, 내 친구 일재. 그립다, 일재."

두무께 나루에서 에여데여 노 젓는 동안
상평통보 화전(華錢)이 구리돈으로
구리돈이 백동전 은전 지환으로 바뀌고
물 흐르고 사람 가고 오십 년 세월이 갔소

내 배에 태운 손님 수백만이요,
그들도 오십 년 안에 동서로 뿔뿔이 가고
내 얼굴로 버섯까지 검게 돋았소,
물경도 차진 듯 노 소리 구슬프오

새파란 젊은 날을 이 물속에 버리다니
물이야 언제나 한 모양, 산도 그 빛이건만
슬프다 오십 년을 왜 살았노, 에여데여

굴곡진 역사 속에 던져진 한 작은 개인들의 고통을 이겨내는 데 노래만한 무기가 어디 있을까? 오욕과 통한으로 얼룩진 90년 인생이었다. 우렁찬 음성으로 「뱃노래」를 부를 때마다 쏟아진 박수갈채가 그가 누릴 수 있던 유일한 영광이었을 것이다.

이일재,
최후의 코뮤니스트

초판 1쇄 펴낸 날 2016. 11. 16.

지은이   안재성
발행인   양진호
책임편집   김지영
디자인   강영신
발행처   도서출판 인문서원

등 록   2013년 5월 21일(제2014-000039호)
주 소   (121-893) 서울시 마포구 양화로 56 동양한강트레벨 718호
전 화   (02) 338-5951~2
팩 스   (02) 338-5953
이메일   inmunbook@hanmail.net

ISBN   979-11-86542-29-3 (03990)

값은 뒤표지에 있습니다.
잘못 만들어진 책은 구입하신 서점에서 바꾸어 드립니다.

이 도서의 국립중앙도서관 출판예정도서목록(CIP)은 서지정보유통지원시스템
홈페이지(http://seoji.nl.go.kr)와 국가자료공동목록시스템(http://www.nl.go.kr
/kolisnet)에서 이용하실 수 있습니다. (CIP제어번호: CIP2016022649)